고대 한일 관계사의 진실

일 본 고 대 국 가 는 누 가 만 들 었 는 가

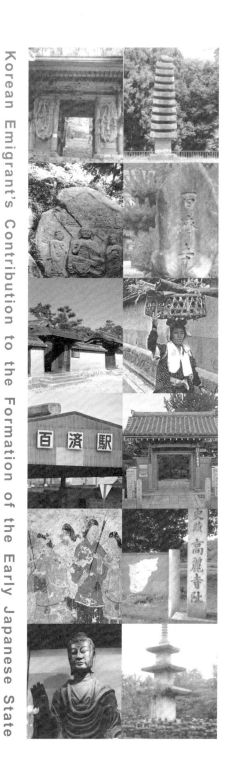

Korean Emigrant's Contribution to the Formation of the Early Japanese State

일본 고대국가는 누가 만들었는가

고대 한일 관계사의 진실

이정면 미국 유타대학교 명예교수

이지출판

고대 일본의 한반도 도래인의 역할

우에다 마사아키

교토대학교 명예교수, 전 아시아사학회 회장

　일본의 역사와 문화는 일본이라는 지리적 경계에만 해당되는 것이 아니다. 국토의 4분의 3이 산이며 바다로 둘러싸여 있는 일본은 문자 그대로 열도 국가라고 할 수 있다. 남으로부터는 구로시오 난류가 흐른다. 이 해류는 동남아시아로부터 다양한 문화를 일본에 가져다주었다. 한편 북쪽에서 남쪽을 향해 흐르는 오야시오 한류와 리만 해류가 있다. 이 해류들은 북방 문화가 일본에 들어오는 데 도움을 주었다.

　이들의 문화와 함께 수많은 사람들이 일본에 당도하였다. 일본과 가까운 한반도 사람들 또한 여러 차례에 걸쳐 도래하였음은 물론이다. 이 도래인들은 일본에서 주목할 만한 문화를 구축하였고 청동기, 철기, 토기 등의 물건을 가져왔다. 또한 벼 경작과 같은 농업상의 혁신적 기술을 도입하였다. 나아가 문지의 사용, 징지, 종교 그리고 예술에도 영향을 주었다. 이 분야들은 일본의 고대 문화가 형성되는 데 지대한 역할을 하였다.

　과거에는 고대 일본 문화의 형성을 연구함에 있어 중국 그리고 페르시아 지방 같은 서쪽 지역의 영향에 초점을 맞추는 경향이 있었다. 하지만 고대 일본 문화와 관련하여 한반도 도래인의 역할을 검토하는 연구가 소수지만 있었다.

나는 1965년 6월, 중앙공론사(中央公論社)를 통해 『귀화인(Kikajin)』을 출판하였다. 고대 법률을 다루는 이 책에서 고대 일본의 한반도 도래인의 역할과 관련하여 '귀화'와 '도래'라는 말이 차이가 있음을 주장하면서 유교, 불교, 도교와 같이 고대 일본의 형성과 발전에 영향을 준 측면이 한반도에서 건너온 도래인들에게서 유래하였다는 사실을 다루었다. 그 밖에도 문자의 사용, 다양한 기술의 혁신, 정치적 영향, 예술 교육 등도 도래인들의 활동에 포함되었다. 하늘과 땅의 신들에 대한 믿음이 발전한 것에 있어서도 중요한 역할을 하였다. 나는 이러한 요소들이 속한 저마다의 학문 분야에서 도래인들의 역할을 이해시키고자 시도하였다.

이정면 교수는 고대 일본 문화에 매우 조예가 깊을 뿐만 아니라, 고대 일본 문화가 한반도 도래인들에 의해 지대한 영향을 받았음을 간파하고 있었다. 1990년 이정면 교수가 교토대학교 초빙교수로 와 있을 때, 같은 대학교 아시카가 겐료 교수가 그를 소개해 주었다. 이정면 교수는 고대 한반도인들의 일본 도래의 실상을 명확하게 도출해 내고자 긴키, 간토, 이즈모, 규슈 북부에서 현장조사를 수행하면서 관련된 유물과 유적들을 조사하였다. 뿐만 아니라 한국에도 오랜 기간 머물며 연구를 계속하였다. 그러한 노작의 결과를 집대성한 것이 바로 이 책이다.

이 책의 내용은 일본의 한국식 지명, 신롱석, 스에키, 불교, 직물, 철제 련술, 조각, 석탑, 음악 등을 다루고 있다. 고대 사료와 기록들을 정리한 것일 뿐만 아니라 역사지리학의 관점을 비롯하여 정치학, 경제학, 군사학, 기술론 등의 다양한 측면의 접근을 보여 준다. 이러한 학문적 소양이 긴키, 간토, 산인, 호쿠리쿠, 규슈 지방 등지에서의 현장 조사와 결합되는 것이다.

이 책에 담겨 있는 밀도 있는 연구 결과들은 한반도인의 도래가 고대 일본 문화에 영향을 주었음을 분명하게 주장한다. 이 책이 견지하는 폭넓은 시야와 일본에서 고대 한반도 도래인의 역사 연구에 미치는 영향은 놀랄 만한 성취라 할 수 있다. 고대 동아시아 역사 연구에 뜻깊은 기여를 할 것이 분명하다.

이정면 교수의 이 책에서 다루지 않은 주제들이 앞으로 다뤄질 수 있게 되기를 희망한다. 최근의 발굴을 통해 얻게 된 유물들, 기념비에 쓰인 명문이나 나무에 조각된 문자 등 이와 같은 것들에 대한 연구가 계속 이루어지길 부탁드리는 바다.

일본 고대국가 성립에 기여한 한반도 이주민

소 진 철
원광대학교 명예교수

이정면 교수를 처음 만난 것은 내가 샌프란시스코 총영사로 재임하고 있을 때로 기억된다. 당시 이 교수는 나의 관할지역인 솔트레이크시티에 있는 유타대학교 교수로 재직하고 있었다. 그 후 30여 년간 이 교수와 연락이 없었다가 작년 국립외교원 박두복(朴斗福) 명예교수의 주선으로 서울에서 다시 만나게 되었다.

이 교수는 국내외 유수의 대학에서 교수생활을 했으며, 특히 일본에서 교수생활을 하던 중 일본 고대국가 성립에 지대한 영향을 미친 한반도 이주민에 대해 관심을 갖게 되었다고 한다.

이 교수는 학문에 대한 열정과 남다른 어학능력을 가지고 있다. 이런 점에서 그는 지금까지 일본 고대사의 그늘 아래 가려져 있던 한반도 이주민에 대한 연구자로서 가장 적격자라고 생각한다.

일본 고대사 연구는 이 교수가 이미 이 책에서 지적한 바와 같이 들어가기는 쉬워도 빠져나오기는 어렵다고 한다. 예건대 그 복잡한 일본의 지명과 인명은 말할 것도 없고, 무엇보다 누구나 한 마디씩 던져 보는 것이 일본 고대사이다 보니 그 연구는 결코 쉬운 것이 아니다.

한반도 이주민 문제는 한일 관계에서 매우 민감한 주제이기 때문에 일본 고대사 속에서 한반도 이주민의 위상을 객관적으로 연구하고 평가한다는 것은 정말 어려운 작업이 아닐 수 없다.

그간 이 교수는 자신이 다루고자 하는 이슈 하나하나에 대한 연구를 위해 많은 시간을 도서관에서 보냈고, 특히 여러 차례 현지 답사를 통해서 신빙성 있는 자료 수집을 위해 전력을 다한 것 같다.

이 교수는 이 연구를 통해 한반도 이주민의 일본으로의 이주 경로, 분포활동을 규명하였다. 이를 뒷받침할 수 있는 지명(地名), 신사(神社), 산성(山城), 스에키(須惠器), 제철(製鐵), 제지(製紙), 음악, 불교, 직물(織物), 칠지도(七支刀), 석탑, 마애불(磨崖佛), 방인(사키모리), 만요슈(萬葉集) 등 한반도 이주민이 걸어온 발자취를 세밀히 조사했다.

이 교수가 지난 30여 년의 세월에 걸쳐 일본 방방곡곡을 누비고 다닌 것은 1천여 년 전에 일본 열도로 건너가 일본 고대국가 성립에 불멸의 금자탑을 세웠던 한반도 이주민의 체취를 체득하기 위해서였다. 이 노작(勞作)에 스며 있는 이 교수의 폭넓은 관찰과 연구 성과는 일본 고대사 연구에 커다란 영향을 줄 뿐 아니라 고대 동아시아 역사를 이해하는 데 크게 도움이 될 것으로 믿는다.

30년 노력의 결실을 맺으며

30여 년이란 긴 세월 동안 연구를 해 오면서 여러 기관과 동료들로부터 재정적인 지원과 도움을 받았기에 조금 긴 감사의 말씀을 적어 보려고 한다.

먼저 미국 유타대학교 학술연구위원회(University of Utah, Research Committee)로부터 한국과 일본을 오가면서 수행한 현장 답사에 대한 재정적 지원을 여러 차례 받았다. 그리고 1988~89년 한미풀브라이트위원회(American-Korean Fulbright Committee)에서도 한국에서의 연구비를 지원받았다. 이 재정적 지원은 현장 자료, 특히 산성과 마애불에 관한 자료를 수집하는 데 큰 도움이 되었다. 또한 1994~95년 한국의 교육부에서도 연구조사에 대한 지원을 해 주었으며, 우경문화재단도 본 연구를 추진하는 데 도움을 주었다.

그 외에도 감사드려야 할 분들이 많다. 전 교육부장관 오병문(吳炳文) 교수, 문화체육관광부 권경상(權慶相), 서울덕산병원 한정철(韓正哲) 원장, 건설부 국토지리원 유영휘(劉永暉) 선임위원, 경희대학교 김찬삼(金燦三) 교수, 미국군통합언어훈련원 이동춘 교수, 공주대학교 문리대 이문종(李

文鍾) 학장, 경북대학교 박찬석(朴贊石) 총장, 인천교육대학교 송종헌(宋鍾憲) 교수, 숭실대학교 강대기(姜大基) 교수, 인하대학교 이영자(李玲子) 교수, 교원대학교 김일기(金日基) 교수, 신라대학교 반용부(潘鏞夫) 교수, 서원대학교 한홍열(韓鴻烈) 교수, 전 교육연구원장 박지수(朴智洙), 안보연구원 박두복(朴斗福) 명예교수, 성신여자대학교 사회과학대 임한수(林漢洙) 학장, 경희대학교 지리학과 길용현(吉鎔鉉) 학과장, 전남대학교 사회과대 조승현(曺承鉉) 학장, 원광대학교 채구묵(蔡龜默) 교수, 계명대학교 김관옥 교수, 관동대학교 이준선(李俊善) 교수, 아주대학교 서무송(徐茂松) 교수 등이다. 또한 서울대학교 인왕구락부 동문들에게 감사를 표한다. 내가 한국에서 연구를 하는 데 인왕구락부 벗들이 끊임없는 용기와 힘을 주었다.

그리고 본 조사 연구에 헤아릴 수 없는 지원과 협조를 해 주신 일본 리쓰메이칸대학교 지리학과 구사카 마사요시(日下雅義) 교수, 교토대학교 인간환경대학원 아시카가 겐료(足利健亮) 교수에게 심심한 감사를 표한다. 아시카가 교수는 오랜 기간 동안 현장 조사를 무사히 마치는 데 큰 도움을 주었다. 게다가 1986년과 1994년 두 번에 걸쳐 본 조사를 위해서 교토대학교에 초빙교수로 근무하도록 도와주었다.

나라대학교 지리학과 이케다 히로시(池田碩) 교수, 교토대학교 지리학과 나리타 고조(成田孝三) 교수, 후쿠오카교육대학교 지리학과 아카기 요시히코(赤木祥彦) 교수, 쓰쿠바대학교 지구과학과 야마모토 쇼조(山本昭三) 교수, 지역연구학과 마사이 야스오(正井泰夫) 교수, 삿포로대학교 지리학과 신도 겐이치(進藤賢一) 교수, 고난대학교 데구치 아키코(出口晶子) 교수, 전문사진작가 데구치 마사토(出口正登) 교수, 오사카대학교 기시다 후미타카(岸田文隆) 교수, 리쓰메이칸대학교 지리학과 스즈키 후지오(鈴木富士郎) 교수, 가와시마 가즈히토(河島一仁) 교수, 쓰쿠바대학교 졸업생 도네 다쿠요(刀根卓代) 여사, 법정대학 졸업생 노구치 히데미(野口秀海) 그리고 후쿠오카의 오랜 벗이자 현지 조사에 동반했던 아베 가쓰오(阿部克雄)와 스즈키 신지(鈴木伸司), 구로가와 가오루(黑川馨) 선생에게 진심으로 감사의 마음을 전한다.

미국 유타대학교 지리학과 조지 해프너(George Hapner) 교수와 로저 메코이(Roger Mecoy) 교수, 도널드 커레이 교수에게도 감사드린다. 유타대학교 지리학과 전 학과장 토머스 컨툴리(Thomas Kontuly) 교수, 철학과 가치 유키오(加地幸雄) 교수, 지리학과 전 대학원생 스콧 화이트(Scott White), 제임스 데이비스(James Davis), 더글러스 레체미난트, 덴 모신(Den Mosen), 브래드 데이아든에게도 감사하며, 지리학과 비서 리사 클레이턴(Lisa Clayton)에게 심심한 사의를 전하는 바다. 또한 정성껏 원고 정리를 도와준 나기정(羅基淨), 김준(金埈) 박사 내외와 조승혜 박사에게 끝없는 감사를 표한다.

본 조사를 위해 일본을 수시로 드나들 때 전 리쓰메이칸대학교 다니오카 다케오(谷岡武雄) 총장의 아낌없는 격려와 보살핌 또한 잊을 수 없다. 그리고 추천사를 써주신 소진철(蘇鎭轍) 대사님께 감사드린다. 일본 고대사 연구의 대가인 교토대학교 우에다 마사아키(上田正昭) 교수의 조언과 격려가 없었으면 이 책이 세상에 나오지 못했을 것임을 부언해 둔다. 특히 추천사까지 써주신 데 대해 감사드린다.

이 책을 출판하느라 수고해 준 이지출판사 서용순 대표와 박성현 씨, 마지막 원고 정리를 도와준 강진석 군에게 고마운 마음을 전한다.

끝으로 이 책이 나오기까지 무한한 격려와 응원을 아끼지 않고 헌신적으로 도와준 가족들에게 감사한다. 이외에도 많은 분의 도움이 있었지만 여기서 이만 줄인다.

감사의 글

일본 속에 살아 있는 한국 문화

일본 고대 한반도 이주민에 대한 연구는 들어가기는 쉬워도 빠져나오기가 여간 어렵지 않다. 난마처럼 엉클어진 문제들이 무척 많고 복잡다기하기 때문이다. 그 중 하나가 문헌 정리작업이다. 자료가 일본어, 한국어, 중국어 등 매우 다양하고, 특히 지명과 인명 등의 발음이 이루 말할 수 없이 어렵다.

뿐만 아니라 제2차 세계대전 후 일본 고대사 연구가 활발히 이루어져 너 나 할 것 없이 한 마디씩 거들어 오히려 방향을 잡기가 쉽지 않았다. 생각을 달리하면 일본 고대사 연구의 새로운 방향을 잡기 위한 움직임으로 볼 수도 있을 것이다. 아무튼 일본 고대사 속에 스며 있는 한반도 이주민에 대한 연구는 쉽게 드나들 문이 아니라는 것은 분명하다.

그렇다고 해서 그만두기는 무척 아쉬운 일이다. 한반도 이주민의 고대 일본으로의 이주 문제는 누군가에 의해 쉼없이 규명되어야 한다. 나는 다행히도 이 문제에 비교적 일찍부터 관심을 갖고 있었고, 일본말을 제대로 구사할 수 있기에 이 분야의 선학들이 심혈을 기울여 연구해 놓은 자료에 쉽게 접근할 수 있었다는 것이 이 문제에 대한 연구 가능성을 엿보게 해 주었다. 그러한 배경에서 '일본 속에 살아 있는 한국 문화'를 온 세상에 알리기 위해 이 책을 쓰게 되었다.

이와 같은 목적을 달성하기 위해 한국 출신으로 이 분야에서 활약하고 있거나 진지하게 자료를 모아 조사하고 계신 분들은 물론, 일본인 교수로서 나름대로 양심적으로 연구하고 있는 교수들도 만나보았고, 만나지 못한 분들에 대해서는 그들의 연구 논문과 저서를 통해 그 소망을 풀기도 했다. 그 중 몇 분을 여기에 적어 보려고 한다. 참으로 감사한 분들이다.

먼저 한국 출신 연구가로 일찍이 일본으로 이주해 간 김달수(金達壽) 씨다. 그분은 기회 있을 때마다 소학교, 중학교 시절 일본에서 겪었던 어려움을 토로했다. 그러나 차별과 천대 속에서도 당당하게 한민족으로서 우리가 가지고 있는 높은 문화적 · 역사적 위상에 대해 자부심을 갖고 목소리를 높여 이야기하고, 집필을 통해 한민족의 문화적 우수성을 알리기 위해 전력을 다해 왔다.

특히 그가 일본인 대중을 위해 생전에 집필한 『일본 속의 조선 문화』는 일본 사회에 널리 알려져 있다. 그는 한국 문화와 역사가 담겨 있는 일본 각지의 연고지를 찾아가서 자료를 모아 글로 써서 혹은 강연을 통해 한반도 이주민의 실상을 알리는 데 전력을 다했다. 그 뜻을 다 이루지 못하고 최근에 타계한 것이 아쉬울 따름이다.

다음은 교토대학교 우에다 마사아키(上田正昭)를 들 수 있다. 나는 한반도 이주민 문제로 일본을 드나들 때 같은 대학교 지리학과 아시카가 겐료를 통해 이분을 만나게 되었다. 그 후 교토의 자택으로 여러 차례 찾아가 한반도 이주민 연구에 대한 조언을 얻었고, 국내외 학회를 통해서도 여러 가지 도움을 받았다.

우에다는 한반도 이주민의 고대 일본으로의 이주에 대해 제일인자이며 박학하고 양심적인 학자이다. 또한 정귀문(鄭貴文), 정조문(鄭詔文) 두

재일교포 사업가가 설립한 출판사 '조선문화사'에서 시바 료타로(司馬遼太郎), 김달수와 함께 적극 협조하여 『일본 속의 조선 문화』라는 잡지 발행에 헌신적인 노력을 기울인 분이기도 하다.

나와 우에다 교수는 한반도 이주민 연구에 있어 대체로 같은 견해를 갖고 있다. 다만 도래인(渡來人)이라는 용어 사용에 있어 내가 '이주민'이라고 쓴 것에 대해 기회 있을 때마다 "이 교수님, 도래인이라고 쓰는 것이 좋지 않습니까?"라고 했지만, 나는 계속 이주민이라고 써 왔다. 이는 우에다 교수의 도래인론에 반대한다는 의미가 아니라, 이주민이라는 용어가 일본에 정주하려는 의지를 가지고 간 한반도 이주민의 실상을 드러내는 데 타당하다고 보았기 때문이다. 다시 한 번 우에다 교수의 도래인 호칭에 대하여 반대할 의사가 조금도 없다는 것을 밝혀 둔다.

다음으로 시바 료타로를 언급하고자 한다. 그는 우에다 마사아키, 김달수와 같이 조선문화사 설립을 돕고, 일본 내의 조선 문화를 일본인들에게 알리는 데 전력을 다해 왔으며, 좌담회와 학술대회, TV 인터뷰를 통해 많은 노력을 했다. 그는 작가로서의 폭넓은 지식으로 일본뿐만 아니라 한국에도 널리 알려진 분이다.

정귀문, 정조문 형제는 잡지 『일본 속의 조선 문화』를 내기 위해 조선문화사를 설립하고, 전국을 누비고 다니며 사료를 모으고, 저명한 학자들과 수시로 좌담회를 가졌으며, 일반 시민들과 함께 현지 답사를 하는 등 오랜 세월 조선 문화를 일본에 알리는 데 전력을 다했다.

나도 우에다 마사아키를 따라 몇 차례 교토 북부에 있는 정조문의 집을 찾은 적이 있다. 지금은 고인이 되었으나 만나뵐 때마다 고서, 도자기, 그림 등을 보여 주며 설명하던 모습이 눈에 선하다. 만리 이역에서 조국의 문화를 제대로 전하려 수고한 그분들의 헌신적인 활동은 참으로 감탄할 만했다.

정귀문, 정조문 형제는 돈을 벌어 어떻게 쓰는 것이 가장 좋은 것인가를 몸소 가르쳐 주었다. 이런 분들의 끊임없는 노력을 통해 『일본 속의 조선 문화』라는 잡지는 제50호까지 발행되었다. 그 잡지는 내용과 질에 있어 일본 고대사 연구, 특히 한일 고대사를 연구하는 데 금자탑과 같은 존재라고 할 수 있다.

『일본 속의 조선 문화』를 격려하는 모임이 도쿄 중앙공론사 홀에서 열린 적이 있다. 그때 지금은 고인이 된 일본문학자 다케우치 요시미(竹內好)가 다음과 같이 축사를 했다.

"나는 처음에는 취미 잡지인 줄 알았습니다. 그러나 점점 이것이 일본에서 가장 혁명적인 잡지라는 것을 알게 되었습니다. 나 자신도 조그마한 잡지를 하다가 근래에 와서 실패했습니다. 그런 점에서 정말 혁명적인 잡지를 만들기 위해서는 이렇게 하지 않으면 안 된다고 생각하게 되었습니다. 언제까지나 계속해 주십사 하고 말씀드리지는 못하겠습니다만, 언제 끝이 나도 이 잡지는 영원히 남을 것입니다."

그리고 이노우에 히데오(井上秀雄)는 '제45호 출간을 맞아서'라는 글에서 "이 잡지는 기성 학술잡지를 따라하려는 마음도 없고, 정세의 호전에 따라 지면을 확충하여 사회적 권위를 과시하려 하지도 않는다"라고 했다.

이 분야의 연구에 소중한 자료를 마련해 준 우에다 마사아키, 시바 료타로, 김달수, 정귀문, 정조문 등 여러 분의 공적에 끊임없는 사의를 표함과 동시에 50호에 달하는 이 자료들이 장차 한국과 일본의 고대사 연구에 부동, 불멸의 발자취를 남길 것이라 굳게 믿는다.

제1장 고대 한반도 이주민의 흔적을 찾아서

 제2장 고대 한반도 이주민의 일본 이주

제1장

고대 한반도 이주민의 흔적을 찾아서

1) 연구의 시작

나는 30여 년 전인 1980년에서 1981년까지 이바라키현(茨城縣)에 있는 쓰쿠바대학교에 초빙교수로 가 있었다. 여름방학 중에 리쓰메이칸대학교 초청으로 특강을 하게 되었는데, 당시 간사이(關西) 지방에서 지리학을 공부하는 학생들이 원격탐사기법(遠隔探査技法)과 토지이용계획에 대한 강의를 듣기 위해 이곳에 모여 있었다. 교토의 여름은 덥고 습했으나 학생들은 매우 열정적으로 참여하였다.

특강이 끝나고 나라대학교 지리학과 이케다 히로시 교수가 일본 고대수도였던 나라(奈良) 지역을 안내해 주었다. 비가 내렸지만 차를 타고 도다이사(東大寺)와 사루사와(猿澤) 연못 등 여러 곳을 둘러보았다.

그런데 이 지역을 돌아보면서 마치 신라의 고도 경주를 거닐고 있는 듯한 느낌을 받았다. 50여 년 선 서울대 학생들과 함께 경주 지역을 답사한 적이 있는 나는 나라 지역의 풍경이 경주와 매우 닮았다는 점에 주목했다. 도다이사와 야쿠시사(藥師寺)는 진흙 담장을 사이에 두고 가까이 있었는데, 이 담은 경주를 비롯한 그쪽 지방의 것과 매우 흡사했다. 그리고 이와 비슷한 종류의 담장이 작가인 시가 나오야(志賀直哉)의 집에도 있었다. 나는 나라 지방의 아스카(飛鳥) 지역에서 느꼈던 데자뷰 같은 것을 경험했다.

쓰러져가는 흙담이나 그 주변에 있는 민가의 구조 등이 어쩌면 그렇게 한국과 비슷한지 신기한 일이었다. 그리고 웅장한 규모를 자랑하는 도다이사에 이어 호류사(法隆寺)에 들렀는데, 흙담과 문 등을 보는 순간 다시 한 번 놀랐다. 마치 한국에 와 있는 것 같은 착각이 들었다.

나라에서의 경험은 한반도와 고대 일본과의 깊은 역사적 관계가 지우려 해도 지울 수 없는 사실임을 계시해 준 것 같았다. 나라의 사적에 본능적으로 이끌려 간 것은 어쩌면 귀소본능인지도 모르겠다. 그리고 이때 나는 스스로에게 이렇게 말했다.

"그래, 이것은 정말 그냥 넘어가서는 안 될 문제다!"

나는 미국 유타로 돌아오자마자 토지이용계획과 관련하여 일본의 고도 나라의 도시계획 형성에 대한 연구를 시작했다. 그리고 이 프로젝트를 위한 연구비 지원을 받아 1982년 여름, 다시 나라를 찾았다. 당시 이 지역에 매우 정통한 구사카 마사요시가 리쓰메이칸대학교에 있었다. 그의 안내로 현장 조사는 매우 성공적으로 이루어졌다. 이 기간 동안 오사카, 나라, 아스카 그리고 오미(近江) 지역을 돌아보았다.

이 연구를 시작하기 전에는 한반도 이주민이 나라라는 도시에만 깊은 영향을 주었다고 생각했었다. 그러나 이 네 지역에 대한 현장 조사를 마친 후 한반도 이주민이 긴키(近畿), 규슈 북부(北九州), 기비(吉備), 산인(山陰) 그리고 호쿠리쿠(北陸)뿐만 아니라 간토(關東) 지방에까지 영향을 주었음을 알 수 있었다. 한반도 이주민이 일본 대부분의 지역에 영향을 미쳤다고 해도 과언이 아닐 정도였다.

1982년부터 매년 현장 자료를 수집하고 한반도 이주민 관련 학술자료를 얻기 위해 일본을 방문하였다. 그리고 중국, 일본 등에서 출판된 다양한 분야의 서적들을 읽고 공부하였다. 따라서 사회학, 민속학, 역사학, 지리학, 인류학, 고고학, 인구통계학, 건축 등에 관한 일본 학자들의 연구 자료를 살펴보았다. 이번 연구에도 서적이나 기록물 등을 참고하는 것은 물론 반드시 관련 현장 조사 및 답사를 했다. 그러다보니 미국, 한국, 일본을 넘나들며 많은 시간이 소요되었다.

일본에서는 고대 한반도 이주민에 대해 놀라울 정도로 다양한 관점들이 거론되고 있다. 연구 자료와 데이터를 수집하면서 에도, 메이지, 다이쇼, 쇼와 그리고 헤이세이 시대에 대해 학자들 간 다양한 관점이 있음을 알 수 있었다. 시기적으로 제2차 세계대전이 끝난 후 일본에서는 한반도 이주민 관련 서적들이 상당수 출판되었다.

나는 역사학자나 인류학자 혹은 민속학자가 아니고 지리학자다. 하지만 한국과 일본의 관계가 나로 하여금 이러한 석학들의 견해에 관심을 갖게 하였다. 한반도 이주민에 관한 일본 고대사 서적들은 일본에서의 한반도 이주민의 역사를 왜곡하여 서술해 놓았다. 최근 한반도 이주민에 관한 연구는 이마이 게이치(今井啓一), 우에다 마사아키(上田正昭), 이노우에 히데오(井上秀雄), 오와 이와오(大和岩男), 세키 아키라(關晃), 미즈노 유(水野祐), 히라노 구니오(平野邦雄), 나오키 고지로(直木孝次郎) 등과 같은 학자들에 의해 이루어졌다.

나는 오랜 교단생활을 통해 한국, 일본, 중국, 미국 등 동서양의 학생들을 가르쳤다. 게다가 내가 사용할 수 있는 언어들을 바탕으로 고대 일본으로 건너간 한반도 이주민에 관한 증거들을 철저히 검토했으며, 고대 한반도 이주민에 대한 보다 상세한 내용을 제공할 수 있다고 믿는다.

내가 한반도 이주민에 관한 새로운 학설을 만들어 내려는 것은 결코 아니다. 그보다는 고대 일본에서의 한반도 이주민에 관한 보다 정확한 이면의 상(像)을 제공하고자 할 뿐이다. 또한 고대 일본 문화 형성에 미친 한반도 이주민의 기여에 대해 밝히려 한다. 만일 일본의 교육기관에서 역사를 객관적으로 가르친다면, 일본인이 한국의 경주 등 역사적인 도시를 방문하였을 때 그곳 유적들이 자신들이 가지고 있는 문화와 흡사함에 놀라게 될 것이다. 동시에 한반도 이주민의 흔적을 거부하거나 왜곡하는 것은 불가능하다는 것을 깨닫게 될 것이다.

이러한 진실은 이미 일본 밖에서 증명되어 가고 있다. 1992년 겨울 유타대학교에서 동아시아 지리에 대해 강의를 하고 있을 때였다. 일본 시마네현 이즈모(出雲)에 대해 토론하면서 나는 학생들에게 이즈모가 한국과 관련되어 있음을 설명하였다. 그때 미국 학생이 손을 번쩍 들고 이렇게 말했다.

"교수님, 일본인의 선조들은 한국에서 왔습니다."

나는 깜짝 놀라 그걸 어디서 배웠느냐고 물었다. 그는 고등학교에서 배웠다고 대답했다. 다시 그 선생님이 누구냐고 물었고, 그는 그것을 가르쳐 준 선생님은 일본인이 아니라 미국인이라고 하였다. 오늘날 소수 일본인만이 한반도 이주민이 자신의 나라에 들어오게 된 이야기를 알고 있을 뿐인데 말이다.

나는 한국을 떠나 해외에서 생활한 지 50여 년이 되어 간다. 반세기를 외국에 머물면서 외국 학생들을 가르쳤다. 모국에 대한 그리움이 늘 가슴에 남아 있었지만 치열한 외국 생활에 전념하느라 모국에 대한 헌신을 미뤄 둔 채 반세기가 흘렀다. 그것이 늘 가슴속에 아쉬운 짐으로 남아 있었는데, 그 세월에 대한 보상으로 고대 일본의 한반도 이주민에 관한 선명한 상(像)을 서구 학자들에게 제공하고자 한반도 이주민을 연구할 필요가 있다고 생각해 왔다.

사실 그것은 매우 힘들고 어려운 작업이었다. 연구 자료들이 곳곳에 흩어져 있었기 때문이다. 그럼에도 힘을 낼 수 있었던 것은 나의 영문 원고를 읽은 미국 학생들과 동료 교수들의 격려 덕택이었다. 결과적으로 이 연구를 출판하기 위해 끈기 있게 밀고 나갈 수 있었다.

나는 고대 한국과 일본의 관계에 초점을 맞추어 왔으며, 또한 문화적으로 고대 일본을 규정짓는 것은 역으로 고대 한국을 의미하는 것이기도 하다는 것에 주목하였다. 이 책은 양국 학계 사이의 팽팽한 긴장감을 줄이는 데 도움을 줄 것이며, 누군가는 일본 고대사 서술에서 누락된 사실들을 발견하기도 할 것이다.

문화는 물과 같아서 높은 곳에서 낮은 곳으로 흐르기 마련이다. 문화는 처음에는 받아들여지지 않지만 기후와 물리적 환경, 그리고 새로운 환경에 적응하고 나면 그 지역에 뿌리내리게 된다. 한국과 일본은 밀접한 역사적 관계를 맺어 왔으며, 한국 문화는 고대 일본 문화 형성에 매우 중요한 영향을 주었고, 그 역사에 커다란 역할을 수행하였다. 특히 초기 일본 문화 형성 시기에는 한국의 문화, 기술, 정치체계 등이 한국인을 통해 일본으로 유입되었다. 그것은 사상, 종교, 예술, 기술뿐만 아니라 하나의 국가로서 일본이 성장하는 데 큰 영향을 미쳤다.

네 개의 왕국, 즉 가야, 백제, 신라, 고구려로부터 떠난 한반도 이주민을 추적하다 보면 고대사에 대한 일본인의 관점에 동의할 수 없는 지점에 다다르게 된다. 한반도 이주민의 존재를 확실하게 하지 않고 일본 고대사의 맹점을 해결하기란 불가능한 일이다.

4세기부터 9세기에 걸쳐 고대 일본에 미친 한반도 이주민의 문화적 영향은 의미심장하다. 이 시기의 한반도 이주민은 일본의 문화적 · 경제적 · 정치적 발전에 지대한 공헌을 하였다. 따라서 한반도 이주민에 관한 일본의 연구 자료에 의문을 제기할 수밖에 없는데, 그것은 많은 자료가 한반도 이주민의 영향을 축소하려는 일본 지배계급에 의해 나타난 것이기 때문이다. 지난 과거에서 현재에 이르기까지, 일본 유물들에 초기 한반도인의 영향이 반영된 사실을 의도적으로 모호하게 만들려 했던 사실만 해도 그렇다.

유일한 바람은 이 작업이 한반도 이주민과 그들이 고대 일본 문화 형성에 기여한 바에 대해 보다 더 정확한 이해를 얻는 데 도움이 되었으면 (특히 서구 독자들에게) 하는 것뿐이다. 나는 독자들이 한국어와 영문으로 출판되는 이 책을 읽고 한국이 고대 일본에 미친 문화적 영향을 제대로 인식하게 되기를 진심으로 바란다.

2) 연구 방법

우에다 마사아키는 『일본 고대사의 발견』이라는 책에서, 고대사를 연구하는 것 자체는 쉬운 일이지만 고대사 속에서 사실들을 끄집어내어 그것을 검토하는 것은 매우 힘들다고 주장하였다. 이러한 문제를 극복하기 위해 연구 자료와 역사적 사료들, 이를테면 유물, 유적지, 비문과 목판 등을 신중하게 살펴보았다. 그리고 지명, 성지와 사찰, 혹은 다른 유물들에서 찾을 수 있는 한반도 이주민의 흔적을 추적하기 위한 현장 조사도 세심하게 진행하였다.

하지만 그때마다 어려운 점은 이러한 사적지 대부분이 지역 개발로 인해 흔적이 남아 있지 않은 것이었다. 그래서 선행 연구 자료들에 의지하는 것으로는 안심할 수가 없어 연구자들이 간과한 자료와 새로운 역사적 자료를 얻기 위해 현장 연구를 하는 것으로 보충하였다. 따라서 한반도 이주민과 관련된 중요한 사적지 등을 조사하는 데 많은 시간을 들였으며, 특히 나이든 일본 사람들과 대화를 많이 나누었다.

고대 일본으로 건너간 한반도 이주민에 관한 최근의 연구가 매우 의미심장한 것은, 일본인들이 원치 않는다는 이유로 배제되었던 자료와 소재들을 끄집어낸 것이라고 생각한다. 이를 위해 고대 한반도인의 일본 이주 사실을 보다 더 밝게 조명하는 데 노력하였다. 이를 선명하게 설명하기 위해 다음과 같은 방법을 따랐다.

■ 거시적 접근

먼저 관련 정보와 많은 자료를 얻기 위해 거시적 접근 방법을 택했다. 이것은 한반도 이주민의 실재를 잘 이해할 수 있는 견해들을 아우르는 데 도움을 주기 때문이다. 그러나 이러한 접근이 간혹 편향적일 수도 있으므로 고고학, 민속학, 문학, 역사학, 사회학, 지리학 분야에서의 한반도 이주민 관련 자료들을 모으려고 시도하였다.

또한 한국 문화가 중국뿐만 아니라 인도, 동남아시아와 중앙아시아로부터 영향을 받았다는 보다 더 넓은 시각을 가지고 접근해야 한다. 이 문화 전파 과정에서 중국 문화는 아시아의 다른 문화와 겹쳐진다. 요컨대 한국 문화는 한국인의 지혜로부터 비롯된 것이지만 동시에 아시아의 다른 지역으로부터 전파된 문화에도 기반을 두고 있다.

일본 문화를 분석해 보면 한국뿐만 아니라 인도, 동남아시아와 중앙아시아, 그리고 중국으로부터 영향을 받아왔음을 알 수 있다. 전 세계적(거시적) 접근을 바탕으로 이주에 관한 정보를 조사하면서 '나무만 보다가 숲은 보지 못하는' 함정에 빠지지 않으려고 노력하였다. 다시 말해 우리는 한반도에서 고대 일본으로의 이주의 의미를 충분히 이해하기 위해 큰 그림을 살펴보아야만 한다는 것이다.

■ 자료 수집과 해석

한국인 이주에 대한 연구에서 문헌과 기록이 갖는 중요성을 잘 알지만 그러한 자료들에 지나치게 의존해서는 안 된다. 그것은 대부분 국가 통치자들, 특히 자신의 적이나 경쟁자에 대한 정보를 배제하고 쓰여진 것들이 많기 때문이다. 따라서 부정확한 자료를 확인하기 위해서는 광범위한 현장 조사를 하여 지명과 그 지방의 설화 또는 신화, 그리고 고대 일본에서의 한반도 이주민의 활동 관련 소재들을 발굴해 내야 한다.

한반도 이주민에 관한 연구는 고대 일본 통치자뿐만 아니라 학자들에 의해 묻혀 버리거나 축소된 진실을 발굴하기 위한 것이다. 따라서 현장 조사는 필수이며, 그 작업이 늦어지면 일본과 한국에서 이루어지고 있는 개발 등으로 영영 기회를 잡지 못할 수도 있을 것이다.

오늘날 일본에서는 고대사 연구만큼이나 한반도 이주민에 대한 연구가 활발하게 이루어지고 있고, 제2차 세계대전 이후 한반도인 이주 역사에 관한 연구서가 많이 출판되었다. 여기에는 고대 일본으로 들어온 한반도 이주민의 역사도 포함되어 있다.

그런데 그들의 연구를 검토해 본 결과 대부분 연구 방향과 경향이 비슷했다. 몇몇 학자는 매우 창조적이고 의미 있는 연구를 하였으나, 대부분 완전히 기록된 자료에 의존하고 있었다. 그리고 자료를 설명하는 데 상당한 시간을 할애하였으며 현장 조사를 자주 간과하였다. 이 과정을 통한 확인 절차 없이 고대 일본으로의 한반도 이주민의 실체에 관한 정확한 시각을 얻기란 매우 어려운 일이다.

■ 고대 교류 경로로서의 동해 연안의 재평가

일본 고대사에 관한 연구, 특히 한반도 이주민에 관한 연구에서 학자들은 세토 내해(瀬戸內海)를 거쳐 야마토(大和) 지방으로 들어가는 경로에 큰 비중을 두었다. 그들은 이 경로를 고대 일본으로의 이주 경로라는 의미로 일본의 정문을 통한 등장이라고 했다. 고대 일본사 서적들은 항상 야마토 지방과 그 통치자와 귀족들에 초점을 맞추고, 민중들과 지방에서의 사회적 활동은 무시하였다. 더하여 동해 경로(혹은 산인, 호쿠리쿠 지방 경로)는 역사서에서 소홀히 취급되었다.

일본 남부의 온화한 기후로 인해 규슈 북부-세토 내해-야마토 경로는 이주와 이동 그리고 커뮤니케이션에 있어 가장 많이 활용되었다. 그보다 좀 더 냉랭한 기후인 동해 연안 경로는 보다 덜 유리한 것으로 보인 것이다.

하지만 실제로는 많은 사람이 동해 연안을 통해 산인, 호쿠리쿠 지방으로 이주하였다. 그런데 대부분의 기록에는 이 사실들이 빠져 있다. 그런 식으로 기록되지 않은 채 남은 한반도 이주민은 일본 고대사에서 중요한 기여를 하였다.

한반도, 중국, 동남아시아, 중앙아시아의 이주민들은 다양한 경로를 통해 고대 일본으로 들어갔다. 따라서 고대 일본사의 주요한 국면들이 동해 연안에서 발생하였는데, 한반도 이주민의 역할을 밝혀내기 위해 동해 연안을 따라가는 경로를 재평가하는 것은 필수적인 작업이다.

■ 한국, 일본, 중국 그리고 러시아와의 합동 연구

한반도 이주민에 대한 연구는 소수의 힘으로는 제한이 있음을 알았다. 아시아 여러 대학의 연구자들과 함께 이 주제를 연구하여 격조 높은 성과를 내놓는 것이 가장 바람직한 일이다.

한 예를 들어 야마타이국(邪馬臺國)에 대한 연구(왜, 왜인 등에 관한 연구)는 국제적으로 한국, 일본, 중국 그리고 다른 서구 학계의 학자들이 합심하여 다루어야 한다. 이 연구를 통해 4세기에서 9세기에 걸쳐 이루어진 고대 일본의 결정적인 기원 시기를 확인할 수 있을 것이다. 물론 명심해야 할 점은 진수(陳壽, 233~297)가 쓴 『위지동이전(魏志東夷傳)』에서 지리학적 견해와 관련된 의문을 던진 바 있다는 것이다. 뿐만 아니라 현장 조사 없이 기록해 놓았기 때문에 편집 과정에서 왜곡이 있었음이 분명하다.

21세기 동아시아 역사 연구는 사실과 입증할 수 있는 근거를 토대로 한 과학적 방식으로 다루어야 한다. 따라서 역사가 단순히 유물로써만 존재할 뿐만 아니라 고대 동아시아 역사 연구의 현재와 미래까지도 더 풍요롭게 만든다는 사실을 인정해야만 할 것이다. 요컨대 에드워드 윌슨(Edward Wilson)이 주장하는 통섭(Consilience)의 개념을 반추하며 접근해 보았으면 하는 의견이다.

고대 한반도 이주민의 일본 이주

1) 지금까지의 이주민 연구

■ 일본 학자의 한반도 이주민에 대한 연구

현재 일본의 고대 문화 형성과 관련한 한반도 이주민에 대한 연구 상황을 살펴볼 때 이렇다 할 만한 연구가 없는 실정이다. 나라/헤이안 시대를 거쳐 가마쿠라 시대까지 사실 이 문제를 들고 학문적 양심에 입각하여 연구 조사한 학자는 거의 없었다. 에도(江戶) 시대에 접어들어서야 간접적으로 연구한 학자들이 보인다.

즉 오야마 다메오키(大山爲起)의 『씨족모감(氏族母鑑)』, 모토오리 노부나가(本居宣長)의 『나라오사메노 무레타미코토』, 다카 야스키의 『계림습엽(鷄林拾葉)』, 반 노부토모(伴信友)의 『번신고(蕃神考)』, 히라다 야스다네의 『고사징개제기(古史徵開題記)』, 호소이 사다오(細井貞雄)의 『성서고(姓序考)』 등에서 '귀화인(歸化人)'이 언급되기 시작했다. 이밖에 에도 시대의 학자로서 나름대로 신뢰할 만한 아라이 하쿠세키(新井白石), 가리야 에키사이(狩谷掖齋), 모로쿠스 긴다이(諸葛琴臺) 등이 있다. 특히 후지이

데이칸(藤井貞幹)은 『충구발(衝口發)』을 통해서 일본이 일찍이 삼한 시대부터 한국을 통해 여러 가지를 배웠다고 언급한 바 있다.

메이지 시대에 접어들어 국력이 신장함에 따라 대륙과 한반도에 대한 국민적 관심이 높아지고 문운융창(文運隆昌)하여 국사 연구에도 관심이 높아지자 귀화인에 대한 여러 문제가 제기되었다. 이때 구리타 히로시(栗田寬)의 『씨족고(氏族考)』, 『신찬성씨록고증(新撰姓氏錄考證)』, 요시다 도고(吉田東伍)의 『대일본지명사서』, 오타 아키라(太田亮)의 『일본고대사 신연구』, 『일본 고대 사회조직의 연구』, 『성씨가계대사전』 등의 저서는 귀화인 문제를 연구하는 데 중요한 기틀이 되었다.

하지만 이들의 연구는 귀화인에 대한 실질적 연구와는 거리가 있었고, 각 분야마다 귀화인에 대한 접근이 달라 본질적인 귀화인에 대한 문제를 해결하지는 못하였다. 이마이 게이치는 이와 같은 연구가 오로지 문헌 자료의 조작에 그치고 귀화인과 관련된 유적과 유물, 전승을 통하여 규명하는 데는 적지 않은 아쉬움이 있다고 말하였다.[1]

일반적으로 그와 같은 연구에서는 귀화인이 당시 한반도의 뛰어난 문화와 기술 등을 일본에 이식하여 일본의 고대 문화 발달에 공헌한 바를 추상적으로 평가하고 있는 것이 대부분이다. 귀화인들이 어느 부문에서 일본의 고대 문화 전승에 공헌하였는가를 구체적이고 실질적으로 취급한 것은 그리 많지 않고 대부분 판에 박힌 듯한 일본을 두둔하는 서술에 그치고 만 것이다.

이는 이방인인 귀화인의 활동을 상세히 조사하여 그 공적을 크게 부각시키는 것을 일본인이 좋아하지 않는다는 이유가 가장 컸다. 그렇기에 메이지, 다이쇼, 쇼와, 헤이세이 시대에 출판된 일본사, 특히 고대사

---

1) 今井啓一(1972), 歸化人の硏究, 總說篇, 綜藝舍, pp.1-2.

개설서들은 귀화인의 공적을 찬양하기보다는 오히려 일본 국민이 귀화인을 완전한 일본인으로 융화시킨 동화력을 높이 평가하였으며, 일본 조정에 중용되고 높은 관작을 받게 된 귀화인의 재능과 능력을 칭찬하기보다는 일본인의 이방인에 대한 따뜻한 포용력을 찬양하였다. 메이지 유신 이래 일본 역사가들이 귀화인에 대해 내린 평가는 극히 소극적이고 공허한 찬사에 불과했다.

한반도 이주민의 활동과 기여가 일본 고대사의 방향을 결정했다는 인식에 도달하지 못한 것은 도쿄대 구로이다 가쓰미(黒板勝美), 스에마쓰 야스카즈(末松保和), 쓰다 소키치(津田左右吉) 등 역사가들의 그릇된 역사관 탓이 크다.

제2차 세계대전의 패배는 어느 의미에서 일본 역사, 특히 고대사의 새로운 방향을 바로잡을 수 있는 하늘이 준 기회였다. 한때 언론 자유와 군국주의로부터의 탈피를 운운하며 일본 역사학계에서는 새로운 기운이 태동하였건만, 과거의 그릇된 황국사관에서 탈출하지 못하고 예전 그대로의 세력에 휩쓸려 고대사를 바로잡으려던 흐름이 한낱 지류가 되어 버렸다. 이른바 복고주의 사관으로 흘러간 것이다.

한국 역사가로서 일본사 특히 고대사를 집중적으로 연구해 온 고려대 최재석은 저서에서 현재 일본 고대사학계에는 고대사를 제대로 다룰 만한 학자가 한 명도 없다고 말했다.[2] 새로운 역사관을 확립할 수 있는 절호의 기회를 놓치고 다시 옛날의 군국주의 사관으로 되돌아가고 있는 것을 볼 때 마음이 아프다.

한편, 일본학계에서도 교토대 우에다 마사아키, 히라노 구니오, 세키

2) 崔在錫(1990b), 『日本 古代史 批判』, 一志社, pp.14-185.
　　洪元卓(1994), 『백제와 야마토 일본의 기원』, 도서출판 구다라, pp.351-361.

아키라, 이마이 게이치, 나오키 고지로, 이노우에 히데오, 미즈노 유 등이 조사 연구한 견해를 발표함으로써 고대 한반도 이주민의 윤곽이 점차 드러나기 시작했다. 물론 이들의 견해가 모두 정곡을 찌르는 것이었다고는 할 수 없지만 이 화두를 주제로 저술을 발표한 것은 주목할 만한 사실이다.

특히 교토에서 태어나 자란 이마이 게이치는 고대 귀화인이 정주하여 활동하던 기나이(畿內) 및 그 주변 지역을 답사하고 귀화인에 관한 많은 저술을 남겼다. 그는 "일본의 고대 문화는 주로 한반도 이주민에 의해 형성되어 그들의 공헌으로 비로소 불교국가, 율령국가 체제가 정리된 것이라고 해도 과언이 아니다" 하고, 한반도 이주민의 문제를 선명히 밝히지 않고는 일본 문화를 말할 수 없다고 했다.[3]

또한 사카구치 안고(坂口安吾)의 『신일본지리』 속의 '이세 신궁에 가다', '아스카의 환상', '사라져 버린 사막', '고마 신사의 쟁사의 피리' 등은 틀림없는 고대사에 대한 검증이라고 할 수 있다.

『일본 속의 조선 문화』를 집필한 작가 김달수는 사카구치의 '고마 신사의 쟁사의 피리'를 읽고 일본인 중에도 조선을 소중히 여기는 사람이 있다는 사실에 충격을 받았다고 하면서 "고대 일본에 이주해 온 주민들에게 마음에서 우러나오는 존경과 예의를 다했던 사카구치와 같은 일본 문학자는 다시는 없을 것이다"라며 장문의 평론을 바치기도 했다. 또한 사카구치가 "『일본서기(日本書紀)』의 지나치게 히스테리컬한 문장이 그것을 증명한다"고 한 것을 지적하였는데, 이는 그의 뛰어난 역사관을 반증하는 것이다. 만일 그가 좀 더 살아서 일본 고대사 연구에 힘을 썼더라면 다른 형태의 고대사 연구가 현재 이루어지고 있을 것이라고 오야

---

3) 今井啓一(1972), 앞의 책, pp.1-2.

겐지(奧野健男)는 감히 말하고 있다. 그는 분명 일본 고대사가 걸어야 할 다른 방향을 제시할 수 있는 일본 역사가 중의 한 사람이라고 말했다.[4]

제2차 세계대전 이후 이마이 게이치는 동양의 역사와 일본사에 대한 전공을 바탕으로 객관적이고 타당한 역사관뿐만 아니라 동아시아 다른 국가들의 사관을 고려하는 등 다각적인 입장에서 역사를 분석해야 한다고 했다. 또한 일본 역사에 대한 해석에서 사용되어 온 가정들을 재검토하려 하였으며, '일본 고유 문화가 일본 자체적인 고유한 형태로 형성되었다'고 주장하는 비과학적인 해석에 대해서 과감히 반론을 제기했다. 뿐만 아니라 한반도 및 대륙으로부터 일본으로의 전파 경로를 분명히 하는 데도 전력을 다했다.

이마이 게이치가 말한 방법론은 문헌 조사는 물론이거니와 발로 뛰는 현지 조사가 선행되어야 하며, 과학적이면서 보다 더 실제적인 결론에 접근할 수 있도록 하여야 한다는 것이다. 그러나 사실 그의 논문 중에는 '과학적 사관'을 제대로 적용하지 못한 오류를 범하기도 했다.

제2차 세계대전 이후 '귀화인/도래인'에 대한 기존 일본 학계와는 다른 견해로 접근하고 있는 젊은 일본 사학자들이 있다는 사실은 다소 희망적이다.

한편 국내에서는 권태명, 김병호, 김사엽, 김성모, 김용운, 김향수, 문정창, 박정화, 박천수, 소진철, 손대준, 송형섭, 이병선, 이영희, 현규환, 홍원탁, 최재석 등 여러 분이 이 문제를 다루었고, 재일동포 중에서는 강두흥, 김달수, 이진희, 전호천, 강재언, 김정주, 단희린, 권우근, 박남수

---

4) 金達壽(1993), 오문형 · 김일형 역, 『일본 열도에 흐르는 한국혼』, 동아일보사, pp.107-108. 坂口安吾(1951), 『安吾新日本地理』, 河出書房新社 참조.
坂口安吾(1970), 『評論全集 4 歷史紀行文篇』 冬樹社, PP.73-87, 198-222.
奧野健男(1991), 『解說 坂口安吾全集 18』, 筑摩書店, PP.771-777.

고대 한일 관계사의 진실

등이 무게 있게 다루고 있다.

　북한에서는 일찍이 사회과학연구원의 김석형을 중심으로 고대 한반도 이주민에 대한 연구가 이루어졌다. 특히 그는 근래에『조일관계사—야마토 정권과 임나』를 저술하여 일본 고대사 연구에 커다란 경종을 울린 바 있다.

　나는 세월이 지나면 보다 더 과학적이고 신빙성 있는 자료가 뒷받침되고 양심적인 연구자들이 베일에 가려져 있던 한반도 이주민의 역사, 그리고 고대 일본 국가와 문화 형성에서 그들이 기여한 역할이 바로 드러날 날이 반드시 오리라고 확신한다. 그것은 역사의 흐름이라는 진리를 믿기 때문이다.

　인류 역사를 통해서 우리는 현재 일본의 고대사, 특히 한반도 이주민 연구가 결코 올바른 길이 아니라는 것을 알고 있다. 물론 몇몇 분은 학자적인 양심에서 전력을 다하여 정도를 걷고 있으나 일본 고대사 연구는 역사의 흐름과 다른 방면으로 흘러간 것 같다. 역사의 진실이 불행히도 어떤 시대의 그릇된 정치나 사조에 짓눌려 있더라도 시간이 흐르는 동안 마침내 베일이 벗겨지고 사실과 진실이 우리 앞에 나타날 것을 굳게 믿고 기다리고 있다.

2) 귀화인, 도래인 그리고 이주민

귀화인, 즉 일본에 이주한 고대 한반도 이주민을 다룰 때 가져야 할 태도는 첫째, 한반도 이주민이 일본 고대 문화 발전과 전개 과정에 이바지한 역할을 솔직하게 인정하지 않은 과거의 황국사관을 청산하고 과장하지 않은 사실 그대로를 털어놓을 것, 둘째, 일본도 동아시아의 국면에서 바라보면 다이카 개신(大化改新)의 율령제 체제 하에서 수·당 문화권의 하나였다는 인식에서 출발하는 자세가 필요하다.

나는 한반도에서 고대 일본으로 건너간 사람들을 귀화인이라 부르는 데 대해 처음부터 거부감을 느꼈다. 일본 역사가 시작된 이래 귀화인으로 불리었다고 하지만, 내 생각에는 가장 이른 시점으로 보아도 7세기가 되어 귀화인으로 불린 듯하다. 그러나 일본에서는 패전 후에 비로소 귀화 또는 귀화인이라는 용어에 대해 의문이나 반론이 제기되어 그에 대한 학문적 검토가 시작되었고, 귀화인보다는 도래인(渡來人)이라는 호칭을 역사학계에서 사용하고 있다.[5]

우에다 마사아키가 이와 같은 비판적 견해의 선구자 역할을 하였는데, 그는 귀화인이라는 용어를 멀리하고 일본의 정사인 『고사기(古事記)』에 기록되어 있는 대로 도래인이라고 부르는 것이 타당하다고 주장하였다. 일본 중고등학교 역사교과서(검정교과서)에도 1975년 전후로 귀화인에서 도래인으로 용어가 바뀌었다. 이는 시대의 변화와 흐름에 따라 한국을 보는 시각이 변화하고 일본인의 의식구조가 달라지고 있음을 보여 준다. 오늘날에는 도래인이라는 용어가 일본 사학계에 정착되어 가고 있다.

---

5) 上田正昭는 1960년 중반부터 '귀화인' 보다는 '도래인' 이라고 부르는 것이 타당하다고 주장해 왔으며, 오늘날 '도래인' 으로 부르고 있다.

1980년 쓰쿠바대학교 초빙교수로 가 있을 때 도쿄를 비롯한 각 지방의 서점에는 도래인에 관한 서적이 많았다. 소위 일본 고대사의 붐이었다. 이때 한반도 이주민에 관한 책은 거의 '귀화인'이라는 용어를 사용하고 있었으며, 귀화인은 귀화를 통해 그 나라 국민이 된 사람이라고 설명하고 있었다. 국적이라는 근대적 개념을 사용하여 고대사의 개념을 규정한 것이다. 그리고 여기에는 분명 왕화(王化)사상을 함께 설명해 놓았다.

하지만 한반도의 4국(가야, 백제, 신라, 고구려)에서 고대 일본으로 이주한 사람들은 천황 덕에 갑화되었다기보다는 각 분야의 개척자라는 사명감을 가지고 바다를 건너 신천지에 온 이들이었다. 그랬을 때 왕화사상을 기조로 한 귀화라는 용어는 본질적으로 맞지 않는다. 설령 그들이 정치적 변동에 따른 망명자라 할지라도 마찬가지다.[6]

이제 일본 고대사에서 소위 귀화인 연구의 대가라고 알려진 일본과 한국의 학자, 또는 작가들 중 귀화인이라는 용어를 고집한 이들과 도래인이란 용어가 타당하다고 보는 이들의 견해를 정리해 보고자 한다.

(1) 귀화인 : 이마이 게이치와 미즈노 유

■ 이마이 게이치

귀화인 연구에 일생을 바치고 많은 책을 펴낸 이마이 게이치는 귀화(歸化)라는 용어에 대한 긍정론을 펴며 이 용어가 왜 불편하냐고 반문했다. 그리고 귀화는 A국적 사람이 B국적으로 완전히 바꾸어 안주한다는 뜻이 있다는 것을 잊어서는 안 된다면서, 귀화라는 문자는 이미 중국 고전

---

6) 上田正昭(2013), 『渡來の古代史 −國のかたちをつくったのは誰か』, 角川選書 526, pp.78-94.

제2장 고대 한반도 이주민의 일본 이주

에도 나와 있고, 일본에서도 숭신기(崇神紀)에 처음으로 나타났다고 했다.

특히 동양 고대국가에 있어서의 귀화는 유럽 근대국가에서의 귀화와는 뜻이 크게 다르다고 주장했다. 즉 속인법(屬人法)이 행해지는 동양 고대국가에서는 왕화가 미치는 곳이 국내였다. 속지법(屬地法)이 엄격히 이루어져 그 때문에 전쟁 때 되풀이되는 근대국가에서와 같은 국경 관념은 전혀 맞지 않다. 그리하여 수·당 제국은 물론 일본의 나라/헤이안 시대에 외국으로부터의 도래자를 화외인(化外人), 속인(屬人) 등으로 부르며 국적을 엄밀히 말하지 않았다. 따라서 일본 고대의 귀화에 있어서는 국풍을 흠모하고 왕화에 복종하여 속을 바꾼다는 정신적인 면이 귀화의 요건이 되고 있는 점에 대해서 주의해야 한다고 말했다. 그리고 귀화라는 용어 반대론자들에게 이 용어의 의미를 더 공부해야 한다고 강조했다.[7]

■ 미즈노 유

이즈모(出雲)에 관한 이론을 전개하기 위해 그곳을 30여 차례 답사했다는 그는 귀화 용어 긍정론을 이론적으로 펼쳤다. 그의 견해를 보면 귀화의 가장 중요한 요건은 "단순히 외국에서 건너왔다는 것만이 아니라 건너온 그대로 토착하여 모국에 돌아가지 않고 자자손손 이주한 나라의 사람이 되는 것을 뜻한다"는 것이다. 우선 그의 귀화인 수긍론을 인용해 본다.

"최근 고대사 학자들 사이에서 논의되고 있는 '귀화인'이라는 말을 멀리하고 대신 도래인이라는 용어가 사용되고 있다. …나는 미래에도 내가 쓰는 문장 속에 '귀화인'이라는 용어를 서슴없이 사용할 것이다. …귀화

7) 今井啓一(1962-5),「日本史における歸化人の定義」,『韓來文化の後榮(上)』, pp.115-116.
權又根(1988),『古代日本文化と朝鮮渡來人』, 雄山閣, pp.77-83.
平野邦雄(1980), 記·紀における"歸化""外蕃"の 概念とその 用例 東洋文化 60.

라는 용어는 원래 중국 고전어(漢語)이고 일본인이 옛날부터 착용해 온 것이다."

그는 '귀(歸)'와 '화(化)'라는 의미를 상세히 설명한 후에 이 귀화라는 용어는 오늘날 일반적으로 타국의 국적에 들어가 그 나라의 국민이 된다는 의미로 사용되고 있으며, 이 본래의 뜻이 발전하여 왕의 교화(敎化)에 복종한다는 유교적 의미가 부가되어 위덕귀화(威德歸化), 즉 제왕의 덕에 복종한다는 의미로 해석된다고 했다.

여기에서 미즈노 유가 귀화인이라는 용어를 존중하는 이유는 모국에 돌아가지 않고 원주민과 혼혈 융합하여 동화한다는 뜻이 강하며, 도래인이라는 용어에는 그런 뜻이 전혀 비치지 않는다는 것이다.

현행법에서도 귀화라는 용어가 사용되고 있으나 거기에 규정되어 있는 귀화 용어에는 유교적 해석의 영향을 받은 중국 고전어와 같은 의의는 전혀 포함되어 있지 않다.

미즈노 유는 귀화 또는 귀화인이라는 용어를 사용할 때는 언제나 이 현행법적 용어로서의 의미이며, 귀화인이라는 표현을 취함으로써 오히려 중요한 기본적인 의미를 명확히 드러내고 있다고 주장했다. 이와 같이 미즈노 유는 귀화인 용어 사용에 대해 학문적 신념에서 적극적인 논리를 전개하고 있다. 그러나 나의 견해와는 다르다.

(2) 도래인 : 우에다 마사아키와 김달수

■ 우에다 마사아키

일본 고대사에 있어서 한반도 이주민 연구의 대가인 우에다 마사아키는 '도래인'이라는 용어를 지지하고 있다. 그는 고대 일본에서의 귀화라는 문자의 쓰임을 정확하게 설명하면서, 특히 한반도 이주민에게 이 용어를 쓰면 안 된다고 주장했다.

그는 왕화를 따라서 이주한 사람을 귀화인이라고 하는데 일본에 온 외국인이라고 해서 모두 귀화인은 아니고 국가의 질서에 따라 그 범위에 들어온, 즉 화내(化內)의 사람 혹은 화외(化外)의 사람이 될 사람을 고대 법에서는 귀화인이라고 했다. 따라서 여기에는 전제조건으로 왕화사상이 존재한다는 것이다.[8]

우에다 마사아키에 따르면 "종래에는 귀화 혹은 귀화인이라는 말을 너무 안이하게 함부로 써왔다"고 한다. 이 귀화라는 말은 『고사기』에는 쓰여 있지 않다. 요로 연간(養老年間, 717~724)에 '요로령(養老令)'이란 법률이 만들어졌지만 이 요로령 혹은 720년에 완성한 『일본서기』에 귀화라는 말이 나온다. 이 경우에 귀화는 어떤 의미인가라는 것이 첫째 문제다.

833년에 요로령 주석서인 『영의해(令義解)』가 나왔는데, 그 해석에 따르면 흠화내귀(欽化內歸)라는 것이다. 이 흠화내귀는 왕화를 그리며 화내(化內)의 사람이 된다는 의미이다. 그러므로 왕화란 말에 대해서 화외(化外), 혹은 왕민(王民)에 대해서 이적(夷狄)이란 말이 쓰이고 있다. 구체적인 귀화 혹은 귀화인은 거주를 정해서 호적에 등록되는 것이다. 그러나 첫째 국가가 되어 있지 않은 단계에서 귀화라는 현상은 있을 수 없다.

712년 1월 28일에 만들어진 일본 『고사기』에는 '귀화'라고 쓰지 않고 '도래'라는 말을 쓰고 있다. 나라 시대에 만들어진 『풍토기(風土記)』에도 귀화라는 말은 찾아볼 수 없다. 역시 그런 관념이 구체화된 것은 8세기 초 고대 귀족의 왕화사상에 의한 것이라고 보아야 할 것이다.

---

8) 上田正昭(1965), 『歸化人 : 古代國家の成立をめぐって』, 中央公論社, pp.28-29.
   關晃(1966), 『歸化人 : 古代の政治・經濟・文化を語る』, 至文堂, pp.6-7.
   司馬遼太郎, 上田正昭, 金達壽(1971), 『日本史の朝鮮文化』, 中央公論, pp.254-255.

『신찬성씨록(新撰姓氏錄)』이란 책이 있다. 815년 수도 헤이안쿄(平安京) 주변 기나이(畿內) 지역에 있는 유력한 씨족의 계보(系譜)를 편찬한 것인데 1,182개 성씨가 기록되어 있다. 그것을 신별(神別), 황별(천황계 씨족), 제번(諸蕃, 도래계 사람들)으로 구별했으며, 제번 성씨가 326개로 전체의 1/3 가깝게 기록되어 있다. 이와 같이 많은 씨족이 기록되어 있다는 것은 도래인, 즉 이주민과 그 후예들이 얼마나 많았는가를 알려주고 있다.[9]

■ 김달수

귀화인 문제가 나오면 김달수를 생각하게 된다. 그는 한국에서 태어나 열 살 때 일본으로 건너간 후 오랫동안 작가와 기자 생활을 하였다. 나는 한반도 이주민 연구를 시작하면서 『일본 속의 조선 문화』에 조예가 깊은 그의 연구 자세에서 많은 것을 느꼈다. 그는 온갖 역경을 이겨내고 조선인에 대한 차별 속에서 일본 속의 조선 문화 찾기에 힘을 쏟았다. 편협한 감정을 떠나 당당히 한국 문화의 위치 찾기에 헌신적인 노력을 하였건만 뜻을 다 이루지 못하고 타계한 것은 한반도 이주민 문화 연구에서 볼 때 커다란 손실이다.

설상가상으로 '일본 속의 조선 문화'에 비상한 관심을 갖고 조사하던 시바 료타로, 이진희(李進熙), 정조문 등까지 타계하여 『일본 속의 조선 문화』는 제50호로 휴간되었다. 결국 우에다 마사아키 혼자 남게 되었으니 얼마나 섭섭하였을까. 객관적인 입장에서 기회 있을 때마다 일본 문화 형성의 각 분야에 공헌했던 한반도 이주민에 대해 귀화인이라고 불러

9) 上田正昭(1974), 『歸化人と渡來人 : 古代日本と朝鮮』, 中央公論社, pp.180-182.
　　上田正昭(1965), 앞의 책, pp.28-32.
　　平野邦雄(1993), 『歸化人と古代國家』, 吉川弘文館, pp.1-3.

도 좋지만 도래인이라고 불러야 한다는 고대 사관에 대해 올바른 주장을 폈던 그분의 별세가 아쉽기만 하다.

김달수는 『일본 속의 조선 문화』 제1호 좌담회에서 우에다 마사아키, 시바 료타로, 무라이 야스히코(村井康彦) 등과 동석한 자리에서 귀화인의 정체를 밝히고자 했다. 그리고 귀화, 귀화인의 실체를 규명하고자 일본 방방곡곡을 돌아다니며 자료를 모아 이주민의 바른 자세와 위치 찾기에 여념이 없었다. 또한 7세기 후반부터는 귀화, 귀화인이라고 해도 무관하지만 7세기 이전에는 이주 대상 국가도 없었는데 그들을 귀화인이라고 일컫는 것은 납득이 가지 않는다고 주장하였다. 따라서 도래인이라 부르는 것이 타당하지 않느냐며 혹시 차후에 더 적절한 용어가 나오면 다른 용어를 사용해도 된다고도 말했다.[10]

(3) 나의 견해

그렇다면 고대 일본으로 건너간 한반도의 가야, 백제, 신라, 고구려 사람들을 무엇이라고 부르면 될까? 이들은 끊임없는 전쟁과 사회 불안 등을 피해 지리적으로 가장 건너가기 쉬운 일본으로 갔다. 인구론(人口論)에서 정의하는 대로 '인간은 언제나 이동하는 존재이다.' 여기에서 인구 이동에는 압출 요인(Push factors)과 흡인 요인(Pull factors)이 작용한다.

고대 일본으로의 이동은 두 요인이 맞물려 백만에 가까운 한반도 이주민이 야요이 시대부터 나라 시대 사이에 이동했다. 도쿄대 하니와라 카즈

---

10) 金達壽(1993), 앞의 책, pp.4-5.
1969년 김달수는 司馬遼太郎, 上田正昭, 村井康彦와의 좌담회에서 귀화인이라는 말이 오류가 있음을 지적하고 비판하였다.

오(埴原和郎)는 두개골의 형태 변화 실험을 통해 기원전 3세기부터 기원후 7세기까지 일본 열도 서부 지역의 원주민 : 도래인 비율은 1 : 8에서 1 : 9로 도래인이 전체 인구의 8, 9할이었다고 주장했다.[11]

앞서 말하였듯이 이렇게 이동해 간 한반도 이주민을 일본에서는 귀화인이라고 불렀던 것이다. 이들은 귀화의 대상이 되는 국가가 채 성립되지도 않은 일본 열도에 탁월한 지식과 심오한 기술을 가지고 건너갔다.

1984년 9월 당시 전두환 대통령을 접견한 일본 천황은 만찬회에서 "6, 7세기 일본에서 국가가 형성된 시기에 많은 귀국인이 도래하여 우리 국민에게 학문, 문화, 기술 등을 가르쳤다는 중요한 사실이 있습니다"라고 말한 바 있다. 이렇게 자발적으로 일본에 건너가서 문화를 전파하였건만 한반도 이주민은 지금까지 왕을 위한 노예, 선물받은 노예 또는 노동자라고 불리어 왔다.

당시 한반도와 일본의 기술과 지식 수준은 비교할 수 없을 정도로 현저한 차이가 있었다. 4세기에서 9세기에 걸쳐(야요이-고훈-나라-헤이안 시대 초기) 한반도 이주민들이 전파한 지식과 기술은 일본 고대국가 형성에 엄청난 공헌을 했다. 그런데 오늘날에 와서야 겨우 진보적이고 양심적인 연구로 이들을 도래인이라 부르게 되었다.

그렇다면 과거 한국에서는 이 호칭에 대해 어떻게 대응해 왔는가. 이병도(李丙燾)는 일본으로 대거 건너간 한반도 이주민을 도동자(渡東者)라고 했다.[12] 나는 이주라는 개념을 바탕으로 '이주민'이라는 용어를 모색하고자 한다.

---

11) 埴原和郎(1993), 『日本人と日本文化の形成』, 朝倉出版 참조.
　　그리고 보스턴코리아(http://www.bostonkorea.com) 2011년 6월 20일자 기사 「아스카 백제 문화를 찾아서 : 3. 곤지의 아스카베 왕국」 참조.
12) 李丙燾(1971), 『백제연구』 2호, 충남대학교 백제연구소, pp.18-23.

나는 미국에서 50여 년 가까이 살며 대학에서 토지이용론과 인구이동론을 강의해 왔다. 원래 사람이란 물이 높은 곳에서 낮은 곳으로 흐르듯한 장소에서 다른 장소로 옮겨가는 존재이다. 그 움직임은 반드시 어떤목적과 희망을 토대로 한다. 즉 더 나은 삶을 위해서 이동하는 것이다.그리고 사람들이 한 지역을 떠나 다른 지역으로 이동하여 그곳의 환경에적응, 정착하는 것을 인구이동, 이주라고 한다.

이렇게 보면 보다 잘살아 보자는 희망을 가지고 다른 나라로 가는 것은 이주의 범위에 들어간다. 예를 들어 외교관, 사업가 그리고 유학생들은 이동해 가서 목적이 달성되면 대부분 본국으로 돌아온다. 이에 반해이주민은 건너간 그곳에 정착해 살다가 그곳에서 대부분 생을 마감한다.

따라서 한반도 이주민의 일본 이주를 귀화 혹은 도래라고 부르는 것은이해하기 어렵다. 영국의 저명한 역사학자 아널드 토인비는 한 문화가다른 지역으로 바다를 건너 이동하면 그곳에서 더 화려하게 발전된다고했다. 일본의 고대 문화가 꽃피었던 것은 바로 한반도 이주민이 높은 수준의 문화를 가지고 갔기 때문이다.

한반도 이주민에 대해서 색다른 의견을 가지고 있던 세키 아키라(關晃)는 일본 고대 사회를 형성한 것은 고대 한반도에서 건너온 귀화인들의힘이었다고 역설했다.

"우리 조상의 수를 계산해 보면 알 수 있겠지만 우리는 천수백 년 전에생활하고 있던 일본인의 피를 받았다. 따라서 고대 귀화인의 피를10~20% 받았다고 생각하지 않으면 안 된다. 우리 조상들이 귀화인을동화시켰다고 하는데, 귀화인은 바로 우리 조상이었다. 그들이 이룩한일들은 일본인을 위해서 한 것이 아니라 일본인이 한 것이다. 그들의 활약은 그와 같은 눈으로 바라보기를 바라는 것이고 그것이 내가 바라는것의 하나이기도 하다."

세키 아키라는 우에다 마사아키와 같이 한반도 이주민을 귀화인으로 보지 않는 역사가 중의 한 사람이다. 그는 고대 일본인을 일본인이라 표현하고 있다. 이는 고대 일본인을 한반도 이주민이라고 노골적으로 표현할 수는 없지만, 고대인의 근원은 일본인(한반도 이주민), 고대 문화를 형성한 사람들은 일본인(한반도 이주민)이라는 표현을 간접적으로 시사하고 있는 것이다. 결국 한반도 이주민을 고대 일본인의 근원으로 바라보고 있는 것이다.[13]

이렇게 보면 아득한 옛날 한반도 이주민은 일본에 뿌리를 내려 어떤 희망을 달성하러 온 것이다. 그들은 다시 모국으로 돌아가지 않았다. 인구이동론에서 말한 그대로 인구이동의 본질과 실체를 실천한 사람들이다. 어찌하여 이런 사람들을 함부로 귀화인이라 부르는가.

너그럽게 양보해서 7세기 후반이면 몰라도, 그들은 귀화인이 아닌 당당하고 떳떳하게 한반도에서 이주해 간 이주민이다. 오죽하면 양식 있는 일본 학자들이 일본 정사의 하나인 『고사기』에 도래인이라고 기록한 것을 인용하며 귀화인이 아니라 도래인이라는 말을 썼겠는가. 그들의 뜻을 충분히 이해하지만, 나는 공식석상에서 도래인이라는 용어를 사용하지 않고 이주민이라는 용어를 써 왔다.[14]

여러 번 베이징에서 열린 국제회의 사석에서 우에다 마사아키는 내가

---

13) 關晃(1966), 앞의 책, pp.3-4.
14) Chung-Myun Lee(1984), 「Re-evaluation of the term Kikajin(Migrants from overseas) as applied to Korean Migration into Ancient Japan」, 『XXXI International Congress on Human Science in Asia and North America』, Vol II,Tokyo, Japan. pp.822-823.
李廷冕(1983), 「日本의 歸化人 硏究에 대한 小考」, 『地理學叢書』 10號, pp.1-5.

도래인 대신 이주민이라 한 것에 대해 간곡하게 "이 교수님, 일본에서 이주민이라고 쓰는 분은 몇 되지 않습니다. 그러니 이주민이라는 말을 지양하시고 도래인을 사용하는 것은 어떻습니까?"라고 하였다.

아직도 그분의 말이 귓가에 선하다. 하지만 영국에서 북미로 그리고 영국에서 호주로 또는 뉴질랜드로 이동해 간 이들을 귀화인, 도래인이라 부르는가? 그들이 어김없이 이주민으로 불리고 있음을 주지해야 할 것이다.

3) 이주 동기와 이유

한반도 이주민은 야요이 시대에서 고훈, 나라, 그리고 헤이안 시대에 걸쳐 계속해서 일본으로 건너간 것으로 보고 있다.[15] 왜 그들은 일본으로 건너갔는가? 우선 가장 큰 요인을 들어보려고 한다.

『위지동이전』을 보면 한(韓) 조(條), 고구려 조(條)가 있다. 우선 고구려를 제쳐놓고 한(韓) 조(條)만 보더라도 마한(馬韓, 백제), 변한(弁韓, 가야), 진한(辰韓, 신라) 등이 있다. 이것만으로도 72개국이나 된다. '나라'라고 해도 촌락 몇 개가 모인 것으로 생각하면 된다. 이 촌락들이 가야, 백제, 신라, 고구려 4국을 형성하고 서로 전쟁을 거듭하였다. 이러한 끝없는 전쟁을 피해 한반도인들은 일본으로 건너갔다. 한편 당시 일본은 한국에 비해 문화가 뒤지고 새로운 문화를 갈망하고 있었던 때라 한반도에서 온 이주민을 후히 대접하고 환영했다.[16]

앞에서 말하였듯이 일본 학자들은 이주민이 한반도에서 밖으로 이주한 요인에 대해 왕화(王化)를 따라온 것이라 하여 귀화인이란 용어를 사용해 왔다. 이들은 의도적으로 당시 한반도에 중국인들이 살고 있었다는 것을 부각시킴으로써 한반도 이주민이 단지 중국 문화를 옮겨다 놓았을 뿐이라고 주장한다. 그렇게 함으로써 한반도의 풍토와 전통에 맞추어 발전시킨 한반도 문화를 부정하는 것이다. 이와 같은 견해는 황국사관의 영향을 받은 것이다.[17]

『삼국사기』에 보면 백제의 수많은 사람들이 고구려의 남침에 따른

---

15) 金達壽(1979),「古代の南山周邊の古代文化」,『日本の中の朝鮮文化』, No. 41, pp.37.
16) 善生永助(1934-7),「朝鮮氏族の發展(1)」,『朝鮮』31, No.230, pp.26-27.
17) 水城寅雄(1936),「內地における 百濟歸化族の分布 1」,『朝鮮』34, No.253, pp.105-106.

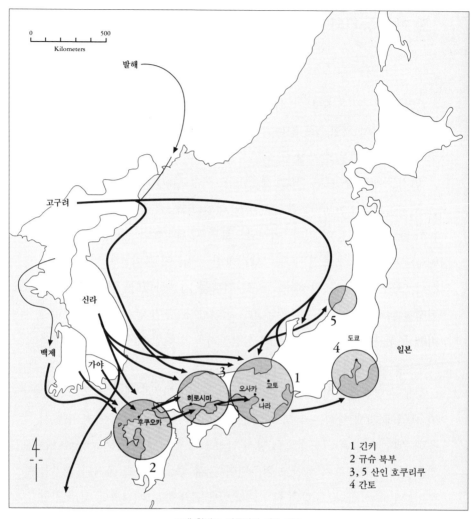

고대 한반도 이주민의 이주 경로

전쟁의 고통을 피해 집단으로 신라로 향했는데, 국가의 호구수가 엄청나
게 감소할 정도였다고 한다. 이때가 399년, 즉 백제 아신왕 8년, 고구려
광개토왕 9년이었다.

『일본서기』에도 『삼국사기』에 상응하는 기록이 실려 있다. 오진(應神)
14년에 백제 사람들이 신라로 갔는데, 신라가 이를 방해하여 가야국(伽

僻國)으로 간 다음 그곳에서 야마토로 왔다는 것이다. 또 오진 20년에도 17현(縣)의 백성이 야마토로 왔다고 기록되어 있다.

이렇게 볼 때 전쟁에 시달린 백제 사람들이 신라로 도망갔다가 거기서 정착하지 못하고 가야국을 경유하여 야마토로 이주해 왔음을 알 수 있다. 아마도 고구려의 백제 영토 침공이 격심했던 360년대부터 백제 이주민이 야마토로 이주하기 시작했다고 본다.

백제는 고이왕 50년(283) 신라와의 전쟁이 있은 후 근초고왕 때까지 80여 년간 선쟁이 없는 평화로운 시기였다. 그러나 이 평화는 369년에 고구려의 침공을 받은 후부터 완전히 사라지고 말았다. 고구려 고국원왕이 보병과 기병 2만 명을 거느리고 백제를 침공한 후 369년부터 398년에 이르는 사이 17차례에 걸친 전쟁이 벌어졌다. 이 싸움은 390년 광개토왕에 이르러 더욱 격심해졌고, 백제는 더 이상 감당하기 어려운 상황이 되었다.

신라로 도망간 수많은 백제인은 신라, 가야를 거쳐 다시 배를 타고 일본으로 이주했다. 의복다운 옷도 없고 문자도 없는 일본에 선진 문화를 가진 백제인이 집단으로 이주를 했다는 사실은 바로 백제가 야마토를 개척하고 나아가서 하나의 정치집단으로 발전할 수 있는 계기를 마련하였다는 점을 시사해 준다.[18]

일본인들이 종래 『일본서기』에 분명히 기록되어 있는 백제인의 집단 이주를 한결같이 전설, 조작으로 몰아붙이거나 백제인을 아야인(漢人), 하타인(秦人)으로 표현하며 중국인이라고 고집하는 것은 역사적 사실을 은폐하는 일이다. 일본 학자들은 그들이 설정한 역사관에 위배된 기사는 조작, 전설로 처리해 버리곤 한다. 그들의 역사관이란 '일본 야마토는

---

18) 崔在錫(1998), 『日本 古代史의 眞實』, 一志社, pp.42-46.

예부터 일본인이 세운 독립국이며 고대 한반도는 일본의 식민지 내지 속국이었다'는 것이다.[19]

일본에서는 한반도 이주민이 일본으로 이동해 온 이유를 다음과 같이 예를 들고 있다.

첫째, 일본의 초빙을 받고 온 경우. 오진(應神) 천황이 가미쓰게노(上毛野)[20]의 선조 아라다와케(荒田別)를 백제에 파견하여 지식인들을 구했기 때문에 국왕인 귀수왕(貴須王)이 그 종족 중에서 장손왕(長孫王)을 보내 온 경우

둘째, 일본 천황을 흠모하여 바다를 건너와서 귀화한 경우

셋째, 본국의 학정과 조세 압박에 못견디어 도망해 온 경우

넷째, 본국이 전쟁으로 멸망하여 온 경우. 덴지(天智) 천황 때 백제가 나당연합군에 의해 멸망했을 때 백제 정부 요직에 있던 많은 사람들이 온 경우

이밖에 자신의 의사에 의하지 않고 강제적인 도섭(渡涉)에 의해 이주해 온 사람도 있고, 또 삼한(三韓)의 왕에 의해 공진(貢進), 증여(贈與)된 자도 있다는 기록이 있다. 하지만 많은 한반도 이주민이 황제의 위엄을 흠모하여 이주했다는 것은 일본인의 상투적인 말에 불과하다.

이주민 중에는 자신의 의사에 따라 이주한 이들이 많았다. 일본 학자 도마 세이타(藤間生大)는 「4~5세기의 동아시아와 일본」이라는 글에서

---

19) 崔在錫(1998), 앞의 책 참조.
20) 茜史郎(1983), 『上毛野氏族の 基礎的 考察 上』特輯 : 古代の 氏族をめぐって-東ァジァ の 古代文化 37號, pp.154-173.
　　關口功一(1990), 『上毛野の 基礎的 性格を めぐって』古代 地方 豪族の 存在 形態 古代 文化 42卷 2號, pp.48-49.
　　黛弘道(1985), 『上毛野國と 大和政權』上毛野新聞, pp.6-7.

"귀화인이란 명칭에는 스스로의 의사에 따라 일본에 와서 토착을 즐긴 것"이라는 의미가 들어 있다고 정의했다.

요컨대 귀화인이란 약탈되어 온 사람이거나 혹은 한반도의 왕조로부터 공진된 사람이라고 보았다. 이것은 제2차 세계대전 이후에 일본의 고대사 연구에 있어서 4세기 후반의 야마토(大和) 정권에 의한 조선 출병은 움직일 수 없는 사실이라고 보는 데서 온 것이다.

이 출병과 조선 점령은 철과 기술 노예의 획득을 위한 것이었다. 획득한 철과 기술 노예를 야마토 조정이 독점하여 가와치(河內)를 개척함으로써 야마토 조정은 군사, 경제적으로 절대적인 지위에 올랐다. 그리고 그것을 상징하는 것은 세계 최대의 오진(應神) 천황, 닌도쿠(仁德) 천황의 무덤이다.

이와 같은 견해는 얼핏 과학적인 해석으로 볼 수 있으나 과거의 황국사관(皇國史觀)과 똑같은 차원의 이론에 불과한 것이다.[21]

쉽게 말해서 한반도로부터 정치집단이 이주해 왔을 때부터 일본 고대국가가 형성된 시기였다고 보는 것이 타당하다.

---

21) 金達壽, 李進熙(1978), 「朝鮮からみた 日本古代史」, 歷史公論 第4卷 9號, pp.90-91.

4) 고대 한반도 이주민의 이주 시기와 단계

■ 이주 시기에 대한 견해들

고대 한반도 이주민의 일본으로의 이주 시기에 관해서는 이마이 게이치, 우에다 마사아키, 미즈노 유, 세키 아키라, 현규환, 최재석 등 여러 선학들이 각기 제시한 바 있다. 여기에 그들의 노작을 분류하여 간단히 정리해 보았다.

현규환은 『일본서기』의 기록에 따라 한반도 이주민의 이주 시기를 다음과 같이 나누었다. 제1기는 오진 천황, 닌토쿠(仁德) 천황 시대, 즉 5세기 전후이다. 제2기는 5세기 후반에서 6세기 초에 걸친 이른바 유랴쿠(雄略) 천황에서 긴메이(欽明) 천황에 걸친 시기이며, 이 시기는 보다 더 신진의 세대차를 가진 문화인의 이주가 있었고 백제와의 관계는 더욱 밀접해졌다. 제3기는 당 고종(660) 때 소정방(蘇定方), 유인궤(劉仁軌) 등이 이끄는 나당연합군에 의해 백제가 망하고 또 고구려가 망한 이후에 백제, 고구려인의 망명, 이주가 벌어진 시기이다. 이 시기의 이주민 집단의 신분적 구성이나 문화적 수준은 물론 수적인 측면에서도 특이한 바가 있으며, 이는 거의 신뢰할 만한 사실이다.

최재석은 403년에서 409년 6년간 백제가 고구려 광개토왕에 의해 거의 궤멸상태에 이른 시기를 고대 일본 이주의 제1기로 보았다. 제2기는 665년에서 669년 4년간(백제는 660년, 고구려는 668년 신라에 의해 멸망)이다.[22] 이렇게 보면 고대 일본에 이주한 해외 이주민 중에 백제인이

---

22) 崔在錫(1989), 「古代 日本으로 건너간 韓民族과 日本 原住民의 數의 推定」, 『동방학지』 61호, 연세대학교 국학연구원. p.52.

광개토대왕릉비 광개토왕의 위업을 기리기 위해 그의 아들 장수왕이 414년 압록강 중류(중국측) 고구려의 고도 환도성에 세웠다. 비석에는 약 1,800자의 글자가 새겨져 있으나, 200여 자는 마모되어 판독하기가 어렵다.

절대 다수를 차지하고 있었던 것으로 볼 수 있다.

한반도 이주민 연구의 태두로 알려져 있는 이마이 게이치는 이주민의 이동을 제1파동에서 제4파동으로 나누었다. 제1파동은 4세기 후반에서 5세기 초엽이고, 제2파동은 고구려 장수왕이 백제 한성을 공략(475)했던 전후, 대략 유랴쿠 천황 시대에 해당되는 시기이다. 제3파동은 백제 성왕(聖王) 16년 도읍을 사비성으로 옮겨 갔을 때로, 일본은 안칸(安閑) 천황에서 스이코(推古) 천황에 이르는 시대에 해당한다. 제4파동은 백제와 고구려가 이어 멸망한 덴지 천황 시대이다.[23]

우에다 마사아키는 많은 사람이 한반도에서 일본으로 이주하여 생활의 변모를 가져왔다고 주장했다. 그는 새로운 문화가 그들의 이주에 의해 비롯되었으며, 서일본에서 동일본으로 흡수되었다고 보았다. 그리고 야요이(彌生) 시대에서 나라 시대에 걸친 이주의 물결을 다음과 같이 4기로 나누었다.[24]

첫 번째 물결은 기원전 200년경부터 한반도를 매개로 하는 대륙의 문화 이동이다. 야요이 문화의 유입 등이 그 예라고 할 수 있다. 3세기에도 대륙과의 교섭은 성황을 이루었다. 그러나 이 시기는 국가가 성립되기 이전이다.

두 번째 물결은 5세기 전후 소위 오진, 닌토쿠 천황 시대에 속한다. 일본에서는 왕권이 점차 발전해 나가고 있었다. 그리고 한반도 남반부와의 교섭도 활발하게 이루어지고 있던 시기였다.

세 번째 물결은 5세기 후반에서 6세기 초반에 걸쳐 있으며 유랴쿠 천황에서 긴메이 천황에 이르는 시기이다. 이 무렵 한반도에서는 신라와 고구

---

23) 今井啓一(1972), 앞의 책, pp.45-83.
24) 上田正昭(1965), 앞의 책, pp.23-26.
　　池田次郎(1998), 『日本人のきた道』, 朝日選書 614, p.208.

려의 세력이 점점 강해지고 야마토 조정과 관계가 깊었던 백제가 압박을 받게 되었다. 따라서 백제인을 중심으로 기술이나 탁월한 지식을 가지고 있는 사람이 많이 이주해 왔다. 이때 이주해 온 사람들을 이마키(今來), 데히토(才伎)라고 불렀다.[25] 이들은 새로운 유형의 이주민이었다.

네 번째 물결은 7세기 후반 덴지 천황 때다. 이 시기는 대외적으로 나당연합군이 백제를 멸망시켰으며, 이 전쟁 전후로 한반도 이주민이 대거 건너왔다. 일본 국내에서는 소가대신가(蘇我大臣家)가 무너지고 다이카개신(大化改新)의 기운이 가득 차 있었다. 그 후 대외관계의 중심은 당과 신라로 바뀌었다. 한반도 이주민이었던 아야인(漢人), 하타인(秦人), 고마인(高句麗人)들이 정치적 실무를 담당하는 관료 혹은 호족이 되었다.[26]

귀화인의 이동 물결에 대해 여러 선학의 노작을 짚어 보았다. 다음은 고대 한반도 이주민의 이주 시기에서 그들의 융합과 종언에 대해 살펴보겠다.

■ 이주민의 융합기와 종언기

일본 고대 사회의 주역을 감당했던 한반도 이주민의 존재는 10세기 이후 표면에서 홀연히 자취를 감추게 된다. 그 원인은 이주민으로서의 독특한 특징이 소실될 정도로 사회 전반의 문화적 향상이 있었다는 것, 그리고 이주 시기가 오래되고 본국과의 관계가 절연된 가운데 토착화가 진행되어 일본 사회의 일원으로 동화되었다는 것을 들 수 있다.

---

25) 한반도 이주민의 일본 이주 시기에 따라 今來, 今木 또는 今城 등 여러 가지로 쓰고 이마키로 부르고 있으나, 今來라고 쓰는 것이 타당하다고 시바 료타로는 말했다. 司馬遼太郎(1976), 『東アジアの中の日本文化』, pp.57-58.

26) 上田正昭, 앞의 책, pp.70-72.
網野善彦(1985), 『渡來人-海からみた古代』, 河出書房新社. pp.65-66.

한반도 이주민은 대개 가족단위로 이주해 온 것이 아니라 단독으로 이주했다. 또한 고국의 멸망으로 인한 모국 관념이 단절되어 있었다. 이제 신천지에서의 생존이 유일하게 남은 길이었기에 빠른 속도로 동화되는 것이 가능했다고 보는 견해도 있다.

특히 성씨(姓氏)의 토착화가 두드러진다. 일부 성씨를 제외하고는 대부분 일본식으로 개성(改姓)하였다. 그 방법도 처음에는 한국적인 색채가 강하게 남아 있었지만 점차 일본화 과정을 밟았다.[27] 그로 말미암아 역사기록에서 표면상 이주민의 활동을 판별할 수 없게 되었으며, 오늘날에 와서는 그처럼 우세했던 한반도 이주민이 특수한 경우를 제외하고는 흔적조차 찾아볼 수 없게 되었다.

물론 오늘날 찾아볼 수 있는 이주민의 후예도 순수하게 혈통을 유지해 온 것이 아니라 계보상(系譜上)일 뿐이다. 이러한 후손들 중 가장 대표적이고 비교적 자세한 내용을 알 수 있는 것이 도쿄 교외 사이타마현(埼玉縣) 이루마군(入間郡)에 있는 고마 신사(高麗神社)의 궁사(宮司)로 있었던 고마 자코(高麗若光, 고구려가 멸망한 후 일본에 망명한 고구려 왕족)의 제59대손 고마 스미오(高麗澄雄)의 가계이다.[28]

한반도 이주민은 이주 초·중반 각자 독특한 지식과 기능을 가지고 일을 대물림하며 세대를 이어갔다. 그런데 8세기경 나라 시대에 접어들어 율령제도가 확립, 추진되고 일본의 제반 문화가 발전, 개화하자 한반도 이주민은 직업마저 바꾸지 않을 수 없게 되었다.

고대 사회에서는 명실공히 질과 양적으로 우세했던 한반도 이주민의 존재가 10세기 이후 홀연히 표면에서 사라지고 역사기록에서 종적을

---

27) 玄圭煥(1976), 『한국유이민사』, 삼화인쇄출판사, pp.73-74.
28) 玄圭煥(1976), 앞의 책, p.75.
　　필자가 현지 조사 때 고마 신사에서 만난 분은 56대 궁사 고마 스미오(高麗澄雄)였다.

교토에 있는 히라노 신사(平野神社)

감추기 시작했지만, 이들이 아주 말살된 것은 아니다. 8세기에서 9세기 말까지 약 200년간 이주민이 점차 문화적 주도권을 잃고 떨어져 나간 기간 동안, 그들은 화려했던 무대에서 내려와 뒤에서 활약하기 시작하였고, 그들의 영향력은 헤이안 시대까지 무대의 이면에서 큰 역할을 했다고 볼수 있다.

다시 말해 9세기까지 일본 문화는 이주민이 가져온 대륙의 고대 문화를 소화하여 자기화한 기간이라 할 수 있으며, 이주민의 독특한 역사적 의의와 업적은 일본 고대 문화를 완성해 놓았다. 이를 기반으로 일본은 오랜 기간 동안 대륙과는 독자적인 길을 걸을 수 있었다.

헤이안 시대에는 간무(桓武) 천황의 어머니가 한반도 이주민 씨족 출신이었던 까닭으로 한반도 이주민의 활동이 음양으로 활발하였다. 이는 일본 역사에서 결코 저버릴 수 없는 엄청난 정치적 참여라고 보아야 할 것이다.

이 시기 한반도 이주민 중에 정부의 중추부에 등용된 사람들이 있었다. 나가오카쿄(長岡京)나 헤이안쿄(平安京)의 조정에서 하타(秦) 씨족이 활약하고 또 사카노우에 가리타마로(坂上苅田麻呂)는 간무 천황(桓武天皇)의 총애를 받아 다이스구네(大宿禰)라는 벼슬을 받았으며, 그 딸이 간무 천황의 비(妃)가 되어 다카쓰노나이신노(高津內親王)를 낳았다.

이밖에 종삼위(從三位)까지 승진한 다카쿠라노 후쿠신(高倉福信)이라는 인물도 있다. 고대 일본에서 이렇게 활발하게 활동하였던 한반도 이주민은 이후 그들의 마지막 카드까지 유효하게 사용하였고, 비로소 자신들의 세력을 넘겨줄 때가 오자 활동의 막을 내린 것으로 볼 수 있다.[29]

29) 今井啓一(1972), 『歸化人の硏究(總說篇)』, 綜藝舍, pp.108-149.
　　平野邦雄(1993), 앞의 책, pp.300-302.

5) 출신 지역에 따른 한반도 이주민의 이주 양상[30]

(1) 가야계 이주민

가야인들이 무슨 이유로 낙동강 유역의 비옥한 토지를 등지고 규슈 북부 지방으로 이주했을까 하는 의문이 있다. 하지만 사실 가야와 규슈 북부 두 지역은 지리적으로 아주 가깝다. 김해 일대의 임나루에서 날씨가 좋으면 쓰시마가 보일 정도이다. 그리고 쓰시마를 지나면 규슈 북부로 가는 경로에 이키섬(壹岐島)이 있다. 쓰시마와 이키섬은 가야인들이 규슈 북부로 진출하는 데 크게 도움을 준 지리적 요지였다.

위지 왜인전에도 중국에서 왜국(倭國)으로 가는 해상 노정에 대해, 한반도의 서해안을 따라 김해까지 7천여 리를 가서 김해로부터 대한해협 물길을 따라 1천 리 정도를 가면 쓰시마, 그곳에서 또다시 1천 리 정도를 가면 이키섬, 그곳에서 다시 1천 리 정도를 가면 규슈 북부 사가현(佐賀縣)에 가라쓰(唐津)나 후쿠오카(福岡)에 있는 노국(奴國)에 이른다고 기록되어 있다. 이는 당시 해로(海路)를 통해 밀접한 왕래가 이루어졌음을 알려준다. 여기에서 주목할 점은 중국에서 왜국까지는 남중국해에서 태평양으로 빠르게 흘러가는 대한해협의 거친 구로시오 난류로 인해 직접 교역 해로가 열려 있지 않았고 안전한 가야의 임나루를 경유한 왕래가 이루어졌다는 것이다.

당시 일본 열도는 인구가 적은 미개척지였기에 기마민족의 기질을 갖고 있는 가야인들로서는 개척의 뜻을 이루기 적합한 지역이었을 것이라고 본

---

30) 早川庄八(1974), 「加耶, 百濟, 新羅, 高句麗」, 『日本の歷史 第4卷 律令國家』, 小學館, pp.316-319.

다. 당시 규슈 인구는 6천여 명에 불과했고 일본 열도 전역에도 26만여 명 밖에 살고 있지 않았다. 그런데 야요이 시대에 접어들어 규슈 인구가 60만 명으로 증가되었다고 하니 200여 년 사이에 100배나 늘어난 셈이다. 이는 가야인들의 집단 이주를 생각지 않고서는 납득하기 어렵다.[31]

도쿄대 하니와라 카즈오(埴原和郎)는 『한반도를 경유한 아시아 대륙 인』이라는 책에서 인류학적 시각에서 고찰해 보면 한반도를 통해 일본 으로 건너간 이주민과 일본 원주민의 비율은 85% 대 15%라고 주장하였 다. 그는 또한 한반도 이주민이 나라 시대까지도 한복을 입고 한국 음식 을 먹었으며 심지어 한국말을 사용했다면서 『고사기』나 『일본서기』, 『만 요슈』 등에 아직 한국식 한자가 남아 있다고 주장하여 황국사관을 추종 하는 일본 학자들의 입을 다물게 하였다.

어쨌든 문물이 발달한 가야인들은 개척 의욕이 유달리 강해 규슈로 진 출하게 되었는데, 그 이면의 다른 이유를 들자면 그들은 성품이 온화하 여 싸움을 싫어해 백제와 신라의 크고 작은 공격을 계속 받게 되자 차라 리 신천지 개척에 더 관심을 기울이게 되었다고도 볼 수 있다.

허왕후(許王后)가 인도에서 한반도로 항해해 올 당시 최종 휴식처가 규 슈 지방이었다는 사실은 가야인들의 도항(渡航)에 관한 이론을 뒷받침한 다. 이 견해는 결국 묘견공주(妙見公主)의 야마타이국(邪馬臺國) 건설과도 직결되는 이론임은 말할 여지가 없다.

융성하던 대가락국의 금관가야는 김수로왕이 죽은 후 인구가 급격히 줄면서 쇠락해지기 시작하여 가야연맹의 경영권을 대가야에 넘겨주고 명맥만 유지하게 된다. 이때 김수로왕의 왕족을 포함한 수많은 가야인이 규슈 북부 지방으로 대거 이주하였기에 가야와 규슈는 서로 떨어질 수

---

31) 朴天秀(2011), 『日本 속의 古代 韓國文化』, 진인진, pp.92-93.

없는 역사적 관계였다는 학설이 지배적이다.[32] 그리고 일본 규슈 북부
또는 산인, 호쿠리쿠 지방에는 가야와 관련된 지명이 적지 않았다.

(2) 백제계 이주민

역사적으로 백제는 고대 일본과 매우 친밀한 관계였다. 특히 백제인이
일본으로 많이 이주했는데, 아직기(阿直岐)와 같은 학문에 능통한 백제
이주민의 흔적이 많이 남아 있다. 특히 왕인(王仁)은 논어(論語)와 천자문
(千字文)을 가지고 갔으며, 일본에 유교를 비롯한 선진 지식을 소개했다.
 왕인에 얽힌 전설은 일본 전역에 퍼져 있다. 그를 비롯한 한반도 이주
민은 히라카타 단구(牧方段丘)와 가다노하라(交野原)와 같은 지역의 개발
에 도움을 주었다. 후에 그들의 자손은 선조의 업적을 기리고 지켜 나가
기 위해 헌신하였다. 왕인의 후예들은 사이린사(西琳寺) 등의 절과 신사
를 세우고 왕인을 모셨다.[33]
 오진 천황 시절에는 아지 교호의 자매와 7명의 여자들이 백제에서 이
주해 왔다. 또한 백제에서 옷 만드는 기술을 가진 마케쓰와 누에를 키워
명주실을 뽑아내는 기술을 지닌 누리노미가 이주해 왔다. 마케쓰는 야마
토 구메무라에서 살았으며, 누리노미는 야마시로 쓰즈키(綴喜)에서 누에
를 키워 명주실을 만들어냈다. 이들의 후손 쓰키노 무라지[34], 아미노 노
무라지 그리고 쓰쿠니 지사는 야마시로(山城)와 가와치(河內)에 정착했

---

32) 千寛宇(1984), 『古代韓日關係史』, 한일관계 심포지엄 2卷 1號, pp.119.
  李鍾恒(1987), 『古代 伽倻族이 세운 九州王朝 : 머리말 iii-iv』, 대왕사, 참조.
  金向洙(1995), 『日本 속의 韓民族 魂』, 亞南秘書室, pp.243-245.
33) 上田正昭(2013), 앞의 책 참조, pp.78-90.
34) 성(姓)에는 臣, 連, 公(君), 直, 造, 首, 史, 村主 등이 있었다.

한반도 이주민 씨족의 명복과 현세의 행복을 빌기 위해 세운 절. 시가현 에치군에 있다.

百濟寺 입구 山門 양쪽에 걸려 있는 짚신이 인상적이다. 이 절은 스이코 천황 14년에 건립되었다.

다. 닌토쿠 천황비는 누에가 자라는 것을 보기 위해 직접 시찰을 오기도 했다고 한다.

『일본서기』에 의하면 삼국에서 온 한반도 이주민은 저수지 축조에도 깊이 관여했다. 긴메이 천황 때는 백제로부터 고치후의 집안이 이주해 왔으며 이들은 야마토 소에카미군의 산간 지역에 정착했다. 이후 고치후는 고치 이미키가 되었다. 이외 또 다른 전문가들로는 의사, 점술사, 도량·달력 전문가, 의사, 음악가, 약초 전문가 등이 있다.

스진(崇神) 천황 시대에는 해총 스님을 비롯한 많은 승려와 함께 사찰 건축 전문가들이 이주해 왔다. 스이코(推古) 천황 때는 학식과 덕이 깊은 승려 관륵(觀勒)이 일본에 천문학, 지리학, 방술과 달력을 소개하였다. 그는 승려가 오를 수 있는 가장 높은 지위인 승정(僧正)에 임명되었다. 같은 시기에 승려 도흔(道欣)과 혜미(惠彌)를 비롯한 85명의 평신도들이 히고

사이린사(西琳寺) 오사카 하비기노시(羽曳野市)에 있는 왕인 박사 문중의 사찰. 7세기 말경의 건물이다.

주(肥後州)의 아시키타진(葦北津)에 표류하였다. 도흔과 혜미 등의 승려들은 겐코사(元興寺)로 보내졌으며 나머지 사람들은 본국으로 송환되었다.

덴지 천황 때 백제는 나당연합군과의 전쟁에서 패배하였다. 이로 인해 많은 백제인이 대거 일본으로 이주해 갔다. 맨 처음 400명의 남녀가 오미의 간자키군(神崎郡)으로 이주했고, 일본 정부에서는 이들에게 3년간 식량을 지원해 주었다. 또한 사헤이 요신(佐平余信)과 사헤이 기시쓰슈시(佐平鬼室集斯)를 포함한 700명의 백제인이 오미의 가모군(蒲生郡)으로 보내졌다.

당시 대부분의 이주민은 교육 수준이 높고 앞선 기술을 가진 사람들이었기에 주로 정부 요직에 임명되었다. 예를 들어 기시쓰슈시는 고등교육

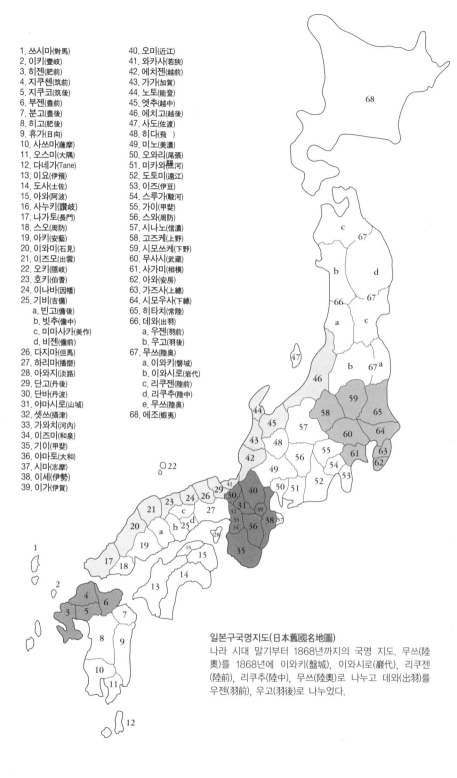

1. 쓰시마(對馬)
2. 이키(壹岐)
3. 히젠(肥前)
4. 지쿠젠(筑前)
5. 지쿠코(筑後)
6. 부젠(豊前)
7. 분고(豊後)
8. 히고(肥後)
9. 휴가(日向)
10. 사쓰마(薩摩)
11. 오스미(大隅)
12. 다네가(Tane)
13. 이요(伊預)
14. 도사(土佐)
15. 아와(阿波)
16. 사누키(讚岐)
17. 나가토(長門)
18. 스오(周防)
19. 아키(安藝)
20. 이와미(石見)
21. 이즈모(出雲)
22. 오키(隱岐)
23. 호키(伯耆)
24. 이나바(因幡)
25. 기비(吉備)
　a. 빈고(備後)
　b. 빗추(備中)
　c. 미마사카(美作)
　d. 비젠(備前)
26. 다지마(但馬)
27. 하리마(播磨)
28. 아와지(淡路)
29. 단고(丹後)
30. 단바(丹波)
31. 야마시로(山城)
32. 셋쓰(攝津)
33. 가와치(河內)
34. 이즈미(和泉)
35. 기이(甲斐)
36. 야마토(大和)
37. 시마(志摩)
38. 이세(伊勢)
39. 이가(伊賀)
40. 오미(近江)
41. 와카사(若狹)
42. 에치젠(越前)
43. 가가(加賀)
44. 노토(能登)
45. 엣추(越中)
46. 에치고(越後)
47. 사도(佐渡)
48. 히다(飛)
49. 미노(美濃)
50. 오와리(尾張)
51. 미카와(三河)
52. 도토미(遠江)
53. 이즈(伊豆)
54. 스루가(駿河)
55. 가이(甲斐)
56. 스와(周防)
57. 시나노(信濃)
58. 고즈케(上野)
59. 시모쓰케(下野)
60. 무사시(武藏)
61. 사가미(相模)
62. 아와(安房)
63. 가즈사(上總)
64. 시모우사(下總)
65. 히타치(常陸)
66. 데와(出羽)
　a. 우젠(羽前)
　b. 우고(羽後)
67. 무쓰(陸奧)
　a. 이와키(磐城)
　b. 이와시로(岩代)
　c. 리쿠젠(陸前)
　d. 리쿠추(陸中)
　e. 무쓰(陸奧)
68. 에조(蝦夷)

일본구국명지도(日本舊國名地圖)

나라 시대 말기부터 1868년까지의 국명 지도. 무쓰(陸奧)를 1868년에 이와키(盤城), 이와시로(巖代), 리쿠젠(陸前), 리쿠추(陸中), 무쓰(陸奧)로 나누고 데와(出羽)를 우젠(羽前), 우고(羽後)로 나누었다.

고대 한일 관계사의 진실

기관의 장이 되었고, 사타쿠 쇼메이(沙宅紹明)는 당시 법무부장관으로 임명되었으며, 고쿠나 신슈(谷那晉首), 오쿠레이 후쿠루(憶禮福留), 모쿠소기시(木素貴子)와 도혼 순슈(答㶱春初)는 병법에 능통하였다. 백제 멸망후 일본에 망명한 백제인들의 수에 대한 명확한 자료는 없으나 그 수가 적지 않았던 것만은 사실이다.[35]

고켄(孝謙) 천황 때 백제 이주민은 정부에 청원하여 성씨를 하사받았다. 백제 이주민 중 가장 널리 알려진 집단으로는 간무 천황 모계 가족들이다. 이들이 일본에 올 때 본토 사람과 결혼하여 '야마토' 씨족이라는 이름을 부여받았다. 간무 천황의 어머니 니카사노히메(三笠姬)의 강력한 권력과 영향력으로 백제에서 온 여자들이 헤이안 시대에 궁정에서 일할 수 있었다.

조메이(舒明) 천황 시절, 백제의 구다라 우지(百濟氏)는 의자왕의 아들인 선광 씨족으로부터 왔다. 지토(持統) 천황은 이 가문에게 고니키시(君)라는 성씨를 내렸다. 이것은 왕이라는 직접적인 의미는 아니지만 힘있는 권력의 조상이라는 뜻을 내포하고 있다. 선광 창성의 아들, 그리고 그의 아들 양우, 또한 양우의 아들 남존, 그리고 게이후쿠(敬福)는 백제 고니키시의 성을 받았다. 그 후 그들은 내각 각료로서 중요한 임무를 띠었다. 헤이안 시대, 이 집안의 딸은 황실에서 일하며 니카사노히메의 권력에 힘입어 주요한 직책을 맡았다.

가야와 백제로부터 건너온 사람들은 주로 나라현 야마토, 오카야마현(岡山縣) 동남부 비젠(備前), 효고현(兵庫縣) 서남부 야마토, 도쿠시마현(德島縣) 전체 아와, 오사카부(大阪府) 동남부 가와치, 미에현(三重縣) 중앙부 이세, 후쿠이현(福井縣) 스루가시 북부 에치젠, 기후현(岐阜縣) 남부

---

35) 關晃(1966), 앞의 책, pp.139-140.

나당연합군에 의해 백제가 멸망하자 삼천궁녀가 낙화암에서 뛰어내려 죽었다는 백마강은 역사와 함께 유유히 흐르고 있다.

시가현(滋賀縣)에 있는 기시쓰슈시(鬼室集斯) 신사. 기시쓰슈시는 나당연합군에 의해 백제가 멸망하자 일본으로 망명해 왔으며, 오늘날의 문교부장관/대학총장 같은 높은 벼슬을 지냈다.

미노, 야마나시현(山梨縣) 가이(甲斐) 등에 퍼져 있었다. 이 지역들은 아야(漢氏)와 가야(加倻氏) 사람들의 주요 정착지였다. 그리고 산인, 호쿠리쿠 지방으로도 가야계 이주민들이 진출했다. 이곳의 여러 지명들이 그 사실을 말해 준다.[36)]

(3) 신라계 이주민

신라 역시 지리적으로 일본과 매우 근접하여 관계가 친밀하였다. 『일본서기』에 보면 고대 일본으로 건너간 첫 번째 신라계 이주민은 아메노히보코(天日槍)이며 그는 신라 왕자였다. 스이닌(垂仁) 천황 시대에 우지가와강을 지나 시자와에 도착했고, 오미의 아나에 들러 하리마국(播磨國)에 머물렀다. 그가 그곳을 떠날 때 그를 따르던 이들은 그대로 남았다. 그는 걸어서 와카사(若狹)로 갔고 결국 다지마국(但馬國)에 도착했다. 그리고 그곳에 정착하기로 결정했다.[37)]

이 이야기를 전설로 기록해 놓은 곳도 있지만 『하리마풍토기(播磨風土記)』와 이주 지역의 고고학 연구자료를 보면 사실에 바탕하고 있음을 알 수 있다. 아메노히보코는 오미 와카사, 다지마 그리고 하리마로 이주했으며 이들 지역은 후에 한반도 이주민의 주요 정착지가 되었다. 아메노

---

36) Chung-Myun Lee(1987), Vestiges of Korean Migration on the Sanin and Hokuriku Regions in Ancient Japan, Journal of Geography, Vol.14, Seoul National University, pp.237–239.

37) 橫山七郎(1960), 「上代歸化人考」, 『人文科學』, No.4. 帶廣畜産大學校 學術硏究報告記, pp. 102.
   齋藤壽郭隆(1997), 「天日槍 – 渡來神の土着」, 『東アジアの古代文化』 91號, pp.72–80.
   水城寅雄(1936), 「朝鮮と古代播磨國–"播磨風土記"より見たる」, 『朝鮮』 34, pp.113–127.

히보코의 영향을 보여 주는 유물들이 하리마, 오미, 다지마 그리고 기타 지역에서 발견되고 있다. 또한 아메노히보코의 후손들은 산인, 호쿠리쿠, 야마시로, 야마토, 셋쓰, 비젠 등 여러 지역에서 나타나고 있다.

오진 천황 시절에 도착한 한반도 이주민은 주로 기술자들이었다. 후나쓰(船津) 씨족 출신은 셋쓰에서 배를 만들었고 후에 셋쓰의 이나베에 머물렀으며 유명한 기술자가 되었다.

긴메이 천황 시절에는 신라에서 두 가지 임무를 받아 이주해 왔다. 초반의 이주민은 가와치국의 사라군에 정착했고, 후에 도착한 이주민은 셋쓰국 미시마군에 자리 잡았다. 이후에 스이코 천황 시절 많은 신라 사람들이 이주해 왔다. 그러나 불행히도 그들이 어디에 정착했는지에 관한 자료나 기록은 찾아보기 어렵다.

지토(持統) 천황 시절, 14명의 신라인이 다시 일본으로 이주해 왔는데 시모쓰케국(下野國)에 정착했다. 오늘날의 도치기현(栃木縣)이다. 같은 해(지토 천황 4년) 22명의 신라인이 다자이후(大宰府)로 이주해 온 후 다시 무사시국(武藏國)에 정착했다. 그리고 지토 천황 5년에는 50여 명이 이주해 왔다. 이들 중 12명은 무사시국으로 보내졌으며, 경작을 할 수 있는 토지가 주어졌다.

겐쇼(元正) 천황 시절 레이구(靈龜) 시대 동안 기미 노 야킨을 포함한 74명의 신라인이 미노국(美濃國)으로 옮겨 갔다. 준진 천황의 덴표(天平) 시기에는 조코진과 다이료라고 불리던 사람들이 무로다에 살고 있었고, 이들이 조상 후루 와시지에게 가라국으로부터 이주해 올 것을 청원했다. 당시에 그는 일본의 관습에 따라 성씨를 따르지 않고 후에 성을 '가라 미야코'라고 할 것을 요청했다. '가라 미야코'라는 의미는 초기 한반도의 나라 이름이었다. 당국에서는 그의 요청을 받아들여 가라 미야코라는 성씨를 부여했다.

한반도 이주민은 주로 미개척지에 정착했다. 그러나 학자, 승려, 기술자 등은 주요 도시, 특히 야마토와 기나이(畿內) 지역에 머물렀다. 또 고켄 천황 때 승려, 비구니 등 34명의 남자와 40명의 여자에게 무사시노에 있는 땅이 하사되었다. 그들은 이곳에서 새롭게 시라기군(新羅郡)을 설립했다. 이 시라기군은 이루마, 다마, 아시타테군으로 알려졌고 후에는 니이자군(新座郡)으로 불리었다.

『화명초(和名抄)』를 보면, 무쓰국(陸奧國) 시바타군 시라기향(新羅鄕)이라는 지명이 있다. 신라인이 정착하여 이름이 신라향이 된 것이다. 이 시라기향은 아키국의 누마타군과 시모쓰케국 사무카와군에서도 볼 수 있다. 기록에 따르면, 신라인들은 당고국의 가사군 시라기향에 정착했다. 시라기향은 시다라로 알려져 있지만 다른 말로 시라기로 해석할 수 있다. 즉 신라인들이 정착했다는 의미이다. 오늘날 이는 시라기향으로 알려져 있다.『하리마풍토기』에 의하면 신라인들이 이 지역에 정착했으며 이곳은 시라쿠니 마을(村)로 불리었다. 이 사실을 바탕으로 우리는 하리마국에 있는 시라쿠니 신사 역시 신라인들과 관련이 깊다는 것을 알 수 있다.

고켄 천황 시절 신라로부터 많은 사람이 이주해 왔다. 덴표 4년에 131명이 이주해 왔고 무사시국으로 보내졌다. 두 번째 해에는 193명이 이주해 왔으며 미노, 도토미, 스루가, 무쓰 등의 지역에 정착했다.

사가(嵯峨) 천황 때 700여 명이 도토미와 스루가에서 반란을 일으켜 사람을 죽이고 가옥을 불태웠다. 그들은 이즈국(伊豆國)에 진군하여 곡식 창고 등을 부수었다. 이때 무사시노 군대가 사카미에서 군력을 동원하여 이들을 진압했다. 또한 세이와(淸和) 천황 시절, 신라인들이 큰 배를 축조하여 쓰시마를 공격할 것이라는 소문이 돌았다. 이러한 소문으로 인해 규슈 북부에 사는 신라인들은 의심을 받을 수밖에 없었다. 다자이후에 사는 신라인들은 무쓰국의 빈터를 찾아 다시 옮겨가게 되었다.

하타 씨족의 주요 정착지로 볼 때 그들은 아야 씨족이나 고마 씨족보다 더 넓게 정착했음을 알 수 있다. 그들의 분포지를 살펴보면, 후쿠오카현 동북부 부젠, 야마구치현 동남부 수오, 오카야마현 서부 빗추, 오카야마 동남부 비젠, 효고현 서남부 하리마, 오늘날의 고치현 다사, 가가와현 전체 사누키, 에히메현 전체 이요, 효고현과 오사카부 일부 셋쓰, 오사카후 동남부 가와치, 나라현 전체 야마토, 교토부 남부 야마시로, 오늘날의 시가현 오미, 스루가 반도 서부와 중앙부 와카사, 후쿠이현 스루가시 북부 에치젠, 도야마현 전체 엣추, 미에현 중앙부 이세, 기후현 남부 미노, 아이치현 서부 오와리, 시즈오카현 동부와 중앙부 스루가, 야마가다현과 아키다현의 데와 등지이다.

(4) 고구려계 이주민

고구려와 일본은 서로 멀리 떨어져 있었던 지리적 이유로 백제, 신라, 가야 등에 비해 활발한 교류를 하지는 못했다. 그래서 삼국 중에서 일본으로 이주해 간 이주민이 가장 적다.

오진(應神) 천황과 닌토쿠(仁德) 천황 시기, 고구려에서 일본으로 사절단을 보내기는 했으나 공식적인 이주민은 없었다. 그러나 닌토쿠 천황 때 류겐코(가와하라노 후비토의 선조)와 데이리가 고구려에서 일본으로 이주했다는 기록이 있다. 그리고 이들의 후손이 야마시로, 야마토, 셋쓰, 오미에 살았다. 고켄 천황 때 가와하라노 후비토 도시타리는 야마토의 가쓰라카미군에서 살았다. 96명의 여자와 남자 등 1,150명이 집단을 이루고 있었다. 가와하라노 후비토, 가쓰와 그리고 다른 사람들은 성씨를 내려 줄 것을 정부에 요청했다. 또한 유랴쿠 천황 시절, 고구려에서 온 의사 도쿠라이는 왕정의 초청으로 일본에 도착했다.

고구려에서 이주해 와 야마토에 정착한 스루키와 누루키는 가죽전문가로 가죽을 다루는 기술을 전수했다.[38] 기록에 따르면 '덴카쿠'라는 직업이 있는데 이는 가죽을 생산하고 가죽을 다루는 부서를 통치 관리하는 사람을 말한다. 고마베, 고마고라고도 알려져 있으며 이는 고구려에서 온 사람을 뜻하는 말이다. 긴메이 천황 시절 도무리나를 비롯한 몇몇 사람들이 고구려에서 이주해 와 야마시로국에 정착했다. 훗날 이들이 우네하라, 나라, 야마무라에 살던 고구려인들의 선조가 되었다.

『화명초』에 따르면, 야마시로국 소라가군에는 오호코마와 시모코마라는 두 마을이 있었다. 이 지역의 이름은 고구려계 이민자들과 밀접한 관련이 있다. 한편 같은 시기에 고구려에서 파견된 사절단이 표류하여 에쓰국(越國)에 흘러들어갔다. 그리고 이곳에 접대소를 지었다.

스이코 천황 시절에는 승려 혜자 등이 이주해 와서 혜자는 쇼토쿠 태자의 스승이 되었고, 게이칸은 승정(僧正)이 되었다. 담징은 종이와 중국 잉크를 만들어서 수채화를 소개하기도 했다. 세계적으로 유명한 호류사(法隆寺)의 벽화도 그렸다. 그러나 그의 이름은 안내서에도 나오지 않는다.

덴무 천황 때 고구려에서 이주해 온 사람들은 대부분 곡식을 경작하는 일을 했고 공식적으로 호칭을 부여받았다. 지토 천황 때에는 56명이 히타치국(常陸國)에 배치되었다. 레이쿠, 겐쇼 천황 2년에는 1,799명이 스루가, 가쓰, 사가미(相模), 가즈사(上總), 시모우사(下總), 히타치(常陸), 시모쓰케(下野) 지역에 널리 흩어져 있다가 무사시로 옮겨가 고마군(高麗郡)을 세웠다.[39]

니포리(新堀)의 세이텐니에서 고마군은 고마 니시키(高麗王)의 주거지역이었다. 이 지역에 후쿠신(福信)이 살았는데, 훗날 후쿠신은 무사시에서 모시는 신이 되었으며, 81세에 죽었다. 그를 모시는 신가인 오호미야묘진(大宮明神)이 고마군 근처에 있다. 수년 후에 무사시노 가부라라

38) 今井啓一(1962), 「姫路の白鞣」, 『韓來文化の後榮』, 韓國資料研究所, pp.25-80.
39) 今井啓一(1977), 歸化人の東國, 綜藝舍, pp.27-31.

교토 야마시로조 가미고마(上狛)에 있는 고려사지. 고구려계 이주민 狛씨가 아스카 시대에 창건한 것으로 추정되고 있다.

불리는 말굽을 무사시국에서 생산했으며, 이 역시 고구려 사람에 의해 만들어진 것이다.

　이 외에 고구려에서 이주해 온 이주민 집단인 고마 씨족이 정착한 곳은 나라현 전체 야마토, 효고현 남서부 하리마, 오사카 동남부 가와치, 서남부 이즈미, 와카야마현 기이(紀伊), 교토 남부 야마시로, 가나가와현(神奈川縣) 사가미, 사이타마현(埼玉縣) 무사시 등이다.

6) 이주민의 분포

초기 한민족의 고대 일본 이주를 검토할 때 우리는 규슈 북부, 야마토 분지, 기비(吉備) 지방, 산인, 호쿠리쿠 지방, 간토 지방 등에 집중하게 된다. 이 중에서 야마토와 규슈 북부 지방으로의 이동은 『고사기』나 『일본서기』 그리고 기타 기록들에서 쉽게 찾아볼 수 있지만, 나머지 지방들은 과거 공식적인 기록에서 의도적으로 배제되었다. 여기서는 지금까지 잘 다뤄지지 않았던 간토 지방과 산인, 호쿠리쿠 지방에 분포한 한반도 이주민의 흔적을 살펴보고자 한다.

(1) 간토 지방

■ 간토 지방의 지리적 배경

간토 지방은 현재 일본 행정구역으로 도쿄도, 가나가와현, 사이타마현(埼玉縣), 군마현(群馬縣), 도치기현(栃木縣), 치바현(千葉縣), 이바라키현(茨城縣) 등을 포함하는 지역이다. 옛날로 치면 사가미국(相模國), 무사시국(武藏國), 아와국(安房國), 가즈사국(上總國), 시모우사국(下總國), 고즈케국(上野國), 시모쓰케국(下野國), 히타치국(常陸國) 등이다.

이 지방의 서북쪽은 간토 산맥의 연봉으로 둘러싸여 있고 동남쪽은 태평양을 접하는 넓은 무사시노 벌판이다. 서북쪽 홍적대지(洪積臺地) 계곡에는 다마가와강(多摩川), 아라가와강(荒川), 도네가와강(利根川)을 주류로 하는 많은 지류에 의해 축적지대가 형성되어 있다.[40]

이곳은 본래 원시적 형태의 농업 사회가 형성되어 있었으나, 점차 계급화가 진척된 것으로 보인다. 5세기 후반에는 몇몇 거주 지역을 규합하

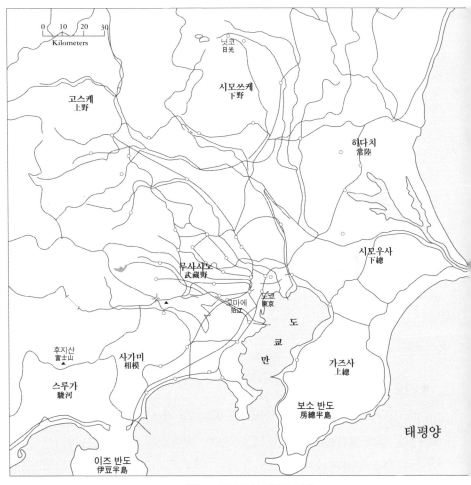

한반도 이주민의 분포(간토 지방)

여 지역 공동체가 이른바 지역 국가를 형성하여 수장인 호족은 구니노미야코(國造)라고 불렸으며, 야마토 조정 체제에 흡수되어 갔다.

다이카(大化) 2년(645)에는 간토 지방에 8인의 국사가 파견되어 이 지역

40) 水城寅雄(1936),「內地に於ける高麗歸化族の分布」,『朝鮮』 34 朝鮮總督府, pp.56-74.

이 야마토 조정의 중앙집권적 율령체제 하에 들어가 국부(國府)가 설치되고 군사와 국사 등의 관직에 임명되어 행정과 군사의 기틀이 잡혔다. 이때 야마토를 중심으로 대륙문화의 꽃이 피고, 아스카(飛鳥) 문화가 하쿠호덴표(白鳳天平) 문화의 선구를 이룬 시대였다. 그런데 당시까지도 간토 지방의 대부분은 미개척 대평원이었다. 이 광야 곳곳에 최신 농경기술을 가지고 있던 한반도 이주민 집단이 정착하였다. 그들은 각기 거점을 중심으로 농작, 화전, 목장(牧場), 방직, 요업 등을 개발했다.

오늘날 도쿄도 내를 비롯한 간토 지방 일대에는 고구려, 신라, 백제인들이 개척한 토지나 촌락이 지금도 눈에 띈다. 도쿄 서부 다마가와강 부근에는 조후(調布), 소메야(染屋), 후타(布多), 기누타(砧), 고마에(狛江) 등의 지역이 있었다. 이 지명은 모두 7~8세기경 이주해 온 고구려계 이주민과 관계가 깊다. 특히 고마에시에서 발굴된 유적 등으로 미루어 5세기 초부터 이미 한반도에서 이주민들이 이주해 온 것으로 보인다.

앞에서 설명하였듯이 고마에의 '고마'는 고려(高麗)를 일본식으로 읽은 것에서 비롯된 것이다.[41] 그들은 조정에 마포(麻布)를 세금으로 바쳤다고 한다. 삼베를 짜는 것을 조포(調布)라 하며, 삼베를 물에 씻어 표백하고 나무 혹은 돌 위에서 방망이질을 하여 삼베를 부드럽게 하고 윤을 내는 다듬이질 공정을 하였다. '기누다(砧)'는 '기누이다(衣板)'의 한 표현으로 다듬잇돌, 판, 통나무를 일컫는 것이다.

한반도 이주민이 간토 지방의 개척을 위해서 일했다는 사실은 『일본서기』에 기술되어 있다. 덴지 천황 때 백제의 남녀 2천여 명을 배치하여 "공식(公食)을 주다"라고 되어 있다. 더욱이 "치소(緇素)를 가르지 않고 관식을 주다"라고 기록되어 있다. 치(緇)란 검은 의복으로 승려를 뜻하고 소(素)란

---

41) 일본에서는 고구려를 제대로 발음하기 어려우므로 고구려를 고려라 하여 고마로 읽었다. 때로는 狛, 巨麻 등으로 쓰고 고마라 읽었다.

흰 의복으로 이른바 평민을 뜻하는데, '치소를 가르지 않았다'는 것은 이들 2천여 명 속에는 승려와 민간인이 섞여 있었다는 것을 의미한다.

덴무 천황 때 백제의 승려 23명을 무사시노에 배치했다고 기록되어 있다. 지토 천황 원년 12월에 쓰쿠시(筑紫)에서 고구려, 백제, 신라의 남녀 22명을 데려와 무사시국에 각각 배치했다고 되어 있다. 지토 천황 3년 4월에 귀화한 신라인을 시모쓰게노국(下毛野國)에 거주하게 했으며, 지토 4년 2월에는 승려 전길(詮吉), 급찬 북조지(北助知)를 포함한 신라인 50여 명이 귀화했다. 그리하여 신라의 한나말(韓奈末, 신라의 관위명) 등 12명을 무사시국에 배치하였는데, 같은 해 5월에는 백제의 남녀 21명이 또 귀화했다고 한다. 그리고 같은 해 8월에도 귀화한 신라인을 시모쓰게노국에 거주시켰다는 기록도 있다.

■ 무사시노(武藏野)

한반도 이주민과 간토 지방을 생각할 때 무사시노는 중요한 위치를 차지한다. 무사시노라는 지명의 기원 자체가 한반도 이주민과 무사시노 지방과의 연고를 뚜렷하게 말해 주고 있기 때문이다. 무사시노에는 고구려계 지명이 많이 남아 있고, 이는 고대 한반도로부터 적지않은 이주민들이 이주하여 정착한 곳임을 보여 준다.

무사시노라는 지명은 삼으로 만든 의복, 가라모시에서 비롯되었다. 특히 다마가와강 유역에는 한반도 이주민이 본국에서 가지고 온 삼이 넓게 퍼져 자라고 있었다. 무사시노란 지명은 이 '삼씨'와 관련되어 있다. 도리이 류조(鳥居龍藏)도 무사시노라는 지명은 원래 한국어의 모시씨(苧種子)의 뜻에서 기원한다고 했다.[42]

---

42) 鳥居龍藏(1924), 「武藏野及其周圍 磯部甲陽堂」, pp.20-22.

김달수는 나카지마 도시이치로(中島利一郎)의 견해를 인용하여, 무사시노란 무네사시(宗成 혹은 主城)에서 온 것이며, 더불어 무사시노가 한반도 이주민의 중심인 것을 표시하는 말이라고 했다. 또 다른 한국어 기원설로 한국에서 화전(火田)을 의미하는 '사시'에서 유래한다고 볼 수도 있다. 무사시노의 대벌판이 한반도 이주민에 의해 개발된 것을 생각하면 화전과 관련된 견해는 무시할 수 없는 부분이다. 또한 이 지역의 개발 형태를 보아 무사, 무사시노란 지명이 한국말 모씨(牟의 일종)에서 나왔다는 주장은 설득력이 있다.

원래 무사시노의 범위는 간토 평야를 포함한 넓은 벌판을 가리킨다. 여기에서 발견된 석기시대의 유적, 고대 중세의 촌락, 근세 이후의 촌락 등은 오늘날 무사시노의 뚜렷한 특징을 그대로 보여 준다. 즉 원시에서 중세까지 촌락은 거의 예외 없이 무사시노 대지의 주변부에서 솟아오른 용수 혹은 계곡의 물을 따라 자연발생적으로 모여든 형태이다. 그러나 근세에 이르러 용수나 우물을 이용하여 물이 적은 땅에서도 밭을 일구게 되었다. 이 흙냄새 가득한 변경 무사시노를 먼저 한반도 이주민이 개발했고, 이곳을 무대로 무사들이 일어나 도읍(미야코) 귀족들의 파수로서 활약하게 되었다. 이어 헤이안 말기, 무사들은 그들의 상전을 추방하고 정치의 중심 무대에 등장하였다. 특히 율령정치에 있어서 사가모리(防人)란 것을 만들어 낸 풍토가 무인 집안을 등장하게 한 배경이었다. 그 무인 정권 역시 같은 무사계급에 의해 타도되었다.

이와 같은 정치적 변화의 극을 다했던 무사시노를 한반도 이주민이 개발하였을 뿐만 아니라 정치와 경제발전의 중추적 역할까지 했던 것이다. 이와 같은 활약 외에도 무인 정권 형성에 있어서 한반도 이주민의 자손들은 간토 무사로서 새로운 역할을 담당하여 가마쿠라 시대까지 크게 영향을 미쳤다.

■ 고구려인과 쇼난(湘南), 오이소(大磯)

쇼난, 사가미(相模)는 현재의 가나가와현 일대이다. 무사시국 이외에도 한반도 이주민은 사가미국 도처에서 살고 있었다. 그 중에서도 오이소는 고마 자코(高麗若光)가 고구려인들을 거느리고 정착한 곳으로 알려져 있다.

고마 자코는 대동강 남포를 떠나 인천, 목포를 거쳐 쓰시마를 경유하여 쓰쿠시에 도착했다. 그곳에서 이즈(伊豆) 반도를 우회하여 쇼난에 들어가 오이소에 상륙했다. 그때가 7세기 후반에서 8세기 초반으로 보고 있다. 그들은 나라 시대의 레이쿠 2년(716)에 무사시국 사이타마에 고구려군을 설치하여 동쪽에 있는 7개국에 산재했던 고구려인 1,799명을 이주시키기 전까지 이 지방에 정착해 있었던 것이다.

한반도 이주민은 사가미의 고려 신사를 중심으로 정착하여 살았다. 고려산은 높이 180m 정도로 그리 높지 않다. 그러나 이 지역은 서쪽으로는 산이 솟아 있고 화수천 유역의 사가미 평야가 있는 곳에 위치하여 바다와 산천이 매우 아름답다. 그 산록 동쪽의 화수천, 서쪽의 게쇼사카(化粧坂) 부근까지가 옛 고마사(高麗寺) 마을의 중심을 이루었다. 고구려계 한반도 이주민은 이 일대를 개발하면서 고려산에 성지로 고려 신사에 궁사 두 개와 계족산(鷄足山)에 운산원(雲山院), 고려사 등을 세웠다.

세월이 흘러 메이지 원년(1868) 4월 신불분리(神佛分離)에 따라 고려 신사만이 남고 고려사는 없어지고 말았다. 고려 신사는 메이지 6년(1873) 7월에 향사로 되었고 메이지 30년(1897) 2월에는 고구(다가쿠, 高久) 신사로 고쳐 불렀다. 오늘날 고려 신사는 고마 곤겐샤(高麗權現社)라 불리며, 이즈 곤겐샤(伊豆權現社), 하코네 곤겐샤와 함께 같은 신을 모신다.

현재도 고려산 서쪽 지역에서는 청동제 수저 등이 출토되어 가나가와현의 중요사적으로 지정된 가마구지 고분도 남아 있다. 이 고분은 고구려 이주민 수령의 무덤이라는 사실이 밝혀졌으며, 그 구조와 규모의 기술과 철제나 석제로 된 출토품은 축조 시기를 생각하면 탁월하기 그지없다.

고구려인들이 사가미국(相模國)에 이주한 시기와 국부(國府)나 군단(軍團)의 창치(創置) 등에서 선후 관계를 분명히 밝힐 수 없으나 사가미 평야가 있는 오이소 부근은 상당히 빨리 개화되었고, 또 이곳이 요지라는 것을 제반 여건으로 보아 짐작할 수 있다. 따라서 이곳의 요로기군(余綾郡) 지역이 일찍이 정치, 군사, 문화의 중심지였던 것은 명백하다.

나라 시대는 다이카 개신에 따라 공지(公地) 공민제(公民制)가 조(祖) 용조(庸調)의 율령제 정책으로 이루어져 중앙에서 국사가 감독관으로 파견되었다. 그들이 일하는 국부는 지방에서 왕권을 대행하는 기관이며 지방 행정의 중심이었다. 쇼무 천황 13년 3월에는 고쿠분사(國分寺)를 창건하라는 분부가 내려져 각국마다 고쿠분사가 세워졌고 이곳들이 지방 행정 교화의 중심지가 되었다. 이렇게 세워진 곳은 자연환경이 좋고 교통이 편리한 중심지로서 인구가 많고 문화가 발달한 곳이었다. 예로 다카구라군, 요로기군 등은 다이카 개신 이전의 구니노미야코(國造) 시대부터 선진지역으로 개발된 곳이었다.

사가미국에 거주한 이주민은 고구려인과 하타 씨족이 있다. 그러나 양자 간의 이주 시기는 차이가 있다. 고구려인은 7세기 후반에서 8세기 초반 무사시국 고려군에 옮겨 살았다고 하는데, 이것은 하타 씨족의 이주에 비해서 늦은 것이다. 하타 씨족의 이주는 상당히 이른 시기에 이루어졌으며 따라서 사가미 지방의 전통산업 육성에 이바지한 바도 고구려인에 비해서 크다고 볼 수 있다.[43]

그러나 하타 씨족이 이 지방에 진출한 시기를 확인할 수 있는 문화적 근거는 없다. 한 가지 유랴쿠 천황 때 하타 씨족이 명지에 분산되어 있었

---

43) 李廷冕(1984),「日本 關東地方 開拓과 古代 韓系 移住民의 貢獻」, 地理學研究, pp.64~76.
　　水城寅雄(1935),「三韓歸化人의 武藏野開拓」,『朝鮮』33號, pp.76~80.

다는 기록이 있다. 하타 씨족은 직물업과 깊은 관계를 가지고 있다. 앞에서 언급한 고마 자코가 인솔했던 이주민들도 이 지방에 먼저 이주하여 정착해 있던 하타 씨족의 연고를 찾아온 것이라고 보는 이들도 있다.[44]

(2) 산인, 호쿠리쿠 지방

■ 이주 경로 : 해류

고대 한반도에서 일본으로 가는 주요 해로는 네 가지였다. 첫 번째는 한반도에서 쓰시마와 이키섬, 그리고 규슈 북부로 가는 경로였다. 두 번째는 한반도의 동해안과 산인(나가토, 이즈모, 호키 그리고 오키), 호쿠리쿠(에치젠, 노토, 가가, 에치고) 지방을 잇는 리만 해류를 타는 경로였다. 세 번째 경로는 상대적으로 이용이 용이한 교통로로서 한반도 남부 다도해에서 제주도와 일본의 고토열도를 경유하여 규슈 지방의 서북쪽으로 향하는 경로였다. 마지막 경로는 한반도에서 일본으로 곧장 교차하는 경로로 동해를 통과하여 가는 길이었다. 이 길은 이용하기 가장 어려운 경로였을 것으로, 다른 선택지로는 해안 지대에서 사할린, 홋카이도, 혼슈의 서부 해안 지역으로 가는 길이 있었을 것이다.

이들 주요 경로 중 부산에서 쓰시마, 규슈로 가는 길이 최단 경로인데, 특히 야요이 시대에 가장 많이 이용되었을 것이다. 이에 반해 한반도와 산인, 호쿠리쿠 지방을 연결하는 두 번째 경로는 무시되어 왔다. 고대 일본 역사 기록들은 단순히 긴키 지방의 야마토 지역을 강조할 뿐이다. 하지만 한반도 동부 해안과 산인, 호쿠리쿠 지방을 연결하는 해류는 확실하고

---

44) 박정화(2006), 『일본의 원뿌리를 찾아서』, 삼애사, pp.316-319.

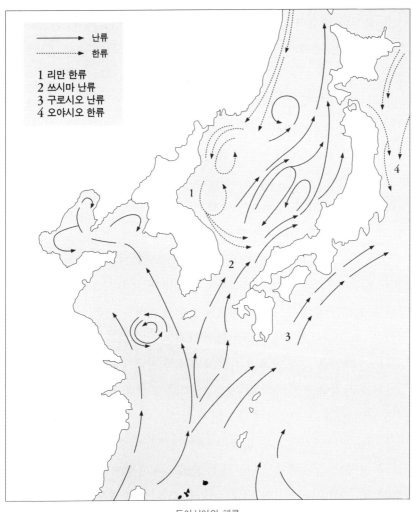

동아시아의 해류

중요한 이동로를 만들어 냈다. 지금까지의 많은 연구에서 고대 일본에 정착한 한반도 이주민이 남긴 역사적 흔적들을 배제하여 온 것이다.

고대에는 한반도와 일본의 교류가 작은 배들의 왕래를 통해 이루어졌다. 배는 문화 전파에 있어 가장 중요한 수단이었다. 고대 한반도인들의 이주를 다시 살펴보는 데 있어, 당시 선박들의 수용 능력은 고려해 보아야 할 중요한 변수이다. 고대 일본으로의 문화 전파와 관련된 한반도 이주민의 흔적을 추적하기 위하여 우리는 당시 선박들과 해류를 검토하여야만 한다.

바다는 고대 문화 전파와 밀접하게 관련되어 있다. 바다는 문화가 교차되는 데 장애물이 아니라 수단이라고 할 수 있다. 따라서 배와 해양에 관한 이야기를 배제하는 것은 문화 전파에 관한 논의를 무의미하게 만드는 것이다.[45)]

해류와 바람, 그리고 계절은 문화 전파에서 중요한 부분을 담당하였다. 12개월여 기간 동안 특정한 기상 조건 아래에서 다양한 해류와 바람이 일본으로 흐른다. 남아시아의 따뜻한 구로시오 난류는 북쪽으로 흘러 산인, 호쿠리쿠 지방에까지 흘러가며 동시에 반대편의 태평양 쪽 해안선으로도 휘감는다. 북쪽에서 내려오는 오야시오 한류 또한 일본의 태평양 연안을 지나며, 북쪽 연안지역에서 시작되는 리만 한류도 마찬가지로 한반도의 동해안을 지나 남쪽의 따뜻한 해수와 만나게 된다.

여기에서 기억해 두어야 할 것은 그 시기에 주로 흐르는 해류를 이용하게 되면 배의 규모는 크게 중요하지 않다는 것이다. 작은 선박들도 올바른 해류를 만나기만 하면 상당히 먼 거리까지 여행할 수 있다. 여름 동안에는 바람이 동남쪽에서 일본으로 불어오는 데 반해, 겨울에는 서북쪽으로부터 불어온다. 8월의 해류는 말레이시아에서 발생하여 동북쪽 방향으로 흘러가는데, 남중국해의 하이난섬, 대만, 고토열도, 규슈 서쪽을 거쳐 마침내 쓰시마 해류가 된다. 하지만 그러한 해류들이 항상 일관된 것은 아니며, 문화 교류 또한 마찬가지였다.

45) 茂在寅男(1985),『渡來人－海からみた 古代日本史』, 河出書房新社, pp.126-135.
出口晶字(1985),『日本における船の形態分類と地域類型』, Professor Chung-Myun Lee 60th Aniversary papers : Theory and Practice in Geography Seoul, pp.456-460, 487.

국가 간의 거리는 생각만큼 언제나 중요한 요인이 되지는 않는다. 예를 들어 부산에서 규슈 북부 간의 거리는 약 180km 정도에 불과하다. 하지만 배를 통해 가려면 대한해협과 쓰시마 해협을 통과해야만 하는데, 이는 매우 힘든 일이다. 거리가 짧다고 하더라도 여정은 더 길어질 수 있는 것이다. 우리가 살펴볼 수 있는 또 다른 예가 중국 남부 양쯔강 하구에서 규슈 서쪽 고토열도로의 이동이다. 중국에서 나온 폐기물 쓰레기가 7월이나 8월에는 하룻밤 만에 일본에까지 당도한다.

　해류 도표를 살펴보면 구로시오 난류는 동남아시아에서 출발하여 오키나와 지역을 향하는데, 동중국해로 이동한 다음에는 북쪽으로 흘러가 크게 분류된다. 이 분류는 대한해협을 거쳐 서해안에 따뜻한 해수를 보내고, 마지막으로 동해를 향해 흐르는 쓰시마 해협을 거치게 된다. 해류를 쓰시마 해협과 대한해협으로 보내는 분류는 일본 서쪽의 고토열도에서 발생한다. 이 해류들에서 나오는 따뜻한 해류가 동해 해안선을 따라 흐른다. 하지만 리만 해류에서 나오는 차가운 해류가 대한해협을 타고 올라온 따뜻한 해류와 만나 생성된 새로운 해류는 동쪽으로 머리를 돌려 일본을 향하여 산인, 호쿠리쿠 지방의 해안 지역에 강한 흐름을 만들어내는 따뜻한 쓰시마 해류와 합쳐진다.[46]

　이는 조몬-야요이 시대에 일반적이었던 작은 판잣배와 카누들이 한반도 동해안을 떠나 해류에 전적으로 의지하였음을 알려준다. 어떤 배들은 해협을 건너는 중에 산인, 호쿠리쿠 해안 지방으로 흘러가야 했으며, 보다 크고 견고한 배들은 해협을 곧장 건너서 시마네나 노토(能登) 반도, 혹은 와카사만까지 당도할 수 있었을 것이다. 다른 한편 일본의 산인 지방 해안(돗토리나 시마네현)에 살며 한반도로 가길 원하는 사람들은 고토

---

46) 中田薫(1928), 『古代 日韓交涉史 斷片考』 創元社, pp.123-127.

열도 근처의 규슈 서해안 지역을 향해 흐르는 해류를 타고 한반도 서해안으로 다시 돌아 흐르는 해류를 이용할 수 있었다.

고대 한반도와 일본 사이의 이러한 이동을 고려할 때, 양국 문화의 유사성과 관계는 반드시 검토되어야 한다. 오늘날 긴키 지방과 규슈 서부 지역의 문화는 남한과 주목할 만한 유사성을 보여 준다. 이를테면 사냥 스타일, 이동 경작, 특정한 축제나 의식들, 작물 종류를 비롯한 다양한 예를 들 수 있다. 산인, 호쿠리쿠 지방과 한반도의 접촉 시기는 규슈 북부보다도 더 이전이다. 조몬 시대 말기, 두 가지 구별되는 문화가 일본 내에 존재하고 있었다. 규슈 북부와 나라의 문화와 산인과 호쿠리쿠 지방 연안 지역의 문화는 이들 지역에 당도한 새로운 한반도 이주민에 의해 분명하게 발전한 것이었다.[47]

■ 발해와의 교류

고대 한반도와 산인, 호쿠리쿠 지방 사이의 공통점은 이 지역들이 매우 밀접하게 연결되어 있었음을 말해 준다. 이 지역의 신화나 전설, 고분(古墳), 장례의식, 토기, 쌀농사, 벽화 등에서 이를 알 수 있다. 고대 일본에서는 인종과 문화의 강력한 혼합이 창출되었다. 일본의 문화적 복잡성에서 한국, 동아시아 그리고 일본 관계의 핵심을 발견할 수 있다.

7세기 후반부터 10세기 초반까지 고구려인들은 신라에 의해 망하자 북쪽으로 이동해 갔다. 그곳에서 그들은 발해라는 나라를 건설하였다. 이 시기 일본은 공격적인 신라 왕조에 대항하기 위하여 발해와 활발한 교류를 하였으며, 한반도와 중국의 토착민뿐만 아니라 퉁구스 사람들의 활동에도 매우 깊은 관심이 있었다. 따라서 발해를 통한 교류는 일본인에게

47) 朴天秀(2011), 앞의 책, pp.157-165.

그 지방의 활동에 대한 보다 완전한 상을 제공해 주었다.[48]

긴메이 천황 시대의 기록들은 어떻게 퉁구스 집단이 일본의 사도섬에 도착하였는지를 말해 준다. 일본으로 온 발해 사절단이 최소한 서른다섯 번, 일본 사절단이 발해로 간 것이 최소한 스무 번이라고 기록되어 있다. 풍향, 특히 겨울 동안의 풍향은 발해에서 일본의 노토, 가가, 에치젠, 때로는 산인과 같은 남쪽 지방으로까지 여행할 수 있게 해 주었다. 우리는 발해를 고구려의 연장선상에 있는 것으로 다룬다. 하지만 일본에서는 발해를 고구려와 분리된 국가로 보고 있다.

규슈 북부의 오쓰우라는 사절단을 영접하는 지역이었다. 하지만 발해에서 출발하여 고시국(越國 : 와카사, 에치젠, 가가, 노토, 엣추 등지)에 당도하는 것이 쉽지 않은 일이었다. 그런 이유로 서른다섯 번의 사절단 방문 중 열세 번을 호쿠리쿠 지방에 당도하였다. 그 중 네 번은 상륙지와 관련한 기록에 의하면 신원을 확인할 수 없는 것들이다. 대략적인 형세를 보면 발해에서 온 사절단의 절반 이상이 에치젠이나 노토 반도 근처에 상륙하였음을 알 수 있다.

발해에서 고시국으로 가는 많은 여정이 있었다. 보다 정확히 말하자면, 노토 반도에 있는 후쿠라항(福良港)은 발해에서 일본으로 가는 사절단의 상륙지였다. 발해에서 일본으로 간 사절단에 관한 기록을 살펴보면 사절단의 환대와 교류, 그리고 그들이 묵을 영빈관 등 사려 깊은 준비가 이루어졌음을 알 수 있다. 또한 배들을 잘 수선해 준 것은 주로 문화적 · 정치적 관계를 유지하고 기록(발해사)을 만들어 내려는 욕구에 의한 것

48) 新野直吉(2003), 『古代東北と渤海史』, 歷史春秋出版 참조.
　　崔在錫(1991), 「渤海와 日本과의 關係」, 韓國學報 63集, pp.6-10.
　　上田正昭(1988), 「日本海を渡る海上の道(上) 渤海使の海事史的 研究」, 『東アジアの古代文化』 54號, pp.155-173.

이다. 이는 발해와의 관계를 통하여 가장 잘 이루어졌다.

하지만 노토 반도의 영빈관의 위치 같은 난해한 점들이 여전히 남아 있다. 최근 몇몇 학자들은 영빈관이 이시카와현 하쿠이군의 이치노미야(一宮)에 있는 게히신궁(氣比神宮) 근처에 있다고 주장하였다. 사절단 일행이 머물던 에치젠국 마쓰바라의 영빈관이 게히신궁의 수장에 의해 운영되었기 때문에, 노토 반도가 일반적인 영접지였을 것이라는 것은 논리적으로 타당하다. 최근의 시계 출토지에서 나온 유물들은 노토 반도 영빈관의 위치가 실제로 게히신궁 근처였다는 것을 보여 준다.[49]

일본은 발해 사절단으로부터 당시 귀족 계급 사이에서 매우 인기가 있던 곰 가죽, 표범 가죽 그리고 모피 같은 선물을 받았다. 이 시기 동안 『연희식(延喜式)』(967년에 시행된 율령제 체제의 법전)에 따라 여러 신분 유형에 맞는 모피가 지정되었다. 인삼과 다른 약초 또한 발해로부터 들어온 물품들이었다. 한편 발해인들은 연희식에 따라 비단 등을 가지고 돌아갔다.

앞서 논의한 바와 같이 동해를 가로지르는 한국과 일본 간의 무역과 교류는 노토 지방이나 이른바 호쿠리쿠 연안 지역이라 불리는 곳을 중심으로 이루어졌다. 외교 사절단을 위한 공식 영접지인 규슈 북부의 오쓰우라 또한 중요한 중심지였다. 이 두 지역은 일본과 한국 문화 교환에 의해 크게 영향을 받았다. 산인, 호쿠리쿠 지방은 이즈모 문화의 발생지이다. 이곳은 동해를 사이에 두고 한반도와 마주보고 있다. 한반도 문화를 받아들여 야마토와는 다른 문화를 형성하였다. 그 문화 생산의 중심은 이즈모 평야였다. 그리고 그 해변 주변에는 이즈모 다이샤(出雲大社)가 있다.

49) 上田雄, 孫榮健(1990), 『日本 渤海 交涉史』, 六興出版, PP.152-155, 175-188.
　　加藤順一(1989), 『遣 渤海使人について-官人制的 視點から-古代文化』 41卷 1號, 古代學協會, p.25

■ 문화적 유사성 : 장례 풍습, 철제련술 그리고 신화

장례 풍습에서 한국과 일본 간의 두드러진 문화적 유사성을 확인할 수 있다. 시마네현(특히 이즈모), 도야마현 그리고 일본 서해안 지역의 고분 네 모퉁이 투사도를 보면 3세기 말에서 4세기 중반 사이에 어림잡아 20개의 고분이 만들어졌음을 알 수 있다. 이러한 분묘의 축조는 고훈(古墳) 시대의 시작으로 볼 수 있다. 고대 한국 고분에 대한 검토를 통해 묘비로 쓸 목적으로 쌓아 놓은 돌들, 그리고 장례에 쓰이는 다수의 그릇 등에서 일본과의 두드러진 유사성을 발견할 수 있다.

앞서 언급한 고분들과 관련하여 다카세 시게오(高瀨重雄)는 산인과 호쿠리쿠 지방은 오랫동안 야마토 정부의 영향을 받지 않은 독특한 문화권에 있었다고 주장하였다.

이들 지역은 야마토 정부보다는 한반도를 통해 유입된 보다 더 발전된 문화의 영향을 받았다. 결과적으로 장례 의식에 대한 발전된 연구가 필요하며, 이는 한국과 일본 사이의 문화 교류를 이해하는 데 크게 도움이 될 것이다. 그럼 이시카와현 가시마군(鹿島郡)에 위치한 에조아나(蝦夷穴) 고분을 간략하게 언급하겠다.

사이토 다다시(齋藤忠)는 이 고분에 매장된 사람이 신라인일 것이라고 했다. 왜냐하면 신라와 산인 지방은 고대에 이 지방에서 긴밀하게 접촉했기 때문이다. 도쿄대 고마이 가즈치카(駒井和愛)는 현장 조사를 통하여 매장된 사람이 고구려인이라 확인하였다. 이는 7세기 후반 무렵에 축조된 묘지 양식을 바탕으로 한 견해이다.

여기에 덧붙여 사이토 다다시는 고구려 고분과 유사한 구조만 가지고 에조아나 고분이 고구려의 영향을 직접적으로 받았다고 볼 수 없다는 다른 의견을 냈다. 신라의 영향으로 고분의 구조가 보다 세련되었다는 것인데, 이는 신라 이주민이 비슷한 구조를 가진 건축 기술을 보여 주었기 때문이라는 것이다. 하시모토 스미오는 에조아나 고분에 매장된 사람이

에조아나 고분(1984년 답사 때 촬영)

긴키 지방에서 온 사람일 것이라고 주장하였다. 결과적으로 한반도 이주민의 두 번째 세대가 있었다는 것이다.[50]

여하튼 고구려와 신라로부터 이주해 온 사람들이 있었던 것이 사실이다. 이러한 사실에 의거하면 노토의 에조아나 고분은 7세기 후반 무렵

50) 齋藤忠(1997),『古代朝鮮文化と日本』, 雄山閣 참조.
    橋本澄夫(1974),「能登島の 蝦夷穴古墳 高句麗系 橫穴式 石室の 一」,『日本のなかの朝
    鮮文化』朝鮮文化社, p.63.

고대 일본으로 이주해 온 한반도인과 밀접한 관련이 있으며, 특히 고구려의 장례 양식과 연관되어 있다.

몇몇 한국 학자들은 동아시아에서의 철제련술 전파에 대해 심도 있게 연구를 하였다. 일본으로 이주해 갈 무렵 한반도인은 매우 중요한 기술을 함께 가지고 갔다. 철제련술과 관련하여 한반도와 산인 지방의 핵심적인 관계를 살펴볼 수 있겠다. 철제련술 전파와 관련된 설화로 여덟 개의 머리를 가진 뱀의 죽음에 관한 이야기가 있다. 스사노오노미코토라는 신이 히노가와강에 살고 있는 뱀을 죽였다고 전해진다. 철을 잘 다루는 것이 힘을 의미하듯 여덟 개의 머리를 가진 뱀 또한 힘을 의미한다. 민담에 이 뱀(시마네현에서 발견됨)은 동남아시아에서 유래하였다고 전한다.

일본 역사에는 바다를 건너 자신들의 나라로 온 수많은 신화 속 '신'들이 있다. 『일본서기』에는 고대 한반도의 신라/가야 왕국으로부터 일본으로 들어온 스누가 아라히토라는 남자의 기록이 있다. 왕관(사슴뿔 장식이 있는)을 쓴 그는 이즈모와 스루가를 유랑하였다. 아주 멀리서 온 '신'들에 관한 또 다른 설화가 고대 일본의 민속사에 많이 남아 있다. 그러한 설화들은 대부분 고대 일본과 가야, 백제, 신라, 고구려, 탐라(지금의 제주도) 그리고 발해 사이를 오간 공식적인 사절단들과의 접촉에 의해 발전된 것이다. 고대 일본에 관한 중요한 역사적 기록인 『육국사(六國史)』는 동해를 건너는 몇 가지 여정을 분류해 놓았다.

■ 고고학적 증거들 : 토기, 석마, 석조구조

호쿠리쿠 지방에서 한반도 이주민의 흔적에 대해 고고학적 증거로 들 수 있는 것은 토기와 같은 물건이다. 비슷한 토기가 한반도 동북부와 연안 지역에서 발견되었다. 손으로 만든 돌쟁기와 돌괭이 또한 인근 지역에서 발견되었다. 산인 지방에서 발견된 야요이 시대의 유물들 또한 한반도의 것과 비슷하다.

야요이 문화의 전파는 분명 한반도와 남중국 그리고 일본을 통해 이루어진 것이다. 이 전파의 흐름은 북쪽에서 남쪽으로 향하는 것이었다. 하지만 한반도 동쪽에서부터 흐르는 해류는 산인 지방의 산비탈(돗토리현 다이센산 기슭)에서 발견된 돌괭이가 보여 주는 바와 같이 독특한 전개를 유발시키기도 했다. 나가노현에서 볼 수 있는 밭농사, 사각형 형태의 칼, 그리고 돌괭이는 한반도 동북부 지역에서 발견된 것들이다.

한반도와 일본에서 사용된 이러한 형태의 농기구들과 그것들의 유사성은 공통의 문화 전파가 초기 시대에 있었음을 보여 준다. 이 지역에서 발견된 수수를 탄소 연대 측정한 결과 또한 유사성이 나타났다. 발해, 한반도 그리고 산인, 호쿠리쿠 지방의 관계는 실로 다양한 것이었다.

산인 지방으로 들어온 한반도인의 흔적은 말의 형태를 한 석각들을 통해서도 발견할 수 있다. 돗토리현 사이키군 요도에(淀江)의 세키반타이(關盤臺) 고분에서 발굴된 돌로 만들어진 말은 규슈 북부를 제외하고 혼슈 지방에서는 매우 희소한 유물이다. 돌로 만든 인형이나 단지 등은 규슈 북부의 후쿠오카, 구마모토 그리고 오이타현에서 발견되었다.

사이토 다다시는 규슈 북부의 석조 인형, 말, 단지들과 연관되는지를 논하면서 그것이 중국의 장례 양식의 영향을 받은 것이라는 견해를 밝혔다. 그는 규슈 북부의 석조 마상(馬像)은 통일신라 왕조와 아무런 관련이 없다고 하였다. 하지만 사이토 다다시는 중국의 영향을 받았다는 주장에 대해 확실한 자신을 가지고 있는 것은 아니다. 또한 그는 석마(石馬)가 규슈에서 산인 지방으로 옮겨 갔다고 언급했다.

그가 제시한 또 다른 견해는 이즈모와 기비 지방의 초창기 교류로 인해 마상이 기비에서 이즈모 지방으로 옮겨 갔다는 것이다. 특히 그 구조와 오카야마현 오카야마시의 규슈 북부형 고분과 밀접한 관련이 있는 다카마쓰 센소쿠 고분의 각인 패턴을 분석하였을 때, 규슈 북부와 기비 그리고 이즈모 지방 사이에 연관이 있었을 것이라 추측하였다. 나아가 이즈모 지방의 고분 문화와 독특한 고분 구조를 갖고 있는 규슈 북부 지방 사이에 어떠한 관계가 있음을 시사하였다. 이러한 요소들을 열거하면서도 사이토 다다시는 일본과 한국의 상관성을 드러내는 것은 꺼렸다.

석마에 대한 보다 선명한 상을 제공하기 위하여 1986년 여름 일본과 한국에서의 현장 조사에서 관찰한 바를 기술하고자 한다.

경상남도 고성군 마암면 석마리에는 세 개의 석마가 있었다. 이 중에서 가장 큰 것은 길이 140cm, 등 높이 45cm, 머리 높이 40cm였다. 돌담 안에 묻혀 있던 석마는 길이가 100cm였다. 등 높이 측정은 머리가 안쪽을 향해 끼워져 있었기 때문에 불가능했다. 후쿠오카현 이와야마 데이터센터에 보관된 또 다른 석마는 길이 145cm, 높이 95cm다. 돗토리현 사이키군 요도에의 석마 또한 상자에 들어 있었고 길이 150cm, 높이 120cm였다. 석마 다리는 유실된 상태였다.

하지만 세월이 느껴지는 이 우아한 말은 1935년 미술작품으로 지정되었고, 1959년에는 문화재로 지정되었다. 요도에와 고성군의 석마들은 크기와 형태에 있어 매우 유사했다.

일본 돗토리현 요도에와 고성군 석마리 석마의 유사점은 다음과 같다.

① 석마의 제작 연대와 시기는 알려져 있지 않다.
② 석마리의 석마는 용암석으로 만들어졌다.
③ 두 지역의 석마의 크기와 형태는 매우 유사하다.
④ 석마를 만드는 조각 기술이 유사하다.
⑤ 요도에 석마는 등에 안장이 있으나, 석마리의 것에는 없다.
⑥ 요도에 석마의 본래 위치는 꽤 멀리까지 추적해 갈 수 있으나, 석마리의 석마는 그렇지 못하다. 정확한 위치에 대한 정보를 얻기 위해서는 연구 조사할 시간이 좀 더 필요하다.

⑦ 두 지역의 석마가 있는 위치는 해안과 가까운 곳이다.

⑧ 두 곳 모두 역사적 보호 차원에서 문화재로 지정되었다. 일본의 석마들은 한국에서 발견된 것들과 매우 유사한 형태를 지니고 있다. 특히 고대 가야/신라 지역에서 발견된 것들과 비슷하다.

가야/신라와 요도에와의 관계는 다양한 형식으로 나타난다. 우선 산과 마을, 지명 등이 이들 지역과 밀접하게 결부되어 있다. '고레이산' 혹은 '고마야마'는 지금은 다이센(大山)이라 불리는 산의 옛 명칭이다. 한반도 이주민이 살았던 마을인 고마무라는 요도에 평원에 위치해 있고, 1955년 9월 다이센으로 이름이 바뀌었다. 그리고 이 지역의 고분들은 예전에는 가라야마 고분군이라 명명되었다. 이 고분을 발굴했을 때 금과 동으로 된 왕관이 출토되었는데, 같은 시기 한반도에서 발견된 것과 유사한 형태를 띠고 있다. 이를 근거로 몇몇 전문가는 요도에의 유물들은 이 지역이 야마토 지역보다 더 이전부터 사람들이 정착하여 살았던 곳임을 보여 준다고 주장했다.

석조 구조와 관련하여 가지야마 근처에 있는 오카마스 이시도(岡益石堂, 돌로 지은 사당)에 대해 간략히 살펴보겠다. 역사에 따르면 돗토리현 이와미군 고쿠후에 오카마스 이시도가 있었다. 이것은 일본 정부가 문화재로 지정한 독특한 형태의 석조 구조물이다. 천년 전 이 신사는 언덕 위에 눈에 띄게 서 있었다. 이는 산인 지방, 돗토리현에서 가장 오래된 석조 구조물 중 하나이다. 1966년, 가와카미 사다오(川上貞夫)는 오카마스 이시도에 대한 연구 결과를 책으로 출판하였다. 그때 이후로 매우 유명한 이야기가 되었는데, 모리 고이치(森浩一)가 이 주제에 관하여 연구 중이었으나 세상을 떠났다.

이시도는 지진으로 몇 차례 붕괴되어 본래 모습을 그려내기가 어렵다. 분명한 것은, 7세기 무렵 이시도가 한반도와 아시아 대륙에서 유래한

각양각색의 인동초 문양(실크로느 사전, 정수일 편저)

불교문화를 보여 준다는 것이다. 하지만 오늘날에는 어째서 이시도가 그렇게 이른 시기에 축조되었는지에 대해 아무도 정확히 알고 있지 않다.

그러나 이시도에 대한 기초 조사를 통해 어떤 학자들은 석탑과 연관이 있을 것으로 추측하고 있다. 이시도가 한반도 고대 석탑과 밀접한 연관이 있을 것이라 상상하는 것은 어려운 일이 아니다. 백제의 오래된 삼층 석탑과 신라 석탑과의 유사성이 그 증거이다.

이시도 기둥 위에 있는 장식과 새겨져 있는 인동초(忍冬草) 문양들을 통해 고분의 구조와 고구려 벽화와 비교하려는 시도는 산인 지방과 고구려와의 연관관계를 끌어내었다. 시기 설정과 관련하여 그 지역에서 출토된 벽돌들은 하쿠호(白鳳) 시대의 특성을 보여 준다. 또한 이시도 신사에 조각된 문양들은 중국의 육조문화(六朝文化)와 유사하다.

이러한 요소들로 인하여 이시도의 연대는 하쿠호 시대나 나라 시대 초기에 속할 것으로 보인다. 하지만 사이토 다다시는 그렇게 말하는 것을 주저하는데, 왜냐하면 이시도가 고구려 문화의 영향을 많이 받았다고 결론을 내리는 것이 불가능하기 때문이다. 그는 또한 이시도가 무덤으로 사용된 것이라 추측하였다.

하지만 모리 고이치는 조금 다른 견해를 가지고 있다. 그는 면밀한 연구 끝에 이시도가 고구려식 고분 유적 중의 하나라고 주장하였으며, 또한 이러한 고구려식 고분을 나가노와 와카야마현에서도 발견할 수 있을 것이라고 덧붙였다. 그럼에도 그는 이시도 유적에 관하여 보다 진전된 결론을 내리는 것은 유보하였는데, 황실 궁내청이 이 유적을 안도쿠(安德) 천황의 능묘참고지(陵墓參考地)라고 하여 발굴을 금지하였기 때문이다.

한편 김달수는 오카마스 이시도라 불리는 고분이 아마도 가야와 신라에서 이주한 하타 씨족과 연관이 있을 것이라고 했다. 흥미롭게도 이시도가 위치한 지역에는 이나리라는 이름의 신사가 있다. 이것은 고대 일본의 하타 씨족에 의해 만들어졌다고 보는 것이다.[51]

51) 齋藤忠(1981), 『古代朝鮮文化と日本』, 東京大學出版會, pp.242-243.
　　金達壽(1984), 「席木郷と岡益の石堂」, 『日本の中の朝鮮文化 8』, 講談社, pp.20-24.
　　川上貞夫(1980), 「今木と 度木」, 『日本の中の朝鮮文化』 第47號, pp.38-43.

7) 대표적이고 주동적인 이주민 씨족

　한반도 이주민 씨족들은 저마다 다른 시대와 지역에 자리 잡아 고대 일본인의 삶에 다양하게 영향을 주었다. 이 씨족들 사이의 동질성과 이질성, 또한 그들의 활동을 밝혀내는 것은 초기 동아시아의 모습을 찾아내고 보여 주는 데 있어 중요하다.

　『고사기』에 따르면 아지노-오미(야마토노 아야노 아타헤의 선조로 그의 추종자들로 구성된 집단을 포함, 열일곱 집단의 사람들)가 야마토 지역으로 오게 되었다. 『일본서기』에서는 오진 천황 때 아지노-오미 아타헤와 그의 아들 쓰카노 오미가 열일곱 부족의 한반도 이주민과 함께 야마토에 도착했다고 전한다. 여기에서 두 대표적인 씨족들을 살펴볼 수 있다. 하나는 아야 씨족이고 다른 하나는 하타 씨족이다.

　일찍이 가야 등에서 이주해 온 한반도계 호족들은 일본 고대사에서 보이지 않는 존재로서 엄청난 세력을 형성하였다. 따라서 이들 야마토 거주 호족들의 분포를 아야와 하타 씨족과 함께 언급하고자 한다.

(1) 아야 씨족(漢氏族)

　고대 항해술로 대한해협과 쓰시마 해협을 항해하는 것은 매우 어려운 일이었다. 그러나 초기 한반도 이주민들은 섬과 섬을 이동하여 해협을 건널 수 있는 기술을 가지고 있었다. 한반도와 일본 사이를 오가는 데 두 가지 경로가 있었다. 하나는 한반도 서부와 남부지역에서 일본 규슈 북부로 연결되는 경로, 또 하나는 한반도 동부에서 시작되는 경로이다.

　아야와 하타 씨족은 첫 번째 경로를 통해서 일본으로 이주하였다. 즉

일본중요문화재 13층탑. 아스카의 히노쿠마 옛 절터에 서 있다.

한반도 남부에서 출발하여 쓰시마와 이키섬을 거쳐 규슈 북부에 도착하였고 이후 긴키 지역으로 옮겨갔다. 『고사기』와 『일본서기』에는 아야 씨족이 백제에서 왔으며 나라 야마토에 자리를 잡았다고 기록되어 있다. 아야 씨족은 경남 함안(咸安)을 연고로 하고 있다. 이들은 5세기 말에서 6세기 초 아스카의 히노쿠마(檜隈) 지역 부근에 모여들었다.

사카노우에노 가리타마로(坂上苅田麻呂 : 아야 씨족의 뛰어난 지도자)가 785년 일본 천황에게 보낸 서신에서 아야 씨족은 한 왕조의 혈통이라는 주장이 있었기에, 8세기 말에서 9세기 사이 아야 씨족은 한반도인이기보다는 중국인으로 분류되었다. 하지만 북한 학자 김석형은 초기에 이주한 대부분의 사람들은 한반도에 기원을 두고 있다고 주장했다.

지리적인 기록으로 보아 아야 씨족에는 60여 개의 성(姓)이 있었고 이들은 한반도에 뿌리를 두고 있었다. 일본은 당시 문화적으로 발달하지 못하였기에 보다 높은 문화로부터 새로운 기술을 받아들이는 데 열중했다. 따라서 당시 문화적으로 앞서 있던 한반도 이주민이 정부 요직을 차지했고 여러 지방에서도 지도적인 역할을 했다. 아야 씨족은 다양한 분야에서 능력을 나타냈다. 즉 외교, 군사작전, 기록장치, 조선, 학문, 재정, 조세, 미술, 과학, 언어, 공공사업 등이었다.

5세기 중엽 아야 씨족은 도시 경영과 지적 배경에 힘입어 가장 영향력 있는 위치에 있었다. 그 이후 아야 씨족은 세력이 여러 집단으로 분리되기 전까지는 일본에서 최고 위치에 있었다. 6세기 초 일본 사회의 일련의 변화로 인해 문화와 권력 구조가 변함에 따라 아야 씨족의 힘과 영향력은 서서히 무너지기 시작했다. 그러나 아야 씨족의 재정적 힘은 쉽게 무너지지 않았다. 반세기 이후 나라 시대 초기, 다이카 개신(645)에서 임신란(壬申亂, 672) 사이에 아야 씨족은 신분이 급상승하게 되었다. 아야 씨족의 힘과 영향력은 덴무, 지토, 긴메이 천황이 자신들의 묘지로 히노쿠마 지역을 선택한 것에서도 알 수 있다.

■ 활동과 기여

아야 씨족이 외교, 군사, 종교, 예술, 과학 등에서 보인 활동과 공헌은 소가 씨족과 연관이 있다. 아야 씨족이 아스카 히노쿠마 지역에 터전을 마련한 것과 백제의 지리적인 특성 사이에는 뭔가 연관성이 있다고 할 수 있다. 히노쿠마는 북쪽으로는 세 개의 산으로 둘러싸여 있고 동·서·남쪽이 양 산계를 이루고 있는 모습이 백제의 부여와 매우 흡사하다. 당시 아스카 지역은 일본인에게 매우 낭만적인 지역으로 알려져 있었다. 많은 사람들이 이곳이 문화의 본거지이며 일본 문화의 요람이자 심장이라고 말하고 있다.

여기에서 히노쿠마라는 지명을 보자. '쿠마'는 일본어로 '곰'이라는

귀석(龜石) 아스카 지방 부근에는 옛날 백제 이주민이 남긴 불가사의한 동물들의 석상군(石像群)이 많다. 이 귀석도 무게가 약 40톤이 되는 거석이다.

뜻인데, 당시 곰은 한반도에서 매우 경이로운 동물로 신성시되었다. 그리고 '히노'는 일본어로 '열린 공간' 또는 '공개된 땅'이라는 뜻이다. 어쩌면 히노쿠마는 아야 사람들이 새로운 땅 그리고 오랜 전통을 합성하여 만들어 낸 이름이 아닐까. 당시 역사에서 보면 이 지역 다케치군 히노쿠마의 80~90%는 아야 씨족의 기원이 되는 지역이다. 오늘날 부여(이전의 백제)의 지명을 살펴보면 '곰'이라는 단어와 연관된 이름이 많다. 예컨대 금강의 곰나루가 그것이다.

■ 외교정책

아야 사람들은 한반도와 중국의 앞선 언어와 문화를 배경으로 일본 사회에 큰 영향을 미쳤다. 그 중에서도 외교활동이 매우 두드러졌다. 이 지역에서 아야 사람들의 참여는 매우 광범위하고 공식적이었다. 아야 사람들은 당시 일본 외교사절단을 이끌고 신라와 중국을 무대로 활동했다.

이밖에도 다양한 분야에서 외국과 교류가 있었음을 기록을 통해 알 수 있다. 당시 언어 문제나 문화적 충돌로 인해 정상적인 교류가 힘들 때 한반도 이주민이 많은 역할을 한 것이다. 이들은 외교정책을 책임지고 종종 외국 고위 인사들을 접대하는 일을 맡았다.

■ 군사활동

6세기 후반 이래로 아야 사람들의 관심은 학문에서 군사문제로 옮겨갔다. 군사정책이 정치적 영향력의 증가, 그에 따른 이익과 생산의 증대와 관계를 가지게 되면서 한반도 이주민이 점점 더 관여하게 되었다.

고급 교육을 담당하는 기관들이 생기면서 많은 이주민이 군사계급이 되었다. 당시 아야 사람들은 군사문제, 전법, 공업 그리고 건축 분야에 있어서 이미 많은 훈련과 교육을 받은 상태였다. 정부가 이러한 기술에 능한 사람들을 필요로 하면서 한반도 이주민에게 요청했던 것이다. 한반도 이주민은 군사기지와 요새를 건립하는 데 도움을 주었다. 7세기 후반에는 아야 사람들의 도움으로 여러 개의 성이 규슈 북부에 건립되었다.

또한 군사기술과 관련한 아야 사람들의 주요 공헌은 말(馬)이다. 고대 일본에는 말이 없었기 때문에 한반도에서 수입해야 했다. 아야 씨족의 군사는 일본 정부보다 뛰어난 무기와 기술, 조직적인 구조를 지니고 보다 전략적인 군대를 이끌었다. 아야 사람들은 자신들이 보유한 철, 가죽, 말 사육 기술에 대한 전폭적인 지지를 받으며 고대 일본에 군사를 지원했다. 아야 씨족 후손 중에서 사카노우에노 가리타마로(坂上苅田麻呂)는 장군의 자리에 오르기도 했으며, 고대 일본 북쪽 지역에서 도호쿠 에조 씨족을 정복하는 데 주요한 역할을 했다.[52]

52) 上田正昭(2013), 앞의 책, pp. 251-252

■ 예술, 과학, 종교 그리고 시

수학, 의학, 언어, 음악, 주술, 천문 그리고 종교는 일본인의 삶에 있어 큰 부분을 차지하고 있다. 그런데 이러한 분야의 학문이나 지식은 한반도 이주민을 통해 전해진 것이었다. 먼저 언어를 살펴보면, 한반도 이주민은 중국 한자를 들여와 문학적으로 많은 기여를 하였다. 당시까지 일본에는 문어(文語)적인 일본어가 거의 존재하지 않았다. 일본의 첫 역사기록인 『고사기』와 『일본서기』는 한자로 쓰인 것이었다.

앞서 언급했지만, 이 역사서에는 일본 국외의 학자에게 크게 영향을 받은 흔적이 곳곳에 나타난다. 여기에서 국외의 학자라면 아야 사람들같이 교육수준이 높고 중국에서 교육을 받은 학자들을 말한다. 특히 나라시대에는 한반도 사람들의 영향과 공헌으로 학문, 문학, 역사 그리고 시 분야에서 많은 발전을 이룩했다.

아야 씨족은 유교와 불교 교의를 교육받은 학자들과 함께 일본에 이주했다. 『오경』 같은 유교 경전도 아야 씨족에 의해 일본에 소개되었고 이들의 영향을 받아 개종이 활발하게 일어났다. 이주민이 종교적인 경전, 성전 등을 들여온 나라 지역에는 역사적으로 풍부한 유물이 간직되어 있다. 일본에서 초기 개척자들의 정신세계는 유교의 강력한 영향을 보여주는 쇼토쿠 태자(聖德太子)의 17조 헌법에 잘 반영되어 있다.

■ 법, 의학, 소가 씨족

초기 일본에서 법과 의학 역시 아야 씨족의 지도자들에 의해 발전되었다. 한반도 이주민 출신 법률가 고레무네 나호모토(惟宗直本)는 법령 주석서인 『영집해(令集解)』를 편찬하였으며, 『흠명기(欽明紀)』의 기록을 보면 백제로부터 온 의사나 약사들이 궁정 사람들을 치료해 달라는 요청을 받았다. 그 외 한반도 출신 전문가들을 보면 대부분 아야 씨족과 연관된 무용가, 피리연주자, 정원사 등이 있는데, 이들 역시 왕정 사람들의 요청을 받고 온 것이었다. 그와 더불어 매 사냥 등 다른 많은 종류의 여가 활동 또한 백제로부터 일본에 소개되었다.

소가 씨족은 무역, 산업개발, 개인 소유 토지, 노동자 이외에도 많은 부분에서 공헌한 일족이다. 소가 씨족 또한 거의 대부분 백제에 근원을 두고 있었다.[53]

(2) 하타 씨족(秦氏族)

일본의 또 하나의 선두적인 이민 집단은 하타(秦) 씨족이다. 이들은 고대 신라에 기원을 두고 있다. 하타 사람들 역시 일본으로 이주한 후 여러 분야에서 많은 공헌을 했으나 역사 속에 묻혀 잘 드러나지 않았다.

일본의 정치적·사회적 압력에 따라 하타 씨족의 조상들 또한 한반도 이주민이라기보다는 중국에서 온 이들로 여겨졌다. 이 주장은 진시황제(秦始皇帝)의 직속 후손이라는 주장을 기초로 하고 있다. 그러나 『신찬성씨록』, 『고사기』, 『일본서기』에는 가야/신라와 하타 사람들의 관계가 더 직접적으로 기록되어 있다. 당시의 활동 기록을 보면 하타 사람들이 한반도 이주민이라고 확실히 밝혀 놓았다.

하타 씨족은 4세기 말 오진 천황 시절 신라를 떠나기 시작하여 5세기즈음 일본 긴키 지방으로 이주했다. 하타 씨족은 교토 지역에서 기후 환경이 좋은 야마시로를 발견하였다. 여러 지역을 다니며 전국에 영향을 미친 아야 씨족과 같이 하타 씨족 역시 전국에 걸쳐 폭넓게 활약하였다. 계속해서 영향을 미치는 정착 과정을 보였다.

---

53) 井上秀雄, 上田正昭, 司馬遼太郎, 平野邦雄(1974), 座談會「漢氏とその遺跡」, 『日本の中の朝鮮文化』第22號, 朝鮮文化史, pp.21-39.

하타 씨족의 분포는 교토부 야마시로, 나라현 야마토, 시가현 오미, 기후현 남부 미노, 미에 전역 이세, 아이치현 서부 오와리 등이다. 또한 일본 서부 전역에 걸쳐서도 넓게 분포했다. 효고현 서남부 하리마, 야마구치현 동부 소우유, 오이타현 북부 셋쓰, 후쿠오카현 동부 부젠, 오사카부와 효고현 일부 셋쓰, 오카야마현 북부 미마사카, 오카야마 중심 빗추, 에히메현의 이요, 후쿠오카 서남부 지쿠젠, 후쿠이현 동부 에치젠, 일본 해안을 이은 지역, 도야마현 등의 지역이다.

하타 씨족의 활동과 공헌은 아야 사람들과 비교해 참으로 독특하다. 하타 씨족은 아야 씨족과 달리 상업에 주력했다. 이들이 전력했던 지역은 교토 야마시로 부근이었지만 그 외의 많은 지방에도 널리 번져 나갔다.

■ 직조술

하타 씨족의 활동은 뛰어난 능력으로 인해 단숨에 부각되었다. 그들의 활약 중 직물을 짜는 기술에 대한 것은 증거가 부족해 이에 관련된 논쟁이 현재도 계속되고 있다. 그러나 '하타'라는 이름은 어원적으로 '직조'라는 의미와 연관이 있다.

그런데 세키 아키라는 하타 씨족과 직물 산업과는 직접적인 연관이 없다고 주장했으며,[54] 히라노 구니오는 하타 씨족은 그보다 목공과 관련이 깊다고 말했다. 그러나 우에다 마사아키와 그 밖의 학자들은 하타 사람들이 직물 산업에 직접적으로 연관이 있었다고 주장했다. 오늘날 우리는 하타 씨족과 연관된 많은 지명에서 직공과 관련이 있음을 쉽게 찾아볼 수 있다.

54) 關晃(1966), 앞의 책, pp. 96-97.

■ 종교와 철제련술

산업과 상업 외에 하타 사람들은 다양한 시민활동과 종교활동에 참여했다. 하타 사람들은 현재 일본에 남아 있는 수많은 종교 건축물 건립에도 관여했다. 여기에는 교토의 마쓰오 신사, 후시미 교토부의 이나리 신사, 일본 전역에 있는 하치만 신사 등이 있다. 종교와 관련된 활동은 하타 씨족의 삶에 있어서 뗄 수 없는 부분이다.

더불어 하타 씨족의 눈에 띄는 공헌은 공업과 과학 기술을 꼽을 수 있다. 그 중에서도 철 제련기술이 주요하게 꼽힌다. 일본 사람들이 필요로 했던 새로운 도구와 기계로서 철 제련 과정과 그 생산품은 매우 건설적인 결과를 가져왔다. 초기 일본 농업사회에서 한반도 이주민들이 마른 땅을 개간하고 개척할 수 있는 기구들을 개발하는 데 큰 공헌을 했음을 보여 주는 연구도 있다.

■ 가도노(葛野)댐 프로젝트

처음 하타 씨족은 가쓰라가와강 서부에 자리를 잡고 필요한 농경지를 개척하기 시작했다. 아라시산(嵐山)에 본거지를 두고 남북으로 흐르는 가쓰라가와강은 하타 사람들에게 수자원을 공급하는 주요한 근원이었다. 이들은 확장된 관개 기술이 필요하게 되자 이 지역에 댐을 건설하려는 야심찬 프로젝트에 착수했다.

토지이용과 수로 관리기술이 뛰어난 하타 사람들은 이곳에 정착하여 더 많은 가옥과 경작지를 만들어 냈다. 교토 역사(제1권)에 따르면, 농업개발은 5세기 후반 사가노 지역의 가쓰라 동부에서 진행되었다. 같은 시기에 나타나는 묘자리 선정과 관련하여 가쓰라가와강 지역을 따라 하타 씨족이 여러 프로젝트와 개발을 진행한 것은 당연하다. 야요이 시대의 유물이 가쓰라가와강 동부 연안을 따라 상당수 발견되었는데, 강 유역에 하타 씨족이 살았음을 뒷받침하는 충분한 증거가 된다.

■ 가모가와강 프로젝트

가모가와강(鴨川) 프로젝트 외에 또 다른 주요 토지이용 사업이 하타 씨족과 관련되어 있다. 비록 이 사업과 관련된 자료와 기록은 부족하지만, 가모가와강 프로젝트의 영향과 결과는 고대 일본 수도 천도에 크게 작용했다.

헤이안은 794년부터 고대 일본의 수도로서 교토 분지 북부에 위치해 있다. 헤이안이 도시와 지역을 형성하기 이전에 수도로서의 기능, 수송과 중계 등 여러 면에서 강을 개발해야만 했다. 이 지역 조사를 통해서 물의 흐름이 과거와 현재를 비교해 볼 때 많이 달라졌음이 밝혀졌다.

하타 사람들은 기술과 창의력을 지녔으며 당시 큰 사업을 성공시킬 만한 인맥을 지니고 있었다. 평지인데다 사방이 트여 있었기에 헤이안은 고대 일본 사회에서 주요한 수도의 하나가 될 수 있었다. 어떤 이들은 간무 천황과 그와 관련된 사람들이 가모가와강 프로젝트에 깊이 연관되어 있다고 추측한다. 하타 사람들은 당시에 유일하게 이 사업에 참여할 수 있는 기술을 지닌 이들이었다.

■ 수도 천도

하타 사람들은 수도 천도에 직접 관여하면서 결정적인 역할을 했다. 그럼 여기서 왜 수도를 나라에서 나가오카(長岡) 그리고 교토의 헤이안으로 천도하게 되었는지 궁금하지 않을 수 없다. 이에 대한 답은 미신이나 풍수지리설보다는 정치적인 사안과 관련이 있다고 할 수 있다. 당시 성직자나 평민들은 정권에 대해 불만을 표출하고 있었다.[55] 특히 하타 씨족과 같은 권력과 힘을 가진 그룹에 의해 긴장이 고조되고 있었다. 지도층은 수도를 다른 지역으로 옮겨 긴장관계와 방해요인을 잠재울 수 있다고 생각했다.

나가오카 수도사업 담당자 다네쓰구 후지와라의 어머니는 아사모토 하타의 딸이었다. 아사모토 하타는 교토에서 유명한 의사로서 하타 씨족이었다. 또한 고쿠로마로 후지와라도 수도 천도사업에 중추적 역할을 했으며, 그의 아내는 시마무라 하타의 자손이었다. 시마무라 하타 집안도 하타 씨족 가운데 이름을 날린 후손 중 하나였다. 그들의 아들인 가토노마로 후지와라는 지도층으로 매우 영향력이 컸다. 이와 같은 관계는 하타 씨족이 어떻게 가모가와강 개발사업에 필요한 자금을 확보할 수 있었는가에 대한 대답을 얻을 수 있다. 또한 이는 간무 천황의 부계가 백제에 근원을 두고 있으며 이주민에게 관대한 정책을 펼쳤다는 것을 알 수 있다.

하타 씨족과 관련된 또 다른 주목할 만한 자료는 하타 씨족이 나가오카와 헤이안 수도 프로젝트에 참여하였다는 것이다. 하타 씨족이 지닌 경제적 힘이 수도 천도에 결정적 역할을 했다고 본다. 하타 구라히토는 야마시로국, 오타키군 케이조에서 예산과 관련된 권력을 행사하였다고 기록하고 있다. 이노우에 미쓰오 또한 나라(奈良)에서 나가오카 그리고 헤이안으로 수도를 천도하는 과정에서 재정적인 측면에서 원조를 하였다고 알려져 있다. 이들 모두 교토에 정착한 한반도 이주민의 후손들이 수도를 옮기는 과정에서 재정 담당 역할을 했다는 것과 깊은 연관이 있다.[56]

55) 헤이안쿄(平安京) 천도를 결의한 진상의 이면에는 풍수설에 기인한다고 보는 설도 있다. 그러나 간무 천황이 왕위 다툼을 두려워하여 12세 아래의 동생 사와라 친왕(早良親王)을 죽이기 위해 아와지국(淡路國)으로 이송해 갔는데 친왕은 배 안에서 자기 무죄를 탄식하며 죽었다. 이로 인해 원령대책(怨靈對策)으로 보는 견해도 있다.

56) 上田正昭, 岸俊男, 毛利久, 李進熙(1973), 座談會「秦氏とその遺跡」, 『日本の中の朝鮮文化』第19號, 朝鮮文化史, pp.21-36.

고대 한반도 이주민의 발자취

1) 일본의 한국식 지명

지명은 우리에게 그 지역의 토지를 이야기하고 역사를 말해 준다. 따라서 지명은 단순히 토지를 나타내는 부호가 아니라 그 지역 자체를 등에 업고 있는 그 무엇, 말하자면 선인들이 다져놓은 귀중한 문화유산이라고 할 수 있다.[57]

고대 일본에서의 한반도 이주민의 활약을 알아보는 데 있어서도 지명과 인명은 중요한 역할을 한다. 한반도 이주민은 일본의 한 지역에 이주, 정착하면서 그곳에 자신들이 떠나온 고향의 지명을 붙였다. 향(鄕), 촌(村), 군(郡), 현(縣)과 같은 행정구역의 명칭뿐만 아니라 신라, 고마, 가라와 같은 지명을 붙였다. 고구려에서 이주해 온 사람들이 정착하면 고마

---

57) 本間信治(1975), 山口惠一郎 監修, 『日本古代地名の謎』, 新人物往來社, pp.1-2.
　　崔在錫(1998), 앞의 책, pp.14-15.

촌(高麗村), 백제에서 온 사람들이 정착하면 구다라촌(百濟村)이 되고, 신라 사람들이 오게 되면 시라기촌(新羅村) 등의 지명이 부여되었다.

그리고 오랜 세월이 지나면서 같은 지명이라도 서로 다른 한자로 표기하게 되었다. 즉 한반도의 신라와 같은 한자를 썼던 시라기(新羅)는 '新座', '志木', '白木', '白城', '白鬼' 등으로, 고구려를 나타내는 고마(高句麗)는 '巨麻', '狛白', '小間', 백제를 나타내는 구다라(百濟)는 '久太良', '久多良', 가라(唐)는 '辛', '可樂', '可良', '韓', '空', '韓良' 등으로 쓴 것이다.

이와 같은 현상은 비단 일본에서만 볼 수 있는 것은 아니다. 영국에서 신대륙 미국을 찾아 정착했던 이들 또한 자신들이 살고 있던 고장의 이름을 정착지에 붙이고 살았다. 그 예로 오늘날 미국 동부의 뉴잉글랜드, 뉴욕, 뉴햄프셔 등을 들 수 있다.

제2차 세계대전 이전에는 일본에서 만주를 개척하기 위해 이주민을 보냈다. 그때 출신지인 히로시마나 오카야마 등의 지명이 만주 정착촌에 남아 있다. 그리고 히로시마나 이시카와 등에서 홋카이도로 이주했을 때 역시 히로시마 마을이나 이시카와 마을 등의 이름을 붙였다. 그래서 한반도 이주민이 살게 된 지역뿐만 아니라 다리, 사찰, 신사, 산, 강, 항구 등의 이름에도 한국식 이름이 붙여졌다. 지명뿐만 아니라 인명에도 한국식 이름의 흔적이 남아 있다.[58]

이 장에서는 간토와 산인, 호쿠리쿠 지방의 지명을 정리하고자 한다. 사실 규슈 북부와 야마토, 긴키 지방 등의 지명은 지금까지 비교적 비중 있게 다루어져 왔다. 그러나 동해 일대와 산인, 호쿠리쿠 지방과 간토

---

58) 崔在錫(1998), 앞의 책, pp.14~15.

아직도 고구려(高句麗), 고려(高麗), 고마(狛) 등의 이름이 지명이나 인명에 쓰이고 있다.

삼국시대에 건너온 백제(百濟)의 나라 이름을 오늘날까지 역명으로 쓰고 있다.

옛날 가야, 백제, 신라, 고구려 시대 쓰였던 나라 이름들이 인명이나 지명으로 그대로 쓰이고 있다.

지방은 『고사기』와 『일본서기』 등에서 소홀하게 다루어졌다. 그것은 위의 기록들이 천황 중심적이고 중앙집권제 체제를 강화하기 위한 기록이자 귀족 사회 중심의 기록이었기에 야마토 지방을 제외한 변경 지역, 이를테면 간토 지방과 동해 연안 지역 등은 자연히 소홀히 다루었기 때문이다. 그럼에도 이 지역들은 문화적으로 앞선 고대 한반도 이주민의 영향으로 고대 일본의 다른 지역보다 문화적으로 뛰어났다. 이런 경향을 염두에 두고 우선 뒷전에 밀려났던 두 지역의 지명에 대해 간단히 살펴보고자 한다.

(1) 간토(關東) 지방의 지명

간토 지방59)은 주로 고구려와 관계를 맺고 있었다. 고문헌 등에서 당시 기록들을 많이 발견할 수 있으며, 이곳의 유적과 유물 그리고 신사 등에도 고구려와 관련 있는 이름이 많다. 간토 서부의 다마가와강 부근에는 조후, 소메야, 후다, 기누다, 고마에 등의 지명이 있으며, 모두 7~8세기경 한반도에서 이주해 온 고구려 이주민과 관계가 깊다. 특히 고마에시(狛江市)는 그곳에서 발굴된 유적 등으로 보아 5세기 초부터 이미 이주가 이루어지고 있음을 말해 준다.60)

이렇게 볼 때 한반도 이주민에 의한 간토 지방 개척은 5세기 중반 유랴쿠 천황 때부터로 짐작할 수 있지만, 본격적인 개척은 7세기 후반경부터라고 할 수 있다.61)

---

59) 일본 중앙부의 도쿄, 이바라키, 도치기, 군마, 사이타마, 치바, 가나가와의 1도 6현을 말한다.
60) 司馬遼太郎, 上田正昭, 金達壽 편(1971), 『古代日本と朝鮮』, 中央公論, p.49.

신라에 의해 백제는 663년, 고구려는 668년에 멸망했다. 그로 인해 두 나라 왕족을 비롯하여 한때 수천 명에 달하는 사람이 일본으로 이주해 갔다. 그 중에서 지식인이나 기술자들은 당시 오미에 있는 오쓰노미야(大津宮)에 도읍을 두고 있던 덴지 천황이 오미 분지의 가모군(蒲生郡)이나 간사기군(神崎郡) 또는 긴키에 거주지를 마련해 주었다는 기록이 있다.『일본서기』에 보면 덴지 천황 5년(666)에 백제의 승려와 속인을 포함한 남녀 2천여 명을 간토 지방 동부의 아즈마국(東國)으로 옮겼다고 한다.『속일본기(續日本紀)』에는 레이기 2년(716)에 스루가, 가히, 사가미, 가즈사, 시모우사, 히타치, 시모쓰케 등 일곱 나라의 고구려인 1,799명을 모아 무사시노로 옮기고 처음으로 고마군을 두었으며 미개간지 개척을 맡겼다는 기록이 있다.

이러한 역사를 배경으로 고구려인의 간토 지방 이주를 보다 상세하게 부각시키기 위해서 우선 무사시국(武藏國)[62]에 대해 정리해 보겠다. 이곳은 한반도 이주민의 일본에의 이주를 생각할 때 빼놓을 수 없을 정도로 유서 깊은 곳이다.

가즈사에 무사시군, 그리고 야마베군에 무사시(武射)라는 마을이 있다. 여기에서 '무사시'란 지명 자체가 한국어 어원을 가지고 있다. 도리이 류조(鳥居龍藏)의『무사시노와 그 주변(武藏野及其周國)』이란 책은 이와 관련한 소중한 자료이다. 이 책은 우리나라 동해에 있는 울릉도에도 '모시게'라는 지명이 있다고 언급했다. '모시'는 가라모시(苧)를, '게'는 개포(浦)를 뜻한다.[63] 그러나 무사시노국이 대륙적인 색채를 띠고 있어

61) 荒竹淸光(1976),「關東地方における高麗人, 新羅人の足跡」,『東アジア古代文化』10號 特輯, pp.72-82.

62) 옛 지명의 하나. 지금 도쿄도의 대부분과 사이타마현과 가나가와현의 일부.

63) 太田八郎(1920),『武藏國名義攷』歷史地理 第 35卷 5號, pp.447-449.

무사시노의 등자(橙子), 고마(駒), 무사시(馬術, 馬城)란 뜻으로 오오타(太田)는 풀이하고 있다. 그러나 고구려인들의 '궁마(弓馬)의 도(道)'와 관계되므로 무사시는 한국과 관계가 있다고 본다. 무사시노의 '무사'가 우리나라 말 '모시'가 변화한 것이고 '시'는 종자를 의미하는 한국어 '씨'라고 하면, 무사시는 가라모시의 종자라는 말이 된다.[64]

『고사기』와 『만요슈』에는 가라모시를 짠 베, 한국어의 모시의 옷깃을 무시(牟斯), 후스마(夫須麻)라고 한다. '무사시'는 『고사기』에는 '무사시(牟邪志)'로, 구사기에는 '무사시(胸刺)'로, 『만요슈』에는 '무사시(牟射志)'로, 『화명초』에는 '무사시(牟佐之)' 등으로 기록되어 있다. 이 '무사시'와 관련하여 삼을 심은 밭, 삼을 생산하는 지방이 가즈사, 시모우사이고, 후사(布佐), 후다(布多), 하다(幡), 하다(波多), 마후(麻生), 마후(麻布) 등 모두 '후(布)'와 관계된 지명으로 한반도 이주민과 관계를 가지고 있다고 한다.

그밖에도 '무사시'에 관한 여러 가지 설이 있는데, 지명연구가 나카지마 토시이치로(中島利一郎)는 한국어 '마루'는 일본어 '무네' 혹은 '무'가 되며, 이는 '크다'를 뜻한다고 한다. 그리고 '사시'는 고을(郡)을 의미하고 『일본서기』에 '사시'로 표기된 지명으로 '누키사시' 혹은 '세키사시', '헤키사시'가 있는데 모두 '군(郡)'이라는 글자를 쓰고 있다. 한반도 이주민을 위해서 군을 설치하였으므로 한국어 '대군(大郡)'이 '무사시(武藏)'의 어원이 되었다고 생각한다.[65]

다음으로 중요한 한반도 이주민 중 한 명인 고마 자코(高麗若光)와 관련 있는 지명으로 사이타마현(埼玉縣) 이루마군 히다가정(日高町)에 있는 고마향(高麗鄕)을 들 수 있다. 현재의 고마이(駒井), 이즈미와 조후의

---

64) 本間信治(1975), 山口惠一郎 監修, 앞의 책, pp.147-148.
65) 宇佐見稔(1969), 「朝鮮語原の地名」, 『日本の中の朝鮮文化』 第3號, 朝鮮文化社, p.99-110.

오마치(大町), 우마고(馬梧), 가네코(金子), 사쓰(佐須), 진다이지(深大寺) 부근까지 옛날에는 고마향(狛鄕)이라고 불렀다. 고대에는 고구려계 한반도 이주민을 고마라 부르고 그들의 거주지를 고마이(駒井, 狛居, 駒居)라고 표현했다. 야마나시현에 있는 기타고마군(北巨摩郡)의 고마(巨摩)도 고려라는 뜻의 '고마(高麗)'의 글자를 바꾼 것이다.

그리고 간토 지방의 고마향에 '조후(調布)'라는 지명이 있다. '조(調)'는 공물이라는 뜻이고 당시에는 공물로 베(布)를 바쳤으므로, 이곳은 베를 만드는 곳이라는 데서 나온 지명이다. 이곳의 다마가와강(多摩川)[66]에는 『만요슈』를 '만요가나'로 새긴 비석이 있는데, 당시에는 다마가와 강변에 야생으로 자라는 가라모시를 아가씨들이 절구로 찧어 흐르는 물에 씻어 햇빛을 쪼이거나 비바람을 맞게 두었다. 조후시에 살고 있는 고바야시 료타로(小林良太郎)의 집에는 지금도 절구와 방망이가 남아 있다고 한다.

(2) 산인과 호쿠리쿠 지방의 지명

한편 일본의 우라니혼(裏日本), 우리 동해를 마주하고 있는 지역에도 에치젠, 와카사, 오미 북부에 걸쳐 한반도 이주민의 흔적이 남아 있는 지명이 많다. 예를 들면 오늘날에도 호쿠리쿠선(北陸線) 야나가새(柳ヶ瀬) 터널 부근에 '가라고산'이 있다. 그리고 오미길(近江路)에 들어가 히가시아사이군(東淺井郡)에는 가라가와강(唐川)과 가라국(唐國) 등의 지명이 남아 있다. 또 스루가만을 감고 있는 다데이시(立石) 반도 끝에도 시라기(白木)라는 지명이 있다.

66) 다마가와강(多摩川)의 다마(多摩)는 옛날에는 多麻라고 썼다. 이 하천 부근은 苧(가라모시)의 원산지였다.

지금도 이곳 지방 사람들은 자신들의 선조가 한반도 왕가 사람들이었고 그들이 이곳에 이주하여 정착하였다고 전하고 있다. 그밖에도 산인, 호쿠리쿠 지방에는 가야나 신라와 관련된 지명과 신사명이 눈에 띈다. 즉 가야(加夜), 가유(加揖), 가야(加陽), 가야도(加屋島) 또는 가야(加夜) 신사가 있고, 가라구니이타데(韓國伊太氏) 신사는 일곱 군데나 있다. 이와미(石見)에는 가라카미시라기(韓神新羅) 신사 등이 있다.

이 중 흥미로운 것은 시라기 마을이다. 시라기는 원래 신라를 말하는 '시라기(新羅)'의 글자를 같은 소리로 읽는 '白木'으로 고친 것이다. 시라기(白木) 마을에 대해 오랫동안 연구해 온 가미야마 옹에 따르면 다음과 같다.

"시라기 마을 사람들은 신불에 대한 신앙심이 깊고 집집마다 가장이 매일 아침 우부스나 신사에 참배하고 조상의 영을 위로하였다. 가족들도 신불 예배를 마치고 돌아온 가장과 같이 아침식사를 하였다. 특히 신불에 대한 예배는 한반도식으로 땅에 엎드려 절하는 방식으로 했다. 신을 섬기고 열심히 일하는 이 마을은 가난한 사람이 없이 모두 행복하게 살고 있다. 시라기 마을에서는 닭을 신성시하여 먹지 않고 기르지도 않았다."

이것은 하시모토 사이노스케가 『일본의 신화』에 쓴 것과 같다. 아마도 한반도 신라의 옛 이름이 계림(鷄林)이었기에 그런 것으로 추측된다.

이밖에도 나는 다다라를 조사하면서 산인, 호쿠리쿠 지방, 특히 시마네 현 히노미사키(日御崎) 주변에서 시라기 마을같이 닭을 먹지 않고 키우지도 않는 것을 듣고 목격한 바 있다. 이와 같은 현상은 고대 이즈모와 한반도와의 직접적인 관계를 말해 주는 것으로 볼 수 있다.[67]

이 시라기 마을에 있는 우부스나 신사는 시라기(白木-新羅) 신사를 말한다. 그리고 스루가 시내에 있는 호쿠리쿠 이치노미야의 게히(氣比)

신궁에서 모시는 신은 이자사와케노미코토(奢沙別命) 등으로 되어 있으나, 『신기지료(神祇志料)』나 『구사기(旧社記)』에는 이곳에서 아메노히보코를 모신다고 되어 있다. 이마이 게이치도 게히 신궁(氣比神宮)의 대신(大神)은 아메노히보코라고 분명히 밝히고 있다. 이밖에도 스루가에는 시로기히코(信露貴彦) 신사가 있고, 호쿠리쿠 터널을 지나 건너편에 있는 이마조(今庄)에도 시라기(新羅) 신사나 시라히게(白鬚) 신사가 있다.[68]

(3) 이주민과 관련된 몇 가지 특수한 지명

'구레'라는 지명 역시 한반도 이주민과 관련이 있으며 '吳', '暮', '久禮', '久連' 등으로 쓰고 모두 '구레'라 읽는다. 산인, 호쿠리쿠 지방, 특히 이즈모에서 세토 내해(瀬戸内海) 그리고 동해 지방에 많이 분포해 있는데, 이는 한반도와 이즈모의 관계를 생각하게 한다.[69]

'가라(唐)'라고 하는 지명은 일본 열도 내에 매우 많은데 특히 옛 미로(未盧)라는 나라에 해당되는 규슈 지역에 많이 분포되어 있다. 사가현의 가라쓰(唐津), 미야자키현의 가라쿠니다케(韓國岳) 등을 예로 들 수 있다. '가라쓰'라는 말은 문자 그대로 '가라(唐)'에 건너가는 항구 '쓰(津)'를 의미한다. 다만, '가라'가 붙은 모든 지명이 한반도인과 관계된 것은 아니다. 가라(加羅), 가라(韓), 가라(唐) 등이 붙은 지명 중에는 지형적으로 바짝 마른 장소를 말하는 경우도 있다. 그러나 흔히 말하는 '가라'는 한반도에

67) 三上鎭博(1974), 「山陰沿岸の漂着文化-古代日本の新羅系文化」, 『東アジアの古代文化』, pp.73-87.
68) 金達壽(1972), 「近江, 大和」, 『日本の中の朝鮮文化 3』, 講談社, pp.60-62.
69) 武藤正典(1974), 「若狹灣とその周邊の新羅系遺跡」, 『東アジアの古代文化』, pp.88-94.

서 이주해 온 이주민과 관련 있다고 보는 것이 타당하다.

이밖에 한국어 어원이 뚜렷하게 보이는 지명으로 미타카시(三鷹市)의 무레(牟禮)가 있다. 이곳에서 선사시대의 석기나 조몬 시대의 토기가 출토되었다는 점을 미루어, 그때부터 사람이 살기 좋은 입지조건을 가지고 있었음을 알 수 있다. 농경기술이 뛰어난 한반도에서 온 이주민들이 이곳을 안주 장소로 정한 것은 역시 뛰어난 지혜이다. 고마에를 중심으로 하여 무사시노 대지에 파고드는 하천을 따라가면 머지않은 곳에서 무레나 신다이지에 다다른다. 고마에에 자리잡은 사람들 중에서 새로운 토지를 찾아 이곳 무레를 개척한 듯하다.[70]

가가미 간지는 무레(牟禮), 무로(室)는 본래 산을 의미하는 고대 한국어 '마루'에서 기원한다고 했다. 따라서 이 지명은 한반도와의 관계를 직접적으로 보여 주는 것이다.[71] 이 지명은 특히 규슈에 많은데, '무레'로 읽는 지명의 예로 '牟禮', '武例', '群', '花簇', '六連', '武連', '高無禮', '大無禮', '牟禮浜', '騎群峙', '鼻牟禮', '峙'를 들 수 있다. 그리고 『일본서기』에서는 한국식 산이름을 모두 무레로 읽도록 되어 있다. 그 예로 고사노무레(古沙山), 헤키노무레(辟支山), 고소무레(居曾山), 니사키노무레(任射岐山), 누스리노무레(怒受利山), 규슈 오이타(大分)의 구마무레산(熊牟禮山), 모무레산(栂牟禮山) 등을 들 수 있다. 이밖에 현존하는 오아사(大字)[72] 지명으로는 규슈 이외에도 다음과 같은 지명들이 있다.

70) 宇佐見稔(1969), 앞의 책, pp.13-14.
71) 鏡味完二(1964), 『日本地名小辭典』, 日本の地名 卷末付祿, 角川書店, 참조.
72) 아사(字)는 정(町)이나 촌(村)보다 작은 행정구역을 말한다. 한국의 동(洞), 리(里) 아래의 아랫마을, 윗마을의 개념이다. 오아사(大字)는 정촌(町村) 내의 고아사(小字)를 포함하는 비교적 넓은 개념이고, 고아사(小字)는 오아사를 세분하는 개념이다.

사이타마현(埼玉縣) 오사토군(大里郡) 요리(寄居) 무레(牟禮)

도쿄도(東京都) 미다카(三鷹) 무레(牟禮)

야마구치현(山口縣) 호후(防府) 무레(牟禮)

가가와현(香川縣) 기타군(木田郡) 무레(牟禮) 무레(牟禮)

이시카와현(石川縣) 후게시군(鳳至郡) 구마도(熊都) 무레(武連)

무로는 무레와 같이 한국어 '마루'에서 기원한다. 이곳은 조그마한 호수나 바다가 뭍으로 휘어들어가 산으로 둘러싸인 조그마한 분지를 말한다. 기이국(紀伊國) 무로군(牟婁郡)이나 나라현에 있는 무로(室生)를 보면 확인할 수 있다. 산으로 둘러싸인 분지에 조그마한 호수나 만이 합쳐진 지형의 예는 세토 내해 연안에서 많이 볼 수 있다. 몇 군데 열거하면 다음과 같다.

효고현(兵庫縣) 이보군(揖保郡) 미쓰(御津) 무로쓰(室津)

효고현(兵庫縣) 쓰나군(津名郡) 호쿠단(北淡) 무로쓰(室津)

야마구치현(山口縣) 구마게군(熊毛郡) 가미노세키(上關) 무로쓰(室津)

야마구치현(山口縣) 도요우라군(豊浦郡) 도요우라(豊浦) 무로쓰시다(室津下)

가가와현(香川縣) 사카이데(坂出) 무로키시마(室木島)

도쿠시마현(德島縣) 나루토(鳴門) 무로(室)

고치현(高知縣) 무로토(室戸) 무로쓰(室津)

그런데 무레, 무로가 '산'을 의미하는 한국어 '마루'에서 기원한다는 가가미와 달리, 오노 스스무(大野晋)가 엮은 『이와나미 고어사전』에서는 무레(牟禮)는 마을과 같이 촌락(里)을 의미하는 한국어 '마을'이 근원이라고 했다. 여기에서 무로는 집(舍)을 의미하는 한국어 '마루'이다. 고대 한국어 '마을'과 '마루' 사이에 어떤 관계가 있다고 보는 사람도 있다.[73]

이밖에도 규슈, 특히 규슈 북부에는 한반도와 관계된 지명이 많다. 지금의 규슈 후쿠오카현(福岡縣) 마에바루시(前原市) 일대는 고대국가 이토국(伊都國)의 영토였다. 이곳에서 한국어 어원의 지명을 많이 볼 수 있다. 후쿠오카현 가스가시(春日市)의 '스가'는 마을을 뜻하는 고대 한국어 '스구(須玖)'가 변형된 것으로 보인다. 또한 다다라가와강(多多良川)은 가야 제국의 다라(多羅)에서 유래한 명칭이다. 이는 이 책에서 다룰 다다라와도 관계가 있다.

하카타(博多) 부근에 있는 가라쓰(唐津)는 원래 가라쓰(韓津)라고 표기하다가 고친 것으로 일본지명사전에 기록되어 있다.[74] 이 지역에서는 가야산(可也山)을 시마고 후지산 혹은 스쿠시(九州) 후지산이라고 부르고 있다. 물론 이 가야산은 한반도의 가야와 관계가 깊다. 『삼국지』 위지동 이전에도 마에바루정(前原町)에 관련된 기록이 남아 있다.

또 '후레'라는 지명이 있다. 이는 대지 위의 농촌, 산촌을 이루는 지방의 고아사(小字) 명칭으로 후레촌락(觸聚落)이라 불린다. 후레와 관련하여 기후현(岐阜縣)에 집중해 있는 히가시호라(東洞), 니시호라(西洞), 오이노호라(老洞), 사사노호라(笹洞), 우메가호라(梅ケ洞), 호라도(洞戸), 호라향(洞鄕) 등의 지명이 있다. 야마나카(山中襄太)는 이곳들이 동굴을 말하는 '호라아나(洞穴)'라는 뜻이 아니고, 이키섬(壹岐島)에 있는 후레나 호라가 변한 것이라 추정하고 있다.

그리고 나가사키현에는 '후레'라는 말이 붙은 오아사가 100여 군데 있다. 참고로 이키섬에서는 히가시후레(東觸), 니시후레(西觸), 미나미후레(南觸), 기타후레(北觸), 나카후레(中觸), 쇼우후레(庄觸), 스보후레(坪觸), 에노쓰노후레(江角觸), 기무라후레(木村觸), 오하라후레(大原觸) 등

73) 오늘날 일본 지도에는 가라쓰(韓津)가 '唐津'으로 표기되어 있다.
74) 谷川健一, 金達壽(1988), 『地名の古代史-九州篇』, 河出書房新社, pp.129-132.

'후레'를 어원으로 하는 것이 특히 눈에 띈다.

야나기타 구니오(柳田國男)는 이 후레촌락이 히젠국(肥前國)에서 많이 볼 수 있는 고모리(籠) 또는 멘(免)과 동급의 지명으로서 다네가섬(種子島), 야쿠섬(屋久島)의 '바리(晴)'라는 지명과 함께 한국어 '불'과 공통된 어원을 가진 것이라 추정하고 있다. '후레'와 '후리'가 촌락이나 불(火)이라는 의미를 지니고 있다는 발상을 다소 비약적으로 해석하면, 불이 있는 곳에 촌락이 있다는 데서 나온 것이 아닌가 생각된다.

(4) 백제의 흔적

백제는 일본과 일찍부터 우호관계에 있었다. 이미 오진 천황 340년 백제왕이 태자를 보냈다는 기록이 『일본서기』에 보인다. 그 후에도 백제와 일본의 왕래는 한반도의 다른 나라들에 비해서도 특히 빈번했다. 그 결과 오늘날 일본에서도 여전히 백제와 관계 있는 지명을 많이 확인할 수 있다.

나라현 기타가스라기군(北葛城郡)의 고료(廣陵)는 1955년까지 백제 마을이라 불렸던 곳으로, 오진 천황 때 백제와 신라인들이 이주하여 살았기 때문에 이 이름이 붙여졌다고 한다. 『고사기』에 따르면 다케우치 스쿠네가 신라사람을 데리고 백제못(百濟池)을 만들었다고 되어 있고, 『일본서기』에는 조메이 천황이 현재의 소가가와강(曾我川)인 구다라가와강(百濟川) 근처를 궁터로 삼았다고 한다.

임신난 때 군대를 일으킨 오토모무라지(大伴連) 우마키다의 동생 후게이를 비롯한 백제계도 여기에 살았다고 한다. 규슈 북부 모지(門司) 백제 마을은 대륙 교통의 요지로서 일찍부터 발전한 곳으로, '모지가 세키(文字ヶ關)가 설치되었다. 근처의 고모리가와강(小森川)은 고려 고마에서 바뀐 말이라고 하며, 시라기 사키(白木岬)도 시라기 사키(新羅岬)에서 바뀌었다고 보고 있다. 이밖에 규슈 북부에는 구마모토현 야스시로군 사카모토에 구다라기(久多良木)가 있었고 1961년까지도 구다라기(百濟來)라고 불리었다. 이렇게 이 지역의 지명들은 한반도 백제계 이주민과의 관계를 말해 준다.

(5) 오토모 씨족과 지명

야마토 분지에 세워진 고대 천황제(天皇制)는 크게 네 세력에 의해 지탱되었다. 그 중에서 일찍이 일본으로 이주한 한반도 이주민으로서 가쓰라기(葛城), 헤구리(平群), 고세(巨勢), 와니(和邇), 오토모(大伴), 모노노베(物部) 씨족, 그리고 야마토 아야(東漢), 가와치 아야(西文氏), 하타(秦) 씨족 등 호족의 족장들은 각각 전문적인 분야에서 천황을 보좌하며 자신들의 민부(民部), 부곡(部曲) 등 사유민을 보유했다.

이러한 호족들에 관련된 지명이 일본 전국 각지에 분포되어 있다. 그 중 대표인 것이 오토모 씨족이다. 이 씨족은 가야와 신라계 이주민으로 볼 수 있다. 그들은 야마토 분지의 동남부, 현재의 사쿠라이(櫻井) 부근에 근거지를 두었다. 그리고 군사부문을 담당하며 황실에 봉사하였는데, 모노노베 씨족과 더불어 조정의 최고 군사령관인 오무라지(大連)를 맡았다. 다이카 개신으로 세력이 약간 쇠퇴하였으나 임신난에서 오아마노미코(大海人皇子)에 협력했다. 이들은 나라 시대에도 고관을 지내며 『만요슈』 작가들을 배출했다.

다이카 개신 전에는 오토모 씨족의 사유민이었던 오토모부(大伴部)가 전국 각지에 분포해 있었다. 특히 현재 센다이 지역에 많이 분포하였다. 공교롭게도 준와(淳和) 천황의 본명이 오토모였으므로 성씨에서 대(大)를 뺀 도모(伴)라고 개명했다. 『화명초(和名抄)』에 기록되어 있는 고을 이름 중 도모(伴部)는 오토모 씨족에서 연고한 것이다.

히다치국(常陸國) 마가배군(眞壁郡) 도모베(伴部)

히다치국(常陸國) 다가군(多賀郡) 도모베(伴部)

야스호국(安房國) 나가세마군(長狹郡) 도모베(伴部)

히젠국(肥前國) 고시로군(小城郡) 도모베(伴部)

히고국(肥後國) 아시기타군(葦北郡) 도모베(伴部)

사가미국(相模國) 아시아게군(足上郡) 도모베(伴部)

오늘날에는 도모베(伴部)가 도모베(友部)로 바뀌었다.

이바라기현(茨城縣) 니시이바라기군(西茨城郡) 이와세마(岩瀨) 도모베(友部)

이바라기현(茨城縣) 니시이바라기군(西茨城郡) 도모베(友部) 미나미도모베 (南友部)

이바라기현(茨城縣) 니시다가군(西多賀郡) 주오마(十王) 도모베(友部)

이상으로 한반도 이주민과 관련된 지명을 정리해 보았다. 여기서 다루지는 않았지만 기이(紀伊) 지역에는 이즈모와 유사한 지명이 많다. 이 점에 대하여 마쓰모토 세이초(松本淸張)는 『야마토의 선조(大和の先祖)』에서 "야마토 지방에 나중에 온 새로운 이주집단이 야마토 분지를 점거했기 때문에 먼저 이주해 온 한반도 이주민은 쫓겨나 북쪽의 이즈모 지방과 남쪽 기이 지역으로 분할되어 나갔다"고 했다. 그와 마찬가지로 모토리 노리나가(本居宣長)와 가가미 간지도 언급하고 있듯이 이즈모와 기이는 매우 흥미롭다. 확실히 두 지방의 지명에 대해 조사해 보면 유사한 지명이 10~20개에 달한다.

하지만 그것만으로 양 지역의 지명을 간단하게 유사하다고 할 수는 없을 것이다. 요컨대 지명을 다룰 때 미리 어떤 지역 간의 관계를 상정하여 그것을 만족시키기 위해서 끼워맞춘다고 한들 별 의미가 없는 것이다. 그보다는 차라리 그 지명의 분포와 의미를 조사하는 것이 선결문제라 생각한다.

십수 세기의 기나긴 세월이 흐르는 동안 고대 한반도인이 살았던 고장은 변화하고 소멸되었다. 하지만 지금까지도 남아 우리 앞에 모습을 드러내는 것들이 있다. 시바 료타로가 지명이 중요하다고 말한 까닭이 바로 이것이리라.[75]

---

75) 司馬遼太郎(1986), 『街道をゆく』, 朝日新聞社, p.43.

2) 신롱석 : 일본에 분포한 한국식 산성

'성(城)'이라고 하면 일본인들은 대부분 중세 이후에 건설되어 아직도 남아 있는 고층의 성을 떠올리고, 일본 서부에 있는 고대 산성(山城)인 신롱석(神籠石)을 떠올리는 사람은 거의 없을 것이다. 그 까닭은 일본의 성에 대한 연구가 주로 중세 혹은 근대에 축조된 것들에 초점이 맞춰져 있고 규슈 북부, 시코쿠(四國)와 세토 내해 등지에 분포되어 있는 신롱석이 야마토에 근거한 역사 서술에는 기록되어 있지 않기 때문이다.

성에 관한 대부분의 연구는 메이지 정권에 의해 조작된 황국사관의 영향을 받은 것이다. 다시 말해 역사가들은 일본 야마토 정부를 정당화시키는 편향된 연구를 해 왔다. 최근 들어 고대 산성의 발굴 결과가 계속해서 나오고 있다. 하지만 신롱석에 대한 정확한 자료를 얻기 위한 발굴은 이제 막 시작되고 있다. 1980년대 들어 한국에서 삼국시대 산성에 대한 발굴과 조사가 진전되는 가운데 백제계 산성과 신롱석의 축조법에 공통점이 있다는 사실이 알려지게 되었고, 이에 신롱석의 원류가 재조명되었다.

(1) 신롱석이라는 용어의 기원

신롱석은 '신을 모시기 위해 에워싼 돌'이라는 뜻이다.[76] 이는 신롱석이 성지(聖地)임을 암시하는 것이다.

---

76) 신롱석이란 열석(列石)을 서로 이어 쌓음으로써 성역을 보호하는 것으로 보아왔다. 그러나 근래 일본 규슈 북부와 세토 내해 등에서 계속 조선식 산성이 발굴되고 있어 일본 고대사 연구에 또 하나의 화두를 던지고 있다.

고대 한일 관계사의 진실

신롱석의 실제 용도에 대해 성지 또는 산성이라는 설이 있는가 하면 가축을 가두기 위한 시설이라는 설도 있다. 이러한 논의는 메이지(1868~1912), 다이쇼(1912~1926), 쇼와(1926~1988) 시대까지도 지속되었다.

신롱석은 고대 한국어로 '쯔쯔기'라고 불렀다. 이는 일본의 고대 문화에 나와 있는 '쯔쯔기'와 동일한 것이다. '쯔쯔'는 고대 한국어로 밭이나 논의 두렁을 뜻하는 말이다. 그리고 '기'는 성을 뜻한다.[77]

신롱석이라는 용어는 고라산의 고라 신사(高良神社) 승려에 의해 처음 사용되었다. 고라 신사 또한 열석(列石) 양식을 찾을 수 있는 가장 오래된 장소이다. 가게노우마(鹿毛馬)에서는 신롱석이 '가축을 가두기 위한 돌'이라는 의미의 '마키노(牧野) 이시(牧石)'로 불리었다. 이때 신롱석은 울타리로 생각될 수 있다.[78]

그런데 그다지 높지 않다고 하더라도 2.2km에 달하는 석벽을 짓는다는 것은 엄청난 노동력이 필요하다. 이는 단순히 가축을 기르기 위해서라기에는 너무나 큰 일이다. 또한 가게노우마 지역에 마키노 신사가 있는 것으로 보아 울타리가 아닌 다른 용도였던 것이라 생각된다.

히젠국(肥前國) 미야기군(宮城郡) 기야마 마을에 있는 한 고아사(小字)[79]에는 오래된 유적이 있는데, 이곳 사람들은 신롱석이라는 용어를 사용한다. 신롱석 유적은 야마구치현(山口縣) 구마게군 야마토시의 이와키산(石城山)에도 있다. 신자들의 교육 장소인 이와키 성지 또한 여기에 자리잡고 있다. 라이산(雷山)에도 신롱석이 있는데 고고사라는 불교 사찰이 이곳에 있다. 성지나 무덤이 있는 장소에서 산성 유적들이 발견되는 것은

77) 金錫亨(1969), 『古代朝日關係史-大和政權と任那』, 勁草書房, pp.115.
78) 玄圭煥(1967), 『韓國流 移民史 上』, 三和印刷出版社, pp.252-253.
79) 일본 행정구역의 하나로 마치(町) 밑에 있는 오아사(大字)를 세분화한 구역.

성지와 신롱석 사이에 연관이 있음을 암시한다. 최근에는 여러 학자들이 신롱석이라는 용어를 일본식 산성과 한국식 산성을 기술하는 데 사용하고 있다. 이는 한국과 일본 산성의 구조가 유사하기 때문이다.

(2) 신롱석과 산성에 관한 논쟁들

메이지, 다이쇼, 쇼와 시대 동안 신롱석의 기원과 역할에 관한 논쟁이 이어져 왔다. 신롱석의 기능에 대한 추측은 돌들이 물리적으로 둥글게 열 지어 있는 것을 기초로 하고 있다. 현존하는 신롱석의 전형은 높이 70cm, 길이 50~100cm, 두께 40~80cm의 뭉우리돌이 산을 둘러싸고 쌓여 있는 모양새다. 그럼에도 의문점이 남는 것은 그것들이 산성인지 아니면 성스러운 구역을 표시하는 것인지 하는 것이다.

1898년 고바야시 쇼지로(小林庄次郎)는 최초로 발견된 것 중 하나인 고라산의 신롱석을 성역(聖域)으로 소개하였다. 이러한 논쟁의 핵심적인 부분은 열석(列石)의 기능을 어떻게 설명할 것인가 하는 것이다. 1899년 9월, 고바야시 쇼지로는 고라산과 조야마 신롱석 사이의 유사성에 대해 발표하여 학자들의 관심을 받았다.

1900년 야기 쇼자부로(八木奘三郎)는 고라산, 라이산, 조야마와 가게노마 등지를 답사하고 이곳의 신롱석들을 산성이라고 언명하였다. 야기의 연구는 보다 전문적이었다.[80] 그는 한국에 와서 신롱석과 비슷한 축조 양식에 대해 관찰하고 1900년 8월과 10월, 논문을 발표하였다. 그리고 각 지역의 현황을 포함시켜 신롱석과 연관된 지형과 전설을 검토하였으며,

---

80) 八木奘三郎(1910),「神籠石と城廓」,『歷史地理』3卷 15號, pp.276-282.

후쿠오카현에 있는 고쇼가타니 신롱석의 수문(왼쪽)과 신롱석(서정석 교수 제공)

돌들 위로 토담이 세워져 있고 이 구조와 수평으로 나무기둥이 서 있다고 설명했다. 신롱석이 각 지방의 정착촌으로부터 멀리 떨어진 곳에 위치해 있다는 것은 이러한 구조물이 신성한 땅 위에 자리잡고 있음을 보여 주는 것이라고 하였다.

기다 사다키치(喜田貞吉)는 "신롱석은 방어 건축물로서 역할을 수행하는 데 낭비나 다름없다. 차라리 조상들에게 기도를 드리는 장소라고 보는 것이 나을 것이다. 진흙 담장과 나무기둥을 고려해 추측한다 해도 신롱석을 산성으로 보기는 어렵다"고 주장하며 열석이 성지의 구획을 표시한다고 했다.[81] 그리고 신롱석이 종교와 관련된 큰 프로젝트였을 것이라고 생각했다.

또한 야기 쇼자부로는 신롱석이 외지고 접근하기 어려운 곳에 있는

가게노마 신롱석의 열석(列石) 전면에 있는 기둥 구멍(왼쪽)과 후쿠오카현에 있는 고쇼가타니 신롱석

것에 주목하였다. 이러한 곳은 정착해서 살기에 적절치 않다. 무엇보다
도 신롱석에는 안으로 들어가는 입구가 없다. 후지이 진타로(藤井甚太郎)
는 도호쿠(東北) 지방 이츠쿠시의 기록에 방어를 목적으로 세운 산성들
이 나온다는 것을 알았지만 여전히 신롱석을 성역이라고 주장하였다.[82]

　　논쟁은 메이지 시대에서 쇼와 시대로 이어진다. 신롱석을 산성이라고
주장한 이들은 야기 쇼자부로, 야츠이 사이이치(谷井齋一) 등이 있고, 세
키노 타다시(關野貞)는 한국을 실제로 방문하여 일본의 신롱석과 한국의
산성을 비교 연구하였다.

고대 한일 관계사의 진실

신롱석을 성역이라고 주장하는 학자는 쓰보이 쇼고로(坪井正五郎), 기다 사다키치, 구메 구니타케(久米邦武) 등이다. 이들은 한국을 방문하여 조사하지는 않았지만 기다 사다키치에 의하면 '호족들이 조상의 영혼을 보살피기 위해 신롱석을 쌓아 성역으로 만들었음'을 보여 주는 기록이 있다고 한다. 또한 그들은 열석이 방어용으로는 높지 않다고 주장하였다. 정리하자면, 신롱석은 방어 목적이 없었으므로 틀림없이 성역이라는 것이다.[83]

구리다 히로시(栗田寬)는 『고량제신고증(高良祭神考證)』에서 고라 신사에서의 제례를 검토하였다. 그는 신롱석을 뜻하는 일본어 '고고이시'에서 '고고'가 '신의 덕을 받는 곳'을 의미하며 이는 신롱석이 경외의 장소라는 것을 암시한다고 했다. 세키노 타다시와 시라토리 구라요시(白鳥庫吉)는 자신들이 찾은 지형학적·물리적 증거들을 검토하여 열석을 이루는 돌들에 의해 지탱되던 기둥이 있었다고 말했다.

시라토리는 『고사기』와 『일본서기』를 통해 신롱석이 산성이었음을 입증하려 했다. 그는 독창적인 아이디어를 가지고 있었는데, 신롱석을 축조하는 데 사용된 돌들이 고대에는 적을 격퇴할 수 있는 어떤 영적인 능력이 있다고 여겨졌다는 것이다. 실제로 일본뿐만 아니라 여러 곳에서 고대 원주민들은 주위에 있는 바위들을 숭배했다. 영국의 스톤헨지(Stonehenge) 또한 바위를 종교적 제의물로 이용한 예로 볼 수 있다. 그러나 야츠이 사이이치는 일찍이 토담과 나무기둥들이 열석 앞에 서 있었을 것이라 추측하였다. 이를 바탕으로 신롱석이 사실은 한국의 것과 유사한 산성이었다고 주장하였다.

---

83) 喜田貞吉(1903), 「牧場のまわりかきと神籠石」, 『歴史地理』 5卷 4號, pp.384-386.

1941년 오루이 노비루(大類伸)가 신롱석을 정의하기에는 너무 이르므로 차라리 논쟁을 잠시 접어두고 각각 증거들을 제시할 수 있도록 하자고 제안하였다. 하지만 제2차 세계대전이 종전될 때까지는 답보상태에 있다가, 비로소 신롱석에 대한 전면적인 조사가 착수된 것은 1960년대 초반 무렵이었다. 이 조사는 신롱석과 한국식 산성의 유사성을 어김없이 보여 주었다.

1963~64년, 부젠국(豊前國) 오츠보산(大坪山)과 수오국(周防國) 이와키산의 신롱석에 대한 조사가 이루어졌다. 오비구마산(帶隈山)의 신롱석은 1964년, 조야마(女山)의 신롱석은 1971년과 1981년, 하기(把木) 신롱석은 1969년에 조사되었다. 연구자들은 오츠보산의 조사를 통해 판축법(板築法)[84]을 발견하였는데, 이는 토담 형태로 열석 앞의 기둥 구멍을 따라 있었다. 열석의 아랫부분을 확인하는 과정에서 기둥 구멍의 흔적을 발견한 것이다. 오츠보 신롱석을 조사하면서 그들은 한국식 산성과의 유사성에 대해 배우게 되었다. 특히 열석, 배수구, 토담의 외형, 입지 선정이 그러하였다. 이러한 관찰을 토대로 신롱석의 연원이 한반도에서부터 시작되었음을 알게 되었다.

이와키산의 조사에 참여했던 오노 타다히라(小野忠凞)는 토담이 돌무더기층을 덮고 있는 진흙층으로 구성되어 있다고 하였다. 실제로 열석들은 토담의 토대로 작용하였다. 시간이 흘러 진흙 구조물이 침식되자 그 지역 주민들에 의해 돌들이 발견된 것이다. 그는 신롱석이 백제계의 한국식 산성임을 공식화하였다. 분명 신롱석은 야요이 시대 방어 설비의 형태가 아니라 한국식 산성의 형태를 띠고 있다. 토담에는 판축법을 도입하여 판자 사이로 진흙을 쟁여서 응고시키는 방식으로 만들어졌다.[85]

---

84) 성을 쌓을 때 흙을 시루떡처럼 층층이 다져 쌓는 백제의 축조 기술.

열석 위에 남아 있는 판축법으로 쌓은 토담들이 몇 미터 높이의 것이었음이 드러났다. 야츠이 사이이치는 이미 다이쇼 시대(1912~1926) 초기부터 연구를 통해 열석 위의 토담의 존재를 시사한 바 있다. 이시노 요시스케는 지면 관찰을 이용하여 조야마 신롱석을 조사하였을 때 토담의 존재를 예측하였다.

이러한 종류의 축조 기술은 보통 산성을 짓는 데 사용되었다. 그것은 콘크리트와 같이 단단한 소재를 만들기 위해 자갈과 진흙을 혼합하였다. 중국 은(殷)나라의 세 주(州)에서 이 기술을 발전시켜 활용하였는데, 오늘날 한국에서는 이 방식이 여전히 활용되고 있다.

1970년 일본의 신롱석에 대한 조사가 세토 내해에서 이어졌다. 같은 해 오카야마현에서 키노 산성(鬼の山城)이 구즈하라 카츠히토(葛原克人)와 다카하시 마모루(高橋護)에 의해 발굴되었다. 1973년 오메구리(大廻)와 고메구리(小廻) 신롱석이 교육위원회에 의해 발견되었다. 『아카이와 군지(赤磐郡誌)』에 이 신롱석들은 덴지 천황 시대에 지어졌다고 기록되어 있다. 다카하시 마모루는 거친 자갈을 사용한 점이 키노 산성과 아와키산 신롱석이 비슷하다고 기술하였다.

최근 들어 몇몇 산성이 한국에서 발굴되었다. 그 중 한 예로 경상북도 월성에 위치한 관문산성(關門山城)을 들 수 있는데, 신라 성덕여왕 때 지어진 것이다. 이 산성은 일본에 있는 라이산, 후쿠오카현 조야마, 야마구치현 이와키산 신롱석과 흡사하다.

산성 벽은 아래의 큰 바위에서부터 위로 올라갈수록 크기가 줄어들어 꼭대기에서는 열석에 이르게 되는 여러 층으로 만들어졌다. 각각의 층이

---

85) 小野忠凞(1984), 「古代山城の諸問題」, 『高地性聚落論その研究のあゆみ』, pp.239-241.

오카야마현 소자(總社)에 있는 키노 산성

후퇴법(setback method)으로 구성된 것이다. 세키노 타다시는 이러한 구조가 성벽 돌들을 서로 맞물리게 하여 안정감을 준다고 하였다. 이는 규슈 북부의 라이산 신롱석과 경상북도 경주의 첨성대, 그리고 삼국시대에 지어진 산성에서 발견할 수 있다.

1984년 충남대학교에서 부소산(扶蘇山) 인근과 목천토성(木川土城)을 포함한 산성에 대한 조사에 착수하여 일본 신롱석과의 유사점을 발견하였다. 성주탁은 삼국시대에 지어진 머리띠형 산성인 대전 성치산성(城峙山城)의 현장 조사를 통해 성벽이 규슈 북부의 신롱석 열석과 유사하게 축조되었음을 밝혀냈다. 그리고 삼국시대의 삼년성(三年城)을 보면 입지 선택에 있어 규슈 북부의 신롱석과 유사하다. 이 산성은 일본의 기야마와 키노 산성에 사용된 기술을 이용하여 지어진 것이다. 이에 대해 일본 학자들이 횡단면 분석을 통해 신롱석의 계보를 연구하였다. 그 결과 백제와의 연관이 명백해졌다. 1984년 전영래는 전라북도 익산에 위치한 산성을 조사하였고 일본 신롱석과 한국 산성의 유사성을 명확히 하였다.[86]

일본 쇼와 시대에 각 현은 관내 사적들을 적극적으로 조사하여 한국 산성과 비교하였다. 조사 결과 보고서가 계속해서 출간되었고, 사람들은 신롱석과 한국 산성의 유사성을 이해하게 되었다. 많은 지역에서 새로운 유적이 발견되었고, 지금까지 총 15개의 신롱석과 몇몇 한국식 산성이 알려졌다.

(3) 신롱석의 역사적 배경

신롱석은 독특한 규모와 위치, 양식 등으로 관심을 갖게 마련이다. 그런데 일본에서 신롱석에 대한 연구가 흥미를 끌지 못한다는 것은 놀라운 일이다. 니시가와 히로시(西川宏)는 이러한 현상이 제국주의와 학계의 철학을 반영한 것임을 시사하였다. 하라다 다이로쿠(原田大六)는 신롱석의 규모가 매우 큰 이유는 방어 목적을 갖고 있기 때문이라고 하였다. 그는 또한 나당연합군에 패한 백제의 장수들이 일본으로 건너왔으며, 이들이 신롱석을 비판하였기 때문에 일본에 신롱석에 대한 기록이 없는 것이라고 하였다.

하라다는 이 장수들이 일본인에게 산성 축조 기밀을 넘겨 주었을 것이라고 지적했다. 아이러니컬한 것은 신롱석이 야마토 정부의 중심으로부터 멀리 떨어져 있었기에, 비록 신롱석이 일본의 야마토 민족 최대의

---

86) 全榮來(1988),『百濟山城と日本の神龍石 築城法の源流, 古代韓國と日本』, 齋藤忠, 江坂輝弥編 築址書館, pp.152-158.

프로젝트 중 하나로 불리었음에도 큰 관심을 얻지 못하였다[87]는 것이다.

북한의 김석형이 제시한 이론에 따르면 세토 내해에 있는 신롱석이 1960년대 이후 다시 검토되고 있다. 그는 일본에 이주한 한반도 이주민이 세운 왕조의 일부인 적이 있었고 신롱석의 축조가 야요이 시대 후기에 이루어졌다[88]고 주장하였다. 이는 신롱석의 축조 시기에 대한 가설 중 가장 이른 시기이다.

일본의 유명한 작가 마쓰모토 세이조(松本清張)는 신롱석과 같은 규모의 사업은 거대한 중앙정부, 이를테면 야마토 정부의 재화(財貨)가 필요하였을 것이라고 하였다. 이것이 사실이라면 어째서 신롱석 축조에 대한 사료가 남아 있지 않은 것일까. 그것은 아마도 신롱석이 전쟁으로 발생한 난민들을 수용할 안전한 장소로 호족들에 의해 지어졌기 때문으로 추측할 수 있다. 또한 그는 신롱석이 기도나 제례 장소였을 가능성도 제기하였다. 이렇게 그는 신롱석의 축조 목적과 관련된 두 가지 이론을 효과적으로 결합시켜 놓았다. 덧붙여 야마토 정부가 간토 지방을 엄격하게 다스렸으며, 그러한 이유로 간토 지방에 신롱석이 없는 것이라고 말했다.

규슈 북부 쓰쿠시의 한반도 혈통 호족들은 한국과 지리적으로 매우 근접한 곳에 자리를 잡았다. 세키노 타다시는 이 호족들이 가까운 한국으로 건너가서 산성 축조를 관찰하여 신롱석을 건설하는 데 필요한 지식을 가지고 일본으로 돌아왔을 것이라고 했다. 그러나 사실 세키노의 견해는 무리가 있는데, 신롱석을 건설하기 위해서는 오랜 세월에 걸쳐 습득해야 하는 기술을 많이 필요로 하기 때문이다. 마쓰모토 세이조와 세키노 타다시가 그러한 기술을 배우는 데 걸렸을 것으로 추측한 시간은 지나치게

87) 原田大六(1985),「神籠石の諸問題, 西日本古代山城の研究」,『日本城郭史研究叢書』 13卷, pp.186-188.
88) 金錫亨(1969), 앞의 책, p.115.

단기간이다. 따라서 두 사람의 견해는 설득력이 없다고 본다.

구메 쿠니다케(久米邦武)는 신롱석과 관련된 독특한 견해를 피력하였다. 그는 규슈 북부의 이도시마에 상륙한 아메노히보코(天日槍)가 후에 오사카 지방으로 이동하였으며, 그곳에 라이산 신롱석을 세운 것이라 말했다. 라이산 신롱석의 남쪽에는 돌무덤이 몇 개 있는데, 이것이 이 신롱석이 한반도인에 의해 세워졌다는 보다 뚜렷한 증거라는 것이다. 김정주(金正柱)는 그의 책에서 신롱석이 실제로는 한국식 산성이라고 주장하였다.

규슈 북부의 호족들은 거의 독립국가나 다름없게 권한을 행사하였다. 비록 야마토 정부가 어느 정도 통제하고 있었다고는 해도 규슈 북부 지역을 완전히 지배한 것은 아니었다. 이것이 규슈 북부 지역에 신롱석이 지어질 수 있었던 배경이다. 심지어 외적으로부터의 침략에 대비하기 위해서가 아니라 야마토 정부로부터의 방어를 위해 지어진 것이라고 보는 견해도 있다. 혹은 어떤 의미에서 야마토 정부가 호족들과 신롱석의 역할을 대수롭지 않게 생각하였다고도 볼 수 있다.

(4) 신롱석의 축조 목적

신롱석의 축조 목적에 대한 견해가 두 가지 있다. 첫째는 국내 위기설인데, 내부(야마토 정부)로부터의 위협을 막기 위한 것이라는 설이다. 둘째는 국제 위기설이다. 이 설은 백제를 패망시킨 나당연합군의 세력이 증대한 것과 관련 있다. 신롱석은 나당연합에 의해 한반도에서 발생할 수 있는 공격으로부터 일본을 지키기 위한 것이라는 설이다. 만약 신롱석이 군사적인 방어 목적을 위해 지어진 것이라면, 당시 군사 기술에 대하여 생각해 봐야만 할 것이다.

신롱석은 방어적인 목적으로 이용되거나 혹은 일종의 작전본부로 이용될 수 있었다. 『일본서기』에는 사키모리(防人)들로 이루어진 664개 군부대가 쓰시마, 이키섬 그리고 후쿠오카 쓰쿠시에 주둔하고 있었다고 기록되어 있다.[89] 나아가 봉화(烽火)도 각 산봉우리마다 설치하였는데, 쓰시마와 이키섬에 그 흔적이 남아 있다. 이 두 가지는 신롱석이 군사적 기지로 이용되었다는 것에 신빙성을 더해 준다.

봉화는 일본, 한국, 중국에서 일반적으로 쓰이는 방법이었다. 조선 시대에는 대략 600개 봉화소가 한반도 전역에 설치되었다. 봉화는 다음과 같은 규칙대로 운영되었다. 불 하나는 이상 없음, 두 개는 약간의 문제가 발생하였음, 세 개는 적이 국경까지 접근하고 있음, 네 개는 적이 국경을 넘었음, 다섯 개는 전투가 진행 중임을 나타내는 것이었다.

시코쿠의 기야마 신롱석, 오카야마현 소쟈(總社)의 키노 산성, 후쿠오카현 유쿠하시의 고쇼가타니(御所ケ谷) 신롱석은 규모가 매우 크다.[90] 산성 바깥면은 가파른 벼랑으로 되어 있는데, 아마도 이 신롱석은 호족들이나 고쿠후(國府), 지방 관청을 보호하기 위해 지은 것일 것이다.

야마토 정부는 도호쿠 지방의 에조(蝦夷)를 통치하기 위해 샤시와 성을 지었다. 샤시는 한반도나 아이누에게서 유래한 것으로 보이는데, 성을 의미한다. 샤시는 도호쿠 지방뿐만 아니라 홋카이도와 사할린 지방에도 존재한다. 760년 1월, 백제에서 온 사람들이 샤시 축조 공사에 참여하였다. 백제의 멸망으로 인해 많은 사람들이 일본으로 망명하였는데, 나당 연합 세력이 백제를 패망시킨 것은 일본에게도 큰 위협이었다. 따라서

---

89) 사키모리(防人), 옛날 아즈마국(東國) 등지에서 징발되어 규슈 북부를 비롯한 여러 요지를 경비하던 병사로 대부분 한반도 이주민 또는 그들의 후손이 징집되었다고 한다. 野田嶺志(1980), 『防人と衛士』, 歷史新書 26, 敎育社, pp.14-19.
90) 현지 답사 중 받은 인상은 라이산 신롱석의 장중함과 고쇼가타니 골짜기에 있는 신롱석의 탁월함이 함께 느껴졌다.

백제에서 넘어온 장수 오쿠라이 후쿠루(憶禮福留)와 시히 후구후(四比福夫)에 의해 일본 서부의 산성과 미즈기(水城)가 건설되었다.

오늘날 야마구치현 나가토국(長門國)에 있는 나가토 산성 역시 백제 장수 출신 도혼 슌쇼(答㶱春初)에 의해 축조된 것이다. 이들 백제 장수는 다츠소츠(達率)로 대우받았다. 남부에서는 히고(肥後) 지방에 기쿠치 산성을, 북부에서는 쓰시마와 세토 내해 입구에 산성이 건설되었다. 쓰시마의 가네다(金田) 산성은 나당연합 세력을 맞이하는 최전선이었으며, 그 다음 전선이 규슈 북부와 나가토였다.

더불어 긴키 지방의 다카야스(高安) 산성은 야마토 수도 근처에 있으며, 이 산성은 후에 곡물과 소금, 식량 등을 비축할 수 있도록 변형되었다. 일본 학계는 이러한 한국식 산성들이 일본을 보호하기 위해 지어진 것이라 추측하고 있다.

반대로, 후에 한국의 고고학자 이진희는 일본 산성의 지형과 위치에 관한 현장 조사를 하고 이 산성들이 방어 목적으로 지어진 것이 아니라고 주장하였다. 예를 들어 쓰시마의 가네다 산성과 시코쿠의 야시마(屋島) 산성, 그리고 구마모토(熊本)의 기쿠치 산성은 피난용이었다는 것이다. 이러한 신롱석은 방어에 적극적인 것이 아니라 수동적인 형태를 띠고 있으며 충돌을 피하거나 그로부터 숨기 위한 장소이다. 일본 각지의 산성을 조사해 본 결과 이러한 구조물의 특성에 대한 이진희의 견해가 설득력이 있다고 생각한다.

『일본서기』에는 신롱석이 적극적인 방어를 위해 이용되었다는 기록이 남아 있지 않다. 신롱석은 적극적인 방식으로 방어를 펼치기에는 너무 외진 곳에 있다. 이 산성들에서 공격을 하러 나가려면 부대를 멀리까지 이동시켜야 했다. 이러한 측면에서 보았을 때, 또 다른 유일한 예를 한국에서 찾을 수 있다. 고대 한국의 오래된 형태의 산성들은 공격을 위한 진지가 아니라 숨기 위한 장소로 만들어졌다. 1988년에서 1990년까지 남한에서 현장 조사를 하면서 창녕에 있는 화왕산성, 경주의 명활산성, 월성의 관문산성, 공주의 공산성 등 여러 성을 관찰하였다. 이 산성들은 피신처의 모습을 하고 있다.

평지에 지은 중국식 성은 지배자를 보호하기 위한 것이었다. 일본은 대부분의 유럽 국가처럼 주군을 보호하기 위해 해자(垓字)[91]가 있는 성을 지었다. 대조적으로 한국은 일반 백성들을 보호하기 위한 성을 지었다. 한국 성의 독특한 구조는 지배층만이 아니라 사회의 모든 성원을 수용해야 한다는 목적으로부터 나온 것이었다. 이러한 형태의 산성은 백제, 신라, 고구려 그리고 최종적으로 일본 서부에 세워지게 되었다. 백제의 공산성과 부여산성, 신라의 명활산성은 80%가 산비탈에 있고 물을 얻을 수 있는 계곡을 포괄하면서, 동시에 정상 부근에 머리띠형으로 산성을 지어 놓은 구조이다.

전영래는 산성에 관한 연구에서 정상 부근의 머리띠형 구조는 그보다 낮은 위치의 구조보다 오래된 것이라고 기술하였다. 세키노 타다시 또한 이 두 가지 형태의 구조를 언급했다. 그는 산성을 두 가지 다른 형태로 나누었다. 하나는 츠쿠젠의 이도 산성, 라이산, 이와키산, 키노 산성과 같은 머리띠형(테뫼식) 산성이다. 다른 형태는 80%가량이 산비탈에 지어지고 물을 얻을 수 있는 골짜기까지 포함하는 형태(포곡식)의 산성이다.

최근 성주탁은 여기에 테뫼식과 포곡식이 합쳐진 복합형 산성을 추가하여 산성을 세 가지 카테고리로 분류하였다.[92] 신롱석은 거의 쓰이지 않았고, 그 축조에 대한 기록도 남아 있지 않기에 신롱석에 관한 이야기는 신롱석의 기능이나 특성을 보여 주지 못한 채 끝이 났다.

91) 성 밖을 둘러 판 도랑, 수로.
92) 金榮來(1988), 앞의 책 참조.

(5) 신롱석의 축조 시기

지금까지 신롱석의 윤곽을 검토해 보았는데, 이에 대해서는 조사가 잘 되어 있음을 알 수 있다. 하지만 신롱석의 축조 시기에 대해서는 여전히 모호하다. 축조 시기에 대한 많은 견해들이 있지만 아직까지 정확한 시기는 알 수 없다. 3세기에 지어졌다고 보는 이부터 9세기 초부터 중반이라고 주장하는 이까지 견해가 분분하다. 누구도 축조의 전과 후를 지정할 수 있는 분명한 기준을 제시하지 못하고 있는 실정이다. 이들의 견해를 간략하게 정리해 보려고 한다.

사이토는 위치, 규모 그리고 토담의 기능, 열석(列石), 신롱석의 문을 연구하면서 신롱석, 한국식 산성, 그리고 도호쿠식 산성이 국가 계획을 지원하기 위해 지어졌다고 했다. 하지만 신롱석과 한국식 산성의 축조는 지방 호족들에 의해 이루어진 것이었고, 도호쿠식 산성은 백제 이주민에 의해 발전된 것이었다. 사이토는 돌을 다루거나 산성의 배수 설비와 같은 기술적 측면을 분석하여 신롱석의 축조 시기는 6세기까지 거슬러 올라갈 수 없다고 주장하였다. 그는 신롱석의 축조는 빨라야 7세기 초기와 중기가 된다고 주장하였다.

하라다 다이로쿠(原田大六) 역시 기술적인 측면에 주목하여 수직으로 돌 뜨는 방법을 기술하였다. 이 기술은 고훈 시대 후기의 것이다. 돌을 쌓아올리는 것 또한 고분 축조에서 사용된 기법과 유사한 것이었다고 보았다. 이러한 이유로 신롱석의 축조 시기를 7세기 중반으로 잡았다.

가가미야마 타케시(鏡山友衛)는 열석, 돌 뜨는 방법이 고훈 시대 후기에 사용된 기술과 유사하다고 언급하며 신롱석이 7세기 후반 나당연합에 의해 부상하던 국제 정세적인 위협에 대한 대응으로 지어진 것으로 보았다. 또한 그는 오츠보산 신롱석을 조사하면서 신롱석의 기둥 구멍이 매우 고르다는 것을 발견하고는, 기둥 사이의 공간을 측정하기 위해 645년의 다이카 개신 이후 채택된 표준 측량법인 가라자쿠(唐尺)가 사용되었을 것으로 보았다.

구즈하라 카츠히토(葛原克人)는 신롱석과 한국식 산성을 위치와 배수로의 구조, 내부 형태의 측면에서 비교하였다. 이러한 비교를 바탕으로 그는 신롱석과 한국식 산성이 유사하다고 생각하였다.[93] 이러한 신롱석과 한국식 산성들은 6세기 말에서 7세기 중반까지 50여 년 동안 지어졌다. 이는 축조에 동일한 건축자가 연관되어 있음을 말해 준다.

야마구치현의 이와키산 신롱석에 대한 조사는 오노 타다히로에 의해 이루어졌다. 조사 기간 동안 그는 토담 위에서 그릇 자국을 발견하였고, 또한 열석의 위치와 기능을 명확히 하였다.

1977년, 시코쿠 아이치현의 이요시(伊予市) 근처에 있는 에이노산 신롱석이 1976년 산불 이후에 발견되었다. 이 신롱석은 해발 132.8m 부근에 남아 있었고, 1978년과 1979년 2m가량의 토담과 열석이 발견되었다. 총 길이는 2554.3m에 이르고 돌기둥들도 발견되었다. 하지만 불행히도 수문이나 산성문은 발견되지 않았으며, 축조 시기를 가늠할 수 없었다.

서일본에 위치한 신롱석의 지형은 규슈 북부 후쿠오카현의 오호노와 기이 산성의 것과 유사하다. 우리 삼국시대 산성들은 가까운 곳에 고분(古墳)이 있다. 특히 고구려와 신라의 무덤은 산성 기슭 근처에 있는데, 가야의 무덤은 산성 정상에 있다. 고분의 구조와 그 속에 묻혀 있는 매장품을 바탕으로 축조 시기의 단서를 얻을 수 있다.

기타가키 소이치로는 신롱석의 축조 시기를 산출하는 새로운 접근법을 발전시켰다. 신롱석은 대부분 주변의 연관된 도로 체계를 내려다볼 수 있는 훌륭한 조망을 갖고 있으며, 지방의 유력한 호족들과 연관되어

---

93) 葛原克人(1987), 「鬼の城と大めぐり山城」, 『吉備の古代考古學』, pp.359~366.

있다. 이런 이유로 기타가키 소이치로는 신롱석이 풍수지리학 이론과 일종의 연관성을 지니고 있음을 알아냈다. 열석, 수문들과 근대 성채의 석조 건축 기술을 검토하여 그는 신롱석의 축조 시기를 9세기 무렵이라고 주장했다. 한국과 일본에서 현장 답사를 해 본 결과 입지 선정과 지형의 이점 활용, 그리고 신롱석의 외형에 대한 그의 견해가 나름대로 타당성을 지니고 있다고 느꼈다.

이진희는 석벽의 축조에서 돌을 쌓는 것과 돌을 재단하는 기법이 규슈 북부, 시코쿠, 세토 내해에서도 발견되며, 이 기법들은 5세기 이전까지 일본에서는 고안된 적이 없다고 했다. 다시 말해 조몬(繩文) 시대에서부터 야요이 시대를 거쳐 고훈 시대까지, 그의 의견에 따르면 이 기술들은 일본에 존재하지 않던 것들이다. 그는 신롱석이 5세기 중반까지는 축조된 적이 없다고 믿었다.

우에다 마사아키는 많은 한반도 이주민이 5세기 후반에 일본에 유입되었음을 상기시킨다. 한편 김정주(金正柱)는 6세기 말에서 7세기 초로 보았다.[94] 신롱석의 축조에 사용된 깔끔한 돌뜨기(stone cutting) 기법을 볼 수 있는 것은 이러한 이주 이후라는 것이다. 이와 같은 종류의 석조 공정이 터널 형식의 공간과 고분 축조에 이용되었다.

데미야 도쿠히사는 고대 산성에 관한 다양한 견해를 검토한 후 산성 축조 시기가 6세기 후반에서 7세기 초반이라고 결론내렸다. 그리고 세토 내해에 위치한 한국식 산성은 덴지 시대에 군대 기지로 지어졌던 반면 규슈 북부의 신롱석은 지방의 보호를 위한 것이라고 했다. 그의 견해는 국내 위기설과 부합하는 것이다.

---

94) 上田正昭(1999), 『講學-アジアの中の日本古代史』, 朝日選書 640, 朝日新聞社, p.202.
　　金正柱(1968)『九州と韓人 古代篇 韓國學』資料研究所, pp.145-152.

그런데 신롱석과 한국식 산성은 거시적인 관점에서 얼마간의 유사한 측면을 보인다. 예를 들어 토담 유적들, 산성의 거대한 영역, 수문과 성문 등을 들 수 있다. 그것으로 신롱석과 한국식 산성의 축조 시기를 확정 짓기란 어려운 일이지만, 데미야 도쿠히사는 한국식 산성과 신롱석의 축조 시기가 비슷하였을 것이라 생각했다.

다카하시 마모루는 세토 내해에 위치한 신롱석을 연구하였다. 이곳의 신롱석은 거친 돌뜨기 기법으로 원석을 이용하여 만든 것이다. 이러한 신롱석은 덴무 천황 시대, 다이카 개신 이후에 만들어진 것이다. 여기에는 오카야마현의 키노 산성과 이와키산 신롱석도 포함된다. 이 지역은 다자이후소료(總領)의 중심부였으며, 이 신롱석들은 이 중심지의 중요성으로 인해 지어진 것들이다.

덴무 시대에 일본인들은 율령제를 실시하기 위해 강력한 천황 체계를 만들어 냈다. 정치적 우세를 보여 주기 위하여 율령제는 규슈 북부, 시코쿠, 세토 내해 지역에 수많은 신롱석을 세웠다. 다카하시 마모루의 견해는 다른 이들과 조금 다르다. 그는 신롱석의 축조가 9세기 중에 일어났다고 생각하였다. 다카하시 세이이치(高橋誠一)와 다무라 고이치(田村晃一)는 신롱석의 군사적 측면에 특별히 주목했다. 다무라 고이치는 7세기 초반부터 말까지로 거슬러 올라간다.

앞서 살펴본 논의들을 바탕으로 신롱석의 축조 시기를 이렇게 종합해 볼 수 있다. 첫 번째 학설은 축조 시기가 야마타이국과 관계 있는 야요이 시대 후반이라는 것이다. 두 번째 학설은 이와이의 난과 연관된 6세기 초로 본다. 세 번째 학설은 야마토 정부 통치 기간 중인 6세기 말부터 7세기 중엽의 기간과 관련짓는다. 6세기 후반에서 7세기 초반에 축조된 것이 틀림없다면, 한반도 이주민의 활약을 빼놓고는 이야기할 수 없다. 세 번째 학설은 신롱석이 야마토의 감독 아래 지어졌다고 주장한다.

최근 이진희와 김달수는 신롱석이 6세기 후반 가야와 신라에서 넘어온 한반도 이주민에 의해 피난처로 지어졌다고 주장하였다.

필자 역시 신롱석이 6세기 중반 이후 축조되었다고 본다. 일본에서 현재까지 발굴된 모든 신롱석 유적을 답사하면서, 거기에 사용된 기법이 남미 잉카의 유명한 석조 유적만큼이나 정교함을 확인할 수 있었다. 특히 신롱석의 돌뜨기 기법과 수문의 윤곽과 위치 설정을 고려하고, 천여 년이 지난 오늘까지도 그 형태를 보존하고 있는 것을 감안하면 축조 기술이 상당했음을 알 수 있다. 따라서 신롱석이 축조된 시기는 5세기 중반까지 거슬러 올라가지는 않을 것으로 본다.

이상 신롱석과 산성과 관련하여 제시한 다양한 논의들을 다음과 같이 요약, 향후의 연구 방향을 제안해 본다.

첫째, 신롱석과 한국식 산성은 같은 형식이다. 이를 증명하기 위해서는 일본 서부에 위치한 신롱석과 한국 산성들을 세심하게 검토해야 한다. 현재도 부분적으로 진행되고 있지만 고고학적 기법을 이용하여 신롱석 지역에서 토기들을 찾아내야 할 것이다. 만일 출토품이 없다면 유적들의 표면에 대한 실제적인 현장 조사를 수행하여 신롱석의 축조 시기를 설명할 수 있는 비교 연구를 진전시켜야 할 것이다. 백제 지역의 산성 연구조사는 한국의 성곽 조사의 새로운 방향을 제시한다는 견지에서 중요한 소명이라고 생각한다.[95]

둘째, 돌을 깎아내고 가공하는 석조 기술과 돌을 쌓는 것에 초점을 맞추는 것은 산성 축조에 사용된 기법을 보여 줄 것이다. 수문, 석벽을 축조하는 데 단단한 돌을 사용하기 위해 적용된 기술과 판축법은 한반도 이주민의 것이었다. 이런 이유로 필자는 고대 아노후족(穴太族) 석공(石工)의 계보와 기여에 특별히 주목하고자 한다. 또한 규슈 북부, 주고쿠, 긴키 지방, 특히 고대 오미 지방의 석수, 석함 제작자들에 관한 연구에 주목할 필요가 있다고 본다.

셋째, 최근의 연구는 신롱석과 한국식 산성이 매우 밀접하게 연관되어 있음을 보여 주고 있다. 두 유형은 모두 입지 선정과 유사한 건축 기법의 도입, 산세의 넓은 영역을 포함하는 것 등에 있어 공통적인 특징을 공유한다. 어떤 의미에서 신롱석과 한국식 산성들은 같은 기원을 갖는다고 할 수 있다.

이에 따라 우리는 신롱석과 삼국시대의 한국식 산성들의 연관을 찾아내야 한다. 선행 연구에 대한 편향 없이 신롱석의 실재를 완성하기 위한 더 앞선 연구에 참여해야만 한다. 따라서 한국과 일본뿐만 아니라 중국에서의 산성 현장 조사와 연구에 합류하는 것도 생각해 본다.

넷째, 1989년과 1990년에 수행한 일본의 신롱석과 한국의 산성에 대한 현장 조사, 사료 조사를 통해 필자는 풍수지리학과의 연관을 감지할 수 있었다. 특히 신롱석의 입지를 검토함에 있어 더욱 그러했다. 신롱석은 주위의 도로 체계를 조망할 수 있는 곳에 있으며, 대부분 바다와 경계를 이루는 넓은 평원을 내려다보고 있었다. 통일신라시대 말기에 소개된 풍수지리학은 신롱석의 축조 시기를 검토함에 있어 한 요인으로 고려될 수도 있지 않을까 생각해 본다.

95) 성주탁(1983), 「몽촌토성조사」, 『백제연구』 14집, 참조; 성주탁(2007), 『백제성곽연구』, pp.57-60.
　　전영심, 『충남지역의 백제성곽연구 : 지방통치와 관련하여』, pp.67-116.

마지막으로 지명, 전설, 성지, 신롱석과 한국식 산성 주변의 고분들에 관한 연구, 그리고 여타의 사회경제적·정치적 이슈들에 대한 연구를 강조하고자 한다. 이러한 연구 목표를 달성하기 위해서는 상당한 시간과 비용을 쏟아부어야 할 것이다. 과거에는 신롱석에 대한 연구가 주로 일본인 학자들에 의해 이루어졌지만, 현재에는 한국, 중국 그리고 서구의 학자들이 이 고대 건축물의 수수께끼를 푸는 데 적극 참여해야 한다고 본다.

　　메이지 시대 이후 의견이 많았던 산성 연구에 대해 니시타니 타다시(西谷正)가 여러 교수들과 1965년부터 다시 쓰시마의 가네 산성(金田山城), 지쿠첸(筑前)의 오노 성(大野城), 히고(肥後)의 기구치 산성(鞠智山城), 호젠(豊前)의 고쇼가타니 신롱석(御所ケ谷神籠石), 빗추(備中)의 기노 성(鬼の城) 등 각 지역의 성문, 수문, 판축, 토루, 초석, 열석, 축조, 방위 등 산성의 기능에 대해 연구를 계속하고 있다.

　　이와 같은 연구는 한국의 산성과 일본의 신롱석의 구조 관계를 밝히는 데 크게 도움이 될 뿐 아니라 축조 연대를 밝히는 데도 도움이 될 것이다.

3) 불교 : 백제에서 전파된 아스카 불교

불교는 일본 사회에 깊이 뿌리내려져 있다. 그래서 일본인은 대부분 불교도이며, 불교도가 아니더라도 장례는 불교의식을 따른다.

인도에서 시작된 불교는 중앙아시아와 실크로드를 따라 중국으로 들어왔다. 그 후 한반도로 전파, 7세기에서 13세기에 백제를 거쳐 일본으로 건너갔다.[96] 7세기경 일본은 중국에서 율령제를 도입하고 독특한 정치제도를 수립했다. 13세기에는 율령제가 쇠퇴하는 시기로 그 결과 군사정권인 '막부(幕府)'라는 지배계급이 성립되었다. 불교는 율령제 체제가 수립된 후 활발하게 발전하였다. 불교와 관련하여 일본의 7세기에서 13세기에 이르는 기간을 세 시대로 구분할 수 있는데, 즉 초기 전파시대, 전성시대 그리고 쇠퇴기이다.

불교가 일본 문화의 핵심이라는 것은 주지의 사실이지만 대부분의 학자들은 한반도에서 불교가 전파했다는 사실은 부정하고 인도에서 중국을 거쳐 일본에 들어왔다고 기술하고 있다. 어떤 이들은 한국에서 일본으로 들어온 불교가 극소수 있지만 그것마저 중국에서 전파되었다고 말하기도 한다. 그러나 이는 사실이 아니다. 불교는 한국에서 자연환경과 생활양식에 적응하고 또 슬기롭게 변형되어 독특한 발전을 이룬 것이다.

일본의 가마쿠라 막부(1185~1333) 시대에 의연(疑然) 대사는『삼국불법연기(三國佛法緣起)』라는 불교사를 저술했다. 이 책에 불교는 인도에서 중국 그리고 한국으로 전파되었다고 쓰여 있다. 불교는 인도에서 중국으로 직접 전파된 것이 아니라 실크로드를 따라 중앙아시아로 전파되었다.

---

96) 上田正昭(1982),「佛敎文化の傳來」,『日本の中の朝鮮文化』, 中央公論社, pp.222-223.

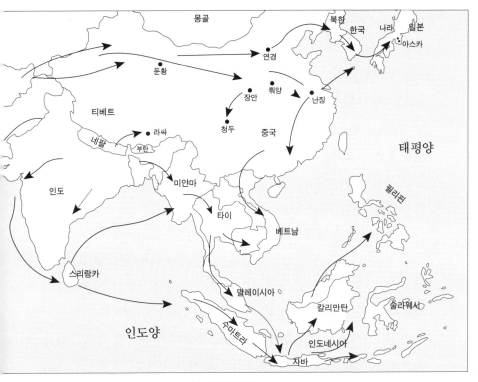

불교의 전파 경로

중앙아시아에서 중국의 수도인 장안으로 전파되는 데 약 3세기가 걸렸으며, 이 지역은 중국으로 불교가 전해지는 중요한 경로였다.

오늘날 불교의 역사를 연구하는 일본 학자들이 많지만 이들은 고대 한반도의 불교를 무시하고 있다. 그러나 고대 한반도의 불교는 고대 일본의 아스카, 하쿠호, 나라의 불교 형성에 지대한 공헌을 하였다. 일본의 옛 수도였던 나라와 신라의 고도 경주에 가 본 사람이라면 일본 불교의 근원이 한반도임을 의심하지 않을 것이다.

다음에서는 불교 전파의 실체를 제시할 것이며, 일본의 불교 발전에 한반도 이주민이 얼마나 큰 공헌을 하였는지 밝힐 것이다.

(1) 일본으로의 불교 전파

『일본서기』에는 불교가 일본에 전파된 시기가 기록되어 있다. 여기에 따르면 한국에서 일본으로 불교가 전파된 것은 6세기 초인데, 538년 백제 무령왕의 아들 성왕은 여래상과 중국어로 번역된 불경을 일본의 긴메이 천황에게 보냈다고 한다. 사찰 역사서인 『원흥사연기(元興寺緣起)』에도 같은 시기인 538년으로 기록되어 있다. 하지만 공식적인 불교 전파 시기에 대하여 538년 또는 548년, 더 늦게는 552년이라는 주장도 있다.

하지만 분명한 것은 불교가 백제에서 일본으로 전파되었다는 사실이다.[97] 어떤 학자들은 앞에서 언급한 전파 시기(538년, 548년 혹은 552년)에 구애되지 않고, 불교가 야마토 지방의 나라 등지보다 지리적으로 가까운 규슈 북부 지방에 더 빠른 시기에 도입되었을 것이라고 보는 경우도 있다. 백제에서 규슈 북부 지방으로 불교가 전파되고 세토 내해를 거쳐 야마토 지방으로 전파된 경로는 타당하다고 본다. 또한 규슈 북부에서 산인과 호쿠리쿠 지방으로 전파된 경로 또한 간과할 수 없을 것이다. 불교는 백제에서뿐만 아니라 신라나 고구려에서도 전파되었을 것이기 때문이다. 불교와 다른 문화가 한반도 동해를 통해서 전파된 다른 경로들에도 초점을 맞추어야 할 것이다.

『고사기』, 『일본서기』를 비롯한 일본 고대 역사서는 백제 이주민이 편집한 책이다. 신라와 백제의 정치적 관계 때문에 이런 역사적 기록은 편중된 경향을 보이고 있다. 오늘날 쓰시마에 대한 검증에서 드러난 시마네(島根), 후쿠이(福井), 니가타(新潟)로 들어온 불교의 전파 경로는 신라

---

97) 鎌田茂雄(1978), 『佛敎のふるさと』, 東京大學出版會, p.143.
　　金東華(1971), 「백제불교의 일본전수」, 『백제연구』 2권; 충남대학교 백제연구소 pp.52-55.

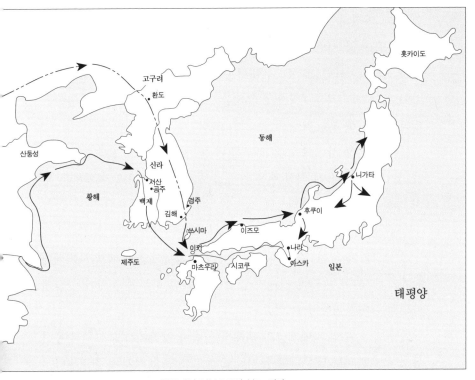

한국에서 일본으로의 불교 전파

불교의 전파와 관계가 있음을 시사하고 있다. 분명 초기에는 동해 주변을 통하여 불교가 전파된 것이다. 예컨대 불교가 니가타에 전파되어 사나노가와강(信濃川) 상류지역으로 이동했으며, 이는 야마나시현(山梨縣)의 젠코지(善光寺)에서 입증된다.[98]

이 경로는 더 나아가 간토 북부 지역으로 확장되었다. 놀랍게도 옛 불상이 야마가타현(山形縣)과 간토 북부 지방에서 발견되었다. 이 불상의 형태는 중부 야마토 지방에서 볼 수 있는 것과는 전혀 다른 것으로, 신라

---

98) 田村圓澄(1996), 『日本佛教の歷史』, 祐成出版社, pp.6-8.

의 것에 가깝다. 또 불상 조각이 4, 5세기 고분에서 발굴되었다. 따라서 불교문화는 불교의 공식 도입 이전에 이미 전파되었을 것으로 추측할 수 있다. 필자는 산인, 호쿠리쿠에서 쓰가루(津輕)와 나라 분지로 이어지는 비와코(琵琶湖) 북부지방으로 통하는 불교 전파의 옛 경로가 있었을 것이라고 생각해 본다.[99]

긴메이 천황 시대에 규슈 북부를 통한 초기 불교의 전파 경로가 있었을 것이라는 주장에 대한 반론을 입증하기 위해 반론을 지지하는 두 가지 가설을 제시해 보겠다.

① 불교가 전파된 시기에는 규슈 북부의 지배계급과 백제 사이에 우호관계가 있었다. 이러한 전제가 없었다면 규슈 북부에 불교가 어떻게 전파되었는가를 이해할 수 없다.

② 규슈 북부의 지배계급과 백제의 권력자 양쪽에서 불교를 수용하고, 상호 우호관계를 맺는다고 할지라도 불교가 규슈 북부에 전파된다는 것은 불가능한 일이었다.

이러한 관점에서 다무라(田村)는 규슈 북부의 초기 불교신앙을 두 가지 유형으로 구분했다. 즉 개인신앙의 불교(사찰이 없음)와 사찰 불교로 분류한 것이다. 전자는 누군가 불경이나 작은 불상을 백제에서 가져와 자신의 집에 안치하고 예불을 드리는 경우이다. 이는 개인신앙의 불교라고 말할 수 있다. 후자의 경우는 부처의 사리가 보관되어 있는 사찰의 탑, 불당을 관리하는 승려, 비구니 그리고 고행 수행을 위한 강당 등의 건축물과 관련이 있다.[100] 일반적으로는 일곱 채의 강당과 본당을 갖추는 것으로

99) Chung-Myun Lee(1987), 앞의 논문, pp.245.
100) 大和岩雄(1993), 『日本にあった朝鮮王國 – 謎の秦王國と古代信仰』, 白水社, p.97.

알려져 있다. 또 사찰을 운영하기 위한 재정을 마련할 시주가 필요했다.

이 구분에 따라 개인이 신봉하는 불교는 규슈 북부에 공식적으로 불교가 전파되기 이전부터 들어왔다고 볼 수 있다. 그러나 사찰불교가 538년 이전, 6세기 이전에 전파되었다는 사실은 확인할 수가 없다. 규슈 북부 지방에서 불교사원의 건립은 아스카 시대 7세기 후반에 시작되었다. 규슈 북부 지방의 사찰 건립은 긴키 지방 야마토, 가와치에서의 사찰 건립 시기에 비해 반세기나 늦게 시작되었다. 개인신앙으로서의 불교가 긴메이 천황 시대나 그 이전에 규슈 북부 지방에 진파되었을 가능성은 믿을 만하나 사찰불교가 538년에 전파되었다는 것은 인정할 수 없다.

이런 관점에 대해서 이츠키 시게루는 일본의 야마토, 나라에 공식적으로 불교가 전파되기 이전 개인신앙 불교가 규슈 북부에 있는 에이겐산(永源山)을 통해서 전파되었을 것이라고 보고 있다. 에이겐산은 지리적으로 한반도와 가까운 위치에 있으며, 이로 인해 무명의 수행자가 이 지방에 들어와 불교를 포교했을 것으로 생각되며, 이 불교는 아마도 한반도 고유신앙이 혼합된 형태였을 것이다.

한편, 나카노(中野)는 불교 전파가 에이겐산 주변을 통해서가 아니라고 반론을 제기했다. 불교가 일본에 공식적으로 도입되기 이전에 도요국(豊國) 지방, 비젠(備前)과 빈고(備後) 등의 전역에 전파되었다는 것이다. 그는 적어도 5~6세기경 도요국에는 종교의식을 집행하는 사람이 있었으며, 불교와 원시신앙 형태의 신앙이 혼합되어 있었을 것이라고 주장했다. 요메이(用明) 천황 때 도요국의 승려가 야마토 지방을 방문했고, 이 사실을 통해 우리는 6세기 말경 가미게, 시모게 및 우사군(宇佐郡)에 규슈 북부 지방에서 가장 오래된 사찰이 건립되었을 것으로 추정할 수 있다. 이런 사실에 입각하면 6세기 초경에 신라를 거쳐 일본으로 전파되었을 것임을 알 수 있다.

이츠키와 나카노의 연구를 종합해 보면 불교 전파는 야마토, 나라에 불교가 공식적으로 들어오기 이전임을 분명히 지적하고 있다. 그러나 이 츠키는 불교가 처음 이 지방으로 들어온 이유를 분명하게 설명하지 못하는 반면, 나카노는 그 이유가 도요국에 있는 하타 씨족과 신라와 관계가 있기 때문임을 지적했다.

하타 씨족과 신라인 사이에 관계가 있었다는 말은 도요국에 하타 씨족의 천황이 있었다는 점을 지적하고 있는 것이다. 어떤 의미에서 규슈 북부에 거주하고 있던 한반도인은 일본에 불교가 공식적으로 들어오기 이전부터 일본 불교에 큰 기여를 하고 있었던 것이다.

한반도에서의 이주는 삼국시대부터 시작되었으며 이주민들은 규슈 북부에 도착하여 긴키(近畿) 지방으로 옮겨갔다. 이런 점에서 규슈 북부에 공식적으로 불교가 전파되기 이전부터 민간에서 불교 전파가 진행되고 있었다는 사실은 설득력이 있다. 더욱이 11세기 말부터 역사적인 자료가 수록되어 있는 『부상략기(扶桑略記)』에는 백제 이주민인 시바노 다치토(司馬達等)가 불상을 가져와서 야마토 다카이치군, 즉 현재의 나라현 다게치군(高市郡)에 초가를 짓고 부처를 모셨다고 언급되어 있다. 이것이 522년으로, 이 시기는 불교가 공식적으로 전파되기 이전이다.

헤이안 시대의 승려 약항(藥恒)이 저술한 『법화험기(法華驗記)』에도 같은 기록이 있다. 따라서 이는 매우 신빙성이 있다고 생각한다. 백제에서 건너간 이주민은 이 지역으로 이주하여 불교를 신봉했다. 이와 함께 일본과 한반도 사이에 있는 쓰시마 해류를 함께 생각할 수 있겠다. 고대 일본과 한반도 사이에는 이 해류를 통한 긴밀한 접촉이 있었으며, 특히 동해 쪽의 산인이나 호쿠리쿠 지방에서는 더욱 긴밀하였다.

백제는 긴메이 천황 시대에 수시로 불상과 승려를 보냈고, 긴메이 천황 14년(553)에는 역술가, 역관, 의료전문가를 파견했다. 그 후 비다쓰(敏達) 천황 시기(577)와 스슌(崇峻) 천황 원년(587)에는 사리와 승려, 사찰 기술자, 사찰 탑을 건립하기 위한 판금과 기와 전문가, 도장공(塗裝工)을 보냈다. 불교뿐만 아니라 백제가 전한 것에는 유학(儒學)도 있었는데, 게이타이(繼體) 천황 시대에는 역경·시경·서경·예기·춘추 등 오서가 일본에 들어왔다.

이렇게 백제 불교는 일본 불교와 매우 긴밀한 관계를 갖고 있다. 도장이라는 이름의 이주민은 일본에 건너가서 성실종(成實宗)이라는 종파를 전수하였다. 백제 27대 위덕왕 시기에는 도심을 포함한 16명의 승려를 일본으로 보냈다. 577년 백제는 악인(樂人)과 기술자를 학자들과 함께 보냈고, 583년에는 고승 일라(日羅)가 일본으로 건너갔다.

무왕(武王) 때(602)는 승려 관록이 일본에 가서 삼론을 설파하고, 일력(日曆), 천자문, 지리 등의 지식을 전수하기 위해 원흥사(元興寺)에 머물렀다. 그는 또한 의료에 관한 지식도 전파하였으며, 둔갑술 같은 것까지 전했다고 한다. 이밖에 많은 승려들이 포교를 위해 일본으로 건너갔으며, 고구려에서도 혜풍법사, 혜자, 담징, 법청 등 고명한 승려들이 일본으로 가서 불교문화 발달에 헌신하였다.

원흥사의 역사기에 따르면 금당의 형태는 백제에서 들어왔고, 승려의 위계와 평가제도도 백제에서 도입된 것이었다. 백제에서 이 제도는 본래 중국 남조(南朝)에서 발전된 제도의 영향을 받은 것이다. 스이코(推古) 천황 32년(624)에 승정, 승도와 같은 승려 계급제가 백제를 거쳐 채택되었다. 이 제도는 남조의 제도와 밀접한 관련이 있다.

불교를 논하는 경우에도 도교를 간과할 수는 없을 것이다. 도교는 아스카 문화 형성에 주축을 이루었다. 『일본서기』에는 스이코 천황 7년, 도교 신앙이 궁중에 들어왔다고 기록되어 있다. 도교와 관련이 있는 대나무에 편지를 새긴 목간이 시즈오카현(靜岡縣)의 이장 유적과 미야기현(宮城縣)에서 발굴되었다.

분명 일본 아스카 불교의 근원은 백제의 것이었다. 아스카 불교 발전에 한반도 이주민이 중대한 공헌을 했다. 6세기 후반 고구려에서 불교가 전파되었고, 7세기 신라 불교가 일본에 전파되었다. 쇼토쿠 태자는 고구려 승려 혜자로부터 불법을 배웠다. 그리고 교토 고마사(高麗寺)에 있던 미륵반가사유상은 신라 불교와 매우 밀접한 관계가 있다.

일본에 불교가 전파된 후 나라 시대까지의 발자취를 더듬어 볼 때, 일본의 불교 지도자는 백제와 고구려에서 온 승려들이었으며, 동시에 한반도에서 이주해 정착한 승려임을 알 수 있다. 이들은 아스카, 하쿠호 및 나라 시대 불교의 발전에 중책을 맡았다. 이 당시 아스카는 백제의 수도 부여와 직접적인 접촉이 있었다.

불교 전파에 활용된 경로는 근본적으로 상업, 교통, 군사, 정치, 외교 등에도 쓰였다. 따라서 중국의 장강, 백제의 부여, 고구려의 환도, 일본의 아스카, 후지와라(藤原), 나라와 같은 도시에 살고 있는 지배계층 사이에 불교가 확산될 수밖에 없었다.

(2) 일본의 불교 수용

일본의 불교 전파를 논하며 수용 문제를 간과해서는 안 될 것이다. 일본은 하니와(埴輪) 문화를 신봉하였으며, 이는 어떤 의미에서 불교문화가 도입되기 이전의 토템 신앙과 관련된 애니미즘 같은 것이었다. 분명 일본인은 돌이나 나무를 신봉함으로써 느끼지 못한 어떤 느낌을 불상에서 느꼈던 듯하다.

일본의 불교 수용 과정에 관해 『일본서기』에는 친불교파와 반불교파에 대한 이야기가 기술되어 있다. 그러나 이 책에서 논의된 문제를 단순하게 평가할 수는 없다. 더욱이 이 책에 기록되어 있는 자료에만 의존하는 것으로는 신빙성을 의심받을 수 있다. 예를 들어 나카토미노 가츠미(中臣勝美)가 반불교파에 속하는 것으로 기록되어 있으나, 조사 결과 나카토미노의 가계에는 이름이 언급되어 있지 않다. 이 점에서 볼 때『일본서기』에 지적된 기록은 신중히 평가해야 할 것이다.

『일본서기』에 보면 긴메이 천황 13년 '이웃나라의 신'에 대한 기록이 있다. 여기에서 불교를 '신'으로 생각했다는 기록이 특이하다. 신라의 신은 '미개국의 신'이라는 뜻의 '번신(蕃神)'으로 불렀다는 기록이 있다. 반면 비다쓰 천황 14년 조(條) 9에는 신이 아니라 '불신(佛神)'으로 기록되어 있으며, 부처는 불교의 신을 의미했다.『일본영이기(日本靈異記)』에는 불교를 '객신(客神)'이라 기술하고 있다. 그럼에도『일본서기』에는 모노노베노 오코시(物部尾興)와 나카토미노 가마코(中臣鎌子)가 불교를 외국에서 들어온 신이라는 뜻의 번신이라 불렀다는 기록이 있다. 일본에서 불교가 발전하던 반세기 동안 친불교파와 반불교파 사이의 대립이 지속되었다.

백제 성왕은 일본 긴메이 천황에게 불상과 불경을 보냈다. 긴메이 천황은 이 불상을 소가 이나메(蘇我稻目)에게 주었으며, 그는 이것을 집안에 안치하였다. 또 585년 소가 우마코(蘇我馬子)[101]가 도요우라(豊浦)에 탑을 건조하기 시작하였으나, 이는 반불교파에 의해 파괴되고 말았다. 후일 뜻하지 않은 전염병이 유행하여 많은 사람들이 사망하게 되자, 반불교파의 모노노베노 모리야(物部守屋)가 이끄는 모노노베 가문에서는 즉각 천황을 알현하여 소가 우마코가 불교를 신봉하기 때문에 전염병이 유행하여 많은 사람들이 고통을 받고 있다고 상소하였다.

이에 천황은 소가 우마코에게 불교를 신봉하지 말도록 하명하였다. 그래도 여전히 전염병이 번져 나갔고, 소가 우마코는 오히려 천황에게 상소하기를, 불교를 신봉하지 않아도 전염병이 진정되지 않고 있다고 하였

---

101) 일본의 고대 인명 중에 동물에서 연유한 이름을 가진 사람은 한반도 출신 이주민들인 경우가 많다.

다. 소가 우마코는 사정이 이러하니 부처에게 기도할 수 있도록 허락해 달라고 요청하였다. 이 요청으로 천황은 소가 우마코에게 부처를 신봉하되 집안에서만 할 것이며, 대중 앞에서 해서는 안 된다는 조건을 달아 허락하였다.

그러나 소가 우마코는 불교 사원을 건립하려는 꿈을 버리지 않았다. 긴메이 천황은 백제 성왕과의 관계나 소가 씨족에 대한 각별한 배려심이 있어 불교를 마냥 반대할 수는 없었다. 당시 소가 우마코는 불교 사원을 건립할 기회를 기다리고 있었으나 요메이(用明) 천황이 서거하자 곧 소가 씨족은 가와치의 시부가와강(涉川), 현재의 오사카(大阪) 야오시(八尾市)에 근거를 두고 있던 모노노베 일족을 공격하여 이를 멸망시킴으로써 반불교파가 몰락하게 되었다.

이러한 환경에서 소가 우마코는 백제 위덕왕(威德王)에게 불교 사원 건립을 위한 지원을 요청하였다. 위덕왕은 사원 건립을 위하여 사리와 승려, 기술자, 기공을 보냈다. 그들은 아스카에 호코사(法興寺)라는 사원을 건립하고 야마토의 아스카를 정치적 근거지로 삼았다.

불교 사원을 건립하는 데는 소가 씨족에 의한 군사력 동원이 불가피했다. 이 시대의 긴메이, 비다쓰, 요메이, 스슌 천황 및 스이코 천황 등은 불교에 대해서 한 발 떨어진 입장을 취하였다. 만약 이 천황들이 백제나 신라 왕들처럼 불교 도입에 주도권을 행사했다면 소가나 모노노베 사이의 군사적 충돌은 없었을 것이다. 아스카 시대에 천황 쪽이 불교 문제에 관여하지 않았기에 양 일족이 불가피하게 충돌했던 것이다.

아스카에 불교 사원을 창건한 것은 스이코 천황이나 쇼토쿠 태자 때문이 아니라 소가 씨족을 위해서였다. 준공이 끝난 호코사(혹은 아스카사)는 아스카 불교와 문화의 기념물이 되었다. 호코사 창건 후 가와치와 오사카 지역의 토호들이 50여 곳에 사찰을 건립하였고, 그 결과 아스카의 발전이 더욱 가속화되었다.

605년에 도리 불사가 만든 아스카 대불   아스카 비석

  앞에서 서술한 바와 같이 대립을 통해 반불교파는 전통의 수호자로, 친불교파는 선진문화를 수용하는 데 예리한 감각을 지닌 것으로 간주되었다. 대립에서 친불교파가 승리한 것은 불교의 영향으로 인해 하니와(埴輪) 문화 자체에 어떤 변화가 있었음을 의미한다.

  고대 한반도 이주민이 아스카 지방에 거주할 수 있도록 허용되고, 이로 인해 아스카 지방은 불교가 발전하는 동안 번영을 구가했다. 또 야마토와 가와치 지방의 토호들이 불교를 수용하면서 고분을 짓는 것에서 불교 사원을 건립하는 것으로 문화가 바뀌었다. 사원 문화의 수용과정은 매우 역동적이었다.

  일본에서의 친불교파와 반불교파 사이의 대립은 중국이나 한반도에서의 대립과는 양상이 달랐다. 중국은 유교와 도교를 신봉했기 때문에 이들 신앙과 불교 사이에는 일말의 대립이 있었다. 그러나 일본에서는 불교와 대립할 만한 신앙이 없었다. 일본은 단순히 애니미즘적인 원시신앙이 있었을 뿐으로, 불교와 원시신앙을 어떻게 조화시키느냐가 주된 문제였다.

선진문화를 가진 나라나 민족이 그러한 문화를 갖지 못한 나라나 민족과 교류를 할 때는 두 집단 사이의 격차 때문에 불균형이 생기기 마련이다. 이러한 상황에서 선진문화가 후자에 의해 수용되는 것이 보통이다. 중국 문화는 먼저 백제에서 수용되고 변화되어 백제 고유 문화를 형성하였다. 이 문화가 일본으로 건너갔다. 소가와 모노노베 일족 사이의 대립이 있기는 하였지만, 그 후 일본에서는 중국과 달리 아무런 종교적 갈등 없이 점차 불교가 수용되었다.

소가 씨족이 승리한 것은 일본의 기존 신들을 쫓아내었음을 뜻하는 것이 아니라, 신과 불교가 합쳐졌다는 것을 의미했다. 긴메이 천황이 신과 불교가 공존하는 것을 승인하였다. 645년 나카노오에(中大兄, 훗날 덴지 천황)와 나카토미노 가마다리(中臣鎌足)가 이끄는 쿠데타로 소가 씨족이 멸망한 후, 불교의 주도권은 결국 고구려나 백제에서와 같이 황실로 넘어가게 되었다. 이와 관련하여 미즈노 유(水野祐)는 두 세력 사이의 대립은 백제와 신라 사이의 뿌리깊은 권력투쟁이었다고 설명한다. 나도 같은 견해이다. 역사적으로도 나카토미 일족은 신라와 혈맹관계에 있었던 것이다.[102]

하쿠호(白鳳) 시대에 불교가 매우 번창하였으며, 일본 전역으로 전파되었다. 불교의 전파는 소위 율령제라는 정치제도를 잘 반영하고 있고, 간토 지방과 규슈 지방 사이에 530여 곳의 사찰이 분포하게 되었다. 이 사찰 중 최고위급에 해당하는 곳이 아스카와 후지와라(藤原) 사이에 있었다.

---

102) 田村圓澄(1980), 『古代朝鮮佛教と日本佛教』, 吉川弘文館, p.147.

6세기에 불교가 일본에 전파된 이래 지방 세력들이 불교 수용에 주요한 지도적 역할을 하였다. 그리고 긴메이 천황 시기인 7세기 초 불교의 주도권은 황실로 넘어갔다. 본래 이나메(稲目), 우마코(馬子), 에미시(蝦夷), 요카(八鹿)와 같은 소가의 일문으로 이어지던 주도권이 불교 전파 1세기가 지난 후 조메이(舒明) 천황에게 넘어간 것이다.

소가와 모노노베 일족 사이의 대립에 관한 논쟁 중 최근에 약간 다른 견해가 나오기도 하였다.

첫째, 모노노베 일족에 대한 새로운 견해이다. 최근에 이루어진 연구에서 불교사원의 흔적이 모노노베 일족의 근거지였던 오사카 지방의 야오시에 있다는 보고가 있었으며, 이는 모노노베 일족도 불교를 신봉했다는 사실을 제시하는 근거이다. 이 연구에 의해 소가와 모노노베 일족이 대립했던 숨은 이유는 불교의 수용이나 거부가 아니라 정치적인 권력 투쟁이었다는 추측을 할 수 있다.

나 또한 당시 토호들간의 투쟁이 매우 심각했을 것으로 보고 있다. 쇼토쿠 태자의 제17개조 헌법을 보면 조화를 강력하게 강조하였음을 알 수 있다. 이것은 토호들의 대립을 매우 심각한 문제로 보고 있었음을 의미한다. 그렇지 않고는 헌법에서 조화를 그렇게 강조할 이유가 없는 것이다.

둘째, 두 일족의 대립은 일본 고유의 토착신과 이웃나라에서 온 신에 대한 인정 여부에 관한 논쟁에서 야기되었다는 견해가 있다. 하지만 이러한 견해는 유교와 신도 양 측면에서 반박할 수 있겠다.

먼저 유교를 보면, 백제의 왕인이 이미 논어와 천자문 등을 들여온 바 있으며, 그는 유교 고전인 오경의 전문가였다. 또한 일본 왕자의 강사로 초빙되는 한편, 황실에서 오경을 가르치기도 하였다. 따라서 유교와 신도 사이에는 대립이 생겨날 여지가 없었다. 신도의 경우 우자하지만구

(宇左八幡宮), 야사카(八坂) 신사, 이나리(稻荷) 신사의 신은 한반도 이주민의 신이었다. 이제까지 어떤 학자도 일본 고유의 신과 이웃나라에서 온 신의 차이를 논한 바 없다.[103]

불교와 신도는 순조롭게 대중들 사이에서 성공적으로 융합되어 갔다. 따라서 소가와 모노노베의 대립을 신도와 불교의 대립으로 해석하는 것은 어리석은 일이라고 할 수 있다.

셋째, 소가, 오토모, 가쓰라기(葛城), 고세(巨勢), 기(紀), 가시와데(膳) 등의 토호 사이에서는 이미 불교와 관련된 투쟁이 있었다는 것이다. 이러한 사정으로 그들은 불교에 대한 지식이 필요했다. 결과적으로 소가와 모노노베 두 가문 사이에는 대립의 여지가 없었고, 바꾸어 말하자면 친불교파와 반불교파 사이의 대립은 불교가 백제에서 아스카로 전래되기 이전에 일어났던 것이며, 단순히 토호간 주도권을 차지하려는 정치적 세력투쟁에 지나지 않았다.

단적으로 말해서 불교가 일본으로 전래된다는 것은 두 종교가 만난다는 것을 의미하며, 두 종교가 융합한다는 것은 또한 두 나라가 융합함을 뜻한다. 고대 일본의 정치적 문제는 신도와 불교의 종교적 융합 이상으로 더 많은 시간을 필요로 하였다.

4세기 후반에서 7세기 후반까지 일본에 건너온 한반도 이주민은 자신들의 공동체 내에서 불교를 신봉하고 있었다. 이는 일본에서 불교가 용이하게 수용될 수 있는 기초를 마련해 주었다. 후에 국가적 수준의 불교 전파는 지방의 한반도 이주민들의 불교와 겹쳐져 백제, 고구려, 신라 이주민들에 의해 주도되었다.

103) 田村圓澄(1980), 「宇佐八幡の誕生, 特輯」, 『東アジアの古代文化』, pp.52-56.

(3) 한반도 이주민의 일본 불교에의 공헌

한반도 이주민과 관련하여 고대 일본의 아스카, 하쿠호 및 나라 시대의 불교 전파에 중점을 두고자 하였다. 그러나 사실에 입각하여 이를 밝히는 것은 쉬운 일이 아니다. 그 이유는 한반도 이주민에 관한 여러 역사적 사건들이 고대 지배계급이나 현대 역사가들에 의해 말살, 왜곡, 은폐되었기 때문이다.[104] 이러한 사정으로 고대 일본에서의 한반도 이주민의 지위를 정당하게 기술한다는 것은 쉬운 일이 아니다. 그럼에도 여러 가지 자료를 조심스럽게 검증하여 불교 전파와 관련된 한반도 이주민의 실체를 밝혀내고자 한다.

■ 아스카/하쿠호 불교

『일본서기』에서 고대 일본에 불교가 전래된 시기, 삼국에서 건너온 승려에 관한 기록을 찾아볼 수 있다. 당시 정치권력의 중심지였던 아스카 지방에서도 점차 불교를 수용하고 있었다. 아스카와 하쿠호 시대는 종교에 대한 지식을 향상시키기 위해 많은 승려들이 일본에 보내졌다.

이 시기에 소가 씨족의 불교 전파에 대한 태도는 주목할 만하다. 불교에 대한 그들의 지식과 열정은 다른 토호에 비해 두드러졌다. 오사카 나니와(難波) 포구는 문화가 들어오는 첫 번째 관문이었다. 이곳에서 시마매(島女), 도요매(豊女), 이시매(石女) 등 15, 6세의 처녀들이 대한해협의 거친 파도에 시달리며 세토 내해를 건너 전라도 남쪽 섬진강을 거슬러 올라 마침내 백제의 도읍 부여에 도착한다. 그곳에서 여승(女僧)이 되는 수업을 마치고 다시 일본으로 돌아갔다.

---

104) 鎌田茂雄(1989), 『韓國と日本の佛敎交流-古代の日本と韓國』, 韓國文化院 監修, p.135.
速水侑(1986), 『日本佛敎史 古代』, 吉川弘文館, p.2.

그들은 백마강(白馬江) 강변에 있는 고란사에 기거했다.[105] 이는 일본에 불교가 공식적으로 전파되기 이전부터 그들이 불교 신앙을 가지고 있었음을 보여 주는 것이다. 그리고 소가 씨족이 불교에 깊이 간여한 것은 틀림없이 백제와의 관계 때문이었을 것이다. 이런 점에서 소가 씨족의 근원을 알 수 있다. 최근 일부 학자들이 소가 씨족이 백제에서 건너왔을 것이라고 하는데, 이러한 의견은 점차 사실로 입증되고 있다.[106]

아스카 시대에 불교를 강력하게 추진하였던 쇼토쿠 태자는 소가 씨족에서 성장하였다. 젊은 시절 불교의 가르침을 받고 자란 그는 백제 문화를 접할 기회를 자주 가졌을 것이다. 그가 저술한 17조의 『헌법』 중 제1조는 조화를 강조하고, 제2조는 불교를 구성하는 삼보(三寶), 불(佛)·법(法)·승(僧)과 불교의 실천에 대해 언급하였다.

또 중요한 저술로 『삼경의소(三經義疏)』(617)가 있는데, 이는 법화경 등을 설명한 책이다. 이러한 저술은 불교 지식에 깊은 조예가 있고 충분한 자격을 갖춘 한반도 이주민의 요청에 따라 편집되었고, 두 저술은 한반도에서 온 학자나 승려의 도움 없이는 완성할 수 없을 것으로 추측된다. 쇼토쿠 태자는 고구려에서 혜자(慧慈)를 스승으로 초빙하고 백제에서 각가(覺哿)를 유교 스승으로 모셔왔다. 이 시기 일본의 학문적 수준이 얼마나 높았는지를 판단할 수 있을 것이다.

대규모의 불교 사찰이 건립되기 시작한 것은 친불교파와 반불교파의 대립이 있었던 때다. 친불교파의 소가 씨족이 싸움에서 승리한 후, 596년 소가 우마코가 호코사(원흥사 또는 아스카사)를 완성하였다. 이 사찰은 아스카 시대 친불교파의 승리를 기념하는 기념물이었다. 이 최초의 대사찰

---

105) 湯淺克衛(1962), 「歸化人文化の話」, 金正柱 編, 『韓來文化の後榮 上』, pp.62-63.
106) 門脇禎二(1971), 「蘇我氏の出自について」, 『日本の中の朝鮮文化』 朝鮮文化社, 12號, pp.58-65.

호류사(法隆寺) 호류사 입구의 흙벽담과 문이 한국에서 온 사람들의 마음을 사로잡는다. 또한 나라의 유적은 신라의 유적과 매우 흡사하여 경주에 온 것 같은 착각을 일으키기도 한다.

의 건축을 백제 이주민이 담당하였는데, 백제에서 온 승려와 기술자들은 이 사업을 수행할 수 있는 능력을 충분히 갖추고 있었다.

호코사는 고구려 청암리(淸岩里) 사찰의 배치와 비슷하다. 하나의 탑과 세 채의 주건물로 이루어진 이 사찰은 사실상 파괴되어 없어졌으나, 불교 사찰의 건축방법에 대한 지식이 고구려에서 백제로, 그리고 일본에까지 전래되었음을 말해 준다. 호류사(法隆寺), 시텐노사(四天王寺), 하치오카사(蜂岡寺), 하쿠사이사(百濟寺), 고세사(巨勢寺) 등은 이 지역에 정착한 한반도 이주민에 의해 건립되었으며, 토호들의 사찰로 활용되었다.

아스카/하쿠호 시대의 불교 지도자는 한반도 이주민이나 그들의 후손이었다. 또 아스카사(飛鳥寺)와 호류사의 지도자 역시 백제와 고구려에서 온 승려였다. 결론적으로 아스카/하쿠호의 불교 문화는 일본인이 주도한 것이 아니라 아스카 지방에 거주하고 있던 한반도 이주민이라 말할 수 있다.

■ 나라 불교

나라 불교는 아스카 불교와는 달리 민족불교로서의 색채가 강하다. 이 시기 일본은 중국의 입법제도를 모방한 율령제를 채택하고 있었다. 따라서 토호들의 사찰은 정부의 통제를 받게 되었으며, 민족지향적인 대사찰로 전환되고, 승려와 비구니는 정부의 제도적인 보호 아래 있게 되었다. 이 중에서 고쿠분사(國分寺), 도다이사(東大寺)는 나라 불교의 상징이었다.[107]

나라 불교는 가장 성공한 불교 형식을 갖춘 신라 불교의 영향을 많이 받았다. 이 시대 수많은 승려가 불교를 연구하기 위해 신라를 방문하고, 또 신라의 승려가 나라 불교 강사로서 일본에 초청받아 갔다.

도다이사의 건립, 특히 비로자나불(毘盧舍那佛)의 주조는 나라 시대의 중요한 사업이었다. 이는 국가적 규모로 추진되었고, 그 책임과 관리는 야마토국 구니나카무라(國中村)에 거주하고 있던 구니나가노 기미마로(國中公麻呂)가 맡았다. 그는 백제 이주민이었다. 그의 조부는 백제에서 네 번째로 높은 관등인 덕솔(德率)이었으나, 의자왕(義慈王) 때 백제가 망하자 663년 일본으로 건너왔다. 기미마로는 다른 기술자들과도 잘 어울렸고, 모든 부문에서 일할 수 있는 탁월한 능력을 지니고 있었다. 그는 이 사업의 최고책임자였다.

비로자나불을 안치할 때는 수많은 백제 이주민이 참여하였다. 유명한 승려였던 행기(行基)는 78세의 노령에도 불자들과 함께 열심히 참여하였다. 이밖에도 이 사업에 특히 공헌한 사람으로는 황금을 기증한 백제 이주민 고니키시 게이후쿠(百濟王敬福)가 무츠노카미(陸奧守)가 되었으며, 기술공으로는 대법당의 건축을 도운 이나베노모모요(猪明部百世)와 마스

---

107) 田村圓澄(1979), 「東大寺大佛と渡來人, 特輯 : 文化からみだ 日本と朝鮮」, 『三千里』 19號, 三千里社, pp.37-39.

일본 최대의 도다이사(東大寺) 도다이사 대불 건립을 발원한 것은 쇼무 천황이다. 그러나 도다이사는 귀족, 서민 모두 협력하여 준공한 사찰로 특히 한반도 이주민 후예들의 공로가 컸다.

다나와테(益田繩手)를 언급하지 않을 수 없다. 마스다나와테는 신라에서 이주해 와 에치젠(越前), 현재의 후쿠이현(福井縣)에 정착하였다.

　도다이사 대불 주조는 747년에 시작하여 752년 개안식을 가졌다. 이 때 고구려, 백제, 신라, 발해에서 악인들이 와서 연주를 하고, 임읍악(林邑樂)이 월남인에 의해 연주되었다. 이런 정황으로 보아 도다이사 대법당은 역시 한반도 이주민의 지원에 의해 건립되었다는 것을 알 수 있다.[108]

　나라 불교에서 주로 강조하는 6개파인 남도육종(南都六宗)에 관해 간단하게 설명하겠다. 남도육종이란 불교의 여러 종파와 불도 집단이 발전되어 결합한 것을 의미한다. 법상종(法相宗), 삼론종(三論宗), 구사종(俱舍

---

108) 田村圓澄(1979), 「白鳳文化と統一新羅」, 『日本の中の朝鮮文化』, 朝鮮文化社, p.64.
　　田村圓澄(1996), 앞의 책, pp.108-111.

宗), 성실종(成實宗), 화엄종(華嚴宗), 율종(律宗)이 750년에 형성되었다. 이들 종파 외에도 몇 가지 다른 종파가 있다. 나라 불교의 종파들은 대사찰 안에서 다른 종파들과 함께 공존하며 지식을 교환하고, 사찰마다 스승과 제자가 서로 긴밀한 관계를 맺었다.

도다이사에서는 큰스님 료벤(良弁)이 남도육종을 종파간에 아무런 불평 없게 다루었는데, 그는 백제 이주민으로 쇼무(聖武) 천황에게 화엄을 가르치기 위해 신라에서 심상(審祥)을 초청하였다. 화엄종은 신라의 종파로 의상과 원효의 영향으로 발전하였다. 원효대사는 나라 시대 이전인 686년에 70세 나이로 신라에서 사망하였다. 그는 신라 불교의 중심인물이며 지도자였고, 일본을 방문한 적은 없으나 그의 업적은 일본 불교에 현저한 영향을 미쳤다. 심상은 일본에서 화엄종을 창건하고 다이안사(大安寺)에 머물며 60권에 이르는 화엄경을 설법했다.

료벤은 시가현(滋賀縣)의 오쓰(大津)에서 왔다. 그는 이시야마사(石山寺)를 창건하였으며, 박식하고 덕망이 높아 서민들 사이에 인기가 있었다. 료벤은 쇼무 천황의 존경을 받았으며, 후일 도다이사에서 최고의 승계로 종교의식을 관장하는 '별당(別堂)'으로 임명되었다. 또한 그는 네 명의 성자 중 한 사람으로 지명되었다.

도쇼(道昭)는 왕진이(王辰爾)의 후손이다. 그는 광범위한 지식으로 제자를 가르쳤으며, 실생활에서도 자신의 이론을 실천하였다. 다리와 연못, 담을 짓고 나루터를 만들었을 뿐만 아니라, 행기(行基)에게서 배운 것을 실천했다. 행기는 정부의 압력에도 불구하고 대중에게 불교를 포교하는 데 전력을 다했으며, 절이나 탑, 그밖에 여러 가지 서민들을 위한 구조물을 건조했다. 그러다가 749년 82세로 세상을 떠났다.[109] 이밖에

---

109) 田村圓澄(1979), 앞의 책, pp.40~45.

x

나루터

고대 한일 관계사의 진실

162

의연(義淵), 경준(慶俊), 자훈(慈訓), 도자(道慈) 등이 나라 시대의 불교 발전에 크게 기여하였다.

나라 시대 초기에 일본인이 승려가 되는 일은 그리 많지 않았으며, 헤이안 시대 초기까지 불교사에서 특기할 만한 승려들은 주로 한반도에서 이주해 온 이들이었다. 나라 불교는 당나라의 불교와 교류하기를 열망하였으나, 그 주류는 신라 불교였다. 또 도쇼와 그의 제자인 백제 이주민 행기는 개인적인 포교활동과 사회적 실천을 시도하였다.

아스카나 하쿠호 시대에 비해 한반도의 영향이 약한 것은 사실이나, 나라 시대의 불교는 여전히 한반도의 영향을 많이 받고 있었다. 중국의 영향을 과소평가하는 것은 아니지만, 적어도 고대 일본에서 불교의 전파 경로가 한반도의 삼국과 직접적으로 연결되어 있었다는 사실은 반드시 지적하고 넘어가야 할 것이다. 6세기에는 백제에서, 6세기 후반에는 고구려에서, 나라 시대인 7세기에는 신라에서 불교가 전파되었던 것이다. 일본의 불교 형성 초기에 한반도 삼국의 불교에 의존하였다는 사실은 의심의 여지가 없다.

한국에서 일본으로 불교가 전파된 시기는 서기 538년, 548년 또는 552년으로 잡는다. 이 시기에 규슈를 경유하여 세토 내해, 그리고 야마토 지방으로 전파되었을 것으로 추정된다. 불교 전파가 538년 이전에 쓰시마 해류를 탄 다른 경로와 함께 규슈, 산인, 호쿠리쿠 지방에서 이루어진 것으로 생각할 수 있다. 이 전파에 관한 어떠한 사실도 공식적인 역사서인 『일본서기』나 『고사기』에 정확하게 기록되어 있지 않다는 데 문제가 있다.

아스카, 하쿠호 및 나라 시대의 불교 발전에 백제, 고구려, 신라에서 온 한반도 이주민의 공헌이 현저하였음을 알 수 있다. 나라 불교를 조심스럽게 검토해 보면, 한반도 이주민의 영향은 아스카나 하쿠호 시대에 비해 크지 않은 것은 사실이나 그 영향은 여전히 뚜렷했음이 확인된다. 불교가 어떻게 일본에 전래되었든 간에 한반도의 삼국과 직접적인 관계가 있었던 것은 사실이다. 일본의 불교 발전을 분명히 하는 동시에 일본 문화를 이해하기 위해서는 한반도 이주민의 실질적인 영향에 초점을 맞추는 것이 바람직하다.[110]

따라서 불교 전파에 관한 연구에서 유적, 문서 그리고 현지 답사는 필수적인 것이다. 특히 문서를 연구함에 있어서는 신중에 신중을 기해야 한다. 문서가 때로는 지배자들에 의해 부정적으로 기술되는 경우가 있기 때문이다. 지배자의 입장에서는 정당하게 기록된 것이라 할지라도, 거기에는 승자의 논리에 맞춘 고의적인 삭제나 배제가 있다.

바람직하지 않은 요인으로 덮어지거나 숨겨진 자료를 발굴하고 찾아내는 것은 불교 전파 연구에서 중요한 과제이다. 불교 전파에 관한 종합적인 연구를 달성하기 위해서는 다른 과학 분야의 증언도 확실하게 해두는 것 또한 중요하다.

---

110) 上田正昭(1978), 『聖徳太子』, 平凡社 참조.
　　　文定昌(1970), 『日本上古史 : 韓國史의 延長』, 博文館, pp.414-415.
　　　田村圓澄(1979), 앞의 책, p.66.

4) 석탑 : 백제 이주민이 세운 이시도사(石塔寺) 석탑

일본에는 많은 석조물이 있다. 부처상이나 마애불, 그리고 규슈 북부, 오사카, 교토, 나라, 오미 지역 등에 있는 석탑을 들 수 있다. 이 석조물은 간토, 산인, 호쿠리쿠 지역에서 발견되며, 특히 긴키에 밀집되어 있다.

1983년 여름 나는 나라대 이케다 히로시의 안내로 가모군(蒲生郡)에 있는 이시도사(石塔寺)를 방문하여 석탑을 조사하였다. 그 후 오미 지역에 들를 때마다 석탑을 살펴보기 위해 이시도사를 찾았다. 1990년 여름에는 규슈 북부에서 신롱석에 대한 조사를 마친 후, 오미 지역 곤재사(金勝寺) 근처에 있는 고마사카사(狛坂寺) 절터의 마애불을 조사하기 위해 갔었다. 마애불은 불상의 일종으로 암벽에다 부처상을 새겨놓은 것이다. 이때 교토대의 아시카가 겐료의 안내를 받았다.

고마사카사 터에 있는 마애불과 이시도사가 있는 오미 지역은 고대 한반도 이주민과 깊은 관계를 가지고 있다. 비와코(琵琶湖) 주변을 둘러보아도 옛날부터 이주민 문화와 본토 문화가 공존해 있는 곳이다. 오미 사람들과 이주민과의 밀접한 왕래와 교섭의 흔적이 오미 고대 문화의 유적과 전승으로 남아 있다. 그 중에서 특히 가모군 이시도사의 석탑과 고마사카사 터의 마애불은 오미 지역의 대표적인 석조물이면서 동시에 고대 한반도 이주민과 관련이 깊다는 것을 말해 준다.

일본의 다른 지역에서도 석탑과 마애불을 발견할 수 있지만, 여기서는 특히 오미 지역의 석조물에 대한 연구를 바탕으로 이시도사의 석탑에 대해 설명하려고 한다.[111]

---

111) 石原進, 丸山龍平(1984), 『古代近江の朝鮮』, 新人物往來社, pp.146-148.

이 연구를 시작하면서 스스로 많은 의문을 제기하였다. 누가 이 석탑들을 만들었으며 이 석탑들이 어떻게 지어졌는가? 이러한 의문을 해소하기 위해 석조미술과 건축에 관한 기본적인 지식을 하나둘 수집하였고 고대 불교와 불상에 관한 자료들도 모아 함께 기록하였다. 물론 이것이 고대 일본 석탑과 불상에 관한 연구에 있어 결정적이고 최종적인 자료는 아니다. 오히려 이시도사의 석탑 연구에 있어 시작에 불과하다고도 할 수 있다. 하지만 고대 일본 오미 지역으로 떠났던 한반도 이주민과의 연관성을 보여 주는 자료임은 분명하다.

(1) 역사적인 배경

이시도사의 3층 석탑인 아유쿠 왕의 탑은 일반적으로 널리 알려져 있다. 시가현 가모군 이시도의 기누비키산(240m) 정상에 있는 이 탑은 일본 이치조(一條) 천황 시대인 1006년에 발견되었다. 이 탑이 정확하게 언제 어디서 세워졌는지는 알려져 있지 않다. 요카이치시(八日市市) 기차역 남동쪽으로 나고야-고베 사이에서 6km 정도 가다 보면 이시도에 닿을 수 있다. 이 도시의 이름은 이시도 사찰에서 비롯되었다.

유명한 일본 작가 시바 료타로는 이 사찰을 방문했을 때 이시도 3층 석탑을 보고 당황했다고 한다. 이 탑을 바라보는 순간 한국의 할아버지가 갓을 쓰고 서 있는 듯한 느낌을 받았다는 것이다. 그 엄숙한 모습에 감동했다면서 오미 지방을 알기 위해서는 이시도사에 가면 될 것이라고 말했다. 오미 지방의 역사에 박식한 학자 이시하라 스스무(石原進) 역시 그 석탑은 한반도 이주민에 의해 지어진 것이라고 주장하였다.

1983년 여름 이시도사의 석탑을 다시 보기 위해 오미를 방문했다. 그때 강렬한 느낌을 받았는데, 그 구조와 디자인이 매우 인상적이었다.

일본 최고의 3층 석탑이 시가현 가모군 이시도사(石塔寺)에 있다.(왼쪽 2012년 데구지 마사토[出口正豊] 교수 제공, 오른쪽 두 사진은 1932년 아마누마 준이치[天沼俊一] 박사 촬영)

　요시다 도고(吉田東伍)의 지명사전에 의하면 이 석탑은 덴지 천황 시대에 만들어졌으며, 백제 사람들에 의해 지어졌다고 한다.[112] 이시하라 스스무, 마루야마 류헤이(丸山龍平)의 책 서문에도 오미 지역의 석탑은 한반도 이주민이 만들어 낸 뛰어난 문화의 일부분이라고 쓰여 있다.

　석탑의 기원에 관한 다른 견해도 전설을 통해서 많이 드러나 있다. 부처가 영면한 후 100년, 인도 아쇼카 왕은 불자가 되었고 84,000개의 석탑을 만들어 온 세계에 세웠다. 그 중 두 개의 석탑이 일본으로 전해졌고 그 하나가 이시도사에, 또 하나는 누노히키산으로 보내졌다.

　한편 교토 에이산에 살고 있던 승려 자크쇼(寂照)는 헤이안 시대에 중국 유학을 갔다. 그때 아쇼카 왕에 대한 이야기와 전설 그리고 이시도사

112) 吉田東伍(1969), 『大日本地名辭書 第2卷』, 富山房, pp.624-625.

의 석탑(당시에는 와타리산이라고 불렀다)에 관한 이야기를 전해 들었다. 그는 이치조 천황에게 전하기 위해 승려 기칸에게 편지를 썼다. 그 당시 노타니 미츠모리라는 정체불명의 무사의 무덤이 발견되었다. 이것이 아유쿠 왕의 탑일지도 모른다는 생각에 천황에게 보고했다. 그 석탑과 관련된 신화도 만들어졌다. 그러나 이 신화는 오히려 역사적인 기록과 고대 한반도와 일본 관계에 대한 증거자료를 고려하지 않고 있다.

오늘날 석탑과 한반도 이주민의 관계를 인정하지 않는 사람은 없다. 그리고 이 석탑이 한반도 이주민에 의해 만들어졌다는 사실을 받아들이지 않는 사람도 없다. 『일본서기』에는 한반도 이주민 700여 명의 여자, 남자가 오미 가모군에 정착했다는 기록이 있다. 가모군은 한반도 이주민이 정착한 장소로 유명하다.

그러나 여전히 논쟁이 거론되고 있지만, 기록이나 증거들로 보아 석탑 건립자는 백제 이주민이라는 것을 알 수 있다.[113] 다만 건립 시기가 명확하지 않아 혼돈을 불러일으킨다. 그리고 몇몇 사람들은 아스카 또는 하쿠호 시대(645~710)에 건립되었다고 주장한다. 하쿠호 시대는 일본 문화 역사상 7세기 이후부터 8세기 초를 말하며 주로 미술을 바탕으로 한다.

이러한 의견 중 이시도 석탑의 특성을 기준으로 보면 하쿠호 시대에 세워졌다는 이론이 가장 이해가 된다. 반면 건축가들은 탑의 축조 시기를 아스카 시대로 설정한다. 그러나 『일본서기』에는 덴지 천황 4년에 400명의 백제인이 가모군에 정착했다고 기록되어 있다. 이 사실을 고려할 때 아스카 시대는 석탑의 건립 시기로 보기는 어렵다. 반면에 아마누마 준이치(天沼俊一)는 나라 시대에 비해 약간의 차이는 있으나 낡은 것으로 보아 아스카 시대로 보고 있다.[114]

113) 久野健(1988),「古代の渡來佛」,『古代日本と渡來文化』, 學生社, p.180.
114) 天沼俊一(1933),『日本建築史 圖錄 飛鳥 奈良, 平安』星野書店 京都, pp.53-54.

(2) 석탑의 건축 양식

아시아 미술 연구의 대가인 안드레아스 에카르트는 중국, 일본의 작품과 조선의 작품을 구별하는 것은 어려운 일이라고 말했다. 한국 예술의 특징으로 우아하고 고전적인 균형감, 정적이고 숭고한 표현, 운치 있는 곡선을 들고 있다. 그러면서도 평범하고 단순함은 이념의 결핍을 드러내고 있다고 보았다.[115]

에카르트의 견해에 대해 사하라 로쿠로(佐原六郎)는 작품 하나하나에 대해서는 반드시 타당하지는 않지만 한국의 탑을 개괄적으로 보았을 때는 대체로 적절하다고 보았다. 그에 따르면 일반적으로 한국 석탑에는 보는 이를 압도하는 힘은 없으며, 그런 면에서는 아쉽다고 느낄 만한 점이 있다. 하지만 차분하고 느긋하게 마음을 가다듬고 한국의 석탑을 바라보고 있노라면 자연스럽게 운치가 배어나와 언제까지고 싫증나지 않는 즐거움이 있다. 이와 같은 친밀성이야말로 한국 석탑이 가지고 있는 가장 뚜렷한 특징이라고 설명하였다.[116] 나 또한 현지 석탑을 여러 차례 찾아가 보았는데 비슷한 느낌을 가졌다.

3층 석탑은 높이 5.5m의 사각형 토담 위에 세워졌고 기단은 직경 2m 남짓한 평평한 자연석이다. 넓은 토담의 각 측면과 주위 통로를 거리를 두고 바깥 둘레에 초목을 심어 놓았으며, 최근 부근에서 출토된 수많은 석조 소오륜탑이 몇 줄로 줄지어 서 있고, 그 속에서 우뚝 홀로 높이 바라보는 3층 석탑은 몇 개의 화강암을 정교한 솜씨로 쌓아올려 만든 작품으

---

115) 보다 자세한 내용은 Eckardt, A(1929), A History of Korean Art, translated by J. M. Kunderley and M. A. Oxon(London)를 참조.
116) 佐原六郎(1963), 『世界の石塔』, 雪華社, pp.31-2.

로 각 층에 측부와 지붕과의 균형은 백제탑을 닮아 아름답다.

탑 첫 층 측부는 두 개의 커다란 돌을 수직으로 맞춰 만든 것으로 맞닿은 두 돌의 틈새가 금이 간 것처럼 보이나, 다른 층들은 하나의 돌로 쌓았다. 꼭대기에 올려진 상륜(相輪)은 나중에 보충한 것으로 온화하고 경묘하나 측부의 아름다움에 비해서 조화롭지 않아 보인다.[117]

가와가츠 마사타로(川勝政太郎)는 이 3층 석탑의 기법이 백제탑과 유사한 한편, 탑의 균형에 있어서는 신라 불국사의 3층 석탑(석가탑)과 유사하다고 주장했다. 하지만 『일본서기』 제27권 덴지 천황 8년(669) 기록에 백제인 남녀 700여 명이 오미국 가모군에 살고 있었다는 기록과 대조해 볼 때, 그들이 고향에 있는 백제탑 양식을 염두에 두고 이시도사 3층 석탑을 세웠다고 보는 것이 타당할 것이다.[118]

이시도사 왼쪽에 보면 80개의 석조 계단이 있다. 이 계단은 석탑과 산정상으로 이어지는 길이다. 이 계단 위쪽에는 100m² 규모의 공원이 있고, 이곳에 고린탑이 있다. 고린탑과 불상은 헤이안 시대부터 에도 시대까지 만들어졌다. 덴지 천황 때 일본인은 석회암을 이용하여 석구조물을 만들었다. 그런데 이시도사 석탑은 화강암으로 만들어졌고 이것은 일본에서 가장 거대한 석탑의 하나이다. 게다가 남북을 바라보며 수직으로 서 있는 두 개로 이루어진 기단부는 일본의 탑 구조에 있어 유일무이하다.

이시도사의 주요 석탑 주변에는 수많은 작은 석조 불탑이 놓여 있다. 그 작은 석탑들에 새겨진 비문을 바탕으로 가마쿠라 시대 이후의 역사와 기원을 알아볼 수 있다. 이시도사의 여러 지점 중의 하나인 가노논보와 우메모토보에 승려들이 기거했으며, 이곳은 특별구역으로 나뉜다.

---

117) 佐原六郎(1963), 앞의 책, p.24.
118) 佐原六郎(1963), 위의 책, pp.24-5.
　　李殷昌(1966) 『百濟 樣式系 石塔에 대해서』 佛教學報 3, 4合輯, pp.299-300.

(3) 석탑을 만든 사람들

이시도사의 석탑을 언제 누가 세웠는지에 대한 논란은 분분하다. 여러 의견을 종합해 볼 때, 대략 하쿠호 시대에 백제로부터 건너온 한반도 이주민이 세운 것으로 추정된다.[119] 『일본서기』에 기록된 대로 당시 기시쓰슈시(佐平鬼室集斯)와 그의 수행원들은 백제에서 가모 지역으로 이주한 사람들이었다.[120] 그 지역은 한반도 이주민의 중심지였으며 나 역시 이시도사의 석탑을 살펴보면서 백제의 흔적을 찾을 수 있었다. 후에 그 기술은 하쿠호 시대의 건축기술로 사용되었다.

오미 지역에는 한반도 이주민과 관련된 여러 신사(神社)와 사찰이 많다. 물론 이시도사가 가장 대표적이기는 하다. 어떤 사람은 이시도사는 일본의 교육부장관격이었던 기시츠슈시의 무덤을 지키는 비석으로 탑을 세웠다고 주장하기도 한다. 만일 이것이 사실이라면 그의 시신은 어디에 묻힌 것일까? 그에 대해 두 가지 추측이 있다.[121]

첫째, 이시다(石田)는 기시츠슈시가 탑의 주춧돌 아래 묻혔을 것이라고 주장하였다. 이 주춧돌은 동서 길이 약 2m, 높이 약 30cm로 이루어져 있고 남북 2.27m 정도이다. 자연석으로 만들어졌으며 1.2m 크기의 구멍이 파여 있다. 이 구멍이 아마도 시체를 묻는 곳이 아니었을까 생각한다.

석탑의 세 번째 층에 가로 7cm, 세로 7.5cm의 구멍이 있다. 이 구멍은 무엇인가를 가리기 위해 설계되었다. 이곳은 '사리' 또는 기시츠슈시의 사체를 보관하기 위한 장소였다. 일본의 석탑은 승려들의 사리나 그들이

119) 石田茂作(1974), 『日本の美術 10 - 塔 77』, 至文堂, p.68
120) 八日市高新聞 1996年 12月 24日 - 傳說をたずねて : 第15回 鬼室集斯.
121) 上田正昭(1972), 「近江朝鮮の歷史的意義 下」, 『蒲生』 7號, 八日市文化研究會, pp.6-7.

작성한 격언이나 명언을 기록해 놓는 신성한 서적을 보관하는 장소로 최적이다. 일반인의 무덤으로 적합하지 않다고 말하는 대신에, 이시도사의 석탑은 기시츠슈시의 비석이 아니라는 것이 확실하다.

일본에서는 죽은 사람의 영혼을 달래기 위해 작은 고린탑을 무덤 근처에 세운다. 가마쿠라 시대에 이 작은 탑들은 불교 교리와는 관계없이 비석 또는 영혼을 위로하는 것으로 쓰였다. 유골을 고린탑에 보관하는 방법은 여러 가지가 있다. 먼저, 주춧돌 아래 유골을 넣는 반면에 고린탑 안에 넣어 보관하기도 한다.

한반도 이주민 연구 전문가인 단희린(段熙麟)은 이시도사 석탑을 삼국시대 백제로부터 이주해 온 사람들이 세운 것이라고 했다. 이주민은 백제를 그리며 아침 저녁으로 탑을 보고 기도하기도 하고 향수에 젖기도 했을 것이며, 또한 고국에 있는 가족이나 전쟁에서 잃은 사랑하는 사람을 기도하며 위로했을 것이라고 한다.[122]

한반도 이주민에 관해 전문적으로 글을 쓰는 마루야마도 이 탑은 삼국시대 전쟁으로 이주해 온 백제 사람들이 세운 것이라고 주장했다. 그들이 고향을 그리는 마음으로 사찰을 세우고 뛰어난 기술로 석탑까지 세웠다는 것이다.

이시도사 석탑에 사용된 석재는 화강암으로 당시 한반도에서만 사용되던 것이다. 게다가 구조와 기술을 잘 살펴보면 한반도 장하리 청림사 석탑과 매우 흡사하다. 또 석탑 재료로 사용된 화강암을 자를 수 있는 기술은 오로지 한반도 이주민만 갖고 있었다고 한다. 이러한 사실을 바탕으로 이시도사 석탑은 백제로부터 건너온 한반도 이주민의 작품이라고 믿고 있다.

---

122) 段熙麟(1976), 『日本に殘る古代朝鮮－近畿篇』, pp.318-319.

오미 지역에서는 한반도 이주민과 관련된 노래, 전설, 지명, 신사명 등이 많이 발견된다. 이 지역은 야마토의 국가 형성과 확립에 있어 중심지였다. 『일본서기』에는 665년에서 669년 사이에 한반도 이주민이 1,100명 이상 일본으로 건너왔다고 기록되어 있다. 이주민들은 전체적으로 토기 제작, 농업기술 전수, 토지 개량 등에 크게 관여했다. 그들이 비와코 동쪽과 북쪽으로 널리 지역을 넓혀 가면서 다른 한쪽으로는 문화 보급과 확산의 매개체가 되었던 것이다.

7세기 말 일본으로 유입된 문화는 대부분 한반도 이주민에 의한 것임은 분명하다. 하지만 12세기 이후의 문화 유입은 중국으로부터 시작되었다고 주장한다.

둘째, 이 석탑은 화강암으로 이루어졌는데 당시 일본인의 기술은 무른 돌, 즉 석회암을 다룰 수 있는 정도의 기술이었다. 반면 같은 시기 한반도 이주민은 화강암 같은 단단한 돌을 다룰 수 있는 기술을 보유하고 있었다. 그 기술을 여실히 보여 주는 증거 자료가 장하리 청림사에 있는 비슷한 구조의 석탑이다.[123]

우리는 이 증거자료를 편견없이 살펴보아야 한다. 한반도 이주민은 일본 문화에 매우 흥미롭고 새로운 것을 전달한 것이다. 이 문화적 견해는 오늘날 눈부신 일본 문화의 한 부분으로 자세하게 다루어지고 소개되어야 할 것이다.

---

123) 川上貞夫(1980), 앞의 책, p.40.
　　李殷昌(1980), 앞의 책, pp.305-306.

5) 마애불 : 한반도 삼국시대 불교 조각의 흔적

1989년 1월 규슈 북부와 세토 내해 연안에 있는 신롱석을 조사하기 위해 현지를 찾았다. 그리고 자료 수집 차 교토에 들렀을 때 교토대 아시카가의 안내로 오미 곤재산(567m) 고마사카사에 있는 마애불을 조사하였다. 이에 더하여 1988년에서 1989년까지 일년 간, 그리고 1990년 여름에 서해안에 있는 마애불을 답사했다. 당시 서산 지방과 경주 남산의 마애불을 현지 답사한 것은 고마사카사 마애불을 정리하는 데 좋은 계기가 되었다.[124]

고마사카사 마애불은 일본 석불의 규모, 역사, 조형적 우아함 등 모든 면에서 탁월하며 국가 사적(史蹟)으로 지정되어 있다. 특히 최근 이 고마사카사 마애불은 고대 일본과 한반도와의 교류를 구체적으로 말해 주는 위품(位品)으로 새로운 주목을 받고 있다. 벼랑이나 바위 표면에 새겨진 마애불은 목조 불상이나 석불에 비하면 어딘지 모르게 소박한 느낌이 없지 않으나, 곤재산 고마사카사 마애불은 매우 사실적이며 정밀하게 새겨져 있다. 그리고 손실된 부분이 적고 거의 완전한 모양을 간직하고 있는 마애불 중에서 일본에서 가장 오래된 것으로 알려져 있는 걸작품이다.[125]

고마사카사 마애불은 높이 6m, 폭 3.6m의 화강암으로 중앙에 중존(中尊), 양쪽에 협시(脇侍)의 입상(立像)이 새겨져 있고 그 위에 조그마한 삼존불 2조와 3체의 보살 입상이 새겨져 있다. 이 마애불을 이야기하기 전에 마애불의 입지(立地)에 관계된 곤재사와 고마사카사의 설립과 그에

---

124) 黃壽永(1962), 「瑞山 磨崖佛에 대하여」, 震檀學報 13 참조.

125) 石原進, 丸山龍平(1984), 『古代近江の朝鮮』, 新人物往來社, pp.137-138.

얽힌 마애불의 역사적 배경에 대해서 정리해 보려고 한다.

『속일본후기』에 의하면 곤재사는 덴표 5년(733) 쇼무 천황 때 료벤(良辨)이 창건한 절이라고 한다. 료벤은 이시야마사를 창건한 고승이기도 하다. 곤재사는 도다이사의 조형에 필요한 목재를 베어 낼 때 산신령을 달래기 위해 세운 절이라고 한다. 또 시가라기노미야(紫香樂宮)의 산신을 달래기 위해서 세웠다고도 한다.

한편 고마사카사가 곤재사의 말사(末寺)로서 이미 헤이안 시대에 존재하고 있었다고 「고마사카방시회도(狛坂牓示繪圖)」(곤재사 소장)에 기록되어 있다. 이 회도에는 고마사카사 가람(伽藍)이 곤재사 서쪽 산중에 있고 동시에 고마사카사의 위치가 분명히 나타나 있다.

(1) 료벤(良辨), 심상(審祥)과 화엄교(華嚴教)

고마사카사 마애불의 역사적 사실을 검토하는 데 료벤과 도다이사 건립, 그리고 도다이사와 화엄경 강설의 관계를 정리할 필요가 있다고 본다. 료벤은 나라 시대의 학자이며 백제계 이주민의 후예이다. 그는 또한 엄지(嚴智)의 추천으로 신라의 심상(審祥)을 강사로 초청하고 후년에 복흥사의 초대 별당이 된 자훈(慈訓), 경인(鏡忍), 원증(圓証)을 복사(複師)로 채용했다. 특히 강사를 초청하고 자훈을 복사로 채용한 데는 도래계의 학승이 중요한 역할을 했다. 자훈의 본래 성씨는 후내(船)씨로, 백제계 이주민 씨족의 후손이다.

심상은 나라의 다이안사(大安寺)에 살았고 화엄경 강설을 한 8세기 및 그 이전의 사찰은 일정(一定)에 고정하지 않고 말하자면 겸종겸학(兼宗兼學)이었다. 남도육종도 불교의 몇 개 학파가 통합하여 750년대에 화엄(華嚴),

법상(法相), 삼론(三論), 율(律), 구사화(俱舍化), 성실(成實) 등 육종이 성립했다. 그러나 이 육종 외에도 몇 개의 작은 학파가 공존하고 있었다.

나라 불교의 종파는 대사원 중에 몇 개의 종파가 공존하고 각 종파별로 다른 절의 동종파(同宗派)와 서로 교류하며 상호 사제 관계가 이루어져 있었다. 대사원에는 종파라고 불리는 특정 불교학을 연구하는 학승 집단이 있었다.

여기에 특기해야 할 것은 도다이사에서 료벤의 노력에 의해 육종이 공존하고 있었다는 것이다. 이것이 소위 육종겸학(六宗兼學)이며 나라 불교계에서는 최대의 학단(學團)이다. 또 도다이사 학단 대표는 화엄종이고 그것은 다이안사 심상이 신라에서 전한 가장 새로운 학문이었다. 그 화엄종을 당나라에서 신라에 전한 것은 의상(義湘)이며, 의상은 원효와 더불어 신라 화엄종의 개조(開祖)이기도 하다.

일본의 『영이기(靈異記)』[126]에는 백제의 산림불교(山林佛敎)에 대해 언급되어 있다. 백제는 산림수행이 이루어지고 그것이 신라에 전해져 일본에 전해진 것은 하쿠호 시대 7세기 후반이었다. 산림불교의 움직임은 백제 및 신라 불교의 영향에 의한 것이었다.

자장(慈藏)이 개창했다고 전해지는 통도사(通度寺), 월정사(月精寺), 정암사(淨岩寺)를 비롯하여 원효가 기거했던 고선사(高仙寺), 또 의상과 관계있는 부석사(浮石寺), 낙산사(洛山寺), 범어사(梵魚寺) 등은 산림선거형(山林禪居形) 사찰이다. 경남 양산 영취산(靈鷲山)에 암거(庵居)하며 법화경을 강술하여 통역을 얻은 수행자 이야기도 전해진다. 신라의 승려 심상이 나라의 전형적인 산사였던 곤재사(金勝寺)를 택하여 화엄교를 강설한 그 자체가 일본의 산림불교가 한반도의 영향을 받았음을 보여 주는 것이다.[127]

---

126) 權又根(1988), 앞의 책, pp.104-105.

이와 같은 관계를 고려할 때 도다이사와 곤재사 그리고 고마사카사 터에 마애불이 새겨진 이유와 관계를 짐작할 수 있다. 신라의 불교와 도다이사에서 곤재산 곤재사와 고마사카사를 이어주는 하나의 연결 통로가 있다고 보는 것은 지나친 생각일까.

고마사카사 마애불이 있는 곤재사와 닮은 경주의 남산은 남북 8km, 동서 12km로 35개의 계곡이 있고 현재까지 162개의 절터가 있다. 석탑 68기와 불상 73채가 발견된 곳이기도 하다.

남산 불적의 특색은 첫째, 자연과의 조화이다. 남산의 절터는 넓지는 않으나 전망이 좋고 경주평야가 눈앞에 전개되어 있다. 둘째는 마애불이다. 장중한 암석에 다채롭게 새겨진 마애불은 원시 이래 전해 오던 암석과 관계가 있다고 하겠다.

이와 같이 신라의 불교가 도다이사에 전해진 것을 생각했을 때 도다이사 내의 신라와 관계되는 불도들은 곤재사와 남산과의 유사한 지리적 환경에 크게 흥미를 가졌을 것이다. 곤재사의 깊숙한 곳에 고마사카사가 세워지고 그 옆에 있는 커다란 바위에 이주민의 석공 기술에 의해 마애불이 새겨졌다는 것은 당연한 결과가 아닐까. 특히 도다이사와 신라 불교와 인연이 깊었던 료벤의 존재와 그를 둘러싼 신라 불도들의 눈에는 이 곤재사가 둘도 없는 성지로 여겨졌을 것이다.

그렇게 생각할 때 고마사카사 마애불의 정신적·문화적·종교적 배경에 도다이사, 특히 료벤의 영향을 놓칠 수가 없다. 간단히 말해서 고마사카사 마애불은 도다이사 불교권의 성립 과정에서 탄생한 것으로 볼 수 있다.[128]

127) 田村圓澄(1980), 『古代朝鮮佛教と日本佛教』, 吉川弘文館, p.142.
128) 齊藤孝(1973), 『江州狛坂寺と大磨崖佛私見』, 『我が國奈良時代と統一新羅の石佛』, 原弘二郎 先生 古稀記念, 東西文化社 論叢, pp.331-332.
　　石原進, 丸山龍平(1984), 앞의 책, pp.138-139.

(2) 고마사카사 마애불

　고마사카사(狛坂寺) 마애불의 연대를 추정하는 것은 쉬운 일이 아니다. 이에 관한 문헌이나 기록, 금석문 또는 구전을 구하기가 어렵기 때문이다. 그래서 마애불의 삼존불에 대한 양식을 기초로 찾아보는 방법이 있지만 부처(佛陀)의 신체적 특징이 32상(相)의 80종상호(種相好) 등으로 규정되어 있어 간단하게 처리할 수는 없다. 보통 인상, 자세, 의상 등 몇 가지 일정양식이 있으나 이와 같은 특징도 신앙과 교리의 변천에 따라, 또 시대적으로 각각 다른 흐름을 쫓기 때문에 때로는 완전히 없어지는 현상도 나타난다. 이를 염두에 두고 고마사카사 마애불의 연대를 생각해 보려 한다.[129]

　첫째, 일본의 선학들이 이뤄 놓은 연구를 정리하여 한반도의 마애불에 관한 연구를 근거로 나의 견해를 밝히려고 한다. 고마사카사 마애불의 조립 연대의 비정에 들어가면 여러 가지 의견이 제기된 바 있는데, 대체로 다음과 같이 요약할 수 있다.

　① 후지와라(藤原) 시대설 : 헤이안 시대 중기·후기(堀井三友)
　② 고닌(弘仁) 시대설 : 헤이안 초기(川勝政太郎)
　③ 덴표(天平) 시대설 : 나라 시대 후기(太田古朴)

　제1 후지와라 시대설은 1932년 7월에 현지 조사를 통하여 고마사카사 마애불의 연대를 후지와라 말기로 보았다.[130] 그 중에는 이렇다 할 분명

---

129) 洪孟坤(1976), 『慶州南山七佛庵磨崖佛像研究』, 홍익대학교 석사학위논문, p.5.
130) 堀井三友(1932), 「狛坂寺磨崖佛踏査記」, 『東洋美術』 16號, p.42.

한 근거를 제시하고 있지 않고 석불의 양식에 비추어도 적지 않은 의문이 남아 있는 설이라고 본다.

제2 고닌 시대설은 가와가쓰를 비롯하여 다니구치(谷口), 우노(宇野), 히사노(久野), 우에다(上田) 등이 지지하고 있다. 가와가쓰는 고마사카사 마애불의 양식을 검토하여 나라 시대의 여운이 남아 있는 헤이안 시대 초기의 것으로 보고 있다. 내용에 대해서는 상세히 언급하고 있지 않으나 주삼존불에 초점을 두고 있다. 주삼존불은 전체적으로 보더라도 다소 옆으로 퍼져 있고 중후한 신비감을 가지고 있다는 점에서 덴표 양식을 계승하면서도 안에는 고닌적 성격을 내포하고 있는 것으로 해설하고 있다.

특히 가와가쓰는 고마사카사 마애불이 경주 남산 삼존불과 통하는 형식을 찾아냈다. 이 마애불, 삼존불의 배경에 신라 석불의 영향을 처음으로 시사함과 동시에 제작 연대를 고닌기라고 주장했다. 고마사카사 마애불을 신라 석불과 관계 있는 것으로 지적한 것은 뛰어난 안목이라고 할 수 있다. 한편 고마사카사의 연기(緣起)에 의하면 고마사카사 창립이 헤이안 초기로 되어 있으니(마애불에 대한 기록은 없다) 마애불이 새겨진 것도 그 무렵으로 좁혀진다. 그리고 다니구치도 같은 견해를 가지고 있고, 우에다도 나라 시대의 양식을 답습한 헤이안 시대 전기로 보고 있다.[131]

이러한 견해에 대해서 덴표 시대설을 주장하고 있는 사람들은 현지 조사를 통해 양식상 마애불은 헤이안 시대의 것이 아니라 오히려 덴표 양식이며 나라 시대의 석불이라고 주장하고 있다.[132]

한편 다나카(田中)는 앞서 들었던 여러 설이 양식론을 무시한 것으로 보았다. 그 자신 고마사카사 마애불과 인상(印相), 자세, 의상 그리고

---

131) 宇野茂樹(1974), 『近江路の彫像』, 雄山閣 참조.
132) 齋藤孝(1973), 앞의 책, p.319.

조각 양식을 주의 깊게 검토함으로써 헤이안 시대라고 할 수 없고 하쿠호 시대의 7세기 후반으로 보았다.[133]

　최근 고마사카사에서 하쿠호 시대 기와가 출토된 것은 문헌 기록보다도 훨씬 더 거슬러 올라간다. 하쿠호 시대에 사원이 존재한 것을 의미하는 고마사카사 및 곤재사로 거슬러 올라가 하쿠호 시대에 가람을 세웠다는 가능성을 말해 준다. 고마사카사 마애불도 이 사원 건립과 함께 만들어졌을 개연성도 높아진다. 혹은 좁고 험한 지형(地形)에서 보더라도 이 마애불을 예배하는 당(堂)으로 건립된 것인지도 모른다. 이러한 것들은 다나카가 주장하는 고마사카사 마애불의 하쿠호 시대설을 증명하는 것으로 볼 수 있다. 그러나 이 설이 확립될 때까지는 적지 않은 증거가 필요하다.

　이러한 견해 외에 고마사카사 마애불의 기법과 석공 집단에 주력하고 있는 마루야마(丸山)의 시각은 주목할 만하다. 그는 곤재산(金勝山) 기슭에 6세기경부터 새로운 석공 집단이 탄생했다고 보고 있다. 그것은 오미에 석관 재료가 6세기 중엽을 경계로 응회암(凝灰岩)에서 화강암으로 비약했다는 기술적 변화를 이루고 이 화강암의 석질과 석관의 분석에서 곤재산록의 석공이 집단 거주하고 이 석재를 사용했다는 것이다.[134]

　히사노(久野)도 일본에는 신라의 석공이 건너와서 만든 것이라고 짐작되는 석불이 두 개 있다고 했다. 그 중 하나는 시가현(滋賀縣)의 고마사카사 마애불이고 또 하나는 야마구치현 오노타시에 있다. 이 마애불이 있는 주변 곳곳에 흰 화강암이 노출되어 있다. 즉 지리적 환경이 한반도의

133) 田中日佐夫(1976),「狛坂寺大磨崖佛とその周邊」,『日本文化史論叢』, 柴田先生 古稀紀念會, p.530.
134) 丸山龍平(1971),『近江石部の基礎的研究-近江大和の石棺とその石工集團』, 立命館文學(6), pp.525-529.

남산 보살사산과 곤재산이 닮았다고 지적하고 있다. 히사노는 마애불의 건립 연대를 신라 시대로 보고 있다.

특히 고마사카사 마애불을 보고 받은 느낌은 일종의 위화감, 대륙적이고 한반도적인 조각 기법은 일본의 섬세함보다 양식이 생생하게 보이는 점 등을 생각할 때 오랜 세월 조각을 많이 해 온 이주민의 기법임에는 틀림없다.[135]

한반도의 석조 미술 작품은 삼국시대에서 통일신라에 이르는 시대이고 그때의 불상은 소박한 표현 양식을 통해 정확히 표현되었다. 그러나 이후에는 불교 자체의 타락과 표현 기술의 형식화, 조각 기술의 퇴화 등 점차 유치하게 되었다. 이른바 8세기는 신라 조각의 절정기인 동시에 8세기 중엽을 분수령으로 퇴화되어 갔다.[136] 따라서 한반도에서 통일신라 8세기 전반의 불상 조각의 연구는 중요하다고 볼 수 있다.

그간 한국에서도 불상에 대한 연구 논문이 많이 나와 있다. 그러나 경주 남산에 있는 석상군(石像郡)에 대한 미술사학적 조사 외의 연구는 그리 많이 되어 있지 않은 상황이다.[137] 따라서 석불 조각 연대를 분명히 밝히기는 어렵다. 그러나 신라의 조각을 반영하고 있는 경주 남산 칠불암 삼존불을 소재로 검토해 보고자 한다. 물론 칠불암 삼존불의 연대에 대한 견해도 여러 가지로 나뉘어진다.[138] 한편 고마사카사 마애불과

135) 久野健(1988), 앞의 책, p.180.
136) 金元龍(1961), 『韓國 佛像의 樣式 變遷(上)』, 사상계, p.312.
137) 金元龍(1961), 앞의 책, p.313.
   松原三郎(1971), 『新羅石佛の系譜一特に新發見の軍威石窟三尊佛を中心として』, 美術研究, p.180.
138) 中吉功(1973), 『新羅, 高句麗の佛像』, 二玄社, p.106.
   Kim Chewon and Lena Kim Lee(1974), Arts of Korea, Kodansha International inc. p.68.

칠불암 삼존불의 체구상의 비례, 얼굴 표정, 의상, 조각 기법상의 특징 등을 비교함으로써 고마사카사 마애불의 건립 연대를 추측해 보려고 한다.

(3) 고마사카사 마애불의 조각 양식

칠불암 서쪽에 있는 반월형의 화강암(높이 4.5m, 폭 7.5m)에 삼존불이 부조(浮彫)되어 있다. 즉 이 삼존불과 그 밑에 사면 석불이 넓은 안면에 새겨져 있다. 그래서 칠불이라고 한다. 삼존불 중앙에는 중존이 연화대좌(蓮華臺座)에 무릎을 괴고 바르게 앉아 있고, 좌우에는 협시(脇侍)가 중존을 향하여 약간 몸을 틀고 서 있는 삼존이 있는 곳에는 무문(無文)의 보주형두광(寶珠形頭光)이 있다. 이 삼존불과 사면 석불의 조각 양식을 보면 모두 같은 시기에 제작된 것으로 보인다.

칠불암 삼존불이 본존의 중심에 좌우 대칭으로 협시가 놓여 있는 것은 도상(圖像)적인 형식이기는 하나, 오른편 협시상의 묘사에 따라 대칭적인 구도를 피해서 자연적으로 배치해 놓았다. 전체 조각 표면을 단순화한 점이 특색이다. 또 보살의 표면에 천의(天衣)를 자연적으로 배치했으며 전체 조각 표면을 단순화한 점이 특색이다. 그리고 보살의 표면에 천의를 간단히 처리하였고 전체 분위기가 산만하지 않다.

중국에서는 7세기 이후부터 불상 표현에 사실적인 면을 강조하고 동시에 천의나 영락(瓔珞, 구슬 목걸이)을 단순화했다. 또 삼존불의 양 협시에 대칭적인 기법이 점차 사라졌다.

칠불암 삼존불이 협시에 똑바로 서 있는 모습이나 삼면식(三面飾) 보관주(寶冠主) 등은 보경사(寶慶寺)의 모양과 다르지만 천의나 영락이 단순화되어 있다. 그와 같은 표현은 신라의 전통적인 양식을 반영한 것이다.

고마사카사 마애불도 비슷하다. 이와 같은 특징을 가지고 있는 삼존불

고마사카사 터에 있는 마애불의 측면(사진 히사노 겐)과 정면 모습

은 8세기에 들어서는 중국 장안의 보경사(寶慶寺) 삼존불이 그 모습을 나타내고 있으며, 그 원류가 신라와 일본에 전해지고 각 지방의 특색을 가지면서 만들어 세운 것으로 생각된다. 또 칠불암 삼존불에 있는 촉지인(觸地印, 불교에서 불보살들이 취하는 인상[印相] 중의 하나)의 수인(手印)이 중국에서 신라에 전해진 것이고, 칠불암 삼존불의 형식을 볼 때 8세기 초엽에 만들어진 것으로 본다.[139]

고마사카사 마애불은 높이 6m, 폭 4.3m의 화강암 위에 삼존불 부조 석상이다. 중심에는 선자좌(宣字座)에 옷을 걸쳐입고 앉아 있는 중존이 좌우에 중존을 바라보고 교묘하게 허리를 틀어서 연화좌(蓮華座)에 서

139) 洪孟坤(1976), 앞의 논문, pp.19~21.

있는 양 협시가 삼존불을 구성하고 있다. 이 삼존불 밑에는 긴 기대(基臺)가 있고 측면에는 오래된 양식의 격협간(格狹間)이 3개 있다. 그리고 주 삼존의 상방좌우에는 두 쌍의 삼존불 삼체의 보살 입상이 깊숙이 육조(肉彫)로 한 중감(重感)과 입체감을 잘 나타내고 있고 각각의 불상에는 광배(光背)가 없다.

중존은 옷을 오른쪽 어깨에 살짝 걸쳐입고 양쪽 손가락이 다소 뒤틀려 있다. 왼손은 손바닥이 위로 가게 하여 손등을 앞으로 내고 흉부에 대고 있다. 다른 데서는 볼 수 없는 특이한 인상(印象)을 갖고 있다. 혹은 중존의 손모양을 유치한 표현이라고도 하지만 그는 반대로 이 손에 새긴 반구야말로 교묘한 표현이라고 한다. 설방인(說方印)을 부조하기 위해서 그것을 측면에서 본 모습으로 새겨져 있다고 한다.[140] 삼존불의 입체감을 내기 위해서는 양 협시의 다리를 180도로 돌린 그대로 표현하고 있다. 경주 남산의 칠불암 마애불의 두 협시도 이와 똑같은 모양으로 양 다리를 표현했다.

기본적인 구조 외에 삼도(三道)가 없는 저수지(猪首指)의 표현 등은 섬세한 새김 방법 등 공통점이 많다. 또 육체미가 얇은 천의를 통해서 사실적으로 표현된 뛰어난 작품이다. 이와 같은 모습은 석굴암(石窟庵) 본존에도 일맥상통하는 기법이다. 이것만 보아도 경주 남산의 칠불암 마애불과 고마사카사 마애불과의 관련성을 엿볼 수 있지 않을까.

고마사카사 마애불 중존의 당당한 체구, 넓은 어깨, 평평한 가슴, 벌어진 무릎 등은 자연스럽고 안정된 모습이다. 당나라의 조각 기법에서 볼 수 있는 자세는 아니고 체구의 상하 간격이 짧은 점 등은 당불(唐佛)의 특색이 나타나지만 그것은 어디까지나 신라적인 특색이라고 할 수 있

---

140) 久野健(1988), 앞의 책, pp.196-197.

다.[141] 중존의 근육은 경주 석굴암 본존에서 볼 수 있는 것과 같은 탄력성은 없으나 7세기 후반으로 추정된다. 군위(軍威) 석굴 본존상과 같이 칠불암 고마사의 중존은 둔중한 느낌은 주지 않는다. 물론 칠불암의 삼존불은 고마사카사 마애불의 중존보다도 크고 두터운 느낌을 주나 군위의 중존과는 다르다.

고마사카사 마애불 중존의 둥근 얼굴에 살며시 짓는 미소와 위엄이 함께 표현되어 있는 모습은 역시 신라의 양식이다. 또 그것은 8세기 초엽 조각 양식의 특색이라고 할 수 있다. 중존의 얼굴에 위엄이 나타난 것은 불상을 이상화(理想化)하기 위한 것이고, 8세기 중엽에 들어서면 미소가 사라지고 엄숙한 얼굴이 된다.[142]

칠불암 마애불 종존의 얼굴에 나타난 미소와 고마사카사 마애불 중존의 미소를 비교할 때 조금 더 분명히 나타난다. 고마사카사 마애불 중존의 두터운 이마, 반쯤 열린 눈, 초승달 같은 눈썹, 자비에 가득찬 얼굴, 가볍게 다문 입술 등의 조각기법은 본존에 생명력을 불어넣어 주고 있다. 화강암을 이용해서 이와 같은 생명감과 박력감을 주는 탁월한 조각 솜씨, 이것을 새긴 석공들은 뛰어난 기술자였다.[143]

칠불암 중존의 얼굴은 고마사카사 마애불의 얼굴에 비해 코가 크고 높은 것을 제외하면 거의 비슷하다. 칠불암과 고마사카사 마애불의 얼굴은 신라 불교의 특색을 가장 잘 나타내고 있다. 온화한 느낌을 주는 동안(童顔)이 특유의 친밀감을 느끼게 한다. 이것은 신라 시대 조각의 전통이고 순박한 미소는 신라의 특색이기도 하다.

---

141) 松原三郎(1971), 앞의 책, p.189.
142) 金元龍(1961), 앞의 책, p.283.
　　洪孟坤(1976), 앞의 논문, p.32.
143) 文明大(1980), 『韓國彫刻史』, 悅話堂, pp.200-202.

고마사카사 마애불 중존의 천의는 협시와 같이 얇고 육체의 굴곡을 잘 드러내고 있다. 중존의 의상이 협시에 비해 좀 무겁게 느껴지는 것은 체구의 차이 때문이라고 생각된다.[144] 칠불암 마애불 중존의 천의는 고마사카사 중존에 비해 섬세한 점은 없고 간결하게 표현되어 있는 것이 눈에 띈다.

고마사카사 마애불 중존의 오른쪽 어깨에 걸친 편단(偏袒, 한쪽 소매를 벗음)은 옷의 주름(褶衣)이 형식적인 것 같으나 극히 자연스럽게 표현되어 있다. 중존을 감싸고 있는 양 협시의 머리는 높게 새겨져 있고 보발(寶髮)을 맺고 삼면두식(三面頭飾)을 붙이고 있다. 목, 허리, 무릎을 다소 비틀고 있는 삼굴법(三屈法)을 나타내고 두 협시의 어깨와 팔은 윤곽을 그리면서 아래로 처져 가냘픈 허리와 균형이 잡힌 조각 기법은 몸에 잘 밀착한 법의(法衣)와 더불어 입체감을 효과적으로 표현하고 있다. 간단한 삼면두식과 가슴 장식 외에는 이렇다 할 장신구는 볼 수 없다.

그와 같은 조각법은 법양(法量, 불상의 크기), 상호(相好) 또는 의문(衣紋) 등에 이르기까지 두 협시가 아무런 차이가 없다.[145] 이것은 경주 칠불암의 마애불보다도 기법에 있어서 연한 선을 자유로이 구사하고 있다고 볼 수 있다.

불상 조각에 나타나는 이와 같은 육체적인 표현 형식은 인도의 굽타왕조 5세기 후반에서 비롯된다. 중국에서는 당대(唐代), 특히 반세기 전반기에 그 절정에 이른다. 이와 같은 당나라 조각 양식의 영향이 곧 통일신라 불상 조각에도 반영되어 있다.[146] 그 기법이 고마사카사 마애불의 두 협시 조각에도 나타나 있다고 볼 수 있다. 경부(頸部, 머리와 몸을 잇는 부분)

144) 松原三郎(1971), 앞의 책, p.177.
145) 金元龍(1961), 앞의 책, p.323.
146) 金理那(1975), 「慶州掘佛寺의 四面佛에 대해서」 震檀學報 39號, p.60~62.

는 삼존불과 똑같이 단축되어 있고 특히 중존은 뚜렷하다. 그리고 목에는 제명천황시대(齊明天皇時代)에 나타나기 시작한 소위 삼도(三道)라고 불린 옆으로 나 있는 주름은 새겨져 있지 않다.

그리고 의문(衣紋)의 표현 기법을 보면 중존의 편단(偏袒) 오른쪽에 평판상(平板狀)의 의상 주름은 8세기에 들어서 눈에 띄게 양식의 변화를 보이고 있다.[147] 이 파문상(波紋狀, 물결 모양의 무늬)의 주름 표현은 신라시대의 석조 불상에 많이 사용하던 기법이다. 현존하는 삼국시대 신라의 불상 중에 가장 오래된 석상으로 추정되고 있는 단석산(斷石山)의 마애불에서 볼 수 있다.

고마사카사 마애불 중존의 평판상 옷 주름도 분명히 변화를 보이고 있다. 이 점은 칠불암 중존과 매우 비슷하다. 칠불암 중존은 주름과 주름 사이에 음각의 선에서 의복의 두터움을 표현하고 있으나 옷은 동체(胴體)와 분명히 분리되어 있다. 고마사카사 의상의 주름 표현에 또 하나의 특색은 발목 밑에 전개되어 있는 Ω형 의상 주름으로 석굴암 본존의 선형(扇形)이 여기에서는 평면적으로 표현되어 있다고 할 수 있다.[148]

이 의상은 인도 굽타기에 독립된 좌불상에 나타나 있다. 이 불상에서 수인(手印)은 촉지인(觸地印)으로서 되어 있고 신라에서 석굴암 본존과 보제사(菩堤寺)의 좌불상과 같고 촉지인의 모양에 많이 나타나 있다.

허리에 두른 옷은 천의가 양쪽 어깨에서 무릎 앞까지 2단에 걸쳐서 내려오고 있다. 그 옷자락 양 끝은 다시 각 반대편 어깨에 걸쳐서 연대좌 밖까지 내려오고 있다. 칠불암의 협시는 고마사카사 협시에 비해 두상(頭狀)이 큰 편이고 하반신에 비해 상반신이 풍만하고 긴 팔을 가지고 있다.

칠불암 삼존불을 향해 왼쪽에 있는 협시는 오른손에 보병(寶瓶)을, 오른

147) 松原三郎(1971), 앞의 책, p.187.
148) 洪孟坤(1976), 앞의 논문, p.6.

쪽에 있는 협시는 오른손에 연화를 가지고 있다. 두 협시 모두 편단우견근(偏袒右肩跟)을 붙이고 양다리를 펴고 서 있다. 고마사카사 마애불의 두 협시도 이와 같다. 이것은 중국 강남의 독자적인 양식인 것이 분명하고 남산 불상의 조계(祖系)가 중국 강남의 한 지역에 있고 또 고마사카사 마애불에 있는 것을 입증한다.

칠불암의 두 협시와 특히 고마사카사 마애불을 새긴 방법도 남방적인 느낌을 주는 화려한 보관이나 영락을 만든 방법이 섬세하고 천의를 부드럽게 표현한 것이 특색이다. 하의를 양쪽 다리에 걷어올린 특이한 모습은 칠불암과 고마사카사의 협시가 똑같다. 이와 같은 모습은 중국 강북의 석상 불상에서는 거의 볼 수 없다. 이것은 중국 강남의 당나라 양식이고 그것을 받아들인 것으로 본다.[149]

고마사카사 마애불에서 또 하나 특색으로 들 수 있는 것은 연화대좌(蓮華臺座)다. 위에서 바라보면 풍성하게 보이도록 연꽃 전체를 사실적으로 새겨놓았다. 즉 앙연(仰蓮, 위에서 바라본 모습), 복연(伏蓮, 아래에서 바라본 모습)의 연꽃 크기가 달라져 위쪽의 연화가 크게 보이는 것이 특색이다. 한편 칠불암 삼존불의 연화대좌도 아홉 개의 연화를 중심으로 좌우에 네 잎을 배치했다. 그러나 대칭을 이루고 있는 것이 아니라 자연스럽게 새겨져 있다. 연화대좌는 앙연과 복연과 더불어 이중의 높은 연화대좌를 이루고 있다.[150]

신라에서 연화를 사실적으로 표현한 것은 8세기에 들어서 눈에 띈다. 하지만 사실적인 연화를 새긴 예는 그리 많지 않다.

칠불암 삼존불의 특색은 7세기 후반에 당나라식 조각에 영향을 받은 동시에 인도 불상 양식과의 관련성을 암시하고 있다. 당시 신라 승려들

149) 松原三郎(1971), 앞의 책, pp.186–189.
150) 尹京烈(1979), 『慶州南山古蹟巡禮』, 慶州市, pp.113–116.

이 인도에 왕래할 때 또 당나라에 유학했던 승려들 중에는 인도 성지를 순례하고 귀국한 승려들이 배워 들여온 예도 있었다. 그래서 이와 같은 영향을 생각할 수 있다.[151]

그리하여 칠불암 삼존불의 건립 시기는 그림 모양의 특색으로 보아 706년에서 719년 사이로 추정된다. 칠불암 삼존불은 신라의 전통 양식과 중국 당나라의 7세기 말에서 8세기 초에 조상(造像) 양식에 영향을 받은 새로운 양식의 조각품으로 볼 수 있고, 이같은 양식상의 특징은 8세기 중엽에 완성된 석굴암의 조각에서 볼 수 있는 종교적 충만감과 엄숙한 얼굴, 탄력 있는 동체, 단순화된 본존상의 옷주름, 양 협시의 자연적이고 온순한 천의(天衣) 등에 완숙한 조각기법으로 발전해 갔다.

칠불암 삼존불이 가지고 있는 특색은 중국 당나라의 불상과 고마사카사 마애불, 즉 일본 나라 시대의 불상과 비교하면 통일신라 8세기 전반기의 불상 조각 양식의 발전 과정을 파악하는 데 중요한 계기가 된다고 본다.[152]

칠불암 삼존불은 사면석불을 포함하여 통일신라 초기에 건립된 불상 등과 통일신라 최성기 양식(8세기 중엽)에 이르는 과도기적 양식이며 8세기 초반에 건립된 것으로 볼 수 있다. 한편 고마사카사 마애불은 앞에서 칠불암의 삼존불과 비교하여 본 바와 같이 그림 모양에서 혹은 조각 양식상의 특색 등 통일신라 8세기 초반기에 조상 양식을 대표하는 칠불암의 삼존보다는 시기적으로 뒤에 나타난 것이 아닌가 보고 있다. 고마사카사 마애불 삼존불의 얼굴에 나타난 미소는 8세기 중엽 이후에 나타난 것은 아니다. 결국 고마사카사 마애불의 건립은 8세기 초반에서 중기에 이르는 사이에 이루어졌다고 본다.

151) 禹貞植, 金煐泰(1970), 『韓國佛敎史』, 進修堂, p.70.
152) 金理那(1975), 앞의 책, p.62.

(4) 백제계 이주민과의 관련

고마사카사 마애불의 건립 연대를 추정해 내기 위해 서산 태안의 마애불, 경주 남산의 칠불암 삼존불과 고마사카사 마애불의 양식을 비교해 보았다. 그 결과 고마사카사 마애불은 칠불암 마애불보다도 섬세하고 우아하며 한없는 인간미가 느껴졌다. 여기에서 통일신라 조각 기술의 바닥에는 백제 고유의 우아함이 감돌고 있다는 것에 주목하고 싶다.

고마사카사 마애불을 신라인의 작품이라고 단정해 버리기에는 다소 무리가 있다. 히사노겐(久野健)은 8~9세기경 이 주변에 살고 있던 이주계 승려들이 신라에서 석공을 불러와 마애불을 새겼다고 했다. 그러나 한반도의 석조 미술은 백제에서 시작되었다. 바꿔 말하면 그 원류는 백제에 있다. 백제의 석공은 예술적으로 뛰어나며 다양한 기법을 갖고 있었다. 그 배경으로 서산 또는 당진을 중심으로 한 지역 일대는 백제 시대에 있어 대외 교통의 중심지이자 관문으로서 군사적 요지이기도 했다. 그래서 일찍부터 중국 남북조를 통해 불교 문화의 전래가 다른 지역보다 먼저 유입되었다. 그리고 중국으로부터 이민도 있었으며 백제에 동화된 것으로 생각된다.

그들의 영향으로 백제인은 일찍부터 석조 조각 기법을 습득 개발하여 그와 같은 지리적·문화적 호조건에서 태안 마애불을 서기 600년경에 조성했다. 백제인은 백제 멸망 후 신라의 불상, 사찰 등의 건립 기술을 신라에 전해 주고 통일신라의 융성기를 맞이했다. 그 저류에는 삼국 말기에 흡수된 백제의 석불 기술에 뛰어난 사람들의 공헌이 있었다는 것을 잊어서는 안 된다.

백촌강(白村江) 전투 패배 전후로 일본에 이주한 백제인이 오미에 정착하여 당대 신앙의 대상이었던 마애불을 건립하여, 또는 한반도 부여에 있는 석탑과 똑같은 3층 석탑을 건립하여 이국에서 망향의 시름을 위로

하고 있었던 것은 아니었을까. 또한 백제 이주민 집단과 그 자손들이 곤재산에 광산자원을 찾으러 갔다가 그곳에서 타고난 기술로 고마사카사 부근에 있는 거대한 화강암에 마애불을 새긴 것은 아닐까도 추측이 된다.

특히 6세기경 곤재산 산록에 석공들이 있었다는 사실을 이야기하자면 당시 일본과 신라와의 정치적 관계를 고찰할 때 신라계보다는 백제계 이주민의 기술에 주목하게 된다. 곤재산에 고마사카사 건립 이전에 이미 마애불이 새겨지지 않았을까 하는 견해가 있으나, 그렇다고 해도 일본과 신라와의 관계로 보아 신라인과 고마사카사 마애불과의 관련성은 여전히 관계가 먼 것 같다.

삼국시대 신라의 불교 문화, 특히 조상 미술이 8세기 초엽에서 중엽까지라고 생각할 때 중엽 이후부터는 퇴화하기 시작했다. 이와 같은 조건에서 고마사카사 마애불 건립 연대를 추정할 때 8세기 초부터 중엽에 걸쳐 오미의 백제계 이주민의 기법에 의해 조각된 것이 아닐까 하는 생각도 해 본다. 찬란한 백제 문화에 신라라는 가면을 씌운 것이 통일신라의 불교 문화이고 석불 조각의 융성기를 맞이한 시대였다고 말한다면 지나친 말이 될까.[153]

(5) 야마구치현 마애불과 오이다현 석불

야마구치현(山口縣) 오노다시 마스치(眞土)에 있는 보제사산(菩提寺山)에도 한반도 이주민과 관련 있는 마애불이 있다. 신라 석공들이 화강암에 새긴 이 마애불은 높이 70cm의 대좌(臺座) 위에 석상의 높이는 3.1m

---

153) 李廷冕(1991)『近江 狛坂寺址 磨崖佛について』特に 朝鮮渡來人と 關連して 4號, 札幌大學, pp.90-91.

보제사산의 마애불 보살 입상. 이곳에서 바라보는 경치는 경주 남산과 비슷하다.

에 이른다. 양감(量感)이 있는 모습, 얼굴, 손의 표정, 목걸이 등이 단단한 화강암에 새겨져 있다. 옷이 얇으면서도 입체감 있게 부조(浮彫)된 고마사카사 마애불과 비슷하다. 보제사산 마애불에 가장 가까운 양식을 가지고 있는 것은 경주 남산 칠불암 마애불이다.

보제사산의 지형은 멀리에서 바라볼 때는 경주의 남산, 태안의 백화산(白樺山), 시가현의 곤재산과 같고, 이곳저곳에 흰 화강암이 노출되어 있다. 이와 같은 지리적 환경에서 마애불이 존재한다는 것은 그 성격과 조성 연대를 밝히는 단서가 된다. 현재도 오노다 근처에는 스헤쪼(須惠町)

고대 한일 관계사의 진실

란 지명과 토기를 굽던 가마터가 많이 남아 있다. 이 부근에는 한때 한반도에서 온 이주민이 많이 살고 있었고 토기 등을 만들었다고 한다. 주민들을 위해 대석불 마애불을 새겼던 것인데, 이 마애불은 8세기에서 9세기에 걸친 작품이다.

이렇게 야마구치현 일대는 고대 백제와 관계가 깊다. 611년 백제 26대 왕(성왕)의 셋째아들인 임성태자(琳聖太子)가 야마구치현 다다라 해안에 상륙했다. 그때 일본은 스이코 천황 19년이었다. 지금도 야마구치현에는 임성태자와 관련된 고분과 공양탑이 있고 전설과 유적이 많이 남아 있다. 그리고 이 해안에는 지금도 백제부 신사가 있고 구다라베(百濟部)라는 마을이 있다. 평생만(平生灣)에는 가라우라(韓浦)라는 곳이 있다. 구다라베가 언제 시작된 마을인지에 대해서는 문헌을 찾기가 어렵다. 이곳 사람들의 말에 의하면 백제의 국사(國使)가 풍랑을 피해 이곳 평생만에 상륙하여 그대로 정주했다고 전해진다.[154]

나가토(長門), 스오(周防)의 고대로 거슬러 올라가면 임성태자의 이야기를 빼놓고 생각할 수가 없다. 현재 임성태자의 조상이 되는 오우치(大內) 씨는 분명히 역사상 살아 있는 인물군이다. 임성태자의 아버지 성왕은 무령왕(武寧王)의 아들로 백제 중흥의 영군(英君)이다. 공주에서 부여로 도읍을 옮겨 중국 양(梁)나라와 교역하며 문물을 수입하고 찬란한 백제 문화의 터전을 마련한 사람이다. 일본에 불교를 전한 한반도 이주민을 말하면 빼놓을 수 없는 존재이다.

이와 같이 야마구치현은 일본 서쪽에 위치하여 고대부터 한반도와 관계가 깊었다. 그러나 불교 전래 이후에 위품으로서 직접적 영향을 이야기할 수 있는 작품은 극히 적다. 이 보제사산의 마애불은 그러한 점에서

---

154) 段熙麟(1988), 『渡來人の遺跡を歩く (2) 山陽編』, 六興出版, pp.214-215.

의의가 있다.

마애불 이야기를 하자면 지나칠 수 없는 것이 오이다현에 있는 석불이다.[155] 또 오이다현은 세토 내해를 통해 기나이(畿內)와 연결된 불교 유적이나 고분군, 혹은 수많은 민속자료에 의해 짐작이 된다. 기나이 문화와 깊은 관계를 갖고 있는 우사팔만(宇佐八幡) 문화, 구니사키(國東) 반도 및 오이타(大分) 오노가와강(大野川) 유역 등 현 전체에 걸친 불교 문화, 이것은 한반도 이주민에 의해 규슈 북부에 전해진 것이다.

특히, 오이타현에 있는 석조 석상(石像)은 새김 기법도 다르고 우수키(臼杵) 지방을 중심으로 한 불상은 나무를 이용하여 새겼으며, 그와 같이 깊이 새겨진 불상은 한반도에서는 적다. 그러나 구니사키 반도 북부의 불상들은 얕게 새겨져 있다. 이와 같은 얕은 마애불은 경주 남산을 중심으로 한반도에 많이 남아 있다.

155) 송형섭(1985), 「일본 속의 백제문화」, 대전일보, 1985년 9월 14일.

6) 화지 : 일본에 건너간 한반도의 제지 기술

종이를 뜻하는 영어 'paper'는 '파피루스(papyrus)', 프랑스 'papier'에서 유래하였다. 3600년에서 4000년 전 고대 이집트인들은 파피루스에 기록하였다. 이 파피루스는 나일강 유역의 갈대 껍질을 벗겨 물에 흠뻑 적신 다음 서로 교차되게 뉘이고는 돌로 압착시켜 만든 것으로 기원전 7세기경부터 양피지가 발명된 기원전 200~160년경까지 그리스로 수출되었다. 파피루스와 양피지는 중세까지 소아시아와 유럽에서 종이로 사용되었다.

오늘날 사용되는 것과 비슷한 형태의 종이는 중국의 채륜(蔡倫)에 의해 발명되었다.[156] 나무껍질과 마(麻)를 이용하여 만든 종이가 당시의 한(漢) 무제 황제에게 바쳐졌을 것으로 추정된다. 105년 중국 한나라 시대 후반이었다. 한편 종이가 그 이전부터 있었으며, 채륜은 종이를 발명한 것이 아니라 발전시킨 것이라 주장하는 학자들도 있다.[157]

화지의 발명 이전에는 필경사들이 대나무 줄기나 나무조각, 혹은 명주 위에 기록을 하였다. 당시 종이는 일반사람들이 사용할 수 없는 비싼 상품일 수밖에 없었다. 이런 점에서 채륜은 종이의 질과 제지의 효율성을 개선하였을 뿐만 아니라 일반사람들이 쉽게 쓸 수 있게 하였다.

제지는 8세기 중반 당나라 현종 때 서방으로 전파되었다. 곧 종이 공장이 사마르칸트(우즈베키스탄)에 세워졌으며, 손으로 종이를 제작하는 기술이 퍼져 나갔다. 그 당시까지 유럽에서는 근대적인 종이가 만들어지지 않았으며, 이것이 중국에서 서구로 종이가 퍼져 나가게 된 시작이었다.

탈라스강 전투 포로 가운데 고구려 출신의 고선지(高仙芝) 장군이 있었

---

156) 後漢書 七-八卷, 宦官 蔡倫傳 참조.
157) 壽岳文章(1986), 『和紙の旅』 芸州堂, pp.18-20.

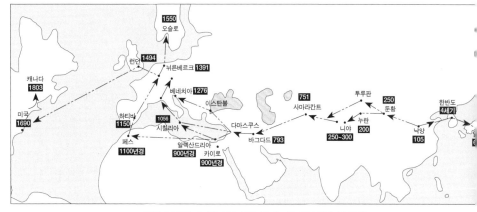

종이 전파도(카터와 정수일의 전파도를 참조하여 작성함)

다. 그는 싸움에서 패하고 다른 병사들과 함께 포로로 잡혀 노예가 되었다.[158] 11년이 지난 후 포로들 중 몇 명이 기적적으로 돌아와 자신들의 경험을 책으로 펴냈다. 여기에 당시 아라비아에서의 전쟁 포로의 삶에 관한 귀중한 정보가 담겨 있는데, 포로로 남아 있던 이들은 인쇄, 나침반, 화약, 제지 기술자 등이었다.

중국의 제지 기술은 사마르칸트(751)에 전파되고 이어 서구에까지 전해졌다. 그리고 바그다드(793)를 거쳐 이집트(900년경)로, 다음에는 유럽으로 퍼져 나갔다.

유럽에서의 기원은 스페인(1150)에서 시작하여 프랑스(1189), 이탈리아(1276), 독일(1391), 벨기에(1320), 영국(1494), 네덜란드(1586) 등으로 이어졌으며, 마침내 대서양을 건너 미국(1690), 마지막으로 캐나다(1803)

158) 고선지 장군은 고구려 유민 출신의 당나라 장수로 서역과의 전투 등에서 많은 공을 세웠다. 750년 이후 서역과 사라센 연합군 30만 명이 탈라스로 공격해 오자 7만 명의 당나라군을 편성하여 전투를 치렀지만, 이때 당나라와의 동맹을 가장한 카를루크(葛邏祿, Karluk)가 배후에서 공격하여 패배하였다. 이것이 유명한 '탈라스 전투'이다.

까지 전해졌다.

동아시아에서의 제지 전파는 일찍 이루어졌으며, 610년에 한반도에서 일본으로 전파되었다.

(1) 한국에서의 제지 기술의 발전

중국으로부터 한국에 제지 기술이 소개된 정확한 연도를 알 수 있는 자료는 남아 있지 않다. 몇몇 문헌 중 『뢰양(耒陽)』에 의하면 600년경 중국에서 한국으로 전해졌다고 한다. 광릉 식물실험장에서 나온 자료에는 593년 경이라 쓰여 있다. 제지에 관련된 다른 기록들을 바탕으로 불교와 함께 경전이 한국에 소개된 2세기 초경에 제지 기술이 한국에 소개되었을 것으로 추측할 수 있다. 이는 중국에서 채륜에 의해 종이가 만들어진 지 대략 100여 년이 지난 후다.[159]

보통의 하얀색 종이는 신라 시대에 만들어졌다. 한국에서 가장 오래된 종이인 국보 196호 『대방광불화엄경(大方廣佛華嚴經)』은 신라 경덕왕 때 만들어진 것이다. 이 경전은 하얀색 종이에 먹으로 쓴 것이며, 오래된 사찰에서 발견되었다. 당시 제지는 주로 승려들에 의해 이루어졌다.

한국에서 제지 기술이 보다 더 발전한 것은 고려 시대 후기이며 이는 불교의 발전과 밀접한 관련이 있다. 사찰들이 이때 불경과 불화를 복사하는 데 종이를 사용함에 따라 종이 수요가 증가하였다. 고려 때 약 8만 권의 불교 경전과 책들이 만들어졌다. 고려 왕조는 '마유가미'와 '아충지'로 알려진 매우 질좋은 종이를 만들었다. 『임원경제지(林園經濟志)』에

---

159) 春名好重(1977), 『和紙百話』, 淡交社, pp.11–13.
　　關義城(1976), 『手漉紙史の研究』, 木耳社, pp.335–336.

따르면, 이 종이는 '고려지' 혹은 '등피지(等皮紙)'라 불리며 중국으로 수출되었고, 책을 만들고 기록을 하거나 그림을 그리는 데 사용하였다.

조선 시대에는 한지로 책과 화폐를 만들었는데, 특히 화폐로 사용된 종이 제작은 매우 중요하여 중국에 공물로 바쳐졌다. 이 때문에 1415년 태종은 종이를 만드는 관청인 조지소(造紙所)를 만들고 다양한 종류의 종이 제작을 장려하였다. 이 시기에 관청과 함께 사찰에서 제지가 번창했다.

농부들은 부업으로 화지를 만들어 관아에 공급하였다. 세조 12년(1446) 관청 이름이 조지서(造紙署)로 바뀌어 고종 19년(1882)까지 유지되었다.

조선 초기의 다양한 수공업 중에서 제지는 가장 중요한 기술 중 하나였으며, 제지 기술자들은 좋은 대우를 받았다. 이 기술자들은 종이의 대가로 농지를 제공받았다. 세종 때는 농지 대신 기술자들에게 봉급이 지급되었다. 서울과 인근 지역에 있는 제지 기술자는 서울 81명, 경상도 260명, 전라도 236명, 충청도 131명, 황해도 38명, 강원도 33명 등이었다. 조선은 이 시기에 농업, 상업 그리고 경공업에 크게 비중을 두지 않았으나, 제지만큼은 가장 중요한 산업 중 하나였다.

오늘날의 한지 제작 과정은 많은 부분 과거와 같은 방식으로 이루어진다. 수제 한지는 대부분 농한기에 농부들에 의해 제작되었다. 주로 닥나무 줄기를 이용하며, 간혹 식물섬유와 함께 사용하기도 한다. 닥나무는 한국과 일본의 산비탈에서 야생으로 자라며, 2년째 나무들이 잎사귀를 떨어뜨리는 가을철에 줄기를 잘라낸다. 이 줄기를 쪄서 섬유질을 벗겨낸다.

어떤 곳에서는 검은색 나무껍질을 흐르는 물속에서 불려 제거하고 바깥쪽 표면이 완전히 없어질 때까지 돌로 두드린다. 흐르는 물에 적셔서 차진 물질을 제거하고 나면 하얀색 껍질만 남게 되는데 이를 햇볕에 말린다. 이제 하얀 껍질을 잿물을 넣은 가마솥 물에 세척하고 몇 시간 동안 삶는다. 흑갈색 잔류액이 침출되고 나면 하얀 껍질은 표백 과정이 시작되기 전에 다시 흐르는 물에 세척한다. 표백제가 쓰이기도 하지만 대부분 증기 표백을 하는데, 섬유질의 자연스러운 아름다움을 유지하기 위해서다. 마지막 과정은 남아 있는 불순물을 손으로 뜯어내는 것인데, 최종적으로 섬유질을 둥근 공처럼 짜내는 것이다. 이 공들을 딱딱한 바닥이나 평평한 돌 위에 놓고 참나무 방망이나 나무망치로 두드린다.

섬유질이 뭉친 공들은 물의 표면에 평평하게 퍼질 수 있게 해 주는 소재와 함께 끓는 물이 담긴 통에 넣는다. 펄프 두께는 온도와 원재료의 특성, 종이를 걷어내는 채의 종류, 제지에 사용된 특별한 기법에 좌우된다. 펄프가 형성되고 나면 채를 들어올린 다음 흔들어 물을 제거하고 종이를 체에서 떼어내 햇볕에 말린다. 주된 도구는 통, 교반기, 채, 틀, 붓과 말림판이다. 이 전통적인 제지 방식은 오늘날에도 여전히 사용되고 있다.

한지의 특성은 닥나무를 원재료로 사용한다는 것이다. 고려 시대에 닥나무 재배를 독려하였고, 각 지방과 지역에서 기르도록 명하였다. 한국에서 제지가 이루어지고 있는 곳에는 종이 원재료인 닥나무와 물 공급이 용이한 곳과 밀접한 연관이 있다는 것이 발견되었다. 전라북도와 경상남도에 위치한 소백산 지역은 닥나무가 자라기에 이상적인 곳이며, 동시에 물 공급이 용이했다.

(2) 일본에서의 제지 기술의 발전

제지 기술은 점차 동쪽으로 이동하여 중국에서 한국으로, 그리고 일본으로 전파되었다. 『일본서기』에는 화지가 610년경 고구려 영양왕 때 승려 돈조에 의해 일본에 소개되었다고 기록되어 있다.[160] 이는 일본의

---

160) 壽岳文章(1986), 앞의 책, pp.34-38.
　　佐藤秀太郎(1977),「紙造りの歷史」,『講座：生活文化史 2卷』, 山川出版社, p.63.

아스카 시대 스이코 천황의 치세와 일치한다. 돈조는 매우 박식한 승려로, 일본에 중국의 오경을 전파하기도 했다.

제지 산업은 일본에서 가장 오래된 산업으로 국가 발전에 크게 기여하였다. 일본에서는 마(麻)가 원재료로 쓰였으며 중국에서 채륜이 발전시킨 것과 같은 방식으로 이루어졌다. 또한 일본은 하얀색 마를 노란색이나 어두운 갈색으로 염색하여 사용하였다. 이는 곤충으로 인한 피해를 막아 주었다. 일본인들은 이미 다양한 방식의 직물 염색에 대해 알고 있었다. 헤이안 시대에 목판 인쇄술의 발전으로 사람들은 보다 세련된 염색지를 요구하게 되었고, 염색지의 수요가 크게 늘었다. 나라 시대에는 제지 산업이 한창 번창하였다.

헤이안 시대(794~1192)는 불경이 대량으로 편찬된 시기이며, 귀족정치의 시대였던 만큼 귀족들은 발전된 중국 문학과 시를 즐겼다. 따라서 종이의 수요가 증가하였으며 정부는 제지소를 설립하고 더 많은 종이를 생산하기 위해 닥나무 경작을 장려하였다. 이러한 재료들은 유명한 일본 화지인 히가미 화지나 도리노코 화지에 사용되었으며, 이밖에도 여러 등급의 종이가 생산되었다. 닥나무와 안피지의 인기로 인해 마(麻)는 점차 사용이 줄어 곧 자취를 감추었다.

일본은 기타노와 교토 부근에 제지 공장을 세우고 다른 제지 공장들은 에치젠과 미노 지방 주변에 설립했다. 이 시기에 에마키(繪卷)라 불리는 두루마리로 된 그림 이야기가 점차 발전하였다. 이러한 형식이 종이의 가치를 크게 끌어올렸다.

가마쿠라 시대(1185~1333)에는 정치가 귀족 체계에서 막부 체계로 바뀌어 새로운 문화가 귀족적인 것과 무사적인 이상을 혼합하며 발전하였다. 쇼군(將軍)은 교토에서 간토의 가마쿠라로 천도하였고 정치, 종교, 문화 기관들도 함께 옮겨갔다. 산업 또한 간토 지방으로 이동하였으며, 화지는 새로운 고장인 니시, 오가와, 나수 등에서 발전하게 되었다.

무로마치 시대(1336~1573)로 알려진 아시카가 시대에는 수많은 전쟁이 발생하였고 그로 인해 제지와 같은 두드러진 산업이 존재하지 않았다. 하지만 상하 계급 사이에 문서가 오갔다. 이 때문에 호쇼, 종이의 위계가 발달하였는데, 호쇼는 닥나무를 원재료로 만든 것이다. 오늘날 호쇼지(奉書)는 일본 사람들 사이에 널리 사용되지만, 막부 시대에는 단지 군대와 문관들의 커뮤니케이션을 위해서만 사용되었다.

1590년대 초 도요토미 히데요시는 일본을 통일하는 데 성공하였다. 이 시기는 '성(城)의 시대'라 불리는데, 수많은 성이 귀족들에 의해 지어졌다. 일반 백성들은 성을 지을 수 없는 대신 독립된 연수소인 서원(署員)을 지었다. 이 서원들을 장식할 사람이 필요하였고, 그들은 독특한 일본적인 것, 이를테면 맹장지, 장지문, 병풍, 종이 칸막이 등과 같은 것을 발전시켰다. 이러한 물건들에는 어김없이 종이가 쓰였다. 또한 이때 새로운 보다 더 두꺼운 형태의 종이가 발전하였다. 이 종이는 야마토 등지에서 만들어졌으며, 교토의 마츠 신사와 에치젠의 오타키 신사에서 발견된 문서들에 이 종이가 사용되었다.

에도 시대(1603~1867)에는 평민들과 상인들의 문화를 조닌(町人) 문화라 불렀다. 승려, 무사, 상류 계급들이 독점해 오던 문자가 이 시기에 접어들어 평민과 상인들에 의해 쓰이기 시작하였다. 또한 새로운 형식의 문학, 시 그리고 회화(繪畵)가 나타났다. 예를 들어 하이쿠(俳句), 우키요소시(浮世草子), 가이카(繪畵), 와카(知歌)가 그것이다.

17세기에서 18세기 겐로쿠 시대(1688~1704)에는 문학과 예술에서 주목할 만한 진전이 이루어졌다. 평민 계급 출신의 가장 유명한 작가로 마쓰오 바쇼(松尾芭蕉)를 꼽을 수 있는데, 이들은 국보급 작품을 창작하였다. 평민들이 문학과 예술을 필요로 하였기에 종이에 대한 수요는 높을 수밖에 없었다.

이후 메이지와 다이쇼 시대에는 에도 시대에서와 같이 종이에 대한 수요가 막대하였으며, 대중들은 많은 양의 종이를 사용하였다. 일본에서 화지의 황금기는 아마도 에도 말에서 메이지와 다이쇼로 이어지는 시대였을 것이다. 이는 쇼와와 헤이세이 시대에 시작된 서구의 기계, 제지 기술의 발전 이전까지 이어졌다.

(3) 종이의 일본 유입

한국에서 일본에 화지가 소개된 것은 610년에 쓴 『일본서기』에 기록되어 있다. 하지만 논의해 볼 만한 몇몇 다른 견해들도 있다.

우선 야마토 오진 천황 때(215) 백제 왕인이 논어와 천자문을 가지고 들어왔다. 이후 610년 이전까지 제지에 관련된 기록이 전연 없지만 어떻게 천황이 종이 없이 학문과 행정 그리고 지역 사업을 다스릴 수 있었는지에 관해 의문이 남는다.

일본 전통학자인 사토 노부히로(佐藤信淵)와 야시로 히로요시는 일본에서의 제지의 시작에 관해 서로 다른 견해를 가지고 있다. 그들은 제지가 215년보다 훨씬 이전의 신화 시대인 가미요(神代)에 시작되었다고 주장한다. 사토 노부히로는 『경제요록(經濟要錄)』에서 면직물과 함께 종이가 분명 나무껍질로 만들어졌다고 언급하였다. 하지만 이 학설을 뒷받침할 만한 역사적 기록은 존재하지 않는다. 대부분의 학자들은 제지가 왕인이 두 권의 책을 들여온 215년경 혹은 『일본서기』의 기록대로 610년경에 시작되었을 것이라는 견해에 동의한다. 대부분의 사람들도 제지가 610년에 시작되었다고 믿고 있다.

하지만 나는 분명 610년 이전일 거라고 본다. 일본 고대 역사서에 '기시(吉士)'라는 이름이 기록되어 있다. 이 이름은 몇 가지 다른 방식으로 쓰였는데, 이는 야마토 시대의 통례였다. 그런데 기시는 한국식 이름으로 본래 일본 정부의 공문서를 다루고 기록하는 직책에 있는 이들의 관등(官等)이었고, 후에 가문과 일족의 정식 명칭이 되었다. 이를 통해 생각해 보면, 한반도 이주민이 610년 이전에 일련의 제지 기술을 소개하였을 것이며, 일본에서 정부나 후에 자리잡은 가문들에 고용되었을 가능성이 크다.

■ 에치젠(越前) 고카 지역

지금의 후쿠이현에 있는 에치젠은 오늘날 일본의 화지 생산을 주도하는 지역 중 하나다. 나는 화지 제작 기원이 야마토 지방이 아니라 에치젠, 이즈모 그리고 단고(丹後) 지역과 같은 일본 서부 연안이라고 생각한다. 에치젠에서의 화지 생산에 대해 보다 자세히 검토해 보도록 하자.

에치젠의 다케후(武生)에서 기차로 30분 정도 가면 이마다테(今立)의 중심인 아와타베에 도착한다. 이 지역의 동남쪽 산기슭을 따라 오타키, 오이즈, 이와모토, 신사이카, 사다토모를 포함하는 고카 등이 있다. 이 마을들은 화지 생산의 발상지이며 '화지 생산 마을'로 알려진 종이 제작의 중심지다. 호쇼와 토리노코 마을의 제지 역시 유명하다. 기록에 따르면 에치젠은 정부에 종이를 바친 14개 지역 중 하나였다.[161]

사토 노부히로는『경제요록』에서 에치젠 고카 지역이 일본 최고의 화지 생산지 중 하나라고 높이 평가하였다. 또한 기무라 세이주쿠는『지보(紙譜)』에서 고카 지역 마을들, 특히 호쇼와 토리노코의 종이가 훌륭하다고 기록하였다. 이 마을들은 종이 제작의 표준을 정립하였으며 에치젠 화지 제작의 높은 명성이 오늘날까지도 남아 있는 이유 중 하나다.

전설에 따르면 게이타이 천황은 오늘날의 후쿠이현에 있는 에치젠 아와타베에 머물렀다고 한다. 그러던 어느 날 오타카가와강 상류에 있는

---

161) 成田潔英(1944),『手漉和紙考』東京丸善株式會社, pp.196-197.

미야가타니에서 고귀하고 우아한 여인이 나타난다. 이 여인은 사람들에게 "이 마을은 들판도 작고 수확량도 적지만 물이 맑고 깨끗하다. 그러니 내가 종이 만드는 법을 알려주도록 하겠다"라고 말하였다. 그러고 나서 그녀는 걸치고 있던 얇은 숄을 벗어 대나무 장대에 걸어두고는 사람들에게 종이 만드는 법을 알려주기 시작했다. 사람들은 기술을 배우게 되어 매우 기뻐하였다. 그 낯선 여인에게 누구냐고 묻자, "나의 이름은 미즈하노메노미코토입니다"라고 대답했다. 그리고 대답하는 순간 그 여인은 자취를 감추었다. 이 일이 있은 후 곧 제지 기술이 에치젠에 자리잡게 되었고, 주변 지역 사람들은 에치젠 제지의 신화적 창립자인 미즈하노메노미코토에게 봉헌하기 위해 오카모토 마을 근처에 아름다운 신사를 세웠다. 그녀가 한반도 이주민이었을 것이라 보는 이들도 있다.

에치젠 고카 지역의 화지 생산은 오타키를 중심으로 밀집되어 있다. 이곳에 있는 오타키 신사(오늘날의 오카모토 신사)는 고카 지역의 화지 생산이 시작된 곳이며, 종이의 신인 가와가미고젠이 모셔진 곳이다.[162] 그는 종이 제작과 관련된 유일한 신으로, 일본에서는 가장 귀한 신 중 한 명으로 모셔졌다. 최근에는 이 신을 경배하기 위하여 재무성 조폐국에서는 오지 제지 공장 가와가미고젠 신사를 세웠다.

오타키와 오카다 신사에서는 가와가미고젠을 모시는 축제가 열린다. 이 축제는 승려 다이초(泰澄)에 의해 719년에 시작되었는데, 오늘날까지 1200년 넘게 계속되고 있다. 일본 전역의 화지 생산과 관련된 이들이 모두 참석하는 이 축제는 고카 지역에 살고 있는 사람들의 자부심이다.

다이초의 본래 이름은 가미츠 젠시 다이초로 하쿠산(白山) 종파의 창시자이며, 한반도 이주민 출신이다. 다이초는 고구려에서 온 망명자의 아들로,

---

162) 壽岳文章(1986), 앞의 책, pp.28-30.

고대 한일 관계사의 진실

화지를 만드는 모습

어머니는 이노 일족이었다. 다이초는 717년 하쿠산 지역에서 태어났으며, 하쿠산 정상에 올라 기쿠리히메(菊理姬 : 한반도 출신의 무녀) 여신을 경배하였다. 이것이 하쿠산 종파의 시작이며 이 지역에 많은 신사가 세워졌다. 이 지역은 고대 일본으로 들어온 한반도 이주민과 밀접한 관련이 있는 곳이다.

에치젠에서 제지가 어떻게 시작되었는지에 관한 다른 이야기도 남아 있다. 그 중 한 견해는 채륜이 중국에서 105년 이후 이주해 와 이 지역에 제지 기술을 소개했다는 것인데, 이 이야기를 뒷받침할 만한 증거는 없다. 다른 견해들은 610년 돈조 이전에 한국인이 에치젠으로 와서 제지 기술을 소개했다는 것인데, 이 역시 확실한 근거가 있는 것이 아니다. 돈조가 야마토 지역 사람들에게 제지 기술을 소개하기 전에 먼저 에치젠 사람들에게 알려주었을 수도 있다.

에치젠 지역에서의 화지 생산에 관한 보다 자세한 검토를 통해 생각하건대, 이 지역이 야마토 지역보다 일찍 화지를 생산하고 있었을 것으로 보인다. 사실 나는 에치젠이 고대 일본에서 화지 제작이 행해진 최초의 지역 중 하나라고 생각한다. 에치젠은 제지에 필수적인 자연자원, 즉 맑은 물과 제지 원재료들을 완벽하게 갖추고 있는 곳이다. 이 지역은 경작하기에 적합한 땅이 많지 않으므로 사람들은 제지에 집중할 수 있었을 것이다.

에치젠에서 생산된 종이는 다른 지역들로 보내졌다. 이 지역의 화지 제작 기술은 승려들에 의해 비밀리에 다른 지역으로 퍼져 나갔다. 따라서 다른 지역들은 에치젠에서 제지법을 배웠다고 할 수 있으며 나스, 나시오, 미조구치 등지에서 생산된 종이들은 에치젠에서 유래한 것이라 할 수 있다.[163]

■ 한반도의 제지 장인들

화지 제작은 610년 고구려에서 야마토로 온 승려 돈조에 의해 소개되었다. 중부 지역에서 형성되어 긴키 지방으로 퍼져 나간 이 기술이 이즈모로 확산되고 마침내는 에치젠(호쿠리쿠)에 이르렀다는 견해가 있지만, 나는 제지가 한반도 이주민에 의해 에치젠에서 시작하여 후에 야마토와 긴키 지방으로 퍼져 나갔다고 본다.[164]

규슈 지방에서의 화지 생산 역시 한반도 이주민에서 유래하였다. 『연희식(延喜式)』에 시쿠시 다케가미라는 규슈 북부 출신의 제지 장인에 관한 기록이 있는데, 그가 한반도인이었던 것으로 보인다. 규슈의 화지 기술은 오래 가지 않았고 일본 중세 무렵에 사라져 버렸지만, 한반도인에 의해 제지 기술이 소개되었다는 강력한 근거가 있다.

1597년, 도요토미 히데요시는 조선을 침략하여 제지 장인들을 납치해

163) 春名好重(1977), 앞의 책 참조.
164) 小宮英俊(1992), 『紙の文化誌』, 丸善ライブラリー056, p.37, p.46.

종이 만드는 기술을 배우러 온 외국인

일본 규슈와 야마구치현으로 데려갔다.

1598년, 가토 교마사(加藤淸正)는 도경, 경춘, 도군이라는 한국인 제지
장인들을 납치하여 구마모토현 그의 고향으로 데려갔다. 가토의 한국 침
략 경로를 쫓아 보건대, 아마도 경상북도 함안이나 울산을 통해 들어왔
을 것으로 생각된다.

가토는 도경을 다마군의 우라타니로 보내 종이를 만들게 하였다. 그리
고 그 종이에 우라타니 이름을 붙였다. 도경의 후손들이 아직도 그곳에
서 살고 있다. 경춘의 자손들은 시카모토군 가와하라에 정착하였는데,
그들도 이곳에서 화지 생산에 관여하였다. 오늘날 가와하라 입구에는 경
춘을 기리는 비석이 세워져 있다.

도군은 공공사업에서 제지 장인으로서만 아니라 일꾼으로서도 높이
존경받았다. 그는 야마시타 마을에서 살았으며 관개 작업을 감독하던
중 연못에 빠져 익사하였다. 마을사람들은 그에게 경의를 표하는 의미로

연못 이름을 '도군못'이라 하였다. 이 연못은 오늘날까지도 같은 자리에 남아 있다. 1888년 이후 매년 6월 24일이면 가와하라 사람들은 도군과 경춘을 기리고 그들의 커다란 공헌을 기억하기 위해 도군의 무덤 앞에서 제사를 올린다. 그의 묘비에는 그가 한국에서 왔다고 쓰여 있다.

지금까지의 기록은 종이가 105년 아시아에서 중국의 채륜에 의해 처음 만들어졌고, 중국에서 한국으로 소개된 다음 610년에 일본에 소개되었다고 기록되어 있다. 하지만 일본에서의 종이 제작은 에치젠에 제지 기술을 소개한 한반도 이주민의 영향으로 보다 일찍 시작되었을 것으로 보인다. 일본의 화지 생산에 관한 현장 조사와 사료 연구를 바탕으로 정리를 하면 다음과 같다.

첫째, 『일본서기』는 일본의 제지 기술이 610년 고구려에서 온 승려 돈조에 의해 소개되었다고 기록했다. 고대 일본의 화지 기술은 한반도 이주민에 의해 소개되고 발전되었으며 후에 나라와 헤이안 시대에 다른 주요 지방으로 전파되었다. 나라 시대에 화지 생산 기반을 닦았고, 헤이안 시대는 화지 생산 측면에서 가장 주목할 만한 시기 중 하나였다.

둘째, 507~530년경 이미 이즈모, 단고, 에치젠 등 일본 서부 지역에서는 한반도 이주민에 의해 화지 기술이 소개된 상태였다.

셋째, 나라와 헤이안 시대뿐만 아니라 중세(12세기 말부터 17세기 초)까지 일본의 주요 화지 생산지는 이즈모, 에치젠, 엣추, 에치고, 소, 나가토, 스오, 오스미, 사쓰마, 쓰쿠시, 이요, 도사, 단바, 아키, 빗추, 빈고, 하리마, 인바, 이즈미, 셋쓰, 야마시로, 야마토, 이가, 미노, 오와리, 기이, 미카와, 시나노, 도토미, 스루가, 무사시, 고즈케, 시모쓰케, 아와, 히타치, 무쓰 등이다. 이곳들은 한반도 이주민의 정착과 밀접한 관련이

있는 지역이다.[165]

넷째, 과거와 현재의 화지 제작 절차, 재료, 기술 등은 중국, 한국, 일본이 서로 밀접하게 관련되어 있다. 일본에서 제지의 황금 시대는 에도에서 메이지, 다이쇼 시대였다. 그러나 쇼와 시대에 기계 제지 기술이 소개되어 화지 생산은 점차적으로 쇠퇴하기 시작하였다. 그러나 일본은 1300년이 넘는 화지 제작에 대한 뛰어난 전통을 갖고 있으며, 세계에서 선도적인 화지 생산 국가라는 명성을 계속해서 유지해 나갈 것으로 본다.

165) 町田誠之(1926), 『紙』, 日本放送協會, 日本經營史研究所 1973년 『製紙業の100年』 참조.

7) 직물 : 하타 씨족과 직조 기술

직조 기술은 누에를 키워서 명주실을 뽑아 비단을 짜는 과정을 말한다. 기록에 의하면 5세기 초반까지도 일본에서는 바늘과 실이 존재하지 않았으며 옷감을 짜거나 옷을 만드는 기술을 가진 기술자가 없었다.

처음 옷감을 짜는 기술은 중국에서 한국으로 전해졌다.[166] 『일본서기』 14권에는 유랴쿠 천황 7년(467) 백제의 니시고리베(錦織部) 조안나긴(定安那錦)과 아야하토리(漢織)를 초빙하여 직조 기술을 배웠다고 기록되어 있다. 이 기록이 말해 주는 바와 같이 일본의 방직은 백제, 신라, 고구려 직조 기술자를 통해서 처음으로 개발되고 발전하기 시작하였다. 일본에 초빙되어 간 삼국의 직조 기술자들은 몇몇 지방에 정착하여 여러 종류의 직물을 생산하였다.[167] 이렇게 일본 직물의 발달에도 한반도, 특히 백제 이주민들이 지대한 공헌을 하였다.

(1) 기누누이 히베 마셋쓰

오진 천황 때의 기록에 따르면, 백제의 왕이 기누누이 히베 마셋쓰라는 여인을 야마토국 다카이치군 구메로 보냈다는 내용이 있다. 그녀는 일본에서 실과 바늘을 사용하여 직물을 제작한 첫 번째 사람이었다.[168]

---

166) 崔在錫(1990), 『百濟와 大和의 日本化 過程』, 一志社, p.82.
167) 上田正昭(1965), 『歸化人:古代國家の成立をめぐって』, 中央公論社, pp.89~90.
　　　布目順郎(1985), 『倭人の絹』, 小學館, p.217.
168) 金錫亨(1988), 『古代 朝日關係史』, 한마당, p.352.

고대 한일 관계사의 진실

『일본서기』에 보면 백제로부터 온 바늘 사용 기술자는 혼자 일본으로 이주해 왔다고 했으나 실제로는 그렇지 않다. 기누누이 히베 마셋쓰만 하더라도 120여 명에 달하는 백제 사람들과 함께 이주해 왔다.[169) 백제로부터 이주해 온 직물 제조자들은 야마토에 정착하여 살았다.

백제에서는 보통 바늘과 실을 사용하여 옷을 만들고 직물을 다루었다. 기누누이 히베 마셋쓰가 일본에 이주한 것으로부터 약 반세기 이후인 463년에는 일군의 직물 제조가들이 백제에서 일본으로 이주하여 양질의 직물을 생산하였다. 백제 이주민이 일본의 직물 기술의 시초이며 직물산업에 큰 역할을 했다는 것은 확실한 정설이다.[170)

(2) 니시고리 씨족과 니시고리베 조안나긴

유랴쿠 천황 7년, 이마키노 아야노(今木彩乃)와 니시고리베 조안나긴은 니시고리 무라지 기누누이의 조상이라고 전해지고, 직공과 염색공이 한반도 이주민이라는 이야기도 있다.

『일본서기』에서 니시고리(錦織) 집단이 일본에 도착했음을 알리는 기록을 찾을 수 있다. 이는 고훈 시대 중기부터 후기에 걸쳐 새로운 직조 기술이 한반도로부터 소개되었다는 사실을 뒷받침한다. 유랴쿠 천황 7년에 가와치에 있는 한 관리가 "가라국(한국)에는 나보다 똑똑한 사람이 많다. 부디 그들을 초청해서 고용해야 한다"고 말했다고 전한다. 그 이후 천황은 그 관리에게 칙어(勅語)를 내려 한반도의 기술자들을 일본으로 초청하게 하였다. 이들 중 비단을 짜는 기술자인 니시고리들이 배치된

---

169) 崔在錫(1990), 앞의 책, pp.86-87
170) 『日本書記』유랴쿠(雄略) 7년 ; 崔在錫(1990), 앞의 책, p.87.

곳을 니시고리베라고 일렀다.

니시고리베에는 백제촌이라고도 불리는 니시고리촌이 있었다. 니시고리베 조안나긴은 백제 마을에 살고 있었던 것이 사실임을 증명하는 것이다.[171] 『화명초(和名抄)』의 기록은 니시고리베와 아마베 두 마을에 직물 제조에 종사했던 니시고리 씨족이 살았으며 매우 번창했다고 전하고 있다.[172]

(3) 닌토쿠 천황비에 관한 이야기

『고사기』에 따르면 닌토쿠 천황과 황후인 이와노히메(磐姫)가 오진 천황 시절 누리노오미를 방문하였다는 기록이 있다. 누리노오미는 백제에서 이주해 온 한반도 이주민이었다. 이와노히메가 배를 타고 기이국(紀伊國)에 가서 자리를 비운 동안 닌토쿠 천황은 야타노히메미코(矢田皇女)와 관계를 가졌다. 이와노히메는 이 사실을 알고 매우 상심하여 나니와에 있는 다카츠미야로 돌아가지 않고 요도와 가츠가와강 사이에 있는 야마시로 츠수키에 있는 누리노오미의 집에서 생을 마감하였다.

닌토쿠 천황은 와니 쿠치노 오미를 사신으로 보냈으나 그녀는 크게 상심한 나머지 끝내 궁으로 돌아가지 않았다. 이와노히메의 자매인 구치히메와 누리노오미는 그녀가 궁으로 돌아가지 않는 이유를 알고 있었으나 사신에게는 누에 기르는 것을 보려고 궁으로 돌아가지 않는다고 전했다. 누에가 자라면서 세 번 색을 바꿔 모양을 달리해 사람들이 흥미로워했기

171) 段熙麟(1982), 『大阪における朝鮮文化』, 大阪文庫 4, 松籟社, pp.77-78.
172) 段熙麟(1982), 앞의 책, p.77.

에 이렇게 둘러댈 수 있었던 것이다. 누에가 알에서 깨어 애벌레에서 누에고치가 되어 나비로 변하는 모습을 사람들이 신기해했다. 이와노히메가 천황도 이를 보면 매우 흥미로워할 것이라고 말했다고 전해진다.[173]

『신찬성씨록(新撰姓氏錄)』에도 오진 천황 시절 누리노오미의 후손이 백제로부터 이주해 왔다고 전한다. 그들은 누에를 기르고 아시누기라는 직물을 생산했다. 아시누기는 실을 두 층으로 짠 것으로 방수 기능이 있었다. 이러한 성과로 인해 이 그룹은 '오비토'라는 가바네(姓)를 부여받았다.

(4) 고(吳)

고(吳)라고 하면 흔히들 중국의 나라로 보는데 사실은 그렇지 않다. 구려(句麗), 즉 고구려에서 유래한 '구레' 역시 '吳'라고 쓰고 '고'로 바꿔서 부르는 경우가 있으니 고구려인의 이주와 함께 들어온 말로 볼 수 있다. 유랴쿠 천황 기록에 쓰여 있는 고(吳)의 경우, 당시 일본이 중국의 동진, 송과 교류했던 것이 명백하기 때문에 문자 그대로 중국의 나라를 뜻하는 고(吳)라고 해석할 수 있는 여지가 있다.

그러나 당시 일본의 외교 업무를 통솔하기 위해 파견된 사람 중 한 명이었던 스구리노 무사노는 야마토국 히노구마의 다케치군 출신이었다. 이 다케치군은 이마기(新來)의 대히토(才技, 당시의 장인)들과 관계가 깊은 곳이다. 나아가 긴메이 천황 기록에서도 고무사노 미야게, 오무사노 미야게와 같은 한반도 이주민의 이름이 발견된다. 따라서 유랴쿠 천황기

---

173) 大和岩男(1993), 『秦氏の硏究』, 大和書房, pp.328-429.

에 기록된 고(吳) 역시 고구려 이주민의 영향을 받은 명칭으로 보는 것이 타당하다.

오진 천황 37년에 쓴 기록을 보면, 아지노와 그의 아들 토츠카가 구레국(즉 한국)으로 직물 제조 기술을 배우러 갔다는 기록이 있다. 그들은 중국의 고(吳) 지역으로 가는 길을 몰랐기 때문에 한반도의 고구려로 가서 중국의 고(吳)로 가는 길을 안내할 사람을 찾았다.

고구려의 왕은 두 명의 안내자, 구레하와 구레시에서 안내해 주도록 하였다. 아지노와 토츠카는 오진 천황 41년 쓰쿠시국(현재의 후쿠오카)으로 무사히 돌아왔다. 그때 데려온 세 명의 여인이 이노가와강 주변에 정착하여 살면서 직물을 짜기 시작하였다. 이들은 일본 직물 제조의 시초가 되었으며 '오리베(織部)'의 조상으로 아야하토리 신사에 모셔지게 되었다.

고(吳)와 관련하여 한반도에서 고대 일본으로 직물이 전파된 것에 관한 또 다른 설이 있다. 이는 한반도 이주민이 중국의 고(吳)로 갔다가 백제로 돌아와 두서너 세대 터전을 마련하여 기술을 이용하며 살다가 일본으로 건너가 기술을 전파하였다고 보는 견해이다. 이것은 일본으로 이주했던 네 명의 여인이 한국인이 아닌 중국의 고(吳)에서 왔다는 데서 시작한다.[174]

하지만 고(吳)는 한반도의 지명이기도 하다. 섬진강 유역의 구례로 알려진 곳이다. 구례는 가야와 백제 사이에 있고, 아야 직물의 대부분은 백제에서 가야를 거쳐 일본으로 전해졌다. 이는 당시 백제와 가야가 특별히 일본과 긴밀한 관계를 맺고 있었음을 알려주는 좋은 근거이다.[175]

---

174) 西谷正(1959), 『農民の生活』, 世界考古學大系 3, p.55.
175) 金廷鶴(1977), 『任那と日本』, 小學館, p.31.
　　　정완섭(1997), 『직물의 기원과 교류』, 서경문화사, pp.182–185.

한편 구례라는 이름은 고구려와도 관련이 있다. 고구려의 건국시조인 주몽의 성이 '고(吳)'였으며, 그의 이름을 딴 고구려는 처음에 '구려'라고 명명되었다. 『일본서기』에는 히노쿠마에 자리잡은 구레히토를 구레하라에 정착시켰다. 여기서 말하는 구레는 고구려를 뜻한다. 구레하라에 구레츠 히코 신사가 있으며 이곳에서는 고구려 사람을 조상으로 모시고 섬긴다.[176]

(5) 낙랑(樂浪)

누에고치에 관한 가장 오래된 기록은 『삼국지』 위지동이전이다. 이 기록은 3세기 즈음 한반도에 이미 누에고치가 존재했다고 한다.[177] 누에고치 기르는 법과 명주실을 뽑아내는 법은 한반도의 고대국가인 낙랑에서 시작되었다.

위지동이전에 따르면 한반도의 누에고치 산업은 낙랑을 비롯하여 위, 마한, 진한, 동옥저, 고구려에서 비단이 제작되었다고 한다. 진한에서는 누에고치를 기르기도 하고 명주실을 뽑아내기도 했으며 이 명주실로 이중으로 비단을 짜 방수 기능이 있는 직물을 생산했다. 위와 마한은 온기를 유지할 수 있는 명주실만을 생산하였다.

낙랑 유적지에서는 면, 비단, 두 줄로 짠 비단과 기다란 장식이 달린 실(얇은 비단으로 장식된 것)이 발견되고 있다. 이와 유사한 비단들이 고훈 시대의 유적들에서 출토되기도 하였다. 낙랑에서 건너온 비단을 만드는 장인이 이 지역에 영향을 미쳤음을 알 수 있다.

---

176) 高瀬重雄(1984), 『日本海文化の形成』, 明治出版, p.87.
177) 布目順郎(1967), 『絹纖維遺物の研究』, p.55.

(6) 하타와 아야 씨족

야요이 시대에서 고훈 시대 사이에 일본에 직조 기술을 전수하는 데 중요한 역할을 한 사람들이 하타와 아야 씨족이다.[178]

신라 이주민이었던 하타 씨족의 수는 그렇게 많지 않았지만 개개인을 세는 것은 불가능했다고 전한다. 그 시기에 비단, 직물로 만든 장식품과 수건 등이 후지노키(藤木) 고분에서 발굴되었다. 후지노키 고분은 하타 씨족이 만든 유물 중의 하나이다.[179]

야마시로국의 가도노(葛野)와 후카쿠사(深草)는 하타 문화를 대표한다. 후카쿠사는 가도노 지역보다 비옥하여 하타 씨족 전체가 누에고치 산업으로 이 지역을 개발시켰다. 고카이 신사는 교토 우즈마사에 있는데 이곳은 하타의 중심지였다.

이 신사는 뽕나무와 누에고치와 밀접한 관련이 있다. 당시 하타 씨족은 비단을 천황에게 봉납하였고, 우즈마사라는 성씨를 부여받았다. 위기록에서 보면 닌토쿠 천황부터 유랴쿠 천황 시대까지 하타 씨족이 양질의 비단, 면 그리고 방수 비단까지 생산했다는 것을 알 수 있다.

백제로부터 이주해 온 아야(漢) 씨족 역시 직물 기술을 갖고 있었다. 아야 씨족은 고대 일본인에게 비단 짜는 기술을 전수하며 비단 산업을 이끌었다. '漢'이라는 한자로 쓰는 까닭에 중국으로부터 이주해 왔다는 오해를 하기도 한다. 야마카게 모토히키는 '야마토의 아야 씨족'이라고 기록하며 아야 씨족과 사카가미 씨족을 자세하게 묘사하였다.

사카가미 씨족은 아야 씨족에서 분리되어 셋쓰, 미카와, 오미, 하리마,

178) 李丙燾(2012), 「百濟文化의 東流」 斗溪 李丙燾 全集 03, 한국학술정보, pp.653-654.
179) 布目順郎(1995), 『大和人の絹, 弥生時代の織物』, 小學館, p.200.
　　今井啓一(1977), 『秦河勝』, 綜藝舍, pp.74-75.

아와, 단바 그리고 마츠 지역으로 퍼져 나갔다. 아야 씨족은 초기에 히노쿠마에 살았다.

『고사기』, 『일본서기』, 『고어습유(古語拾遺)』, 『신찬성씨록(新撰姓氏錄)』 등의 기록을 보면 하타와 아야 씨족은 한반도에서 왔다고 명확하게 전한다. 수많은 기록과 역사서에 하타와 아야 씨족에 대한 기록이 있지만 이들이 직물 산업과 연관되었다는 명확한 기록은 없다. 그럼에도 이들의 노력과 성과는 정치, 군사, 음악, 불교, 산업, 예술, 과학 그리고 재정에서 나타난다.

세키 아키라는 하타 씨족의 이주와 정착은 아야 씨족과는 다르다고 주장한다. 하타 씨족은 지방과 중심부에서 떨어진 지역에 정착한 반면, 아야 씨족은 중심에 자리잡았다. 하타 씨족이 평민들 사이에 비단 제작 기술을 전파하였기에 누에고치 산업은 특권층의 기술이 아니었다. 시간이 흘러 일반 농민들이 실, 면, 비단을 왕가에 바칠 수 있을 정도가 되자 하타 씨족의 위치가 점점 사라지게 되었다.[180]

이마이 게이치와 몇몇 학자들은 하타와 아야 씨족들이 누에고치를 길러 명주실을 생산하는 일에 종사했다는 사실을 부정한다. 그는 한반도로부터 이 집단이 이주해 왔다는 것은 인정하나, 이들이 다른 종족보다 뛰어났다는 것을 인정하지 않는다. 그가 주장하는 것은 누에고치에서 명주실을 생산하는 것은 일본 고훈 시대에 시작되었고, 이는 외국의 한 나라에서 전해졌다는 것이다. 유주키노기미(弓月君)는 가족과 다른 씨족을 이끌고 일본으로 이주해 왔는데 그가 천황에게 봉납하기 위해 가져온 것 중에 비단이 있었으며 다른 이주민도 비단을 가져왔다는 것이다.

이마이 게이치 외에 다른 학자들은 한반도 이주민, 특히 하타와 아야

---

180) 關晃(1966), 앞의 책, pp.106-108.

씨족이 고대 일본에 비단 생산 기술을 전했다고 말한다. 특히 하타 씨족은 한반도에서 이주해 온 사람들 중에서도 일본의 문화 정착에 가장 많은 공헌을 했다. 농업, 비단 생산 그리고 뛰어난 경제생활에서 그들의 역할이 돋보였다. 이와 같은 공헌으로 인해 하타 씨족과 야마토 지역의 권력 있는 집안들과 매우 가까운 관계를 유지하게 되었다.[181]

하타 씨족은 명주실 뽑는 기술 외에 상업을 운영하고 발전시키는 일도 전했으며 배나 말을 이용하여 스루가항을 통해 무역을 하는 기술도 전했다. 하타 씨족에 의해 교토를 포함한 주변 지역이 농업과 직물산업 이외의 수단을 통해 점점 부를 축적해 갔다.

신사에 관련된 이야기를 보면, 닌토쿠 천황은 아지노와 그의 아들 토츠카의 업적을 매우 칭찬하며 항구 근처의 땅을 내어 주고 구레와 아야하토리에 머물게 하였다. 이들은 일본 전체에 직물 제작 기술이 널리 퍼지는 것에 공헌하였다. 후에 구레하토리는 구레무로에 묻혔고 아야하토리는 아야무로에 묻혔다. 닌토쿠 천황은 이들이 일본의 직물산업에 미친 영향과 업적을 높이 평가하여 매우 극진히 대해 주었으며 이들을 위한 신사도 마련해 주었다.

『연희식신명장(延喜式神名帳)』에 보면 이 신사는 오사카 무로마치 이케다에 위치해 있다. 이는 구레하토리 신사 또는 구레하토리 다이묘진으로 알려져 있다. 이케다시 북부에는 사츠키산이 있다. 그런데 사람들은 이를 하타산이라 부르며, 이 산꼭대기에 이케다 신사가 있다.[182]

오사카 이케다시 주변에는 구레하토리와 아야하토리에 얽힌 이야기가 있다. 이케다시 무로마치에는 구레하토리 신사가 있으며, 마츠키산 중심

---

181) 原島禮二(1988), 『京都の秦氏, 古代日本と渡來文化』, 韓國文化院 監修, 學生社 참조.
182) 高瀬重雄(1984), 앞의 책, pp.87-88.
　　段熙麟(1982), 앞의 책, pp.67-69.

에는 아야하토리 신사가 있다. 두 신사에서는 오진과 닌토쿠 두 천황을 모시고 있는데, 그 이유는 두 천황 아야하토리히메와 구레하토리히메가 일본으로 이주해 왔기 때문이라는 것이다. 결국 직물 제작 기술을 전한 두 여인을 매우 존경하여 신사에 모셔졌다는 것이다.

1931년 교토 상공회의소와 직물산업 관련 기관들이 모여서 고대 일본의 직물산업을 발전시킨 장인을 찾는 회의를 가졌다. 신중한 검토 끝에 신출된 장인은 구레하토리와 아야하토리였다. 이후 교토 상공회의소 결정에 따라 이 장인들의 모습을 그려낼 화가를 고용하였으나 결국 완성하지 못했다. 선별과정에 문제가 있어 모든 일정이 취소되었던 것이다.

왜 이들의 결정을 취소했을까? 구레하토리와 아야하토리가 오진 천황과 유랴쿠 천황 시절 백제에서 이주해 온 이주민이라는 것이 들통나는 것을 염려해서였을까? 이 진퇴양난의 상황에서 일본인이 한반도 이주민에게 명성을 허락하고 싶지 않았던 것이다.

이마이 게이치는 신라로부터 이주해 온 하타 씨족과 백제로부터 이주해 온 아야 씨족에 대해서 부정적이었다. 이마이는 하타 씨족은 중국에서 이주해 왔으며 후한의 레이 티(Lei Ti)의 후손이라고 주장했다. 다시 말해 모든 기록과 증거물을 부정하며 하타와 아야 씨족은 한반도가 아닌 중국에서 이주해 왔다는 것이다.

이마이 게이치는 만일 하타 씨족이 신라에서 왔고 비단 직조 기술과 누에고치를 일본에 전했다면 한반도의 근원에 따라서 인정되고 경배받아야 하겠지만 그 어디에서도 증거를 찾을 수 없다고 했다. 아마도 교토 서부에 있는 하타 씨족의 중심지에서 그들의 조상이나 구레하토리, 아야하토리를 경배하였을 것이다. 그러나 그 씨족들의 후손이 어디에도 남아 있지 않고 누에고치나 비단이 신라나 백제에서 전해졌다는 근거도 찾을 수가 없다.

이마이 게이치는 다시 하타 씨족과 아야 씨족이 고대 일본에서 누에고치를 기르고 비단을 제조했다는 사실에 동의하지 않는다. 하타나 아야 씨족 같은 한반도 이주민이 누에고치와 직물 생산법을 고대 일본에 소개 하였다고 하지만 이미 당시 한반도 이주민이 일본으로 전하기 전에 직물 제조 기술과 누에고치를 기르는 기술이 존재했었다고 주장한다.[183]

(7) 야요이 시대와 고훈 시대의 비단 전파

야요이 시대와 고훈 시대 이전에도 일본에 직물을 제조하는 장인이 있 었다고 한다. 하지만 이 시기의 직물은 주목할 만한 것은 못 되었다. 본격 적인 직물 생산은 한반도 이주민에 의해 시작되었다.

『일본서기』에는 진구 황후 46년(246) 백제 왕이 야마토 사신에게 오색 비단과 각궁(뿔활), 화살, 철정(쇳덩어리) 등을 선물하였다는 기록이 있 다. 오색 비단에 대하여 원문에 '5색 비단 각 1필'이라고 쓰여 있는데, 한 가지 색깔로 되어 있는 비단 5필이라는 것이다. 그리고 오진 천황 14년(283) 2월에는 일본에 초빙되어 간 백제 사람 진모진이의 이름이 기 록되어 있는데, 그는 일본 직조업과 제봉공의 시조로 전해진다. 이어 오 진 천황 37년(306)과 41년(310)년, 유랴쿠 천황 14년(470)의 기록에는 이 찌노 오미와 츠가노 오미를 '구레'에 파견하여 여직공 에히메와 오또히 메를 데리고 왔는데, 그들이 짠 천을 구레하토리, 아야하토리라고 불렀 다고 쓰여 있다.[184]

이와 같이 일본의 방직 기술은 한반도로부터 전해졌거나 삼한의 방직

183) 今井啓一(1977), 앞의 책, pp.90-91.
184) 량연국(1991), 『조선 문화가 초기 일본 문화 발전에 미친 영향』, 평양사회과학출판사, p.214.

기술과 제봉공들이 일본에 건너가 방직 기술을 보급하여 발전하기 시작한 것이다.

일본에서는 명주산업의 시작 시기에 관한 의견이 야요이 시대와 고훈 시대로 양분되었다. 누노메 준로는『명주의 동부 확산』이라는 책에서 직물의 변천사와 기원에 대해 설명하였다. 그는 명주가 확산된 시기와 지역은 명주의 유물과 발굴된 것에 따라 매우 다양하다고 한다. 또한『야마토 사람들의 비단』에서 야요이 시대 사람들의 직물 산업에 대해 이야기하고 있다.

① 양잠과 비단 제조의 시작은 야요이 시대 말기부터 시작되었고 처음 규슈 북부에 소개되었다.

② 야요이 중기 이전에 중국으로부터 전해진 다양한 양잠을 시작하여 누노메는 양잠이 처음 중국으로부터 전해졌다고 여겼다.

③ 야요이 시대에는 낙랑이라고 알려진 양잠 형태가 규슈 북부에 소개되었다. 그 즈음 낙랑과 규슈 북부와의 교통이 이루어졌다. 좀더 정확하게 말하자면 야요이 시대 말기, 서기 100년 전에 시작하여 대략 150여 년 지속되었다. 고대 일본에서 양잠은 이 시기 이전에 시작되었다.

④ 이 시기 동안 중국은 양잠이나 뽕나무, 명주 제조에 대한 어떠한 정보도 외국으로 알려지는 것을 금지하였다. 양쯔강 하류는 양잠이 매우 발달해 있었고, 이는 현재까지도 이어지고 있다.

일본에서 대부분의 사람들은 직물 짜는 기술이 야요이 시대에 전해졌다고 믿는다.[185] 이 기술이 섬나라의 남서부로부터 확산되었다고 생각하

---

185) 京都博物館(1989),「海を渡って來た人びと彼等の文化」,『古代日本と東アジア』, p.59

는 이들도 있다.

야요이 시대에 양잠은 규슈 북부가 독점하고 있었다. 당시 일본의 어느 지역에도 명주를 생산할 수 있는 곳은 없었다. 야요이 시대의 혼슈, 시코쿠, 규슈 남부 어디에도 명주실이나 명주로 만든 유물이 발견된 흔적이 없다. 이후에 이 세 지역에서 야요이 명주를 제조했으나 규슈 북부에서 발견된 명주의 양에 비하면 턱없이 적은 것이었다. 누노메 준로는 그 이유를 이렇게 말하고 있다.

① 규슈 북부와 중국에서는 양잠, 뽕나무, 명주실을 뽑아내는 방법 등에 대해 외부로 정보가 새어나가는 것을 철저하게 보호했다.

② 혼슈, 시코쿠, 규슈 남부는 양잠을 금기시하였다.

③ 혼슈, 시코쿠, 규슈 남부는 양잠에 큰 관심이 없었다.

이 내용은 고훈 시대의 유물을 보면 확실히 알 수 있다. 일반 면실은 일본 대부분의 지역에서 발견되었다. 유랴쿠 천황 7년(463)에 백제가 일본으로 보낸 사람 중에는 니시고리베 조안나긴이라는 직물 제조 기술을 지닌 장인이 있었다는 기록이 있다.

한반도 이주민이 후쿠치산 주변 지역에서 고훈 시대 말기에 명주 제조법에 대해 설명한 기록도 남아 있다. 그들은 누에고치에서 가늘고 정교한 명주실을 뽑아내어 방수가 되는 비단을 만들었다고 전한다.[186]

야요이 시대와 고훈 시대 초기에 양잠과 명주를 만든 곳을 살펴보면, 5세기에 하타 씨족이 신라에서 이주해 온 경로와 비슷하다. 또한 이 경로는 아메노히보코가 신라에서 이주해 온 것과도 비슷하다.

186) 布目順郎(1995), 앞의 책, pp.77-82.

야요이 시대와 초기 고훈 시대 양잠의 유물과 명주를 생산했던 지역은 하타 씨족이 일본으로 이주하기 전이다. 이것은 하타 씨족과 아메노히보코의 이주는 신라에서 시작되었음을 말해 주고 있다. 누노메 준로는 발굴된 누에고치 유물은 중국이나 한반도에서 수입된 것이 아닌 발굴 지역에서 직접 생산된 것이라고 주장했다.[187]

　누노메 준로는 미국 보스톤 박물관을 방문하여 닌토쿠 천황의 무덤에서 발견된 기록을 보았다. 두 가지 방식으로 짜낸 직물이 오사카 사카이 시에 있는 닌토쿠 무덤 근처에서 발견된 주타이쿄 거울 표면에 부착되어 있었다. 그는 거울 표면에 두 종류의 직물이 부착되어 있음을 발견했다.

　중국에서 비단은 실크로드를 통해 유럽의 나라들과 교역되었다. 중국 사람들에 의하면 비단이 외국과 교역할 만한 물품이었다고 한다. 그럼에도 중국에서는 양잠이나 뽕나무 품종에 대해서는 매우 엄격히 통제하였다. 그러나 규슈 북부에서 중국보다 더 많은 양의 비단을 생산하게 되었다. 후에 시코쿠, 혼슈, 규슈 남부에서 비단을 생산하였지만 규슈 북부의 비단 산업에 영향을 미치지는 못했다. 양잠의 흔적과 비단 유물 중에 외국 물품도 발견되었다.

　혼슈, 시코쿠 그리고 이외 지역 사람들은 비단 짜는 과정을 알고 있었던 듯하다. 비록 지역 관리들이 비단 제조법에 관심이 있었다고 하여도 매우 손이 많이 가는 작업이었다. 또한 장인들의 엄격한 품질 검사를 통과해야 했다. 혼슈, 시코쿠, 규슈 남부 지역의 주민들은 삼베 짜는 것에 익숙해 있어 양잠에는 별로 관심이 없었다. 토로(登呂)에서 발견된 삼베는 질이 아주 좋으나 비단의 질은 엉성하기 짝이 없다.

　양잠 산업에서는 뽕나무가 가장 중요하다. 유랴쿠 천황 때의 기록을

---

187) 布目順郎(1988), 『古代日本海沿岸の絹文化』, 小學館　참조.

보면 뽕나무를 기르는 방법에 대한 황실의 기록이 있다. 이 지역의 조건이 뽕나무를 기르기에 적합하여 사람들에게 뽕나무 기르기를 권장하였다. 뽕나무는 따뜻한 지역에서 잘 자라며 열매도 먹을 수 있다.

그러나 뽕나무는 주로 양잠을 하는 것이었다. 남부 중앙 혼슈 주변의 21개 지역, 이세, 오와리, 상아, 수구라, 이즈 오미, 엣추, 단바, 다지마, 인바, 호키, 이즈모, 하리마, 비젠, 빗추, 빈고, 아키, 이요 그리고 사누키 등에서 뽕나무를 길렀다. 이마이는 원시 뽕나무는 일본에 있고 야생 누에고치는 오진 천황과 닌토쿠 천황 시대 전에 이미 존재했었다고 주장한다. 이것은 한반도 이주민이 일본에 건너오기 이전에 이미 누에고치를 기르고 있었다는 것을 주장하는 것이다.[188]

고대 일본에 비단 짜는 기술을 전해 준 한반도 이주민은 야요이 시대 또는 고훈 시대에 주로 나타난다. 이 시대에는 대량으로 명주를 짜낸 기관이나 황실 내의 기관이 세워진 시기이다.

한반도 이주민이 고대 일본에 전해 준 문화나 기술에 대해서 많은 자료나 기록이 있으나 명주 산업이나 양잠에 대한 기록은 많지 않다. 일본은 비단 짜는 기술이 중국의 고(吳)나라에서 전해졌다고 주장한다. 하지만 앞서 살펴본 대로 백제, 고구려, 신라 삼국으로부터 한반도 이주민이 일본으로 건너갈 때 양잠이나 명주를 짜는 것까지 모두 전해졌다는 것은 분명하다. 여러 가지 이유와 근거가 있지만 그 중에서 규슈 북부와 혼슈 서부 지역과 한반도가 거리상으로 가까운 이유를 들 수 있다. 백제는 당시 어느 나라보다 직물을 제조하는 기술이 앞서 있었고 그 기술을 일본에 전해 준 것이다.

---

188) 今井啓一(1977), 앞의 책, p.85.

8) 스에키 : 일본에 전파된 가야 토기

스에키(須惠器)가 만들어지기 시작한 것은 고훈 시대인 5세기 중엽 유랴쿠 천황 시대이다. 스에키 토기는 이전의 조문 토기나 야요이 토기에 비해 정교하고 단단하며 녹로(轆轤)를 사용하여 조형적인 면에서 뛰어났다.[189] 이때부터 일본에서 만들어진 푸른 색상의 단단한 모양의 토기를 스에키라고 한다. 나리 시대에 스에키는 '토엔' 그리고 '토하이' 라고 불렀다. 이 중 '토(陶)'는 '스에' 라고 읽힌다.[190] 이 스에키는 음식을 담는 그릇으로 쓰였고, 차례나 종교의식에 쓰인 스에키는 '이와이베(齋瓮)'라고 불렀다.

한국에서 스에키는 출토지에 따라 가야토기, 백제토기, 신라토기라고 한다. 일본에서는 도기류를 시라기(新羅器)라고 부르기도 하며 또한 스에키는 교키 야키라고도 불린다. 교키라는 말은 '승려' 라는 의미이다. 메이지 시대 이후에는 '이와이베 토기' 또는 '이와이베' 로 불리기도 했다. 그러나 1930년대부터 학술적인 용어가 아닌 '교키 야키' 나 '이와이베 토기' 가 아니라 '스에키' 가 토기를 일컫는 대표적인 명칭이 되었다.[191]

일본은 1945년 이후 국가 재건을 위해 경제개발계획을 실시했고 그 일환으로 전국에서 공사가 이루어졌다. 자연히 고고학적 유물들이 공사현장에서 많이 출토되었고, 이로 인해 고대 토기의 일종인 스에키에 대한

---

189) 上田正昭(1985), 『日本と朝鮮の二千年』, 大阪書籍, p.170.
190) 菱田哲郎(1996), 『須惠器の系譜』, 講談社, p.49.
191) 喜田貞吉(1918), 朝鮮式 陶器について 所謂 祝部土器に 關する 管見 歷史地理 31卷
　　 5號 pp.381-392.

연구가 활기를 띠게 되었다. 특히 오래된 스에키 가마가 발견되면서 스에키의 보급과 전파에 대한 연구가 본격적으로 이루어졌다. 이러한 연구들은 스에키가 언제 일본에 처음 전해졌고, 얼마나 오랫동안 이어졌는지를 이해하는 데 크게 도움이 되었다.

스에키라는 도자기는 지금은 역사적 유물이 되었다. 그러나 일본에서는 지금도 '스에'라는 말이 인명이나 지명에 쓰이고 있다. 예컨대 '스에(陶)', '스에노(陶野)', '스에(須惠)', '스에(須江)', '스에(主惠)', '스에(修惠)', '스에(末)', '스에노(末野)' 등이 남아 있다.[192]

지금도 스에키의 근원과 전파, 지역에 따른 스에키 기술의 변화, 가마가 위치한 지역과 그 구조, 그리고 스에키에 관련된 지명 연구 등과 같은 다양한 주제로 연구와 토론이 이루어지고 있다. 여기서는 스에키에 대한 일반론을 논하기보다는 일본으로 건너간 한반도 이주민과 연관된 스에키의 역사에 대해서 다루고자 한다.

(1) 스에키의 역사

일본에서 스에키는 에도 시대 후기부터 출토되기 시작했다. 이 당시는 사람들이 고분의 발굴과 연구에 크게 관심을 가졌던 때다. 그들은 고분에서 대략 5세기의 스에키를 발견했고, 이것이 스에키 제작의 시초로 짐작된다. 일본 고고학자들은 이 사실을 받아들이고 있으며 이는 유랴쿠천황 시대 『일본서기』의 기록과도 맞아떨어진다.[193]

■ 도질토기(陶質土器)

1985년 아스카에 위치한 아마노카구야마(天香久山) 고분에서 도질토기 유물이 발굴되었다. 지금도 계속 진행되고 있는 스에키의 기원에 대한 논의를 발전시키기 위해서는 이 도질토기에 대한 보다 상세한 연구가 필요하다. 왜냐하면 그것이 스에키의 전신(前身)이라고 할 수 있기 때문이다.

일본의 것과 형태 등에 있어 유사한 도질토기 유물이 한국의 유적지, 주로 삼국시대 왕궁이 있던 자리에서 발굴되었다. 아마노카구야마 고분에서 발굴된 토기를 정밀하게 분석해 본 결과 가야에서 온 원자재로 만들어졌음이 확인되었다. 그리고 흥미롭게도 아스카 지역의 아스카가와 강 상류에는 가야 나루메미코 신사가 있다. 이 신사의 이름 역시 가야에서 따온 것이다.[194]

츠쿠시, 아시모리, 기비 지역의 강 유역 등에서도 많은 가마가 발견되었다. 사누키 지역의 사부로이케 나루타기 가마, 이즈미의 오바테라 가마 등이 그것이다. 이 지역에서 가야로부터 전해진 도질토기가 발견되었다.

그리고 스에키의 한 형태로 다카츠키(高坏)가 있다. 규슈 북부의 야마쿠마 가마에서는 다카츠키의 일부인 기다미(잔 받침대), 잔의 가장자리 부분 조각이 발견되었다. 이것은 뒤로 휘어져 굽은 형태가 부산 화명동 고분에서 발굴된 것과 매우 흡사하다. 이러한 사실은 가야인들이 일본에 이주해 간 사실을 증명해 준다. 동시에 한반도가 규슈 북부와 중부 지역에까지도 많은 영향을 주었음을 여실히 보여 준다.[195]

이밖에도 한국과 일본의 학자들이 스에키의 기원을 알아내기 위한 연구를 꾸준히 진행해 왔다. 기타노 코헤이는 오사카 후지이사(藤井寺)에

194) 谷川健一, 金達壽(1988), 앞의 책, p.30.
195) 東潮(1993), 「考古學から見た伽倻と倭國」, 『日本の歷史 2, 古代篇』, 新人物往來社, p.229.

스에키(須惠器)는 하지키(土師器)보다 뛰어난 기술로 만들어졌으며 매우 단단한 토기이다. 이 스에키
가 만들어짐으로써 일반생활에 크게 도움이 되었다.

있는 노나카 고분을 연구했다. 이곳에서 발견된 토기는 함안, 진주, 합천
등에서 발견된 것들과 비슷하다. 나카무라 히로시는 다카쿠라 고분은 백
제, 니고리 이케 고분은 가야와 연관이 있다고 주장했다. 신경철(申敬澈)
은 다카쿠라에서 발굴된 85개의 토기 중 73개가 합천, 고령에서 발굴된
것들과 유사하며, 이케 가미 고분의 유물 역시 함안, 고성, 사천의 것과
관련 있다고 설명했다.[196]

　도질토기의 발달에 대해서는 확실한 기록이나 자료가 없다. 대략 한반
도에서 3세기 말에 시작되었을 것으로 추정하고 있을 뿐이다. 그렇기에
도질토기에 관하여 자세하게 연구한다는 것이 쉽지 않다. 그럼에도 대부

---

196) 酒井淸治(1993),「須惠器の生産技術は何時傳來しだのか」,『日本の歷史 2, 古代篇』,
　　新人物往來社, pp.210-211.

분의 학자들이 도질토기가 4세기 즈음에 한반도에서 생산되었다는 사실에는 반대하지 않는다. 5세기 후반부터 6세기 중반까지 한반도의 여러 지역에서 각기 다른 형태의 도질토기가 발전하였다. 그 중 가야는 도질토기의 발전에 가장 선구적인 나라였다. 그 이후 일본에 전파된 한반도의 도질토기 기술은 스에키 토기가 형성되는 데 큰 영향을 미쳤다.[197]

■ 하지키(土師器) 토기

고훈 시대 초기에 하지키 토기가 널리 퍼져 있었다. 하지키 토기는 무르고 붉은색 소재의 흙으로 만들어졌다. 반면 고훈 시대 중엽부터 만들어진 스에키는 단단한 푸른 소재의 흙으로 만들어졌다. 현재 일본 고고학계에서 무른 토기는 하지키, 단단한 토기는 스에키로 나누고 있다.

하지키 토기의 기원은 야요이 토기이다. 유약을 바르지 않고 800도에서 구워 내는 전통적인 야요이 토기 방식을 그대로 따르고 있다. 야요이 토기는 조몬 토기에서 이어지며, 장식이 없고 단순한 것이 특징이다. 반면 스에키는 1,100도 고온에서 구워 내고 도질토기의 기술을 따른다.

하지키 토기와 스에키는 고훈 시대 말경까지 함께 존재했다. 스에키가 하지키에서 발전했다는 설이 있지만, 여기에는 어떤 증거나 자료도 찾을 수 없다. 고훈 시대 말에 토기를 만드는 데 눈에 띄는 변화가 일어났다. 전형적인 항아리 모양을 갖추고 있던 하지키와 전혀 다른 스에키라 불리는 새로운 형태의 항아리가 등장한 것이다. 조몬 토기, 야요이 토기, 하지키 토기는 동일한 계통의 생산기술로 만들어졌다.

반면, 스에키 토기 제작은 생산 기술과 원재료 자체가 완전히 다른 것이었다. 이 기술을 살펴보는 것이 중요한 것은 단순히 새로운 기술, 뛰어

197) 宋桂鉉, 安在晧(1988), 「古式陶質土器に 關する 若干の 考察 下」, 古代文化 40號 참조.

난 기술이기 때문이라기보다는 한반도 이주민이 소개한 기술이기 때문이다. 한반도 이주민의 공헌이 없었다면 스에키를 일본에서 생산한다는 것은 불가능했을 것이다.[198]

하지키와 스에키가 발굴된 지역 중 긴키 지역은 일본에서 가장 오래된 곳 중 하나로 알려져 있다. 일본 주류 문화가 손을 뻗치지 못하는 외진 지역에서 하지키를 생산했다. 반면 스에키는 특수한 소재의 흙과 가마로 인해 제작하는 것이 어려웠다. 따라서 외진 곳, 외딴 곳에는 스에키 대신 하지키만 전파되었다.

■ 일본의 스에키

스에키는 일본에서 만들어지기 이전에 이미 한국에서 제작되고 있었다. 일본에서는 한반도 이주민이 유입되었을 당시 생산되었다. 이 무렵 일본에는 어떤 정부의 형태도 갖추어지지 않았고 단지 봉건 영주가 존재하고 있었다. 일본에서 중앙정권이 언제 수립되었는지는 전문가나 학자들도 의견이 분분하다. 4세기 또는 5세기라고 하는 이도 있고, 6세기, 7세기라고 하는 사람도 있고, 8세기 말이라고 주장하는 이도 있다.

여하튼 이 시기에 긴키 지역 역시 봉건 영주가 정치적 권력을 지니고 있었다. 이주민이 스에키의 제작을 주도하면서 긴키 지역에서 정치권력을 지니게 되었다. 스에키의 대부분은 스에무라(陶邑) 지역에서 야마토 정권의 권력 집단에 의해 생산되었고 율령제 시대까지 계속되었다.

스에키는 문화와 사회의 변화에 영향을 받았다. 처음 몇 년 동안은 스에키 제작에 어떤 제한이나 규율이 없었다. 그러다 점차 야마토 정권이 토기 제작과 전달을 매우 엄격하게 통제하였다는 기록이 있다. 하지키

198) 中村浩(1988), 「須惠器の上限と生産の系譜」, 『博物館』, p.21.

토기 생산에도 이러한 제한이 적용되었으나 스에키처럼 엄격하지는 않았다. 통제가 강화되었다는 것은 이 지역에 대한 중앙정부의 권한이 점차 강화되어 가고 있었음을 보여 준다.[199] 이렇게 스에키의 생산은 단순한 공예품이 아닌 정치권력과 연관되어 있었다.[200]

스에키의 시초는 고훈 시대 초, 대략 4세기 말에서 5세기 초라고 할 수 있다. 스에키가 처음 제작된 장소는 오토리, 이즈미, 가와치 등이다. 이곳에서 만들어진 도질토기는 스에키의 전신이자 가야에서 전파된 것이었다. 도질토기의 대부분은 주로 한반도 이주민의 거주지, 특히 기노가와강 주변에서 많이 발견되었다. 스에키가 제작되던 지역에서는 이와 관련된 지명이 많다. 오늘날 스에키 가마 수를 정확하게 헤아릴 수는 없지만 2천여 개가 넘는다고 한다.[201] 대략 수천 개가 된다고 해도 무방할 것이다.[202]

5세기 말에서 8세기 사이 스에무라에서 도자기 생산이 증가했다. 고훈 시대의 도자기 생산은 스에무라 지역이 이끌었다. 스에무라 도자기는 헤이안 시대 중기에 천천히 사라졌으며, 헤이안 시대 말에는 도자기 생산에 있어 새로운 방향이 나타났다. 여섯 개의 주요 도자기 생산지, 즉 세토, 춘데스베리, 에치젠, 시가라키, 단바 그리고 비젠이 모여서 하나의 집단을 형성했다. 하지만 10세기 초반에 이르러 스에무라의 도자기 생산은 거의 소멸되었다.

199) 中村浩(1988), 앞의 책, p.21.
200) 玉口時雄, 小金井やすし(1984), 「土師器, 須惠器の知識」, 『美術』, pp.10-11.
   中村浩(1988), 앞의 책, p.30.
201) 谷川健一, 金達壽(1988), 앞의 책, p.61.
202) 小山富士雄(1951), 『考古學 雜誌』 卷39, No.3, pp.41-48.

(2) 스에키의 주요 생산지

오사카현 스에무라 가마에서 스에키 생산이 시작되는 동안 같은 형식의 가마들이 일본 서부 지역에서도 생겨나기 시작했다. 스에키의 주된 생산지는 규슈 북부, 시코쿠 북부, 오카야마현 기비, 세토 내해 지역, 오사카 평원 북부와 동남부이다. 와카야마현, 기노가와강 유역 하류와 아이치현 도카이 지역에서 스에키가 발견될 가능성이 있다. 스에키 가마가 있던 곳과 생산지에 대해 좀 더 확실한 곳을 찾아보자.

■ 규슈 북부

1989년 규슈대학에서 아마쿠마 가마 지역을 조사했다. 후쿠오카는 항아리, 그릇, 긴 잔, 하소(가운데가 볼록한 원통 모양의 그릇)가 발견된 곳이다. 긴 잔과 하소를 조사한 결과 스에무라, 오사카, 아마쿠마, 규슈에서 스에키가 시작된 시기는 큰 차이가 없는 것으로 나타났다.

또한 세토 내해를 바라보는 후쿠오카 도요츠시에서 이야시키 가마가 발견되었다. 이 가마는 스에키 생산 초기에 사용되었던 가마와 비슷한 종류이다. 하카타만(博多灣)을 바라보는 후쿠오카 요시타케타카기(吉武高木) 유적지에서도 수많은 스에키가 발견되었는데, 주로 초기에 생산된 것들이었다. 이러한 사실은 스에키 가마가 규슈 북부의 여러 지역에 세워졌음을 말해 준다.

■ 세토 내해

시코쿠 세토 내해에서 스에키 생산 초기의 것으로 확인된 유물들이 발견되었다. 소쟈시(總社市)와 오카야마시(岡山市) 등을 들 수 있는데, 한 초등학교에서 스에키 그릇 받침, 항아리, 긴 잔 등이 발굴되었고 하지키 토기, 긴 잔, 항아리 등이 나왔다. 1993년에는 스에키 초기에 속하는 오쿠게타니 가마가 발견되었고 이곳에서도 수많은 항아리가 발굴되었다.

가가와현 사누키 서부에는 미야마 가마터가, 동부에는 사부로이케 세이한 가마터가 있다. 이곳에서는 주로 항아리를 생산했다. 에히메현(愛媛縣)에서 초창기 스에키가 많이 발견되었으며, 이요시(伊子市)에 있는 이치바 미나미 구미 가마터는 스에키 생산의 최적지로 손꼽힌다.

■ 긴키 지방

오사카 평원을 포함하는 긴키 지방에서는 가야 양식의 토기가 다수 출토되었다. 앞서 설명하였듯이 긴키 지방은 한반도 이주민이 많이 건너간 곳이었다. 그리고 오사카 평원 북부 센리에서 오랜 기간 동안 스에키 제작과 생산에 종사하며 근방의 스에키 생산을 이끌어 왔다. 가장 오래된 가마터 중 하나는 수이타 No.32 가마로 이곳에서는 주로 항아리와 그릇, 코시키(찜통용 토기)가 발굴되었다. 이 사실을 바탕으로 스에키의 기술이 여러 곳으로 전파되었음을 알 수 있다.

와카야마현 기노가와강 하류는 스에키 생산지로 매우 유명했다. 특히 와카야마현 무소타 유적지는 집 모양을 한 '하소'가 발견되어 유명해졌다. 또한 나루타키와 오타니 고분 유적지도 발견되었다. 가마가 만들어진 최초의 시기를 특정하기는 매우 어렵다. 왜냐하면 여전히 토기 가마들이 발견되고 있기 때문이다. 하지만 어쨌든 한반도 이주민이 세토 내해를 통해 건너가면서 토기 제작 기술을 전파한 것은 확실하다. 세토 내해를 따라서 위치한 지역들이 가장 오래된 스에키 가마터라고 추정하는 것이 무리가 없어 보인다.[203]

---

203) 菱田哲郎(1996), 앞의 책, pp.61-64.

(3) 스에키의 전파, 일원론과 다원론

스에키가 가야와 백제 남부에서 기원했다는 것은 이미 받아들여졌으나 스에키가 일본 전역에 어떻게 퍼져 나갔는지는 확실하지 않다. 이에 대해 우선 하나의 스에키 근원지에서 제작되어 일본 전역으로 퍼져 나갔다는 설이 있다. 이 주장은 오사카 사카이시 북부 이즈미 스에무라 가마를 근원지로 보고 있다. 스에무라는 일본에서 스에키 생산량이 많은 오랜 지역 중 하나이다. 이 일원론(一元論)은 스에키의 기술, 제작, 전파 등이 스에무라에서 시작되었다고 주장한다. 40년 전까지 가장 많은 사람들의 지지를 받았다.[204]

하지만 규슈 북부와 시코쿠에서 스에무라 가마와 비슷한 또 다른 가마가 발견되면서 다른 설이 등장했다. 이름하여 다원론(多元論)이라 하여 일원론에 반대하는 것이다. 이 설에 따르면 스에키는 여러 지역에서 제작되어 각기 여러 지역으로 전달되었다고 한다. 이를 뒷받침하는 것은 한반도 이주민이 여러 지역으로 옮겨가 그곳에서 토기를 제작하여 일본 각지로 전파했다는 사실이다.[205]

니고리 이케 지역에 대해 연구한 모리 코이치(森浩一)나 스에무라 가마 지역에 대해서 조사한 다나베 쇼조(田邊昭三) 등은 언제 스에키가 일본에서 생산되기 시작했는지 활발히 연구를 진행하였다. 동시에 다원론과 일원론에 대한 의문을 풀기 위해 노력했다.

먼저 '왜 일원론이 주장되었는가?'와 관련하여, 스에키 제작이 동시대의 정치권력과 맞물려 있었음을 고려할 수 있겠다. 스에키의 생산은 정치

---

204) 中村浩一(1984), 『日本陶器の源流』, 柏書房, pp.231~232.
205) 사모리 히데오(1992), 『古美術』, 六興社, p.58.

적 힘을 지닌 가문의 후원을 받고 이들의 후원은 고대 일본 산업을 발전시키는 데 크게 도움이 되었다. 예를 들어 야마토 정권은 스에키를 알리기 위해 신분이나 지위가 높은 가문의 사람들에게 스에키를 사용하게 했다.

야마토 정권의 주요 관심사 중 하나가 어떻게 한반도의 숙련된 기술자들을 일본으로 데려와 산업을 발전시키느냐 하는 것이었다. 이를 위해 야마토 정권은 야마토와 매우 근접한 이즈미 스에무라에 다수의 가마를 세웠다. 그리고 스에키의 제작, 전파 등에 관련한 모든 통제를 주관했다. 따라서 스에키의 생산은 스에무라에 고정되어 있었다.

그러나 최근 지역 연구가들이 이러한 일원론에 문제를 제기했다. 스에무라 가마 이외에도 스에키 제작 초기에 많은 지역에서 스에키를 제작하고 있었다는 것이다. 그 지역은 마사쿠라타 가마 지역, 후쿠오카 미와시 야마쿠마 가마, 시코쿠, 도요나카시에 위치한 미야마 가마, 다카마츠시에 위치한 사부로이크 세이간 가마, 오사카 수이타시에 있는 수이타 No.32 가마, 사카이시의 수우에다 가마, 사카이시의 오바데라 가마, 그리고 나고야시의 No.111 가마 등이 있다.

규슈 북부에서 세토 내해까지 스에무라와는 어떤 연고도 없이 스에키가 제작 생산된 흔적이 발견되었다. 다나베 쇼조는 후쿠오카에 있는 이케노 가미 고분에서 출토된 스에키가 스에무라의 것과는 확연히 다르다는 것을 발견하였다. 하시구치 타츠야는 이케노 가미 고분 지역을 조사하여 스에키의 성장, 발전이 스에무라와 연관되지 않음을 지적했다. 나아가 다나베 쇼조와 우에노 가즈오는 센다이시에 있는 다이렌지 가마, 미야마 가마, 히가시야마 가마는 스에무라와 깊은 연관이 있지만 이가시야마 가마와 그 외의 가마들은 일본 서부에 있어 스에무라와는 다르다고 밝혔다. 그리고 중심 생산지라는 스에무라에서 대량 생산을 했던 곳이라는 증거는 찾을 수가 없었다. 이러한 이론들은 다원론을 뒷받침한다.

이 문제를 어떻게 해결할 수 있을까? 대부분의 일본 고고학자들은 야마토 정권의 탁월성을 강조하는 것에서 벗어나지 못하고 있다. 특히 고고학적인 면에서는 더욱 그렇다. 하지만 살펴보았듯이 고대 일본 사회에서 한국과의 관계를 검토하지 않고는 어떻게 스에키가 고대 일본에 전파되었는지 확실하게 알아보기는 힘들 것이다. 더욱이 한반도 이주민이 일본에 스에키 기술을 소개했다는 사실을 간과한다면 해답을 찾기가 더욱 어려워진다.

나라사키는 일원론이 보완되지 않으면 위기가 올 수도 소멸이 될 수도 있다고 날카롭게 지적했다. 내가 일원론은 근거가 없다고 말하면 경솔한 것인지도 모르겠다. 전문가나 관심 있는 사람들이 관련 자료와 유물을 더욱 많이 발굴하여 일본 스에키의 생산지, 전파지를 찾아야 한다고 본다.[206]

논의를 요약해 보면, 일본의 스에키는 한반도 남쪽 가야국에서 기원했다. 그리고 신라와 백제 등 한반도의 또 다른 지역 역시 일본의 토기 발달에 공헌했다. 그러므로 일본의 스에키 생산과 기술 전파에 있어서 한반도 이주민의 역할을 긍정적으로 검토해야 할 것이다. 한반도 이주민이 세토 내해를 관통하는 경로를 통해 새로운 기술을 전파한 사실을 인정해야 한다.

206) 菱田哲郎(1996), 앞의 책, p.54.

9) 다다라 : 가야가 전해 준 제철 기술

제철이라 하면 대규모 철강산업을 떠올리기 쉽다. 하지만 여기에서 다루는 다다라는 발로 공기를 불어 보내는 커다란 대장간의 풀무 혹은 다다라(보통 한자로 '踏鞴'라고 쓴다)를 이용한 제철을 뜻한다. 이 다다라는 고대 일본의 규슈, 주고쿠, 산인, 긴키, 간토 지방 등에서 이루어졌다.[207]

고대 일본의 제철과 관련하여 가라 가누치(韓鍛冶), 다쿠소(卓素)가 가져온 제철 기술로 풀무를 썼다는 고고학적 견해가 있다.[208] 또 가야계 신라 왕자였다는 아메노히보코(天日槍)의 일본 이주설과 관련지어 생각하기도 한다. 일본 고대 제철과 아메노히보코를 관련시키는 것이 설득력을 지니는 것은 아메노히보코와 그를 따르는 집단의 본래 고향이 가야의 다라(多羅)로 추정되기 때문이다.

김달수는 인바(因幡), 호키(伯耆) 그리고 이즈모(出雲) 등에서 앞선 제철 기술을 가진 집단으로 이후쿠베(伊福部) 씨족을 확인하였다. 이후쿠베 씨족은 가야/신라계 이주민 집단의 상징으로 여겨지며, 다니카와 겐이치(谷川健一) 또한 이들이 아메노히보코를 조상으로 모시는 산동(産銅), 산철(産鐵) 씨족이었다고 말하고 있다.[209] 이마이 게이치는 아메노 히보코가 귀화인의 첫번째라고 할 수 있고, 신궁 황후의 조상이라고 했다.[210]

207) 黑岩俊郎(1976), 『タタラ : 日本古來の製鐵技術』, 玉川大學校出版部, pp.105-107.
　　 石塚尊俊(1974), 「鐵と民族-中國山地のタタラ地帶を中心としで」, 『鐵, 日本古代文化の探究』, 森浩一 編, 社會思想社, p.240.
208) 奧野正男(1974), 「韓鍛卓素の系譜」, 『日本の中の朝鮮文化』, 24號, p.17.
209) 直木孝次郎(1978), 「播摩の中の朝鮮文化」, 『日本の中の朝鮮文化』 37號, p.59.
210) 今井啓一(1966), 「天日槍·歸化人の 研究』 2集, 綜藝社, pp.1-2.

한편, 다와라 쿠니이치(俵國一)는 일본 고대 다다라는 만주, 한반도, 중국의 것과는 달리 오히려 동남아시아의 베트남, 캄보디아 지방에 있는 것과 유사한 고대 사련법(砂鍊法)이라고 주장했다.[211] 그리고 누마다 요리스케(沼田賴輔)는 아메노히보코의 본래 고향이 중국 화남(華南) 지방이라고 주장하며 다음과 같은 견해를 피력하였다.

① 아메노히보코의 자손이 중국 남방과 교류했다는 전설에서 온 것이다.

② 동탁(銅鐸, 종방울)의 문양이 화북 지방의 형식을 따르지 않고 화남 지방에서 발견되는 동고(銅鼓, 동으로 된 북)의 형식과 유사하고, 문양도 그 지방의 풍물과 비슷하다.

③ 아메노히보코를 신으로 모시고 있는 산인 지방의 삼단(因丹, 伯丹, 雲丹) 지역에 남방 원산의 곡물을 가져왔다는 전래가 있다. 이를 근거로 단마족(但馬族)의 조상인 아메노히보코가 화남 지방에서 온 것으로 볼 수 있다.[212]

철 연구에 조예가 깊은 무라카미 에이노스케(村上英之助)는 인도, 베트남, 양쯔강 남쪽에 제철 원료로 사철을 쓰는 기술이 있다는 것에 주목했다. 다니카와 겐이치(谷川健一)도 『청동 신의 족적』에서 이 강남계 금속문화에 대해 언급했다. 무라카미는 야요이 시대 이후에 등장한 대륙문화가 한반도를 거쳐 전파되는 과정에서 강남계 문화와 간접적으로 영향을 주고받았을 거라고 했다.[213]

---

211) 俵國一(1933), 『古來の砂鐵製鍊法』 참조.
　　宍戶儀一(1976), 『古代日韓鐵文化』, 帝國敎育圖書株式會社, pp.43~44.
212) 沼田賴輔(1918), 古傳說に 見えた 但馬民族 人類學 雜誌 33卷 5號, pp.119~130.
213) 村上英之助(1974), 「古代東方の鐵冶金」, 『鐵, 日本古代文化の探究』, 森浩一 編, 社會思想社, pp.300~301.

이즈모(出雲) 지방의 다다라 작업장

하지만 아메노히보코가 이끈 집단의 본래 고향인 가야/신라의 철 문화를 살펴보면 무라카미의 견해를 반증할 수 있다. 우선 '다다라'라는 명칭은 가야의 다라(多羅)에서 유래한 것으로, 실제로 오늘날 일본에 이와 관련한 지명들이 남아 있다. 야나기다 구니오(柳田國男)의 책에 나타나 있는 지명을 살펴보면 '多多羅', '多多良', '多田良', '鑪', '鍛', '踏鞴' 등으로 표기하고 '다다라'로 읽는다.[214]

1969년 일본철강협회에 의해 '다다라'의 복원이 이루어져 다음해 「화동풍토기」라는 영화가 완성되었다. 이 영화를 본 사람들은 철이 사철(砂鐵)로 만들어지는 것에 놀라며 그제야 비로소 '다다라'가 일본의 전통 제철법임을 알았다고 한다. 그러나 이 영화에서도 다다라 기술이 고대

214) 柳田國男(1970), 『定本 柳田國男集 第20卷－地名の話』, 筑摩書房, pp.200-213.

한반도의 다라에서 전파되었다는 말은 하지 않았다.

최근 시가현 쿠사츠시의 고대 제철 터와 이바라키현 무쓰기군 야치요정의 오사키마에산(尾崎前山)의 제철 유적 등이 발굴되었다. 이렇게 각 지방에서 고고학적 조사가 진행되어 이즈모, 이와미, 호키(伯耆) 등 산인과 주코쿠 지방 중심으로 고대 제철법을 생각하게 되었다.[215]

(1) 고대 한반도 철의 우수성

최근의 연구는 한반도의 제철이 매우 일찍부터 시작되었음을 보여 준다. 고대 한반도 각국에는 국성(國姓)이라는 것이 있어서 고구려는 고(高), 백제는 여(余), 신라와 가야는 금(金)이었다. 이 중 금(金)을 사용한 신라와 가야는 말하자면 '철의 나라'라고 할 수 있다.

'金'은 음독(音讀)을 하면 금 또는 김이지만 훈독(訓讀)을 하면 '쇠' 또는 '소'다. 신라의 원호인 서라벌의 '서'도 철을 말하는 '소'에서 비롯된 것이고, 아메노히보코를 모신 신사에서는 이사사와케노미코토(伊奢沙別命)도 모시고 있다.

여기에서 '이사'의 '사사'도 그 '소'에서 온 것이 아니었나 생각된다. 그에 따라 신라와 가야의 제철이 선진적이었다는 것은 점점 의심할 수 없는 사실로 드러나고 있다. 구보다 쿠라오(窪田藏郎)도 다음과 같이 말하고 있다.

경상북도 경주 입실리나 경상남도 김해 회현리 등지에서 출토된 철기구는 일본의 초기 철기를 연구하는 데 큰 도움이 된다. 어쩌면 한반도의

215) 飯田賢一(1981), 「もち鉄についで−東北文化の歴史的先進性」, 『日本古代の鐵と銅』, pp.13−14.

철기문화의 개시는 극히 일부 계층에 속하는 사람들에 의해 기원전 300~400년경에 시작되었고, 일반에 보급된 것은 2~3세기라고 말할 수 있을 것이다. 2~3세기라는 것은 기원전을 말하는 것인지 기원후를 말하는 것인지 알 수 없다.

고대 일본은 신라, 가야의 철과 밀접한 관계가 있었다. 1982년 4월 10일자 아사히신문 나라(奈良)판에 보도된 기사는 그러한 사실을 분명하게 보여 준다. 신문 내용은 야마토 지방에서 출토된 고훈 시대의 도검, 화살촉 등에 관한 것이었다.

이 유물들의 원재료로 사철이 사용되었고, 원재료는 일본산이 아니라 한반도에서 운반되어 온 것들일 가능성이 제기되었다. 수수께끼에 뒤덮인 고대 철 생산과 유통과정을 규명하기 위해서 나라현립 강원고고학연구소의 고대도검연구회 기술연구반이 시마네현 야스기시 야금연구회의 협력을 얻어 고훈 시대 전기부터 후기에 걸친 철기를 조사하였다. 성분 분석 결과 한반도 가야 지방에서 출토된 철편을 분석한 데이터와 유사하였다.

보다 자세히 설명하자면, 성분 분석에는 나라현의 4세기에서 6세기에 걸친 고분, 메스리산 고분이나 니사와(新澤) 센스카(川塚) 고분군, 이시미쓰야마(石光山) 고분군 등 60여 곳에서 출토된 도검을 중심으로 화살촉, 마구, 못, 갑옷 등 철기 106점이 동원되었다. 원자 흡광(吸光) 분석법에 의해 녹이나 단편(斷片)에서 철, 티탄, 티타늄, 사철에 포함된 금속원소 13종의 구성비를 분석했다.

먼저 오랫동안 땅에 묻혀 있었거나 천 등 유기물에 싸여 있어도 변경이 적은 티탄, 크롬 등 금속원소의 양을 근거로 원료가 사철인가 철광석인가를 추정했다.

야금연구소의 시미즈 긴고(淸水欣吾) 소장 등은 보통 광석에서 추출한 철에 포함된 티탄은 0.01% 이하인데, 사철 원료에서는 그 이상으로 많아진다는 점에 주목, 분석 결과 거의가 0.01% 이상이며 평균 0.03%, 최고는 0.07%도 있다고 밝혔다.

이런 점으로 볼 때 사철 계통의 원료를 쓴 것으로 판단되었다. 또 티탄이외에 바나듐(vanadium, 회색의 단단한 금속원소) 등의 양으로 보아 이즈모(出雲) 지방의 사철로 만든 철과 다른 것도 알게 되었다. 특히 고훈 시대 전기의 것일수록 불순물이 적은 양질의 것이고 그 후는 점차 품질이 나빠졌다는 흥미로운 점도 밝혀졌다.

또 다른 연구원은 규슈 북부 등지에서도 고훈 시대의 제철 유적이 발굴되었으므로 일본에서 생산된 것이라는 견해를 피력했다. 그러나 야마토 지방의 철제품은 가야를 비롯한 외국에서 온 것일 가능성이 높다. 그것을 분명하게 입증하기 위해서도 계속해서 철기 유물을 정확히 분석하는 것이 중요하다고 말했다.

어쩌면 황국사관을 지니고 있는 학자들은 앞서의 분석에 동원된 철기 유물들이 한반도에서 수입된 것이라고 할지도 모른다. 그러나 고대 한반도와 일본에 철제품을 수출하고 수입하는 회사가 있었을 리 만무하다.[216] 그리고 그런 도검, 마구 등이 가야에서 넘어왔다는 것은 그러한 철기를 가진 사람들이 가야에서 이주해 갔다는 것을 말해 준다.

이런 각도에서 일본 서쪽 해안에 있는 이나바, 호키, 이즈모 등의 고분에서 출토된 철기를 같은 방법으로 분석하면 어떤 결과를 얻을 수 있을까? 이즈모의 철 생산이 5세기경이라고 추정되므로 역시 야마토와 같은 결과가 나오지 않을까 생각된다.

216) 金達壽(1984), 앞의 책, p.68.

(2) 사철과 다다라

사철은 화강암, 섬록암, 안산암 등에 작은 입자로 포함되어 있고 암석이 풍화로 붕괴할 때 자연스럽게 탈락, 분리된다. 그와 같이 암석이 연화하여 표토 아래에 잔류해 있는 것을 간나나가지(鐵穴流じ)로 채취하는 것을 야마코가네(山黃金)라고 한다. 일본은 도처에 사철이 덮여 있는데, 화산이 많고 지진이 빈번하게 발생하며 비도 적지 않게 내려 암석이 풍화작용을 받아 다량의 사철이 씻겨 내려온다.

스사노오노미코토(素戔嗚尊)가 아래로 내려온 히노가와강(日野川), 위쪽에 있는 도리가미산(鳥上山), 즉 현재의 센추산(船通山)을 둘러싼 이즈모, 호키, 빈고(備後) 세 지방이 접하고 있는 지역의 사철은 예부터 가장 질이 좋은 것으로 알려져 있다. 그 중에서도 특히 산요(山陽)의 아카메(赤目)라고 불리는 것보다도 산인 지방의 사철을 마사(眞砂)라고 하여 가장 좋은 것으로 친다. 현재에도 다다라의 소재는 주로 이즈모이며, 호키 등이 다음이다.[217]

사철을 얻는 방법은 먼저 물이 잘 흐르는 산 중간에 도랑을 파서 이곳에 물을 계속해서 부어 구멍을 뚫고, 토사가 먼저 흘러내려가게 한 다음 사철을 가라앉힌다. 이것을 모아 조심스럽게 토사를 씻어내야 한다. 즉 물이 잘 흐르는 땅을 파서 그 중에서 암석, 모래자갈을 없애고 토사를 씻어내 사철을 모으는 것이다. 이 방법은 아직도 남아 있다.

이렇게 얻은 사철에는 아직 모래 알맹이가 있기 때문에 다시 한 번 수량이 풍부한 곳에서 깨끗하게 씻는다. 대체로 다다라가 행해진 곳에는 적송(赤松)이 많았다. 일본 주고쿠 지방의 반슈(播州), 오카야마(岡山),

---

217) 石塚尊俊(1974), 앞의 책 참조.

히로시마(廣島) 등은 또 송이버섯으로 유명하다. 이와테현을 상징하는 나무는 적송인데 그곳에는 훌륭한 적송이 많다. 화강암 지대의 메마른 산에 적송이 자라나 사철은 동화된 화강암에서 채취한다.

다다라의 발달이 철기 생산을 가능하게 했고, 철기는 인간이 자연에 대응할 수 있는 무기가 되었다. 그러나 한편으로 다다라가 이루어지는 강 하류에 거주하는 농민들에 어떤 피해가 가고 또 토사의 퇴적에 의해 자연마저 변화시켜 버린 과정을 분석하는 것 역시 기술사의 흥미로운 소재로 보인다.[218]

문헌에서 볼 수 있는 일본의 철 산지는 14~15군데에 달한다. 물론 한정된 문헌에서 찾은 것이기에 이것을 가지고 일본의 철 산지 전체를 볼 수는 없으나, 다만 고대에 있어서나 근대에 있어서나 가장 으뜸가는 철 산지는 주고쿠 지방이었다는 것이다. 그리고 시대가 흐름에 따라 더욱 현저해졌다. 주고쿠 산지는 일본에서 화강암의 동화작용이 가장 활발하게 이루어진 곳으로 양적으로도 풍부할 뿐 아니라 사철을 채취하기에 가장 좋은 환경을 지닌 곳이었다.

나는 교토대 아시카가 겐료와 나라대 이케다 히로시의 안내로 산인 지방에 퍼져 있는 여러 다다라의 흔적을 조사한 바 있다. 숲속에 자리 잡은 오래된 다다라의 흔적에서 본모습을 찾기란 쉬운 일이 아니었지만, 현지인의 도움을 얻어 자세히 살펴보았다.

하네우치야(羽内谷)를 찾았을 때 다행히 간나나가지(鐵穴流じ)[219]로 일하고 있는 것을 보았다. 이들은 한겨울 눈보라치는 날에도 일을 한다고 했다. 그곳에는 광물을 골라내는 자선기(磁選機)가 놓여 있었으나 사용하지 않는 듯했다. 그 이유는 간나나가지 방법이 더 저렴하기 때문이라

218) 黑岩俊郎(1976), 앞의 책, pp.202-204.
219) 司馬遼太郎(1983), 『街道をゆく 21』, 朝日新聞社, pp.168-169.

는 것이다.

하네우치야 답사를 마치고 스가노다니(管谷) 다다라가 있는 곳을 찾았다. 산인 지방의 다다라 답사 중에서 가장 인상적인 곳이었다. 이곳에 이르는 도로는 흡사 우리나라 지리산 산골마을을 찾는 느낌이었다. 이곳 주민들은 메이지 18년에는 34가구 총 158명, 노동인구는 52명, 34가구의 직종은 각각 무라게(村下, 대장간 장인) 1, 스미사카(炭坂) 1, 간나시(鐵穴師) 1, 스미야키(炭焚) 3, 가네우치(鐵打) 8, 야마코(山子) 17, 우치아라이(內洗) 1, 고케(後家) 1, 기타 1 가구로 되어 있다.[220]

주고쿠 산간 지방에서 오랜 세월 철을 생산해 온 조직은 규모가 작은 곳이라도 스무 명에서 서른 명, 여기에 가족까지 포함하면 200명 이상이었다. 그 중에 순수하게 다다라 장인이라 부를 만한 것은 무라게, 스미사카 그리고 제품을 선별하는 하가네 츠구리(鋼造) 또는 가네우치(鐵打)라 불리는 이들이었고, 나머지는 일반 인부였다.

특히 발풀무(踏鞴)를 밟아 바람을 일으키는 일을 하는 반고(番子)는 이곳저곳을 떠돌아다니는 뜨내기들이었다. 이들 역시 모두 산에 살면서 외부와는 떨어진 사회를 구성하고 있었다. 그러나 이 사회가 그들만의 힘으로 지탱되는 것은 아니었다. 그들에게 일을 주는 다다라 주인이 작업장을 경영하였다. 다다라 장인과 인부들은 그 주인 밑에서 일을 하는 형식이었다.

다다라의 주인, 경영자는 광대한 산림과 전답을 많이 가진 지주였다. 그는 자기 산림에서 철을 채취하고 숯을 구우며, 적당한 곳을 찾아 다다라를 불게 하였다. 동시에 논밭을 소작농에게 주어 농사를 짓도록 하였다. 이렇게 철산과 농사를 병행하여 소득을 높여 갔던 것이다.[221]

---

220) 黒岩俊郎(1976), 앞의 책, p.164.
221) 石塚尊俊(1974), 앞의 책, pp.243-244.

(3) 이즈모 지방의 다다라

이즈모 지방은 그야말로 신화의 나라라고 할 수 있다. 일본 고대 신화 중 3분의 1이 이곳과 관련이 있으며 신사만 해도 399여 곳에 달한다. 그 중 대표적인 신사가 이즈모다이샤(出雲大社)이다. 이 신사의 제신은 오쿠니노누시노미코토(大國主命)인데, 바로 스사노오노미코토(須佐之男命)의 아들이다. 여기서 잠깐 스사노오노미코토에 대한 신화를 소개하겠다.

스사노오노미코토는 일본 황실의 시조신인 여신 아마테라스오미카미(天照大御神)의 남동생이며, 이들 남매의 아버지는 창조신인 이자나기미코토(伊邪那岐命)와 이자나미미코토(伊邪那美命) 부부신이다. 스사노오노미코토는 성질이 난폭하여 하늘나라로부터 추방되어 이 세상에 내려오게 되었다.

그는 이즈모국(出雲國) 히이가와강(斐伊川) 상류에 있는 도리노가미향, 오늘날의 니이다군(仁多郡) 요코다정(橫田町) 도리가미(鳥上)에 다다랐는데, 그곳에서 딸을 앞에 놓고 울고 있는 부부를 만난다. 연유를 물으니 그들에게 딸이 여덟 있었는데 매년 머리가 여덟, 꼬리가 여덟 개 달린 뱀인 야마다노오로치가 한 명씩 잡아갔으며 이제 하나 남은 딸을 잡아갈 때가 되어 어찌할 바를 몰라 울고 있다고 했다.

스사노오노미코토는 딸을 구해 주는 대신 아내로 맞기로 하고 야마다노오로치를 술로 유인하여 취해 골아떨어지게 한 다음 허리에 차고 있던 칼로 난도질을 하였다. 그리고 그 뱃속에서 칼을 한 자루 얻어 누님 아마테라스오미카미에게 바쳤다. 이 칼이 일본의 세 가지 신기 중 하나인 구사나기노쓰루기(草薙の劍)이다.[222]

이 신화는 철기 문화, 특히 금속무기의 등장과 관련된 다양한 시사점을 준다. 이에 관한 다양한 논의가 있는데, 그 중 김사엽(金思燁)의 견해를 따르면 다음과 같다.

당시 이즈모 지방의 히이가와강(斐伊川) 상류 지역에는 좋은 사철이 많이 났고 그것으로 철을 만드는 방법이 있었다. 그리고 이 점은 당시 신라에 고도로 발달한 제철법이 있었던 사실과 깊은 연관이 있음을 생각하지 않을 수 없다. 일본에 철 문화가 도래한 것은 『고사기』나 『일본서기』 등에 나오듯 신라 왕자인 아메노히보코가 세토 내해를 거슬러 올라가 하리마에 정착한 것을 시초로 보고 있다. 그것은 아메노히보코를 받드는 이주민 집단이 창(矛), 검(劍)을 제사지내는 점으로 알 수 있듯이 그들은 제철 기술을 가진 이주민 집단이었던 것이다. 일본 학자들도 아메노히보코 일행이 일본에 온 것을 제철 문화의 전래를 인격화한 것이라 보고 있다. 고대에 제철이 발달한 지역은 규슈 북부 하카타만의 사철이 생산되는 오카야마(岡山) 일대, 그리고 이즈모 지방이었다.

일본 열도가 거대한 농경지대로 형성되는 데는 제철법의 도입으로 인해 가능했던 것이다. 아메노히보코가 한반도의 영일만에서 왔다는 사실과 그 지방에 당시 사철이 풍부해 그것으로 제철이 성했다는 『삼국사기』의 기사는 일치한다. 신라의 제철 기술자들은 일본의 사철 지대에 대한 정보를 잘 알았을 것이며 그들 중 한 집단은 하리마로, 또 다른 집단은 이즈모 지방으로 온 것이다.

당시 사철 생산권을 쥐고 있던 자가 수장이 되는 것은 당연한 일이었다. 철기 제작자는 어떤 의미에서는 샤먼이라고도 할 수 있다. 신앙적·정신적으로 강력한 힘을 지니고 군림했으니 앞에서 본 스사노오노미코토의 신화는 이를 말해 주는 것이라 하겠다.[223]

222) 李炳銑(2000), 『古代日本地名の硏究』, 亞細亞文化社, pp.39-41.
　　歷史の謎硏究會 編(2008), 『古代史の舞臺裏』, pp.168-169.

김사엽과 마찬가지로 야마다 신이치로(山田信一郎) 또한 비슷한 견해를 피력한 바 있다. 그에 따르면 스사노오노미코토와 오로치다이지(大蛇退治) 신화가 산인 지방의 철 생산과 관련이 있다는 것은 제철 기술이 고대에도 이미 상당히 발달했었음을 말해 준다. 일본 고대사 연구의 대가인 우에다 마사아키도 일본의 다다라 제철이 산인 지방에서 먼저 발달하였다고 지적하였다. 철 문화는 이즈모로부터 에쓰젠으로 들어왔다는 것이다.

그리고 산인, 호쿠리쿠 지방 연안에서는 지명 등을 통해 이주민의 흔적을 쉽게 발견할 수 있다. 신라 왕자 아메노히보코가 건너와 철기시대의 문을 열었다. 이곳에는 가야계 씨족신을 모시는 신사만도 여덟 군데가 있다.[224]

작가 시바 료타로 또한 『가도(街道)를 가다』에서 사철을 써서 철을 만든 이즈모 지방의 기술은 아마도 고대 한반도에서 온 기술자에 의해 소개된 것이 아닌가 추측하였다. 이즈모에는 지금도 사철을 가지고 강철 생산을 하고 있는 조그마한 회사가 한 곳 있다.

시바 료타료는 이즈모를 찾아 그 회사의 관리자와 대화를 나누었다. 그 관리자는 자신이 한국 경주에 갔을 때 영일만에도 이즈모와 같은 사철이 있었고 같은 티탄이 적은 사철을 쓰고 있다고 말했다. 아마도 고대 기술자들은 어디에서 티탄이 적은 사철이 나오는지 알고 있었고, 이로 인해 4~5세기 사이에 한반도 이주민들이 대거 이주해 왔기 때문에 이즈모가 부각된 것으로 보았다.[225]

223) 金思燁(2004), 『金思燁全集 15』, 도서출판 박이정, pp.93~95.
224) 上田正昭(1973), 『上田正昭 著作集 16』, pp.633~635.
225) 司馬遼太郎(1977), 『街道をゆく』, 朝日新聞社, p.31.

(4) 가나야고가미(金屋子神)와 다다라

산인 지방의 호키에서 놓칠 수 없는 것이 히노가와강 유역에 분포한 가라쿠(樂樂) 신사이다. 히노가와강은 원래 시라기가와강(新羅川)이라 불렸다. 이 유역에 히가시가라쿠후쿠(東樂樂福), 니시가라쿠후쿠(西樂樂福) 신사를 비롯한 많은 신사가 있다. 이 신사들은 주고쿠 지방의 산지 곳곳에 분포하며 가나야고가미(金屋子神) 혹은 가나야고(金屋子)라고 불리는 제철의 수호신이다. 그리고 바로 이곳이 다다라 일꾼들이 조상신을 모시고 있는 신사이다.

다다라 단야(鍛冶), 주물사(鑄物師)들이 직장에서 모시는 신을 가나야고가미, 가나야가미라고 부르는 지역의 범위는 상당히 방대하지만, 일단 도호쿠 지방에서 규슈 지방에 이르기까지 전국에 이르고 있다. 물론 지역마다 차이가 있어서 일본 중심부 쪽에는 이 신보다 이나리노가미(稻荷神)를 모시는 경우가 많고, 도호쿠 지방이나 규슈 지방의 변두리에서는 아라가미(荒神)를 수호신으로 모시는 경우가 많다. 그 사이에 끼어 있는 규슈에서 주고쿠, 시코쿠 혹은 간토 지방 주변부와 도호쿠에서도 간토에 가까운 지방에서는 가나야고가미를 모신다. 그 중에서 주고쿠 지방 산지 일대는 이 가나야고가미 계통 신앙의 중심이었다는 것은 부정할 수 없는 사실이다.

전하는 바에 따르면 이 지방의 가나야고가미 등을 모시는 신사는 모두 이즈모 히다(比田)의 가나야고(金屋子) 신사를 본사로 삼고 있다. 이즈모의 가나야고 신사란 시마네현 노기군(能義郡) 히로세(廣瀨)에 있는 신사로 지금도 그 고장에서 상당한 신도들이 따르고 있다. 이 신사의 어제신(御祭神)은 가나야마 히코(金山彦古)가 주가 되고 제삿날은 10월 첫 자일(子日)이며, 신주는 대대로 아베(安部) 가문이었다. 권청(勸請)[226] 시기는 불명이다.

가나야고(金屋子) 신사는 혈사(穴師)와 깊은 관계가 있으며 가나야고가미(金屋子神)를 모신다.

히로시마현은 시마네현과 더불어 가장 최근까지 다다라 작업이 이루어졌던 지역이다. 그래서인지 도로변에 모시고 있는 신사에 봉납되어 있는 초수(初穗)[227]나 오래된 문헌의 수가 일본에서 가장 많다. 뿐만 아니라 철재의 양도 많다.[228] 이 가나야고 신사는 근세에 접어들어 눈부신 발전을 보여 각 지역에 분사를 만들었고 그 중에서 정식으로 인정받은 것만도 22여 곳에 달한다. 이 정도이기 때문에 각 지역의 단야(鍛冶)나 주조사(鑄造師)들은 직장에 가나야고가미를 권청하게 되면 반드시 이 신사에서 권청하고, 또 본사에서 제사를 열면 거리를 마다않고 이곳까지

226) 勸請(권청) : 신불의 분신이나 분령(分靈)을 다른 곳에 옮겨 모심.
227) 初穗(초수) : 그해 처음 거둔 곡식, 채소, 과일 등 농작물 또는 그것을 신불에게 바친 것.
228) 黑岩俊郎(1976), 앞의 책, pp.185~186.

왔던 것이다.

한편 본사에서도 한때는 신주인 아베 자신이나 대리인이 산인, 산양 지방의 각지를 돌며 권화(勸化)[229]하였다고 한다. 『철산비서(鐵山秘書)』[230] 등에 그에 대한 상세한 기록이 있다.

(5) 효즈신(兵主神), 효즈 신사

효즈신과 그를 모시는 효즈 신사도 제철과 관련이 있다. 효즈신이 아메노히보코의 철 문화에 속한다는 것은 앞에서 언급한 바 있다. 효즈(兵主)는 베즈라고도 불렀다. 이는 '철'이라는 뜻을 가지고 있다. 진묘초(神名帳)를 고증한 것에 의하며 오미 지방의 효즈신은 일반적으로 해소(村大王)라고 불렸는데 채광야금(採鑛冶金)의 신이었다.[231]

야마토 시키군에는 예부터 유명한 아니시 효즈신사(穴師兵主神社)가 있다. 이 아나시 효즈신은 이즈미(和泉)에서도 모시고 있다. '아나시'는 여러 곳에 있는 지명이고 효즈신에만 한정할 수는 없으나 그것이 아메노히보코 일족과 관계가 있는 것 역시 사실이다.[232] 그 외에 다지마(但馬)에 가장 많이 분포되어 있고 하리마(播摩), 단바(丹波), 이즈미, 야마토, 오미, 미카와(三河), 이나바(因幡) 등으로 확산되고 이키(壹岐)에까지 분포되어 있다. 이는 아메노히보코 일족의 활동과 분포를 같이 하고 있다고 볼 수 있다.[233]

---

229) 勸化(권화) : 중생에게 불도에 드는 것을 권함.
230) 鐵山師 下原重仲, 「たたら製鐵の槪論」, 제철기술에 관한 책이다.
231) 宍戸儀一(1944), 앞의 책, p.71.
232) 國分直一(1981), 「鼎談 : 海の道と靑銅の神の足跡」, 『日本古代の鐵と銅』 26, 大和書房, p.74

아메노히보코 일족의 발자취는 이나바, 호키를 포함하는 산인 지방뿐만 아니라 규슈와 기나이(畿內) 지역까지도 퍼져 있다. 일본 전역에 분포되어 있는 것이다.[234]

(6) 다다라의 금기와 주술

다다라에 관해 전해지는 금기와 주술은 채광과 야금(冶金), 단조(鍛造)를 생업으로 하는 사람들과 깊은 관계가 있다는 말을 산인 지방의 다다라를 조사하며 자주 들었다. 특히 다다라에서 일하는 무라게, 스미사카(炭坂), 가네우치(金打)라고 부르는 특별한 기술을 가진 기술자들은 작업 규모가 마을에 살고 있는 단야(鍛冶)나 주물사 등과는 비교가 안 될 정도로 크고 일에 대한 책임도 컸기에, 금기나 주술 같은 것들이 오래도록 남아 있다고 한다.

첫 번째 금기는 동식물이다. 동물에서는 개, 식물에서는 담쟁이넝쿨과 삼(大麻)이 금기였다. 거기에는 유래가 있다고 한다. 옛날 가나야고가미가 하늘에서 내려왔을 때 눈이 네 개 달린 개가 짖어대어 놀라 달아나려 했으나 마침 거기에 삼이 흩어져 있어 발이 걸려 넘어져 개에 물려 죽었다고 한다.

한편, 담쟁이넝쿨을 타고 달아나려 했으나 끊어져 도움을 받을 수 없었다는 설도 있다. 이와 달리 끊어진 담쟁이넝쿨을 놓고 튼튼한 등나무를 붙잡아 무사히 도망칠 수 있었다는 이야기도 있다. 그래서 가나야고가미

233) 宍戸儀一(1944), 앞의 책, pp.18-20.
234) 공개 심포지엄 좌담회(1976), 「但馬の古代文化と天日槍をめぐつて, 『日本の中の朝鮮文化』 32, 朝鮮文化, pp.24-34.

는 담쟁이넝쿨과 삼을 싫어하고 등나무를 좋아했다는 것이다.

동식물에 관한 금기보다 더 큰 것은 여인, 특히 월경을 하였거나 임신한 여인에 대한 금기였다. 물론 피를 꺼리고 붉은색을 불결한 것으로 여기는 것은 많은 신들에게 공통적으로 나타난다. 그 중에서 가나야고가미의 경우는 더욱 엄격하였다.

다다라 장인은 나갈 차례가 되면 사흘 전부터 목욕재계를 하고 식사도 가족과 따로 했다. 다다라를 부는 곳에는 되도록 여자가 들어오지 못하게 하고, 특히 월경을 하고 있을 때는 일주일간, 아기를 낳은 여자는 33일간 들이지 않았다고 한다. 그뿐만 아니라 여자가 아이를 낳았다고 하면 그 남편도 3일에서 7일간 다다라에 나오지 못하게 했다고 한다.

이와 같은 금기에 대해서 다다라의 신이 여자이거나, 가나야고가미 자신이 추녀여서 인간, 특히 미녀를 싫어했기 때문이라고 한다. 그러나 이와 같이 전승되는 이야기에서 다시 생각해야 할 지점은 불의 신은 통상 남자였다는 점이다.

불이란 것을 가장 중요하게 생각하는 작업이기 때문에 불로부터 더러운 것을 멀리한 것으로 풀이하여야 한다. 그런데 '붉은색'보다 더 불결한 것으로 여기던 '검은색'은 그렇게까지 금기시하지 않았다. 경우에 따라서는 검은색을 좋아하는 듯한 느낌을 주기도 한다.

다다라에서는 가족이 죽어도 그 때문에 몸을 깨끗하게 한다는 등의 이야기는 없다. 다다라장에서 출산과 관련된 이야기를 하면 꾸지람을 듣지만, 죽음에 관한 이야기는 오히려 대화의 주제로 자주 오르내린다는 것이다. 그 밖에 사람이 죽으면 관을 일부러 다다라장 한쪽 구석에서 만들게 한다든지, 장례행렬을 만나면 일부러 부탁하여 다다라 주변을 돌아가도록 했다고 한다. 또 숯가마에 제대로 불이 돌지 않으면 마을 밖에 버려진 관 나무조각을 주워 태우면 불이 제대로 돈다는 이야기도 전해진다고 한다.[235]

제3장 고대 한반도 이주민의 발자취

(7) 규슈 북부의 다다라

한편, 일본 고대 제철을 생각하면서 기술 전파 과정을 생각하지 않을 수 없다. 그 경로 중에 가장 부각되는 것이 한반도로부터 규슈 북부 일대로 이어지는 길이다. 두 지역의 지리적 위치를 생각할 때 가장 설득력을 지닌다고 할 수 있다.

한반도에서 풀무를 비롯한 새로운 제철 기술을 가진 사람들이 이토(怡土), 시마(嶋), 사와라(早良) 세 곳을 포함하는 상당히 넓은 지역에서 철 생산을 시작한 것이 수년간의 고고학적 발견을 통해 밝혀졌다. 이토, 시마, 사와라 세 곳에서 지금까지 밝혀진 제철 유적은 70군데가 넘는다.[236]

사철을 원료로 한 제철의 경우 티탄이 많으면 좋은 철을 얻을 수 없는데, 하세가와 구마히코(長谷川熊彦)의 연구에 따르면 이토, 시마, 사와라의 사철은 전국에서 티탄이 가장 적게 함유되어 있는 동시에 매장량과 연료도 풍부하다고 한다. 이 지역은 한반도에서 거리가 가까워 이주민도 많았다. 독무덤(甕棺), 고인돌(支石墓), 횡혈식(橫穴式) 석실(石室) 등의 묘제(墓制)가 한반도와 같은 방식으로 이루어지고 있었다는 사실은 한반도 이주민이 이곳에서 철 생산을 시작하였다는 것을 뒷받침해 준다.

따라서 일본에서 가장 일찍 철기가 보급되고 제강 기술이 자리잡은 곳은 규슈 북부이다. 가장 오래된 것으로는 조몬(繩文) 시대까지 거슬러 올라갈 수 있는 시마바라(島原) 반도를 비롯하여 야요이 중기의 사이토산 유적에서 출토된 쇠도끼는 일본에서 가장 오래된 철기 유물이다. 쇠로 된 무기가 출토된 것은 규슈 북부에서는 야요이 시대 중엽이지만, 긴키 지방에서는 야요이 후기인 것이다.

---

235) 石塚尊俊(1974), 앞의 책, pp.261~263.
236) 奧田正男(1974), 앞의 책, 第24號, p.19.

특히 야요이 문화가 다른 어떤 지역보다 도미오카 평야와 이토시마 평야 지역에 빠르게 전파되어 일찍부터 농기구의 철기화가 시작되었다. 이 지역에서 출토된 반달돌칼과 돌도끼를 제외한 석기들은 야요이 중기 이후의 것은 없다는 것이 이를 반증한다. 아마도 원재료와 한반도에서 지금(地金, 다듬지 않은 철)을 가져다가 가공하여 농기구를 만들었으며, 이를 바탕으로 두 평야의 개간과 관개를 추진하였던 것이다.

또한 철제 무기를 무덤에 함께 부장하는 것은 야요이 중엽부터 시작된다. 예를 들어 선바위(立岩) 34호 독무덤에서 발견된 남성은 철제 무기를 함께 부장한 것으로 볼 때 야요이 중기로 추정된다. 하세가와 구마히코는 규슈 북부에서 후쿠오카 주변, 특히 서쪽 이마주쿠(今宿) 쪽에 다다라의 흔적이 많고 사와라 평야 남쪽 일대에 많다고 한다.[237]

최근 이 지역에 택지가 조성되면서 시나현의 교육위원회, 규슈대 고고학 연구실 등에서 조사를 진행하고 있다고 한다. 연구에 따르면 특히 이토시마-이마주쿠 일대에서 54개소의 다다라 유적이 발견되었다고 한다.[238] 그리고 규슈대 공학부 철강야금학과에서 이 지역의 다다라 유적을 조사한 바 있다. 실험실에서 C14 방사선 측정을 한 결과 1660±30년 이전의 것으로 야요이 시대 말엽, 혹은 고훈 시대 초기로 추정되었다. 채취된 철기를 일신제강 연구실에서 분석한 결과 사철을 원료로 한 것임이 밝혀졌다.[239]

237) 長谷川熊彦, 우리나라(日本)의 上古代 다다라 자취의 연구, 第1報 참조.
238) 福岡市 敎育委員會, 日本 福岡市 有田 古代集落遺跡, 第二次 調査報告書(1968).
239) 黑岩俊郎(1976), 앞의 책, pp.187-189.

(8) 철의 나라 가야-일본에 건너간 가야의 제철 기술

1995년 인제대학교 가야문화연구소 주최로 가야제국의 철을 주제로한 학술대회가 개최되었다. 발표 논문 중에 가야의 철이 일본에 전파된것을 언급한 것이 몇 편 있었다. 그 중 고쿠가쿠인대 스즈키 야스타미(鈴木靖民)의 논문 「가야(변한)의 철과 '왜'」는 가야의 철에 관해 다루었다.[240] 한편 규슈대 니시타니 타다시(西谷正)의 논문도 발표되었다. 그곳에서 가야의 철이 일본에 전해졌다는 것에 관한 논의를 인용해 보겠다.

4세기 후반에서 5세기까지 일본의 고분에서 출토된 철정(鐵鋌)과 거의같은 시기에 전개된 각종 수공업제품을 살펴볼 때, 가야와 왜의 밀접한교류 관계를 알 수 있다. 이러한 면을 보여 주는 구체적인 예를 일일이들 수는 없으나, 예를 들면 스에키, 철제 하여(鍛冶), 유리 등의 철제 도구, 꼬아 만든 재갈(銜), 마주(馬胄), 마갑(馬甲) 등의 마구들, 나아가서는금은상감(金銀象嵌)이나 토기, 도검에서 볼 수 있는 문자의 사용 등은 가야와의 관련을 빼놓고는 도저히 생각할 수 없는 예일 것이다. 이와 같은수공업품의 기술혁신 전체에서 가야와 왜의 긴밀한 관계로부터 생각해볼 때, 가야의 철 자원을 비롯한 철기 생산기술이 왜에 미친 영향이 실로다대하였음을 알 수 있다.[241]

일본 고대사에서 한반도와 일본의 상호교류를 말해 주는 첨예한 주제

240) 鈴木靖民(1995), 「伽倻(弁韓)の鐵と倭」, 『가야제국의 철』, 인제대학교 가야문화연구소편, 신서원, p.45.
241) 西谷正(1995), 「伽倻の鐵-鐵鋌」, 『가야제국의 철』, 인제대학교 가야문화연구소편, 신서원, p.155.

고대 한일 관계사의 진실

256

제철로에서 빠져나온 쇠뭉치

가 바로 제철을 비롯한 기술사이다. 이 주제를 따라 철을 중심으로 한 한반도 문화가 일본에 영향을 준 소재와 방법을 분명히 해야 한다고 본다.

우리는 일본의 철 문화를 다루면서 고대 한반도 이주민이 가져온 철기 문화가 일본의 역사에 어떤 영향을 주었는가를 똑바로 정리해 볼 필요가 있다. 그리고 그동안 역사적 사실을 감싸고 있던 장막이 일본 고대 문화를 연구하는 데 얼마나 큰 걸림돌인지 새삼 느낄 수 있다. 이와 같은 베일을 제거하지 않는 한 일본의 고대 문화와 기술의 발전을 투명하게 밝혀내기는 힘든 일이다.

한반도 이주민이 가져온 문화 중 그 양과 형식에 있어 고대 일본인들의 눈을 현혹시켰던 것은 무엇보다도 다다라, 한반도의 제철 기술이 아니었나 한다. 일본 다다라는 메이지 시대에 접어들어 여러 가지 근대화의 시도를 하였지만 다이쇼 12년(1923) 마침내 사라지고 말았다.

다다라의 원류와 실체를 제대로 보지 않으면서 일본 철기 문화의 흐름이 제대로 밝혀졌다고 보는 것은 무리이다. 세계 철 문화의 흐름을 정밀하게 추적하고 그 가운데 일본 문화에서의 제철 기술의 원류를 솔직하게 규명하여 일본 고대 철 문화의 위치를 바로잡는 것이 남겨진 과제라고 할 수 있다.

더불어 한반도에서도 다다라, 고대 제철 기술에 대한 연구가 아직 농밀하게 진행되지 못하는 것으로 알고 있다. 송계현(宋桂鉉)이 지적하고 있듯이 지금까지의 철 생산 유적에 대한 조사는 전무한 상태로, 철 생산 또는 철기 제작 기술에 관한 연구가 분묘 유적 출토 철기, 즉 매장된 철기에 의존할 수밖에 없는 상황이다.[242]

다행인 점은 다다라가 일반적으로 산중에서 이루어졌기 때문에 대부분의 유적이 아직 남아 있지 않을까 하는 것이다. 가야를 중심으로 고대 철제품이나 제철의 흔적에 대해서 발굴이 이루어져 고고학, 사학을 비롯한 각 분야에서 귀중한 소재들로 새로운 다다라의 이론을 세울 수 있게 되기를 기대해 본다.[243]

---

242) 宋桂鉉, 「洛東江下流域의 古代 鐵生産」, 『가야제국의 철』, 인제대학교 가야문화연구소편, 신서원, p.130.
243) Chung-Myun Lee(1985), Iron Smelting in Ancient Japan with Reference to Korean Migration, Professor Chung-Myun Lee 60th Anniversary Papers : Theory and Practice in Geography, pp.1-14.
北野耕平(1978), 앞의 책, p.109.

10) 『만요슈』: 망명 백제인들이 쓴 시집

『고사기』에 의하면『만요슈(萬葉集)』는 일본에서 가장 오래된 시집(詩集) 중의 하나이며 고대 일본 문학을 대표한다고 했다. 『만요슈』를 편찬한 오토모노 야카모치는 313년에서 759년 사이에 대략 446년 동안 시 약 4,500수를 집대성했는데, 장르별로 보면 4,200여 수의 단가(短歌), 300수에 가까운 장시(長詩), 그리고 60수 정도의 세도카로 되어 있다. 『만요슈』는 20권으로 이루어져 있다.

『만요슈』의 단가는 각계각층의 사람들, 즉 천황, 왕자, 승려, 정부 고관, 예술가, 기능공, 노동자, 어부 등 다양한 신분의 사람들이 지은 것이다. 질적인 면에서도 아주 뛰어나다. 수록된 시들은 풍부한 인간애를 잘 반영하고 있으며, 감정을 숨김없이 표현하고 있다.

『만요슈』는 일본의 남녀노소 할 것 없이 모든 이에게 위안과 위로, 사랑과 여유를 준 시집임에 틀림없다. 그리고 고바야시 야스코(小林惠子)는 『만요슈』가 일본 민족뿐만 아니라 한민족에게 있어서도 소중한 보배라고 말했다.[244]

『만요슈』에는 문학적으로 높이 평가받은 작품들이 많다. 고대 일본에서는 『만요슈』가 중요한 문화적 유산으로 평가되었기에 일본인들은 이 시집을 세계에 알리는 것을 매우 자랑스러워하고 있으며, 일본인들의 마음의 고향이자 시의 기원으로 여기고 있다.

---

244) 小林惠子(2007), 『本當は怖ろしい萬葉集』. 祥傳社, 서문 참조.

(1)『만요슈』의 형성과 만요가나

『만요슈』의 창작은 덴지 천황 시대, 백제와 나당연합군의 전쟁으로 인해 시작되었다. 이 전쟁에서 신라와 당나라 연합군이 백제를 무너뜨리자 전쟁에서 패한 백제 이주민들, 특히 정부 고관이나 학식 있는 사람들이 일본으로 많이 이주하였다. 이들로 인해 일본 문화는 빠르게 성장했다. 이때가 7세기 중반이었다. 그리고『만요슈』에 실려 있는 시 역시 7세기 중반부터 지어지기 시작했다.

『만요슈』의 유명한 시들은 한반도 이주민이 지은 것이 적지 않다. 누카다노 오키미(額田王), 가키모토노 히토마로(柿本人麻呂), 야마베노 아카히토(山部赤人), 야마노우에노 오쿠라(山上憶良), 오토모노 타비토(大伴旅人), 그리고 오토모노 야카모치(大伴家持) 등『만요슈』에 수록되어 있는 훌륭한 작품을 쓴 작가들도 한반도 이주민이다. 이렇게『만요슈』는 시초부터 외부 문화에 의해 시작되었다고 할 수 있다.

이와 더불어『만요슈』는 고대 일본 국가 체계 형성과 때를 함께 했다. 덴지, 덴무, 세이무 천황이 집권하는 동안 당나라로부터 받아들인 율령체제의 기반이 잡혔다. 다이호 율령(大宝律令)을 기본으로 하는 법전에 의해 국가가 통치되었고 이는 절대 권력을 지닌 왕가에 의해 강조되었다. 그리고 이를 뒷받침해 주는 강력한 정치집단이 계속 등장하였다. 수도는 아스카, 나니와, 오미, 후지와라 그리고 나라로, 이곳을 바탕으로 율령국가 체제의 기틀이 단단히 잡혀갔다. 정부 고관들이 천황가를 지지하고 국가의 성업을 위해 헌신한 율령국가의 황금시대였다. 율령제가 가장 발전한 나라 시대(710~794)에『만요슈』의 시 4,500수가 완성되었던 것이다.

일본어의 구조는 중국어와 근본적으로 다르다. 말이 다르기 때문에 일본어를 표기하는 데 중국 한자를 그대로 사용하는 것은 쉽지 않다. 그래서 중국어 한자를 읽는 두 가지 방법이 발달하게 되었다. 하나는 중국에서 발음하는 방식에 가까운 음독(音讀)이고, 또 하나는 음이 아니라 뜻을 가리키는 일본어로 읽는 훈독(訓讀)이다. 현재 일본어 표기 방식인 히라가나와 가타가나가 자리잡기 이전부터 신라의 향찰(鄕札)이나 이두(吏讀)와 같이 한자의 음(音)과 훈(訓)을 빌려서 음절을 표기하는 방식이 발전했고, 나라 시대에 이르러 이 방식이 널리 사용되었다. 특히 『만요슈』에 실려 있는 작품들에서 두드러졌기에 '만요가나(萬葉假名)'라고 불렸다.

이 만요가나의 구조(형성, 탄생)에 대해 여러 가지 설이 전해오고 있다. 첫 번째는 만요가나가 일본에서 만들어지고 시작되었다는 설이다. 사이토 코에이 등은 만요가나를 일본인이 창안하였다고 주장한다. 다른 설로는 오노 토호루 등이 주장하는 영향설이 있는데, 이들은 만요가나가 일본에서 창안된 것이라기보다는 다른 나라로부터 영향을 받은 것이라 주장한다. 특히 삼국(백제·고구려·신라)으로부터 지대한 영향을 받았다고 보고 있다.[245]

최근 『만요슈』 연구는 고대 일본의 한반도 이주민과의 연관성에 초점이 맞춰져 있다. 또한 역사적인 사실이나 학자들의 실질적인 움직임이 『만요슈』 연구가들 사이에서 일어나고 있다. 오늘날 이 연구의 동향을 다음과 같이 간단하게 정리해 볼 수 있다.

만요가나는 이두(吏讀, 중국 한자에서 따온 한국어 표기법)와 향가(鄕歌)를 바탕으로 한다. 그리고 만요가나는 한반도 이주민에 의해 더욱 확장되었다. 또한 마쿠라고토바(枕詞)는 고대 일본과 일본 문화, 즉 한반도 이주민의 삶과 밀접하게 연관되어 있다.[246]

---

245) 姜斗興(1979), 「吏讀と萬葉假名について」, 『三千里』 19號, pp.60-65.
246) 李寧熙(1990), 『枕詞の秘密』, 文藝春秋, pp.7-10.
　　金思燁(1988), 『鄕歌と萬葉の歌, 韓日古代詩歌における共通性 先史·古代の韓國と日本』, 築地書館, p.238.

『만요슈』에 수록된 시의 기본 형태는 단가(短歌), 장가(長歌), 향가(鄕歌) 등으로 비교연구가 필요하다. 『만요슈』 이전의 고대 시는 한반도 고대 언어와 관련 한반도 이주민의 기록에서 찾아볼 수 있다. 『만요슈』의 460여 명의 시인 중에 한반도 이주민이 꽤 많다. 이것은 『만요슈』의 형성에 한반도 이주민이 많이 기여했고 참여했다는 증거이다. 그러나 가모노 마부치(賀茂眞淵)는 전혀 그렇지 않다고 주장한다. 이런 견해는 일본 제국주의나 민족주의를 뒷받침하기 위해 한반도 이주민의 공헌을 극구 부인하고 있는 것이다.

『만요슈』 시인 중에는 이미 발견된 20명 외에도 훨씬 더 많은 것으로 알려져 있다. 그럼에도 몇몇 일본 학자들은 『만요슈』를 해석하는 데 한국어의 이해와 해석이 필요없다고 강력히 주장한다. 하지만 부분적으로 한국어가 사용된 『만요슈』를 한국에 대한 이해 없이 읽는다는 것은 거의 불가능하다.

일본인들은 『만요슈』를 비롯하여, 『회풍조(懷風藻)』(일본 시인들이 중국 한자를 이용해 지은 시집), 『일본영이기(日本靈異記)』(일본에서 가장 오래된 설화집)가 외국 학자나 외국 문물에 전혀 영향받지 않은 순수 일본 작품이라고 생각한다. 그러나 한반도 이주민의 지대한 공헌이 있었다는 사실은 거부할 수 없는 역사적 진실이다. 이러한 상황에서 일본 고대 문화와 일본 고전을 연구하는 데 고대 한국어를 연구하는 것은 당연한 것이다.

마쿠라고토바(지난 1천년 간 해석하지 못한 시 구문들)는 고대 일본에서 『만요슈』에 수록된 시 구문의 하나이다. 『일본서기』, 『고사기』, 『풍토기』 등에도 마쿠라고토바로 쓰여진 구문이 꽤 많다. 일본 학자들은 마쿠라고토바를 경솔하게 다루었다. '일본어로는 해석이 불가하다' 는 식으로 단순히 단정짓기도 했다.

하지만 이영희(李寧熙)에 따르면 마쿠라고토바로 쓰여진 『만요슈』의 시들을 한국어로 번역하면 해석이 가능하다고 한다.[247] 일본어로 읽었을 때 해석이 불가능한 부분을 한국어를 기준으로 읽을 경우 명확하게 해석이 된다는 것이다. 그것은 『만요슈』 부분 부분이 한국어로도 쓰여졌기 때문이며 『만요슈』는 한국어로도 해석이 되어야 한다.[248]

최근 일본에서 고대 역사 연구와 함께 『만요슈』 연구가 붐을 일으키고 있다. 만일 일본 정부의 압력이나 감시가 없다면 이 연구 활동은 더욱 활발히 일어날 것이다. 나는 『만요슈』의 학문적 연구와 일본 고대 문학 연구에 있어 학자들에게 자유를 주어야 한다고 권고한다. 그러면 역사, 예술 그리고 문화 등이 새로운 연구 방법에 의해 재조명될 것이다.

요즘 한국에서 젊은 학자들, 즉 김인배, 김문배가 『만요슈』를 해석하는 새로운 연구를 시도하고 있다. 『만요슈』를 읽는 데 향가와 이두를 사용하여 해독한다는 것이다. 향가와 이두를 연구하는 신진 세대들은 원로 연구자들이 택한 연구 방법은 처음부터 향가와 관련없다고 지적한다. 이러한 상황에서 젊은 학자들이 과감하게도 원로학자들의 연구 결과에 문제를 제기했다. 원로학자들은 향가의 해석에 대해 명확한 결과를 내놓지 못했다. 젊은 학자들은 『만요슈』의 구(句)를 판독해 내는 방법을 확실하게 반대했다. 그들은 향가를 읽는 방법과 일본의 고시(古詩)를 읽는 방법은 근본적으로 같다는 것을 알아냈다.

또 다른 연구 방법은 이영희의 것이다. 그는 『만요슈』에서 해석이 불가능했던 부분을 연구하고 『만요슈』는 고대 한국어로 쓰여졌다고 주장하였다. 작자 미상의 작품들이 많고 난해한 한자들로 쓰여져서 오랫동안 해석이 불가능했던 작품들이 많은 것은 바로 이러한 이유라는 것이다.

247) 李寧熙(1990), 앞의 책, pp.199-210.
248) 朴炳植(1987), 「古代朝鮮語로 萬葉集을 읽는다」, 『古代朝鮮과 日本』, 泰流社, pp.83-88. 鈴木武樹(1974)은 『歪められた歷史像』에서 『만요슈』가 고대 한국어로 해석할 수 있다고 말한다. 鈴木武樹(1974), 앞의 책, pp.190-192.

그녀의 주장에 따르면 『만요슈』의 작품들을 일본어와 한국어를 섞어서 읽고 이해하면 해결된다고 한다. 다시 말해 일본어만 가능한 일본 학자에 의해서는 해석이 불가능한 작품들을 한국어로 읽고 해석한다면 그 의미가 확실하게 이해가 된다는 것이다.

이러한 상황에서 『만요슈』의 연구는 한반도 이주민과의 연관성을 찾아보는 노력으로 새로운 시도가 필요하다. 또한 고대 한국어에 초점을 맞춰 연구를 시도해야 한다.

(2) 『만요슈』와 한반도 이주민

『만요슈』에 수록된 시인들 중 대표적인 한반도 이주민 시인들은 누카다노 오키미, 가키노모토노 히토마로, 야마베노 아카히토, 야마노우에노 오쿠라, 오토모노 야카모치 등이다. 이들은 작품 수와 작품성 면에서 유명한 시인들이고 무엇보다 한반도 이주민의 자손이다. 한 명씩 간략하게 적어보려 한다.[249]

■ 누카다노 오키미

누카다노 오키미는 덴무 천황에서 지토 천황 시대까지 활동한 여류 시인이다. 『만요슈』 시인 중 가장 오랫동안 활약했으며, 작품이 가장 뛰어난 것으로 알려져 있다. 그의 시는 매우 활기차면서도 고상한 정조를 띠어 남자 시인들의 시에서는 볼 수 없는 작풍을 보여 준다. 또한 한자의 수준이 높은 것으로도 유명하며 지금도 일본 교과서에 실려 있다.

---

249) 權又根(1988), 앞의 책, pp.115-145.

누카다노 오키미가 백제에서 건너왔다는 설과 신라에서 건너왔다는 설이 있다. 이를 확인하는 것은 쉽지 않지만, 『일본서기』에는 그녀가 히사마노 키미의 딸이라고 기록되어 있다. 노부나가 모토오리나가(일본의 고전학자)를 비롯한 학자들은 그녀가 오미의 하사마향(鄕)에 살았고, 히사마로 불렸다고 주장하였다. 그녀가 신라에서 건너왔다는 설이 더 설득력이 있다.

그녀는 오아마노미코토(훗날의 덴무 천황)의 극진한 사랑을 받았다. 그리하여 공주 도오치노 히메미코를 낳았고, 후에 이 공주는 덴지 천황의 연인이 되었다. 그녀는 황후가 되지는 못했는데, 일본 서부 지역의 전쟁을 담당하고 있던 사이메이 천황을 따라갔기 때문이다. 그 이후에 시를 짓게 된 것이다. 또한 오츠의 궁에서 시를 짓는 모임이 열렸을 때 그녀는 시를 짓는 역할로 참석했다.[250] 덴무 천황의 아들 유게 황자(弓削皇子)가 누카다노 오키미에게 시를 보냈다는 기록이 있다.

668년 5월 5일, 덴지 천황이 오아마노미코토와 여러 신하들과 동행하여 가모에 사냥을 나갔다는 기록이 『일본서기』에 있다. 이 날 누카다노 오키미도 참석하여 시를 지었다. 이와 같은 큰 행사는 자주 있는 것이 아니었다. 당시에는 주로 야마시로로 사냥을 떠났는데, 수도에서 야마시로까지는 1리에 불과했다. 한 고개만 넘으면 되는 거리였기 때문에 어려움이 없었다. 그러나 가모는 대략 10리 정도가 넘는 거리여서 쉽게 갈 수 있는 곳이 아니었다. 그런 이유로 사냥에 동행한 여자 신하들은 거의 없었고 황후, 공주들도 참가하지 않았다.

그런데 누카다노 오키미는 이 여행에 따라갔다. 그녀의 고향이 바로 오미 근처였으며, 이 지역에 대해 잘 알고 있었기 때문이다. 당시 가모는 일반인들이 쉽게 드나들 수 없는 곳이었다. 거기에는 오미 정부가 엄격하

250) 直木孝次郎(1976), 앞의 책, pp.277-278.
　　犬養孝(1978), 『萬葉の人びと』, PHP研究所, pp.87-93.

게 관리하는 약초 정원이 있었는데 이곳을 경영하는 이들이 한반도 이주민이었다. 한반도 이주민 중에는 약초에 관한 지식을 가지고 있는 의사이자 농부들이 많았던 것이다. 누카다노 오키미의 집 근처에 이 약초 정원이 있었다고 하는데, 그녀가 어린 시절 이곳을 방문했다는 것을 쉽게 유추할 수 있다.

그녀를 『만요슈』의 창시자로 단정짓기는 어려우나 그녀가 고대 일본 문학사에서 『만요슈』의 대표적인 발기인임에는 틀림없어 보인다. 또한 『만요슈』의 시인으로서의 영향력은 고대 일본 오츠 정부의 번영에 큰 공헌을 했다. 그녀는 두 천황(덴지와 덴무)으로부터 사랑을 받았다. 그러나 임신(壬申) 반란 이후 불후한 삶을 살았으며 말년을 외롭게 마감했다.[251]

■ 가키노모토노 히토마로

가키노모토노 히토마로는 지토(687~696), 몬무(文武) 천황(697~707) 시대에 활약한 시인이다. 그의 출생과 사망에 관한 기록은 남아 있지 않으나, 50세에 이와미국(石見國)에서 죽었다는 설이 있지만 확실하지는 않다.[252]

가키노모토 씨족의 본거지는 야마토국 나라현 이치노모토(櫟本)란 곳으로 추측된다. 이치노모토 근처에 가키노모토노 히토마로의 무덤이 있고 그를 모시는 사당이 있기 때문이다. 『신찬성씨록』에는 가키노모토 씨족은 와니 씨족, 오노 씨족, 아치 씨족, 구리타 씨족, 후루 씨족과 같은 조상을 두고 있다고 기록되어 있다.

251) 角孝三(1997), 「二人の天皇に愛された額田王」, 『古代史の讀み方』, かんき出版, pp.170-171.
252) 小林惠子(2007), 앞의 책, pp.187-188.

가키노모토노 히토마로는 야마토 시대에 장가 19수와 단가 75수를 지었다. 그는 『만요슈』뿐만 아니라 다른 일본 시의 역사에 있어서 성인(聖人)으로 불릴 정도로 활약이 대단했다. 사이토 모키치는 가키노모토를 '위엄과 고귀, 비탄, 비애'를 노래하는 데 전심전력하였다고 평가하였다. 불행하게도 그의 행방과 배경은 분명하지 않은데, 대부분의 일본 역사책이 이를 함구하고 있기 때문이다. 히토마로는 유일하게 『만요슈』에만 이름이 나와 있고 다른 기록물에서는 나타나지 않는다.

그의 출생지에 대해 세 가지 견해가 있다. 첫째, 많은 수의 시가 오미와 관련되어 있으므로 오미 셋쓰라는 의견이다. 둘째, 이와미와 관련하여 이와미 셋쓰라는 의견. 그러나 셋쓰는 그 지역 사람들의 입에서 입으로 전해진 전설에 의한 것이다. 마지막으로 가장 믿을 만한 의견은 야마토 이론이다. 소에카미군 가키모토는 이름도 들어맞고 그의 삶의 본거지였다. 여하튼 수도 오미에 관련된 수많은 시들이 존재하였고, 그 수도는 백제 이주민이 설립하였으며, 따라서 그 지역은 이주민이 가지고 온 문화에 의해 창조되었다는 사실이다.

이와 같은 다양한 기록을 바탕으로 가키노모토는 백제에서 왔다고 추측할 수 있다. 『만요슈』에 등장하는 그의 아내 요사미노 오토메도 단가 3수를 지었다. 『신찬성씨록』에 의하면 그녀는 오사카 마츠바라시 요사미향(오늘날의 오사카)에서 왔다고 한다. 이곳에는 아마미코소 신사가 위치해 있다.

히토마로는 마쿠라고토바, 리듬, 풍부한 아이디어를 이용하여 장가를 지었으며 비애, 감동, 비범한 스타일을 표현했다. 그는 서정시인의 대표주자 중 하나였으며, 후에 야마베노 아카히토를 시인의 성인으로 부르기도 했다.

요약해 보면 히토마로는 『만요슈』 시인들 중에서도 상위에 위치해 있고 변화의 기로에 서 있었으며, 장가를 이루고 또한 단가의 감정을 서술하는 길을 열었다. 이러한 서술 방법은 오늘날까지 지속되고 있다. 그의 작품의 진수는 일본 시를 숭고한 영혼으로 고양시키는 기회를 마련했다고 할 수 있다.[253]

■ 야마베노 아카히토

아카히토에 대한 출생 기록도 알려진 것이 없다. 하지만 그는 나라 시대 시인이었던 것은 분명하다. 야마노우에노 오쿠라와 오토모노 타비토도 같이 활동했다. 그들은 『만요슈』 역사상 3기에 속해 있다. 이 시대의 『만요슈』나 다른 역사책에서 그에 대한 자료를 찾을 수가 없는 것으로 보아 관료 중에서도 낮은 위치였을 것으로 추정된다.

그의 작품은 장가 13수와 단가 37수가 있다. 작품으로 보아 그는 오늘날의 치바현에서부터 에히메현까지 지역을 담당하는 중앙 정부에서 파견된 지방 관료가 아니었나 싶다. 또한 지방 순회 때는 요시노, 나니와, 와카노우라 등 아름다운 지역을 관광하면서 지은 시를 천황에게 바치기도 했다.

야마베노 아카히토의 작품을 살펴보면 주로 자연에 대한 무한한 사랑과 아름다움을 노래했다. 그래서 그의 작품은 아주 간결하고 단순하며 어딘가 멀리 한적한 곳에 있는 느낌을 풍긴다.

■ 야마노우에노 오쿠라

야마노우에노 오쿠라는 사이메이(齊明) 천황 시기에 유명한 시인이었으며 시인으로서의 업적 또한 전례 없이 대단했다. 그는 다양한 형식의 작품을 썼으며 장가 10수, 단가 62수, 선두가(旋頭歌) 1수, 한시 2수를

---

253) 山本健吉(1968), 『柿本人麻呂, 新潮日本文學辭典』, 新潮社, pp.230-233.

지었다. 자신의 삶을 한자로 쓴(논문, 수필) 글도 있고, 한자로 지은 장가도 있다. 작품수만 보아도 당대에 얼마나 뛰어났는지 알 수 있다.

62세 때 호키노 카미(伯耆守)를 지낸 후에, 67세 때는 학문적 업적을 높게 평가받아 황태자의 동궁에서 일하고 후에 치쿠젠노 카미로서 헌신했다. 그는 초년에는 알려지지 않았다가 말년에 능력을 인정받고 유명해진 특이한 이력의 소유자이며, 72세 이후 수도로 돌아간 다음 정부 관료에 연관된 공식적인 자료는 밝혀진 것이 없다.

오쿠라의 작품은 처음에는 인간의 본성과 철학에 초점을 맞추었고, 이후에는 문학적 가치와 아름다움에 대해 비평했다. 그러나 사람들이 그의 작품을 객관적으로 보면서 최근에는 작품의 가치를 높게 평가하고 있다. 그의 작품은 특히 이국적인 사고가 반영되어 있는데, 이런 형식은 이전의 작품에서는 찾아볼 수 없다. 그의 작품은 나라 시대의 가장 가치를 인정받은 작품 중의 하나이다. 머지않은 미래에 그의 작품에 대해 좀 더 깊게 연구할 시기가 오리라 믿는다.[254]

활동 시기와 관련하여 논란이 많지만 그는 660년 백제에서 태어나 네살 되던 해 아버지를 따라 일본으로 건너갔다. 『일본서기』에 그의 아버지는 오쿠닌으로 기록되어 있다. 오쿠닌은 덴무 천황의 궁정에서 내과 의사로 일했다.

그의 아버지의 근무지는 오츠 근처였다. 북쪽과 동쪽으로는 가모군과 간자키군이 있고 이 지역은 백제 이주민이 주로 정착해서 사는 곳이다. 가모군 히노(日野)는 기시츠 신사(기시츠 신을 모시는 곳)와 미나쿠치(오쿠라가 살았던 지역)와 가까운 곳에 있다. 비록 그의 출생지에 대한 논란이

254) 上田正昭, 司馬遼太郎, 田邊聖子, 中西進(1974), 「座談會-山上憶良と萬葉集」, 『日本の中の朝鮮文化』第23號, pp.21-49.

일고 있지만, 오쿠라의 본거지는 백제 이주민이 살고 있던 곳임이 분명하다.[255]

또한 오쿠라는 702년 견당사(遺唐使, 당나라에 파견된 사절단)에 참여하여 여행 기록을 담당했다.[256] 당시 일본에서 당나라로 항해하여 간다는 것은 매우 위험한 일이었다. 그래서 이 사절단에서 임무를 수행하던 사람들끼리 서로 내기를 걸기도 했다고 한다. 분명한 것은 이 항해가 얼마나 위험했던가를 알려 주는 웃지 못할 기록이다.

이때 그들은 많은 경험을 하였고 또 몇몇은 목숨을 잃어 돌아오지 못했다. 그 사이 사절단 사람들끼리 매우 가까워졌다. 오쿠라는 기회를 놓치지 않고 사절단 대표인 이와타사 나유키의 눈에 들었으며 임무를 통해 더욱 가까워졌다. 오쿠라는 그로부터 2년 동안 중국에서 임무를 수행하고 본국으로 돌아왔다.

714년 그는 낮은 벼슬 자리를 얻었다. 그리고 716년에 호키노 카미(伯耆守)를 지냈고 721년에는 궁정으로 돌아왔다. 이 시기에 츠쿠시, 오토모노 타비토와 함께 단가 시인의 문학계로 상승하는 기회를 얻었다. 다문박식(多聞博識)한 그는 사회적·인간적인 면을 다루는 시와 현실과 진실을 주제로 시를 지었다. 오쿠라는 감성적인 비관론자였고 한문학과 불교문학에서 두각을 드러냈다.[257]

『만요슈』에 실린 다른 시들과 마찬가지로 야마노우에노 오쿠라의 시는 대부분 남녀의 사랑을 주제로 다루고 있으나 부모와 자식 간의 사랑을 다루는 작품도 있다. 그의 작품세계의 기저에 깔려 있는 것은 다름 아닌 불교 사상이었다. 앞에서도 언급하였듯이 이는 그가 불교문화가

255) 司馬遼太郎(1985), 『街道をゆく 13-壹岐, 對島のみち』, 朝日文庫, pp.122-123.
256) 上田正昭(1982), 「座談會-山上億良と萬葉集」, 『日本の渡來文化』, 中公文庫, p.195.
257) 中西進(1982), 「座談會-山上億良と萬葉集」, 『日本の渡來文化』, 中公文庫, p.204.

발달한 한반도 백제에서 건너온 이주민이었기 때문이라 생각된다. 그는 이주민들의 높은 문화적 소양을 그대로 시에 담아 표현한 시인이었다.

■ 오토모노 타비토

타비토는 나라 시대에 활약한 시인으로 오토모노 야스마로의 아들이 자 오토모노 야카모치의 아버지로 오토모 집안의 기둥이었다. 그는 정부 에서 쇼나곤(少納言)으로 임명되어 순탄하게 활동했으며, 훗날 다자이후 소료로 임명되었다. 그리고 다이나곤 오토모 씨족의 지역인 수도로 돌 아가서 사무라이로 활약했다. 그러나 타비토는 시인으로서도 유명했다. 장가, 단가 합하여 70여 수의 시가 『만요슈』에 실려 있다.

타비토와 다자이후에서 야마노우에노 오쿠라의 만남은 일본 문학과 『만요슈』의 발전에 큰 계기가 되었다. 그들이 시인으로 활약하던 시대는 당시 문학과 예술 발전의 전성기였다. 그리고 그들의 우정도 더욱 깊어 졌다. 그러나 두 사람의 작품의 특성과 방향은 달랐다.

하타이 히로시는 오토모 씨족은 고구려 후손이라고 지적했다. 또한 오 토모 씨족은 철 제련에 연관된 신을 모셨다. 야요이 시대에 한반도 동쪽 해안선을 따라서 남쪽 바다 건너 일본으로 많은 고구려인이 야마토 지역 의 고지대와 오미로 이주했다.

오토모 씨족은 긴키 지역으로 이주한 씨족 중에서도 가장 강력했던 것 으로 알려져 있다. 그들은 고구려, 백제를 거쳐서 세토 내해를 건너 일본 으로 왔다. 또 다른 집단의 사람들은 고구려에서 신라로 그리고 동해를 거쳐 긴키 지역으로 이주했다. 이 두 그룹은 긴키 지역에서 합류했다.

■ 오토모노 야카모치

나라 시대 후기에 활약한 시인으로 출생과 관련하여 718년과 716년이 라는 두 가지 설이 있다. 야카모치는 시 479수를 지었고 그 중에 장가가

46수나 된다. 오늘날 편집된『만요슈』를 보면 그의 작품은 숫자적으로도 크게 기여했다.

그는 쇼무 천황 시절 우도네리(율령제에서 中務省에 속하는 관직)로 일했고, 훗날 29세부터 34세까지 5년간 에추노 카미로 일했다. 이 외로운 곳에서 시를 짓는 일에 몰두했다. 또한 그는 나라가 어지러울 때 혼란을 피해 창작활동을 할 수 있는 기회를 얻었다.

그리고 수도로 돌아간 후 7년 동안 이나바국 카미(因幡守)로 일했다. 이 시기에 정치적 분쟁으로 인해 고달픈 삶을 살았으나 자신의 운명을 바꿀 수 있는 기회를 맞이했다. 시인으로서의 삶을 끝내고 도호쿠 지역을 통치하는 지휘관에 임명되었다.

그는 역사적 변환기에 몰락한 귀족을 따랐던 비운의 사나이였다. 하지만 끊임없는 시련과 고난을 극복하고 후기『만요슈』시대를 대표할 만한 고상하고 정교한 작품을 만들어 냈다. 그의 시는 귀족계층의 문학이 꽃필 수 있는 토대가 되었다.

우다(시의 한 종류)의 역사는 궁정에서 7세기에 시작되었다. 제1기는 누카다노 오키미에 의해 규정되었고, 제2기는 가키노모토노 히토마로에 의해 시작되었다. 또한 제3기는 야마베노 아카히토가 이끌었다. 제3기에 중국 한문화, 유교, 도교의 영향을 많이 받았다. 그래서 이 3기가 우다의 역사상 전환기가 되었다. 오토모노 야카모치는 이 시기 시인 중의 한 명이다. 제4기에는 이전 시기에서 받아들인 후 발전시키는 단계였다. 오토모노 야카모치는 시 479수를 지었고 대략 732년쯤 활약했다.

제4기에는 다수의 집단에 초점을 두었던 시가 개인에게 초점을 맞추게 되었다. 즉 대중이 아닌 개인에게, 외향성에서 내성적으로, 정치적 성향에서 비정치적 성향으로 초점을 옮기기 시작했다. 제3기부터 서정미가 있는 시가 발달하기 시작하여 제4기에는 서정시가 중심으로 자리잡았다.[258]

오토모노 야카모치는 서정시의 독보적인 시인이었다. 그는 유혹에 빠지기 쉽고 변덕스러운 삶에 대해 깊이 생각하고 인생의 허무함을 절실히 느꼈다. 야카모치가 왜 인간의 삶에 대해서 덧없음을 느끼게 되었는지 몇 가지 이유를 들어본다.

첫째, 그는 유명한 집안에서 태어났으나 점점 몰락해 가는 현실을 감당해야 했다.

둘째, 그는 어려서 부모를 모두 여의었다.

셋째, 737년 감수성이 한창 예민했던 시기에 유행병으로 주변 사람들의 죽음을 경험했다.

덴표 중반 이래 귀족들은 감상주의에 빠져들었다. 이런 환경에서 그의 우울한 감정은 자연에 대한 아름다움에 눈을 돌리게 되었다.[259]

지금까지 만요 시대 주요 시인 6명에 대해 이야기했다. 4,500여 수 중에서 1,900여 수를 제외하고 2,600여 수는 전체『만요슈』의 40%를 차지하고 문학적 평가에서도 높은 수준에 있다.

460여 명의 시인 중에 6명은 겨우 1%에 해당하는데 이들 1%가『만요슈』에 실린 시 98%를 지었다. 게다가 이들은 한반도 이주민이다. 이러한 중요한 사실로 보아『만요슈』와 한반도 이주민의 연관성은 더 자세한 연구가 필요하다고 생각한다.

258) 直木孝次郎(1976), 앞의 책, pp.298-300.
　　犬養孝(1977),「大伴家持」,『日本文化小辭典』, 新潮社, pp.168-171.
259) 直木孝次郎(1976), 앞의 책, p.300.

(3) 『만요슈』의 특색

『만요슈』 연구에 핵심적인 업적을 남긴 이영희는 『또 하나의 만요슈(もう一つの萬葉集)』에서 다음과 같이 결론을 내렸다.

첫째, 지금으로부터 20여 년 전 당시 정치평론가였던 미다라이 다쓰오로부터 "만요슈는 당신 나라의 말로 쓰였다"는 말을 듣고서, 『만요슈』의 전문(全文)이 한국어로 쓰여졌는데 한국어로 읽고, 한일 양국 이중으로 읽고, 양국이 혼합하여 읽어내는 세 가지 유형으로 분류된다고 했다.

둘째, 『만요슈』에 나타난 마쿠라고토바(枕詞)는 중요한 의미를 가지고 있다. 종래 마쿠라고토바는 "의미를 잃어버린 채 그대로 전승된 '와가'의 수사 용어"가 되어 버렸다. 이 마쿠라고토바를 고대 한국어로 읽으면 명쾌하게 해독할 수 있다. 일본 국문학계가 냉담했다는 것이 이해하기 어렵다. 노래 속에 의미가 없다고 취급받았던 마쿠라고토바는 매우 중요한 역할을 하고 있었던 것이다.

셋째, 일본어 접두어의 대부분은 접두어가 아니고 마쿠라고토바와 같이 형용사나 부사 등의 역할을 하고 있는 한국어다. 현재 접두어로 취급되는 일본 고대어는 대부분 접두어가 아니다. 뜻이 명확하지 않은 어휘들을 모두 접두어로 처리해 버리는 솜씨에는 감탄을 할 수밖에 없다.

넷째, 성적인 표현에 있어서 대담하기 이를 데 없다. 『만요슈』는 한국어로 읽으면 무시무시할, 아니 아찔할 정도로 선정적·호색적인 표현들이 많다. 전부 그렇다고는 할 수 없으나 연가(사랑 노래)는 대개 남녀의 정사 장면을 거침없이 전개한다.

이영희는 그 당당하고 솔직함에 압도되어 당황했다고 한다. 그러면서 대단히 솔직하고 직설적이며 대담한 표현과 함께 섬세한 미의식으로 매끈하게 묘사된 격조 높은 사랑의 드라마에는 감탄하지 않을 수 없다고 했다. 『만요슈』는 에로틱한 노래가 아니다. 문자 그대로 참된 문학이다.

다섯째, 『만요슈』는 어디에 비할 바 없는 뛰어난 고전이다. 한국, 일본, 중국 세 나라의 어문(語文)을 거침없이 활용하면서 사랑, 죽음, 정치, 투쟁 등 고대인의 생활과 역사를 멋지게 부각시킨 고전문학이 다른 어떤 나라에 있었겠는가. 더구나 그 숫자는 단연 세계 제일이다. 4,516수. 이것이 어찌 그리 잘 보관되어 있는가. 참으로 슬픈 이야기지만 『만요슈』와 거의 같은 시대의 한국의 고대가, '백제가사'는 딱 한 수 '정읍사'만 남아 있다. 여담이지만 '정읍사'는 참으로 뛰어난 노래이다. 신라 향가는 많이 남아 있기는 하지만 『만요슈』에 비할 바가 아니다. 침략이나 전쟁의 불행한 역사의 결과이다.

이영희는 『만요슈』는 또 하나의 『일본서기』 혹은 보다 올바른 『일본서기』로 불러야 한다고 했다. 고대 한국어(백제, 신라, 고구려 등 지방의 방언을 복원하여) 고어로 올바르게 훈독함으로써 『만요슈』는 『일본서기』를 보충하고 참된 역사를 전하는 중요한 사료로 다시 되살아난 것이다. 그도 그럴 것이 『만요슈』는 다만 화조풍월(花鳥風月)이나 연심을 드러내거나 혹은 의례 따위를 노래한 것이 아니다. 노래 형식을 취하면서도 사실상 정치에 대한 비판이자 정치를 촉진시키는 것이요, 격문이고 정정(政情)의 보고이며, 또한 체제 비판, 정치 풍자의 노래인 것이다. 종래 단순한 민요, 서민의 노래로 간주되어 온 『만요슈』 14권의 아즈마우다(東歌)에 있어서도 정쟁에 관련된 노래가 많다.[260)

오토모노 야카모치는 『만요슈』 편찬의 중심 인물이었다. 그는 왜 노래를 모으고 또 남겼는가. 그것은 다름 아니라 천황은 백제계에서 고구려계, 신라계, 가야계 그리고 또 백제계로 눈이 팽팽 돌도록 변화해 가는 속에서 일관되게 정절을 지키고 나라를 만드는 데 종사해 온 것은 오토모계였다는 것을 야카모치는 말로 하지 않고 방대한 정치적 언급을 모아 있는 그대로의 모습을 후세에 남기고 싶은 집념에서 나온 것이 아니냐고 보았던 것이다.

야카모치의 조부 오토모노 스쿠네 야스마로 그리고 아버지 오토모노 스쿠네 다비토(旅人) 등 정부에 참여하여 당당하게 활약했던 명문 집안이었으나 야카모치의 시대에 이르러 후지와라계의 세력에 밀려 한 지방관으로 몰락했다.

내가 『만요슈』를 연구해 오는 동안 왜 오토모노 야카모치가 그렇게 밀려나 『만요슈』 편찬에 전력을 다한 이유를 알게 되었다. 오토모노 야카모치는 말하지 않고 묵묵히 자료를 모아 세상에 남겨 놓음으로써 세상 사람들로 하여금 그대로 이해하도록 전했다는 것이다.

『만요슈』는 고대 일본 문화에 있어서 뛰어난 문학 유산 중의 하나이다. 그 문학적·예술적 가치는 외국에도 널리 알려져 있다. 그러나 우리가 이 장에서 이야기했던 것처럼 『만요슈』를 연구하는 데 몇 가지 어려움이 있다. 일본에서는 『만요슈』를 전적으로 일본 사람들에 의해 탄생했다고 믿고 있다. 그러나 그건 진실이 아니다.

『만요슈』 연구의 올바른 방향을 찾기 위해서 그들은 모든 자료와 정보를 공정한 평가에 의해 재조명해야 한다. 『만요슈』의 성격을 잘 파악해

---

260) 李寧熙(1990), 앞의 책, pp.279-286.

　　李寧熙(1993), 『甦える萬葉集』, 文藝春秋, p.11-12.

　　김인배 · 김문배(1993), 「전혀 다른 鄕歌 및 萬葉歌」 우리문학사, pp.9-16, 396-397.

고대 한일 관계사의 진실

276

야 하며, 바람직하지 않은 방법으로 연구한다면 이것은 한계에 부딪치게 된다.

『만요슈』는 일본인의 고유 문화가 아니다. 또한 일본의 순수한 문화로 이룩된 것이 아니다. 이것은 고대 한반도 문화가 고대 일본 문화에 침투되어 변형된 후 한반도 이주민에 의해 발전되었다. 한반도에서 이주해 간 뛰어난 시인들의 수로 보아서도 확연히 드러난다. 또한『만요슈』뿐만 아니라 헤이안 시대 초기까지 문화가 다양한 분야에서 한반도 이주민에 의해 발달되었다. 우리가 이 진실을 거부한다면 고대 일본 문화와 역사를 이해하기 어렵고 왜곡되어 갈 것이다.

『만요슈』에 관하여 이영희의 뛰어난 연구와 고바야시 야스코의 예리한 통찰력을 비롯하여 선학들의 몇 가지 연구를 갖추려 보았다. 고바야시는『고사기』와『일본서기』다음에 일본 고대사의 연구자료로『만요슈』를 넣고 싶다고 하면서, 사기모리(防人)와 동국인들이 불렀던 노래에서 당시의 사회생활을 아는 데『만요슈』는 빼놓을 수 없는 자료라고 했다. 참으로 설득력이 있는 견해라고 본다.[261]

『만요슈』에 기록된 시인들은 대략 460명이고 그 중에는 한반도 이주민이 몇 명 포함되어 있다. 이는『만요슈』의 시들은 한반도 이주민에 의해 지어진 것이 아니라는 가모노 마부치의 주장을 확실히 부정한다. 가키노 모토노 히토마로, 야마노우에노 오쿠라, 야마베노 아카히토, 누카다노 오키미, 그리고 오토모노 야카모치는 오늘날 일본에서『만요슈』를 대표하는 시인으로 손꼽힌다. 이 연구를 바탕으로 20여 명의 한반도 이주민 시인이『만요슈』에 참여한 것으로 알 수 있었다.

---

261) 小林惠子(2007), 앞의 책, pp.307-308.

『만요슈』 탄생 이전에 아스카 지역에 고대 서정시가 유행했었다. 이 지역의 고대 한반도 문화와 한반도 이주민의 흔적을 찾아보면,『만요슈』에 관련된 단서를 찾을 수 있을지도 모른다.

　　지금까지의 이야기를 통해서 우리는 4국(가야 · 백제 · 신라 · 고구려)으로부터 일본으로 건너간 한반도 이주민을 나눠 볼 수 있다. 대부분 백제로부터 왔다고 하지만, 그들의 본거지를 자세하게 연구해 볼 필요가 있다.『만요슈』를 좀 더 무게 있게 연구하기 위해 향가, 이두와『만요슈』사이의 비교 연구가 필요하다고 본다. 이러한 연구가『만요슈』에 얽혀 있는 풀리지 않은 숙제를 해결하는 데 중요한 열쇠가 될 것이다.

11) 음악 : 고대 일본으로 전파된 한반도의 아악

나라 시대를 거쳐 헤이안 시대까지 한반도의 음악인들이 일본으로 이주해 갔다. 오늘날까지도 그들이 가져간 음악이 일본에서 연주되고 사랑받고 있다.

따라서 여기에서는 일본에 남아 있는 한반도의 고대 음악이 어떻게 전파, 보급되었는지에 대해 설명하고자 한다.

한반도와 일본 사이의 음악적 관계는 한반도, 일본, 중국 그리고 중앙아시아의 음악을 비교 연구하는 데 중요한 역할을 한다. 이와 같은 비교 연구 없이 동아시아 음악의 근원을 찾기란 어려울 것이다. 비록 언어가 달라 자료를 검토하는 데 어려움이 있지만 절실한 과제임이 틀림없다.

삼국시대부터 전해진 자료는 부족하고 한정되어 있지만 한반도 음악이 일본으로 전해진 시기와 방법은 일본 자료를 통해서 확인할 수 있다. 한반도와 일본 관계에 관한 기록은 일본 고대 음악과 궁정 음악의 기원을 밝히는 데 중요한 뒷받침이 된다.

오늘날 세계적으로 명성이 높고 음악적으로도 그 가치를 인정받고 섬세하다는 평을 듣는 일본 궁정 음악, 아악[262]은 고대 일본으로 이주해 간 한반도 이주민에 의해 전파되었고 창시되었으며 발전을 거듭하면서 보존되어 온 것이다.

---

262) 上田正昭(1999), 『講學－アジアの中の日本古代史』, 朝日選書 640, 朝日新聞社, PP.127-130.

(1) 중앙아시아에서 중국, 한반도, 일본으로 번진 음악

중앙아시아의 음악은 인도에서 시작되었다. 이 음악이 중국과 한반도를 거쳐 일본까지 전파, 정착했다. 중국의 공후(箜篌), 비파 같은 악기가 중국 한시대에 전파된 사실을 확인할 수 있다. 본래 이 악기들은 서양에서 동양으로 전파되는 사이 인도와 이란 서부 중앙아시아에서 중국, 한반도, 일본으로 전해진 것이다.[263)

중국에서는 외국에서 전파된 음악을 자주 연주하곤 했다. 한반도의 삼국시대 때 발달한 음악 또한 다시 중국으로 전파되어 알려졌다. 중국 수나라(581~617)에는 오래된 전통음악이나 궁중음악 등이 서서히 사라지고 다른 형식의 궁중음악이 발달되었다. 그리고 후에 10음보 체계가 되는 7음보 체계가 여러 지역에서 발전하였다. 각 부분의 설명에 의하면 음악의 전파는 서부에서 동부로 이어졌음이 분명하다. 즉 중국과 한반도 그리고 일본으로 전해졌다는 것이다.

이 음악의 형식은 중국 고유음악과 합류하여 수나라와 당나라(618~907) 사이에 번성하였다. 중국 음악과 중앙아시아 음악의 혼합은 당나라 음악으로 결실을 맺었다. 그 음악은 점점 삼국으로 번져갔고 결국 일본에 정착했다. 당나라 음악은 일본에서 당(唐) 음악으로 불렸고 이것은 당나라에서 삼국을 거쳐 일본으로 전해진 음악임을 알 수 있다.[264)

삼국에서 일본으로 음악이 전파된 것은 대략 7세기에 이루어졌다. 770년『속일본기』에 따르면, 일본 쇼토쿠 태자가 가와치 유기의 천황궁을 방문하여 환영연에서 한반도 이주민이 연주하는 것을 보았다는 기록이 나온다.[265)

---

263) 岸邊成雄(1936),「琵琶の起源」,『考古學 雜誌』26卷, 10號, pp.181, 615-616.
264) 林良一(1966),「絹の道と正倉院」,『日本の美術 6』, 平凡社, p.89.

(2) 삼국과 발해에서 일본으로 전파된 음악

■ 신라 음악

『일본서기』에 신라 눌지왕(453)은 일본 인교(允恭) 천황의 장례식에 80여 명의 음악인을 보냈다는 이야기가 전해진다. 이 음악인들은 쓰시마를 거쳐 쓰쿠시(규슈 북부)에서 나니와츠(오사카)로 건너가 수도로 입성하였다.[266] 이것이 삼국 음악이 일본에 전파된 최초의 사건이다. 후에 일본에서 음악연구소를 설립하고 우다마이노 츠카사라고 명명했다.

금(琴)은 가야 때 발명되었고 신라가 가야를 정복한 후 진흥왕(551)에게 전달되었다. 신라 고도의 신라금(新羅琴) 전달은 유랴쿠 천황 시대까지 계속되었다.[267]

신라 음악에 관한 이야기는 덴무 천황 684년 『일본서기』에 처음 등장한다. 그러나 신라 음악은 공식적으로 일본에서 연주되기 이전에 소개가 된 것으로 추정된다. 630년 일본의 신라 영빈관(사절단이나 초청 손님이 머무는 곳)에서 손님들이 신라 음악을 즐겼다는 기록이 있다. 이 영빈관은 561년에 지어졌다.

740년 신라 음악가들은 쇼무(聖武) 천황을 위해 가라토(韓唐) 음악(한반도와 중국 음악의 혼합)을 연주하기도 했다. 쇼무 천황이 헤이조쿄(平城京)를 떠날 때 그리고 황실에서 후하나 미노를 방문할 때 신라 음악과 히다노 음악이 연주되었다.[268]

일본 학자 츠다 사요키치는 신라 음악이 고대 일본으로 전파되었다는

265) 李惠求, 「高句麗 音樂과 西域樂」, p.200.
266) 李釪鉉(1991), 「演劇의 韓日交流」, 『韓日文化交流』, 민문교 편, p.94.
267) 上田正昭(1988), 『雅樂と古代の宮廷』, 宮內省, p.14.
268) 上田正昭(1989), 『古代の道教と朝鮮文化』, 人文書院, 참조

사실을 인정하지 않았다. 그는 당시 한반도 음악은 그렇게 뛰어나고 발전된 악기를 만들 수 있는 기술이 없었다고 주장했다. 그러나 또 다른 일본 학자 하야시야 타츠사부는 신라 음악과 금(琴)은 삼국시대에 일본으로 전파되었을 가능성이 충분하다고 지적했다.

■ 백제 음악

백제 음악이 고대 일본에 전파되는 과정에서 긴메이 천황이 많은 공헌을 했다. 『일본서기』 19권에 따르면 백제 성왕은 점술가, 역술가, 의사, 약사 등과 함께 음악가를 포함한 예능인 16명을 일본에 보냈다.[269]

『일본서기』에는 '대반', '대지' 라는 말이 기록되어 있다. 이는 백제 음악인들이 정기적으로 순회했다는 것을 보여 주며, 또한 백제 음악인을 일본으로 처음 보낸 것은 성왕이 아니라는 것도 증명한다. 또한 554년 이전에 이미 백제 음악인이 고대 일본으로 보내졌다는 것을 알 수 있다.

일본 음악가 다나베 히사오(田邊尚雄)는 백제 음악은 삼국시대 554년 일본으로 전해졌다고 주장했다. 552년 불교가 백제에서 긴메이 천황 때 일본으로 널리 전파되었다는 것이 확연히 드러나 있기 때문이다.[270] 게다가 스이코 천황 이후에 중국과 일본 사이에 문화교류가 일어났다. 수나라와 당나라 음악은 고대 일본에 사절단이 오가면서 전해졌으며, 당나라 음악이 더욱 큰 영향을 미쳤다.[271]

『일본서기』에 보면 612년 스이코 천황 때 두 사람에 관한 증거가 나타난다. 구수리노오미와 오토모세마데히코는 사절단으로 백제로 갔다.

---

269) 上田正昭(1999), 앞의 책, p.132.
270) 田邊尚雄(1962), 앞의 책, pp.135.
　　　 上田正昭(1999), 앞의 책, p.132.
271) 李惠求(1967), 「와 공후와 현금」 백산학보 No.2, p.165.
　　　 林屋辰三郎(1975), 「日本の古典藝能 2」 雅樂 平凡社, pp.32-33.

이 시기에 기악(技樂)의 소개는 의구심이 든다. 백제 양식을 이끌어갔던 음악가 미마지(味摩之)는 기악의 일본 전파에 큰 공헌을 하였다.

744년 2월 백제 음악은 쇼무 천황이 야수쿠모노에를 방문했을 때 연주되었다. 765년 10월 쇼토쿠 태자가 유미 케슈리에 갔을 때도 니시키 케이후쿠에 의해 혼코무 노 마이가 연주되었다. 이 음악과 음악가는 백제에서 온 것이다.[272] 791년 10월 간무 천황이 가다노(交野)에 방문했을 때 니시키 케이후쿠는 백제 음악을 연주했다.

『일본서기』 22권에 따르면 612년 미마지는 일본으로 건너가 사쿠라이라는 곳에서 아이들에게 기악을 가르쳤다고 한다. 신무라 이데루(新村出)는 기악이 중국에서 소개되었다고 주장한다. 최초 인도와 티베트에서 시작하여 그 후 중국으로 건너갔으며 미마지에 의해 다시 일본으로 전달되었다는 것이다.[273]

어쩌면 이것이 모두 맞지 않을 수도 있다. 미마지가 기악을 한반도에서 일본으로 직접 전하였다.[274] 미마지는 단지 기악의 개혁자였을 뿐만 아니라 백제 음악인의 대표자였다. 이 사실은 쇼토쿠 태자에 관한 주석에서도 이미 밝혔다.

이처럼 이혜구는 궁중 음악과 백제 음악은 다른 형식이라고 주장했다. 백제 음악은 기악이 중국으로부터 소개되기 이전에 이미 고대 일본에 전파되었다고 지적했으며,[275] 또한 기악은 백제 음악에서 파생된 음악이라고 했다.

272) 上田正昭(1989), 『古代の道教と朝鮮文化』, 人文書院, pp.232-233.
273) 新村出(1955), 『廣辭苑』, 岩波書店, p.14.
　　上田正昭(1999), 앞의 책, p.132.
274) 송형섭(1985), 「일본 속의 백제문화」, 대전일보, 1985년 9월 14일자 기사.
　　林屋辰三郎(1975), 앞의 책, pp.27-28.
275) 李惠求(1967), 앞의 책, pp.167-168.

기악이 고대 일본에 소개되었을 때, 이는 불교 문화의 한 부분으로 받아들여졌고 또한 불교의식에서 사용되는 것으로 이해되었다.[276) 『교쿤쇼(敎訓抄)』[277)의 기록은 기악의 한 가지 형태는 다치바나 히토시에서 유지되고 있고, 또 다른 형태는 야마시로의 교료 사원에서 보존되어 왔다. 또한 세 번째 형태는 셋쓰의 덴노 사원에서 보관하고 있다. 이 세 사원에서 보관해 왔다는 것은 이곳에서 가르치고 전수해 왔다는 것이다. 그만큼 기악은 음악적으로 매우 가치 있고 신성한 종교의식에서 쓰여진다는 것이다.

기악의 중요성은 공연 중에 마스크(탈)를 쓴다는 것이다. 가마쿠라 시대에 쇼소인(正倉院), 도다이 사원, 교쿤쇼 등은 마스크에 대해서 기록을 했다. "사람들이 한 줄로 서서 춤을 춘다. 첫번째 사람은 덴구(긴코 요정, long-nosed goblin) 탈을 쓴다. 그 다음은 가라라(상상의 새) 탈을 쓴다. 각기 다른 탈을 쓴 무용수들은 춤에 따라서 구별이 된다. 성스러운 종교의식의 무용이면서 밝고 섬세한 안무이다."

고대 일본인이 매우 감탄했으리라고 장담한다. 이와 같은 기악은 일본인에게는 매우 이국적이고 불교적이면서 당시 일본에서 친근하게 볼 수 있는 것이 아니었음을 알 수 있다.[278) 한반도와 중국에서 기악에 관한 기록은 충분하지 않다. 그러나 일본에서 기악이 중요한 역할을 했다는 기록이 나와 있다.[279)

당시 기악은 일본 국가정책에 의해 보호되었고 불교 역시 널리 퍼져 나갔다. 그러나 궁중음악이 황궁에서 확립되었듯이 음악의 한 형태로 정착되지는 않았다. 헤이안 시대에는 각 사원에서 연주되었고, 사이카이라고

276) 林屋辰三郎(1975), 『日本の古典藝能 2-雅樂』, 平凡社, p.28.

277) 『敎訓抄』 10卷은 興福寺 樂人 고마지카 사내(狛近眞)가 1233년에 서술한 종합적 음악 책이다.

278) 岡野弘彦(1962), 앞의 책, pp.83-84.

279) 李鉒鉉(1991), 앞의 책, p.95-96.

기악을 연주할 때 쓰는 광대 탈

불리는 중요한 의식의 한 절차가 되었다. 그러나 가마쿠라 시대가 저물어 갈 즈음 기악은 어렵사리 존속되었다. 결국 기악은 정부나 관료에 의해서 잘 받아들여지지 않았고 본래 이를 즐기던 불교인들 역시 멀리하게 되었다.[280]

일본 학자들은 기악의 출처에 대해 근원을 그리스, 남아시아, 티베트 그리고 중앙아시아라고 주장한다. 최근에 기악의 근원이 쿠처(중국 신장에 위치한 위그르족의 자치구)로부터 전해졌을 것이라는 주장이 나왔다. 일본 학자 시게토시 가와다케는 기악은 인도와 티베트 지역의 탈춤과 관련이 있다고 했다.[281] 여하튼 기악은 중앙아시아에서 시작되어 중국으로 퍼져나가 백제 그리고 일본으로까지 전파되어 갔다. 이를 통해 일본에서는 역사적인 발전과 영향이 있다고 기록해 놓았다.[282]

280) 林屋辰三郎(1975), 앞의 책, p.31
281) Shigetoshi Kawatake(1959) Nippon Engeki Zenshi, Iwanami shoten, p.38.
282) 송방송(2012), 『한겨레의 음악사전(상)』 도서출판 보고저, p.273.

■ 고구려 음악

고대 일본으로 전해진 고구려 음악에 대해서는 명확하게 알려진 것이 없으나, 아스카 시대 스이코 천황 시기의 기록에서 무용수(마이시)가 일본에 도착했다는 사실을 발견했다. 덴무 천황 12년(683)에 한반도의 음악(고구려·백제·신라)은 황실에서 연주되었다.

고구려 음악은 668년 고구려 멸망 이전에 확인되었다. 지토 천황 때 문서에 백제, 신라, 고구려 음악들이 연주되었다는 기록이 있다. 이것이야말로 고구려 음악이 덴무 천황 12년에 전파, 확산되었다는 것을 주장할 수 있는 충분한 근거가 된다. 덴무 천황 때 고구려왕은 일본 사절단을 파견했다. 그 이전인 570년에 조메이 천황은 영빈관을 지어 이곳에서 고구려 사신을 맞아 대접했다. 일본 천황 역시 상락관(相樂館)에 머물면서 고구려 사신을 환영하는 고구려 이주민의 공연을 관람하곤 했다.

그러므로 고구려 음악이 684년 이전에 이미 일본에 소개되었다는 사실은 확실해진다. 비록 570년 이전의 흔적이나 기록은 안타깝게도 찾을 수가 없으나 백제 음악은 고구려 음악보다도 먼저 일본에 전해졌을 것이라고 생각한다. 그 시기는 대략 554년으로 보고 있다. 백제 근초고왕(346~374) 때 일본과 왕래가 있었으나 고구려와는 어떤 관계도 교섭도 없었다. 또한 백제 왕족들이 일본으로 건너갔으며 그 후손들이 일본 왕자의 교사로 활약했다.

고구려와 일본이 교섭한 첫 번째 증거는 572년 비다쓰 천황 시대의 한 문서에 고구려에서 일본으로 전달되었다고 기록되어 있다. 이 문서는 깃털에 기록되어 있어 읽을 수는 없었다. 그러나 백제에서 온 사람이 증기를 이용하여 이를 읽고 다시 번역하여 기록했다. 이는 백제와의 교섭이 고구려와의 교섭보다 시기적으로 먼저였다는 것을 알 수 있다. 이 기록은 고구려가 일본과의 교섭을 시작했다는 역사적 사실을 뒷받침할 수 있는 중요한 증거자료가 된다.

고무 한일 관계사의 진실

고구려 음악에 관한 정보는 자세한 기록이 별로 없다. 그러나 일본 스이코 천황 시대의 기록에 고구려로부터 안무를 가르치는 사람이 도착했다고 넌지시 비추고 있다. 741년 쇼무 천황이 궁을 새로이 건립한 축하연에서 고구려 음악이 연주되었다. 767년에는 고구려 음악이 다시 연주되었다. 나이쿄보(內敎坊)가 완성되던 759년에 토가(唐歌)가 불리었다.[283]

일본 학자 쓰다 사유키치(津田左右吉)는 고구려가 높은 수준의 음악을 할 수 있는 나라가 아니었다고 주장한다. 그의 주장은 고구려 피리의 7음계를 기본으로 그와 같은 높은 수준의 음악을 이룬다는 것은 불가능하다고 믿고 있다. 이와 같은 감정은 고구려에 대한 반감에서 온 것이라고 생각한다.[284]

또 다른 일본 학자 하야시야 타츠사부로(林屋辰三郎)는 이와 반대로 스이코 천황 시절 고구려 음악이 황실 정부에 크게 영향을 미쳤다고 말하고 있다.[285] 고구려 사람들은 군센 의지와 진취적이고 낙관적인 생활 감정과 정서를 반영한 뛰어난 음악과 무용을 발전시켜 일본에 전파했다. 고구려의 뛰어난 음악에 대해서 쓰다의 학자답지 않은 태도와 하야시야의 객관적인 평가는 매우 대조적이다.[286]

결국 고구려 음악은 백제와 신라 음악을 보여 준다. 지리적으로 고구려는 중국과 가깝다. 그래서 고구려는 외부로부터 받은 영향이 많다. 음악적으로 문화적으로 신라나 백제보다 발전도 빠르고 훨씬 앞서갔다. 구부기(九部伎) 음악은 수나라에서 전해졌다. 그리고 시치부기(七部伎)는

283) 上田正昭(1989), 앞의 책, pp.232-233.
284) Sayukichi Tsuda (1913) Tsuda Sayukichi Zenshu, No. 10, Shoshyu.
285) 林屋辰三郎(1975), 앞의 책, p.32.
286) 량연국(1991), 『조선 문화가 초기 일본 문화 발전에 미친 영향』, 평양사회과학출판사, pp.236-239.

당에서 전해받아 고구려 음악과 전통악기로 연주되었다. 고구려 음악은 고대 일본으로 다시 전해졌다. 즉시 일본에서 흔쾌히 받아들였으며 고구려 음악은 이미 일본에 전해져 있던 백제, 신라 음악을 대신하여 일본에 남겨졌고 이것은 고마 음악으로 남게 되었다.[287]

신라, 백제라는 말은 음악 용어에 있어서 많이 쓰여지지 않았고 결국 일본어에서 사라졌다. 반면에 고마(고구려) 음악과 '토(당)' 음악은 계속 전해졌다.[288]

■ 발해 음악

일본 학자 다나베 히사오는 발해 음악은 고구려 음악과 매우 비슷하며 중국보다도 고구려와 더 가깝다고 밝혔다. 발해 사람은 고구려 사람들이기에 음악적 성격이 같을 수밖에 없다. 오늘날까지도 황실 보호기관에서 궁중음악이 연주된다. '고도리소, 실토리소, 아이기리, 신마이카' 등 궁중음악은 발해 음악에 뿌리를 두고 있다.[289]

발해 음악은 750년이 되기 전까지는 자주 연주되는 음악은 아니었다. 그런데 752년도 다이부츠 개회식에서 발해 음악이 소개된 이후 일본에 널리 알려지기 시작했다. 749년 고켄 천황은 도다이사를 방문했다. 당시 도다이사는 공사중이었으나 당나라 음악, 쿠레 음악(남중국) 그리고 발해 음악 등이 항상 연주되었다.[290]

287) 李惠求(1957), 『韓國音樂』, 國民音樂研究會, pp.222-224.
288) 李惠求, 앞의 책, pp.221-222.
289) 田邊尙雄(1962), 앞의 책, p.140.
290) 上田正昭(1988), 앞의 책, p.13.

(3) 삼국 악기의 전파

기록문서가 많지 않아서 삼국의 악기가 일본에서 쓰여졌다는 것을 전달하기가 어렵다. 하지만 악기들이 다양하게 사용되었고 분류되어 있다. 예를 들면 '금(琴)'은 현악기로서 바닥에 놓고 연주한다. 우리로 치면 금이라고 할 수 있다. 이 악기는 진흥왕(551) 때 가야에서 만들어졌으며 그 이후에 신라에 전파되었다. 그래서 일본에서 가야금은 신라금이라 불린다. 당시 일본에 사는 신라 사람 대부분이 가야금을 연주할 수 있었다.

또 다른 예는 거문고를 들 수 있다. 거문고는 고구려에서 만들어졌고 후에 백제로 전해졌다. 일본 사람들은 백제 사람들이 거문고 연주하는 것을 보고서 '백제금'이라 불렀다. 종종 또 다른 이름이 사용된 기록이 발견되면서 악기의 기원과 근원을 정확하게 알아내기가 쉽지 않다.

■ 신라금

신라금은 12개 현으로 이루어졌고 평평하게 눕혀서 연주한다. 이 악기는 가야국의 마지막 왕, 왕가실에 의해서 만들어졌다.

562년 가야가 신라에 의해 정복되었을 때, 우륵(于勒)은 신라 진흥왕에게 이 금을 바쳤다. 진흥왕은 유난히 이 금을 즐겼으며 널리 보급시켰다. 한반도에서 이것을 '가야금'이라 부르며 현재까지도 연주되고 있다.

이런 고귀한 악기가 일본에 전파되는 것은 시간 문제였다. 이 가야금은 일본에서 신라금으로 불리면서 헤이안 시대 말까지 계속 이어졌다.[291]

일본 사람들은 신라 음악인들로부터 금 연주법을 익혔다. 사라진 팀은 유명한 음악인이었는데 그가 죽은 후 신라금도 사라졌다. 이 금은 나라 도다이사에 있는 쇼소인에 보존되어 왔다. 일본에서 신라 음악이 연주될

---

291) 出雲路敬和(1963), 「韓來樂の影響」, 『韓來文化の後榮下』, 朝鮮文化社, p.75.

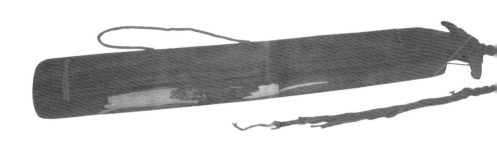

일본 쇼소인(正倉院)에 보관되어 있는 신라 가야금

때는 항상 신라춤이 같이 공연되었다. 이와 같은 사실은 신라에서 가야금이 연주될 때마다 춤이 어우러지는 것과 같다.[292]

■ 요코부에

요코부에(橫笛)는 플루트와 비슷한 종류의 악기이며 대나무로 만들어졌고 팬플루트와 비슷하게 생겼다. 고대 일본에서 연주되었는데 도가쿠(唐樂), 사이바라 가쿠, 로지의 궁정음악을 연주할 때 사용되었다.

요코부에는 백제와 고구려에서도 사용되었지만 어느 나라에서 더 인기가 있고 연주되었는지는 기록이 없다.[293] 요코부에는 고구려 후에(笛)와 아주 흡사하다. 아마도 고구려 음악에 영향을 미친 중국의 피리에 근원을 두고 있는지도 모른다.

그 이후 중국에서 시작해서 고구려를 통해 백제에 전해졌고 이는 다시 일본으로 전해졌다고 본다. 일본 고문서에 백제에서 건너온 오타 마로(太田麻呂)가 요코부에를 궁정에서 연주했다는 기록이 있다.

292) 李惠求(1967), 앞의 책, p.173.
293) 李惠求(2000), 「日本에 傳해진 百濟音樂」, 『韓國의 古代音樂 展開樣相』, 한국예술종합학교, pp.467-468.

고대 한일 관계사의 진실

피리 같은 악기는 차이점이 별로 없어 나라와 나라 사이에서 교환, 전파가 쉽게 이루어졌을 것으로 생각한다. 그래서 백제와 고구려의 음악인들이 상대국의 것도 쉽게 접하고 연주했을 것이다. 아마도 고구려 악기는 백제의 것을 적용한 것이고, 이후에 고대 일본으로 전파되었다.

백제와 고구려 사이의 또 다른 흥미로운 점은 전파과정에서도 비슷한 양상을 보인다는 것이다. 양국이 서로 주고받았다는 주장이다. 또 다른 흥미로운 점은 백제와 고구려 사이에 악기가 같은 경로를 보인다는 것이다. 다나베 히사오는 고구려 음악이 백제보다 앞서 있었기에 고구려에서 백제로 전해졌을 것이라고 한다.[294]

(4) 한반도 음악이 일본 음악에 미친 영향

■ 3방 악인과 일본 음악

일본은 외래 음악은 멀리하고 일본 음악을 내세우고자 종래의 아악료(雅樂寮)를 없애고 948년에 악소를 새로 세웠으며, 이전에 '악사'라고 부르던 이름을 '악인'으로 바꿨다. 그러나 이때 일본 음악을 아무리 내세우고자 하여도 백제, 신라, 고구려 음악이 여전히 계속해서 많은 영향을 미쳤던 것이다. 그것은 이 시기에 3개의 큰 음악 집단으로 묶는 3방 악인의 구성에서 뚜렷하게 드러난다.

3방 악인은 나라의 난토(南都) 악인, 오사카의 덴노지(天王寺) 악인, 교토의 교쇼(御所) 악인으로 구성되었다. 여기에서 난토 악인은 '고마' 성을 가진 씨족으로 나라 지방에 집단적으로 살고 있던 고구려 계통이었다. 그리고 덴노지 악인은 거의 모두 '하타' 성을 갖고 있었으며, 다이호

---

294) 田邊尙雄(1962), 앞의 책, p.140.

(大寶) 시대(701~704)에 일본에 건너온 하타가와 가쓰(秦河勝)의 후예들이 한반도의 음악을 전업으로 연주했다. 교쇼 악인이 살던 교토 지방에는 오노, 도요하라, 야스마스, 야마노이 등의 씨족이 살고 있었는데, 종래의 집단들은 이들이 일본 사람이라고 했다. 그러나 오노 씨족은 야마토의 오노 마을에 살던 한반도 이주민의 후예들이고, 야스마스 씨족과 야마노이 씨족 또한 한반도 이주민의 후손이었다. 바로 그들이 교토 부근에 살면서 황실과 긴밀한 관계를 맺고 활약했던 것이다.[295]

야스카 시대뿐만 아니라 그 후 수세기 동안 일본에서는 가야, 백제, 신라 그리고 고구려 음악이 일본 음악을 발전시키는 데 커다란 기여를 했던 것을 누구도 부정하지 못할 것이다.[296]

■ 한국의 아악과 다나베 히사오

고대 일본 음악에 미친 영향에 관한 이야기에 앞서, 세계적으로 유명한 아악의 위기를 구제했던 다나베 히사오와 한국의 아악과 관련된 에피소드를 소개하려고 한다.

1921년부터 1926년까지 다나베 히사오(田邊尚雄)는 다다 다다스케(多田忠助)와 더불어 조선 왕실의 아악부를 조사하였다. 다나베 히사오는 동양 음악에 조예가 깊었는데 특히 조선 음악, 즉 백제, 신라, 고구려 등 3국의 음악이 어떻게 일본에 전파되었고 또 발전되어 갔으며 그에 따른 직제 등에 대해서 깊이 연구해 왔다. 이와 같은 연구를 통해 오늘날 세계적으로 널리 알려진 일본 아악은 고대 한국인, 소위 이주민에 의해서 발전되어 왔음을 밝힌 인물이기도 하다.

---

295) 량연국(1991), 앞의 책, pp.243-245.
296) 荻美津夫(1977), 「日本 古代 音樂史論」, 吉川弘文館, pp.49-57.
　　　柴田南雄(1980), 「音樂史と 音樂論」 TV 大學講座, 旺文社, pp.13-14.

이왕가(李王家) 아악(雅樂) 문묘무무(文廟武舞)

다나베는 『고대 일본의 음악 연구』를 통해 다음과 같이 말했다.

"오늘날 일본 아악은 세계적으로 잘 알려져 있다. 일본 아악은 백제, 신라, 고구려로부터 건너온 이주민에 의해 만들어지고 발전되어 왔으며, 또 계속 연주되고 있다. 바꿔 말하면 일본이 세계에 자랑하는 아악은 일본 본토에 이주했던 조선인에 의해 다져진 예술이다."

그는 조선 음악 연구에 기여했을 뿐만 아니라 일본에 민요 아리랑을 소개하기도 했다. 그가 한국 음악을 만나게 된 것은 일본 궁내성 악부(樂部) 소속 '아악연습소' 강사로 있던 1921년부터다. 당시 조선총독부는 조선 왕실의 아악부를 해산시키려고 했다. 재정난으로 인해 동물원이나 아악부 중 하나는 해산해야 한다는 의견이 제시되었고, 결국 조선총독부는 아악부를 해산시키기로 결정했다. 이에 다나베는 반론을 제기했다.

"동물원은 원하기만 하면 언제든지 만들 수 있다. 하지만 음악과 무용은 한 번 파괴되면 복원하기가 무척 어렵다. 세상에서 그 자취를 없애

이왕가(李王家) 아악(雅樂) 문묘등가악(文廟登歌樂)

버리는 것이다. 나는 조선의 아악이 귀중한 예술이라고 생각한다. 따라서 지금 바로 조선에 가서 이것을 조사함과 동시에 그 보존의 필요성을 총독부에 진언하여 극력 폐지를 방지하도록 하겠다."

1921년 4월 1일, 그는 조선에 도착하자마자 조선 왕실의 아악을 상세히 조사했다. 2주간 체류하면서 영화와 무용도 감상하고 평양기생학교도 방문했다. 이리하여 조선 아악에 대한 조사를 마쳤다.

귀국 후에 『중국·조선 음악조사기행』을 발표하는 한편, 궁내성 관계자들을 설득하여 마침내 1922년 5월 조선 아악을 보호하기로 하는 결정을 내리게 했다. 그의 노력으로 귀중한 아악(雅樂)을 비롯한 고악(古樂)이 전멸을 면했던 것이다.[297]

297) 田邊尙雄(1921), 『中國朝鮮音樂調査紀行』 東洋音樂選書 11, 音樂之友社, pp.187–189.

12) 한반도와 관계 깊은 신사(神社)와 사찰

일본 문화 연구에서 신사와 사찰 등은 간과해서는 안 될 중요한 요소이다. 일본에서 신사는 사람들의 일상생활과도 아주 밀접해 있다. 일본 각지에 퍼져 있는 신사 수는 약 12만 곳에 달하며, 그 중 8만여 곳의 신사가 한반도 이주민과 깊은 관련이 있다.[298]

(1) 신사의 기원

『연희식신명장(延喜式神名帳)』이 쓰여진 시대에는 전국에 3천여 곳의 신사가 있었다. 그러나 기록에는 신사의 형성이나 신사가 숭배하는 신(神)의 이름이 기록되어 있지 않았다. 도쿠가와 시대에 완성된 『연희식신명장』에는 한반도 이주민과 신사의 연관성이 전혀 언급되어 있지 않다.

신사의 이름과 건축양식은 고대국가 삼한(마한·변한·진한)과 삼국(백제·신라·고구려) 그리고 가야국과의 확실한 연관성이 있었다. 오늘날 일본에는 가야, 백제, 신라 그리고 고구려의 이름을 본뜬 신사가 남아 있다. 가야는 가야 신사, 백제는 구다라 신사, 신라는 시라기 신사, 고구려는 고마 신사로 불린 것이다.

신사의 기원을 찾는 데 『삼국사기』와 『삼국유사』를 언급하지 않을 수

---

298) 이 글은 필자가 쓴 신사론, Chung-Myun Lee(1989), 「A Study of Sinto Shrine in Ancient Japan」, 『Geography Journal of Korea』 No.10, pp.1-30을 바탕으로 간단히 정리한 것이다.
佐藤小吉(1908), 「神社の研究」, 『歷史地理』 第11卷 1號, pp.208-209.

이세(伊勢) 신궁 본전　　　　　이세 신궁 도리이(鳥居)

없다. 신라의 시조 박혁거세가 죽은 후 차남 남해차차웅(南解次次雄)이 6세기에 즉위하여 왕위를 이었다. 남해차차웅은 아버지 박혁거세의 장례식을 위해 고인을 기리는 종교 행사를 열고 신사를 세웠다. 남해차차웅의 여동생 '아노'는 일본의 거세 신사에서 일을 하도록 임명되었다.

487년 신라 21대 왕 소지마립간(479~500)이 박혁거세의 탄생지 나을에 사당을 세웠다. 5세기에서 6세기에 생겨난 '신궁(神宮)'이라는 말은 일본어로는 '징구'라고 발음하지만 한자는 같다. 일본 이세(伊勢)에는 이세 신궁이라고 불리는 신사가 있다. 이것은 천황가의 신사로 황족, 특히 공주를 위해 세운 것이다.

『삼국사기』와 『신라본기』를 바탕으로 신라 시대의 종교에 대해 설명하려고 한다. 『신라본기』에는 남해차차웅부터 소지마립간 시대까지 모든 왕은 선조를 모신 신사를 방문했다는 기록이 있다. 신라, 고구려의 왕이나 왕족은 공식적인 행사의 하나로 신사를 방문했다. 신라는 국가의 성립과 왕권을 확고히 다지기 위해 6세기 즈음 새로운 종교 체계를 마련했다. 이 기간 동안 일본은 신라의 영향을 크게 받았다. 야마토 정권은 신라로부터 종교의식과 체제를 받아들였다. 이때가 '이세 신사'가 '이세

고대 한일 관계사의 진실

시마네현 동부에 있는 오쿠니노누시노미코토(大國主命)를 모신 이즈모다이샤

신궁'으로 이름이 바뀐 시기이다.

일본에서 신궁은 천황가나 천황궁에서 멀리 떨어진 곳에 있다. 그러나 한반도의 신궁은 수도 가까이에 있다. 나라 시대 이전에 이세 신궁은 여러 이름으로 불리었다. 『고구려본기』와 『백제본기(百濟本記)』에는 '신궁'과 관련된 종교의식에 대한 기록은 전혀 찾아볼 수 없다. 나라 시대 이전 일본의 신사가 이세, 이즈모, 아츠타 등에 있었다. 이곳은 '미야(宮)'라고 불리었고 나라 시대에는 정책적으로 천황가와 밀접하게 관련되어 있었다. '신궁'이 일본에서 세워졌을 때 천황가는 487년에 건립된 신라 신궁과 깊이 연관되어 있었다.[299)]

유랴쿠 천황부터 게이타이, 긴메이, 비다쓰 천황에 이르는 동안 국가적인 종교의식이 체계를 갖추었다. 이때부터 천황은 사신을 이세로 보내 오노 나가토미와 인베 씨족이 주관하는 종교행사에 참여하도록 했다.

후손들을 위한 중요한 신사는 우지가미(氏神)이며, 이것은 한 마을을 지키는 신이라는 뜻이다. 우지가미에는 두 가지 의미가 있다. 먼저, 단순히 혈연을 바탕으로 한 종족이나 지역을 지키는 지방신(神)이라는 의미가 있다. 8세기 이전에 우지 씨족은 하나의 신을 섬기었고, 이는 모노노베(物部), 오토모(大伴), 소가(蘇我), 하타(秦) 씨족의 전조이다. 중간에 그 의미가 혈연 중심에서 지역 중심으로 바뀌었다. 우지가미는 지방신이 되었고 그 지역을 대표하고 보호하는 역할을 했다.

『연희식신명장』에 따르면, 대략 8세기에서 9세기 즈음 야마토 지역의 다이마 씨족은 다이마츠 히코 신사에 우지가미를 모셨고, 오호미와 씨족은 오호미와 히코 신사에 모셨다. 또한 오호미와 씨족은 나라 지역 미와산(三輪山)에 있는 오호미와 오호모노누시 신사를 세워 신을 모셔왔다. 고세 씨족은 고세츠 히코 신사를 섬겼고, 신라로부터 온 하타 씨족은 이나리 신사에서 선조신을 섬기었다.

우지데라(氏寺)[300] 사원의 건축 양식은 '신궁(神宮)'의 영향을 반영하고 있다. 이를테면 헤이안 시대 초기, 사당과 신궁의 형식은 고분과 그 고분 앞에 제단이 있고 그 뒤로 본건물이 위치하는 구조였다. 그 고전적인 예가 오사카 가와치의 송악산 고분이다. 송악산 자체가 고분이며 산의 하부에 자리잡고 있고, 후나우지 씨족의 신을 섬기는 고쿠분사(國分寺)이다. 고쿠분사가 고분을 섬기는 본거지인 것이다.

299) 金達壽(1990), 『渡來人と渡來文化』, 河出書房新社, pp.38-44.
　　　前川明久(1974), 「伊勢神宮と新羅の祭祀制」, 『日本の中の朝鮮文化』 22號, 朝鮮文化社 참조.
　　　前川明久(1966), 「伊勢神宮と朝鮮古代諸國家の祭祀制-神宮の稱號をめぐって」, 日本史研究會 篇, 『日本史研究』 84號, pp.39-42.
300) 일족의 번영과 행복을 기리기 위해 조상들을 모시고 공양하는 사당.

오미와(大三輪) 신사는 현재 나라현 야마토국에 있는 미와산에 있다. 이 신사는 오쿠니노누시노미코토(大國主命)를 섬긴다. 이 신사의 특징은 주요 회당이 없고 산을 배경으로 하여 산 자체를 모시는 신으로 보이게 한다. 간토 평야의 무사시노다이지(武藏野台地)에는 스와다이사(諏訪大社) 신사가 있다. 이른 아침 미와산에서 사제가 집도하는 의식을 볼 수 있다. 그들은 미와산 자체를 신으로 섬기며 한국인이 기도나 절을 하는 것과 같이 두 손을 모아 산을 향해 고개를 숙인다. 미와산에 소위 선조 사당이라고 하는 고분이 있을 것으로 추정하고 있다.

이세 신궁은 미에현(三重縣)에 있으며 다카쿠라산(高倉山)의 도요우케노오카미(豊受大神) 신사 뒤쪽에 있다. 다카쿠라 고분 역시 여기서 발견되었고, 그 뒤에 우사하치만(宇佐八幡) 신궁이 있다. 새로운 건물이 새로 들어서면서 고분은 까맣게 잊혀졌다. 하지만 이러한 고분 형태는 일본 곳곳에 수없이 자리잡고 있다.

다니카와 겐이치(谷川健一)는 일본의 수많은 신사들을 돌아본 후 신사 내에서 많은 고분을 발견하였다고 밝혔다. 그러나 신주(神主), 특히 네기(신주의 여러 타입 중 하나)들은 신사가 신성한 장소이고 죽은 사람의 무덤을 신성한 곳에 둘 수 없다 하여 신사의 고분을 숨겼다. 그리고 일본에 불교가 전파된 후에 이런 의식은 더욱 찾기 어려워졌다.

불교가 소개되기 이전에는 죽음과 삶의 차이가 없었다. 선조들이 묻힌 곳에서 치성을 드리는 것은 당연한 일이었다. 비록 근본적인 의식에서 시작된 것은 아니지만 다니카와는 신사의 기원이 고분이었다고 주장한다. 그리고 일본의 몇몇 고전학자들에 의해 초기 에도 시대에 지어진 고분들이 드러났다.

『연희식신명장』에 따르면 일본 천황가는 소노가미(園神)와 가라가미(韓神)라는 두 신을 섬겼다. 소노가미는 소후리 노가미(曾富理)라고 불리며 신라에서 왔고, 가라가미는 백제에서 온 신이다. 의식은 천황가의 조정에

오이다현 우사시에 있는 우사하치만 신궁

서 운영했다. 조정에서는 한반도 신을 섬기는 축제, '가라가 마쓰리'를 봄, 가을 두 차례 열었다. 그러나 중세 이래로 이러한 의식이 중단되었다. 또한 황실의 기록을 보면 '가구라(神樂)'라고 불리던 성스러운 음악과 춤이 행해졌다. '가구라'는 한반도의 신 '가라가'와 매우 연관이 깊다.

일본의 수많은 신사에서 신성하게 섬겨 온 신들 중 '스사노오노미코토(素盞嗚尊命)'[301]라고 불린 신은 시마네현 이즈모로부터 왔다.

오늘날 1만여 곳이 넘는 신사가 스사노오노미코토(須佐之男命)를 신으로 섬기고 있다. 신화에서는 스사노오노미코토가 천상세계인 다카마노하라(高天原)에서 쫓겨나 방황하다가 이즈모에 정착했다고 전하지만, 미즈노 유와 홍원탁 등 학자들은 스사노오노미코토는 이 지역에서 처음으로 정착한 신라계 이주민이라고 했다.[302] 이즈모 동부 지역이 이미

---

301) 일본에서 스사노오노미코토는 須佐之男命 혹은 素盞嗚尊命로 표기하였다.
302) 홍원탁(1994), 『백제와 야마토 일본의 기원』, kudara international, pp.301-302.

아즈미족(安曇族)[303]에 의해 지배되고 있었기 때문에 신라계 이주민은 결국 이즈모 서부 지역을 개척하게 된 것이다.

이렇게 스사노오노미코토는 신라에서 건너와 도리가미(鳥上)로 이주했다. 그 후에 스사노오노미코토를 따르는 이주민 집단은 아즈미족이 지배하고 있던 무역 통로를 막았다. 그리고 한반도계 대장장이들이 이즈모에서 철 제련을 좌지우지하게 되었다. 그들은 점점 니다, 오하라, 더 멀게는 오우까지 영향력을 확장했다.

일본에서는 메이지유신 때 근대화와 새로운 과학문명을 받아들이기 위해 수많은 신사와 사찰에 남아 있는 한반도의 흔적을 제거하고 변화를 시도했다. 이러한 이유로 고대 일본 신사가 한반도 신사와 관련이 있다는 논의는 자세하게 다뤄지지 않았다.

다음에는 산인과 호쿠리쿠, 기나이 그리고 간토 지역에 있는 주요 신사를 소개하려고 한다.[304]

(2) 산인, 호쿠리쿠 지방의 신사와 한반도 이주민

산인과 호쿠리쿠 지역의 신사에 대해 알아보기에 앞서 간단하게 동해와 태평양의 해안선을 따라 흐르는 해류에 대해서 설명하려고 한다.

구로시오 해류는 적도에서 시작하여 북쪽으로 흐르는 난류이다. 이 해류는 쓰시마 해협을 거쳐 오키나와를 지나 동해로 흐른다. 이것은 오호츠크해에서 흘러들어오는 리만 해류와 합쳐진다.

이렇게 해류를 통해 우리는 고대 가야와 신라 사람들이 산인, 호쿠리

303) 규슈 서부를 지배하고 있던 해상의 일족.
304) 掘井長左衛門(1903),「朝鮮人を祀れる神社に就いて」,『歷史地理』5卷 7號, pp.641-645.

쿠 지역에 어떻게 다다르게 되었는지 추측할 수 있다. 이 지역은 수많은 신사 또한 해류를 타고 온 한반도 이주민과 관련이 있다.

『연희식신명장』에 따르면 노토에 있는 신사들은 번신(蕃神)과 관련이 있다. 번신은 외국(주로 한반도)에서 온 신이다. 일본 학자 요시오카는 노토 반도 신사의 80%는 한반도 이주민과 관련이 있다고 한다. 이곳에 사는 사람 중에는 한반도 이주민의 후손이 다수를 이룬다. 예나 지금이나 변함없이 노토의 신사는 매년 9월 20일 축제를 주관한다. 이때 추는 춤은 한반도의 무용과도 관련이 있다.

■ 게히 신궁

후쿠이현(福井縣) 쓰루가시(敦賀市)에 있는 게히(氣比) 신궁은 에치젠국(越前國)의 이치노미야(一宮, 지방 최고의 신사라는 뜻)였다. 그리고 도덴노미야, 소시야노 미야, 헤이덴노 미야, 사이덴노 미야 등 네 개의 신사를 포함하고 있다. 게히 신궁은 이자사와케노미코토(伊奢沙別命), 주아이(仲哀) 천황, 징구 여왕, 야마토다케루노미코토(日本武尊), 오진(應神) 천황, 도요타마히메노미코토, 타케노우치노수쿠네(武內宿禰) 등을 모신다. 원래는 이자사와케노미코토만을 섬기다가 후에 나머지 신들을 섬기게 되었다.

한편 이마이 게이치는 게히 신궁에서 모시는 신은 아메노히보코(天日槍)라고 지적했다.[305] 후쿠이현 역사서에도 "과거 에치젠의 이치노미야에는 대중들에게 존경받는 인물 아메노히보코가 있었다"고 기록되어 있다.

이자사와케노미코토는 우지가미(氏神) 역할을 하는 신이다. 그는 이지역을 다스리던 가장 영향력 있는 츠누가 씨족의 신이었다. 에치젠의 기록을 보면 이 씨족은 731년에 생겨났고 한반도 신라에서 왔다고 한다.

---

305) 今井啓一(1963), 「氣比神宮は天日槍をまつる」, 『韓來文化の後榮 下』, pp.312-313.

이 사실은 쓰루가시가 발간한 한반도 이민 관련 책에도 명확히 나와 있다. 언어학자 가나자와 쇼사부로(金澤庄三郞)는 글자 '사'는(규슈 북부에 있는 우사 신사에 나타난다) 신라에서 따온 것이라고 한다. 또한 '사'는 한반도의 남부 사람이라는 뜻이다. 이러한 설명은 게히 신궁의 이자사와 케노미코토와 아메노히보코를 연결짓는 고리가 된다.

쓰루가시의 문장(紋章)은 한반도로부터 도착한 왕자를 연상하는 그림이다. 이 문장에서 쓰루가항의 주변을 감싸고 있는 원은 자연환경을 묘사하는 것이다. 그 중심에는 해안과 신라로부터 왕자의 도착을 상징하는 뿔이 그려져 있다. 일본 여러 도시 중 쓰루가시는 한반도 이주민 이야기를 그대로 받아들이고 지역 휘장에도 이용한 유일한 도시이다.

이 지역의 역사는 스사노오노미코토 시대 동안 쓰루가와 한반도 사이의 왕래를 여실히 보여 준다. 만일 쓰루가 아라시토노미코토가 아메노히보코의 경로를 통해 그 이후에 도착했다면 쓰루가시와 아메노히보코는 매우 가까운 관계였을 것이다. 그밖에 쓰루가시 전체에 퍼져 있는 지명이나 신사명은 아메노히보코의 이주와 밀접하게 연관되어 있다.

■ 시라기 신사

시라기(新羅) 신사는 후쿠이현 난조군(南條郡) 이마조(今庄)에 있다. 이지역은 기노메 고개를 중심으로 남북으로 나뉘는데, 남부 사람들은 정치적·경제적으로 기나이 지방에까지 영향력을 미쳤으며, 북부는 악천후의 영향으로 개발이 더뎠다. 호쿠리쿠 지역은 고시(越)라고 불리며 과거 기나이 지역과 견줄 만하다. 645년 다이카 개신 이후에 발전하였고 에치젠, 엣추, 에치고로 분리되었다. 헤이안 시대 초기(823), 북부 지역의 눈부신 발전으로 인해 와카사, 에치젠, 가가, 노토, 에치고, 사도 등 일곱 지역으로 세분되었다.

고대에는 이 지역에 정부가 영향력을 행사하는 것이 불가능했다. 기노메 고개가 남부와 북부의 교통을 막고 있었기 때문이다. 그러나 어려운 조건에도 불구하고 한반도 이주민은 계속해서 이 지역으로 흘러들어갔고 삶의 터전을 마련했다. 한반도 이주민에 관한 증거는 이마조의 시라기 신사의 이름에서 알 수 있다. '시라-기'라는 말은 '신라'에서 온 것으로 어떤 변경이나 수정 없이 그대로 사용했다.[306]

신사라는 명칭은 돌기둥에도 명확하게 새겨져 있다. 게다가 주 건물 옆에 서 있는 기둥에 신라 신사라는 의미의 한자 '시라기노 미야'라고 쓰여 있다. 이 신사의 기록에 따르면 시라기가와강의 근원은 신라산(山)이라고 한다. 거기에는 히노가와강(日野川)이 흐른다. 최근까지도 이곳은 신라가와강(新羅川)으로 알려져 있었다. 난조군지(행정기록)에 의하면 고대 이마조시는 시라기로 불리었고 히노가와강은 시기가와강으로 불리었다. 둘 다 신라에서 따온 이름이다. 이외에도 이 지역의 많은 지명에서 한반도 이민의 흔적을 찾을 수 있다.[307]

■ 시로키히코 신사와 가나야마 신사

시로키히코 신사는 쓰루가시 외곽 구수미에 있다. 이 신사는 시로키히코의 번역상 오류로 '시라기'라고 불리기도 한다. 이 신사를 시라기 신사라고 단정짓기에는 무리가 있다. 이것은 게히 신궁처럼 그렇게 오랜 역사를 가지고 있지 않다. 신사 규모는 주택 계획으로 인해 점점 줄어들었다. 신사에 관한 기록 문서가 발견되지 않아 언제 세워졌는지는 알 수 없다. 난조군지에서 시로키히코 신사는 시라기 신사와 같은 한반도 신을 모신다는 확실한 기록이 있다.

시로키히코 신사 근처에 가나야마 신사가 있다. 이 신사는 무라야마

306) 堀井長左(1903), 凌登國 韓人舊祠考 歷史地理 5卷 5號, pp.456-464.
307) 김향수(1995), 『일본은 한국이더라』, 문학수첩, pp.296-386.

마사오(村山正雄)의 논문에도 등장하며 확실히 이곳은 한반도 이주민과 관련이 있다. 신사 주변에는 한반도 이주민과 관련된 철제련소와 토기 제작소가 있다.

■ 하쿠산 신사

이시카와현(石川縣) 가가시(加賀市)에는 고대 한반도에 뿌리를 둔 신들을 모시는 하쿠산(白山) 신사가 있다. 하쿠산은 산 정상이 일년 내내 눈으로 덮여 있는 까닭에 붙여진 이름이다. 하쿠산신은 유사 이래 그 지역에서 살던 원주민들이 산악신으로 숭배하던 대상이었지만, 신앙의 대상으로서 본격적인 형태를 잡은 것은 한반도에서 건너온 이주민들이 정착한 이후이다.

하쿠산 신사의 시조는 가미주 젠시 다이초(泰澄)이다. 그는 한반도 이주민이었던 미카미 아스카도의 아들로 고구려에서 망명한 난민의 후손이며, 모계는 이노 씨족 출신이다. 717년, 다이초는 하쿠산에 올라 산 꼭대기에 있는 여신(女神) 기쿠리히메(菊理姬)를 섬기는 의식을 치렀는데, 이것이 하쿠산 신사의 시초가 되었다.[308]

하쿠산신을 모시는 사람들은 주로 항해술, 어획, 가죽세공, 토기를 빚는 기술, 철 제련 등 다양한 기술자들이었던 것으로 추정된다. 그 중에서 특히 토기 기술을 가진 씨족이 하쿠산 지역에 모여 살았던 것으로 보인다. 실제로 오늘날 에치젠, 스즈, 가가 등 하쿠산 인근 지역에서 항아리 유물이 많이 발견되고 있다. 게다가 일본 서부를 따라 오하라, 미카와, 미노에서도 이곳과 비슷한 도기 유물이 발견되는 것으로 보아 이 지역 또한 하

---

308) 水谷慶一(1986), 「白頭山と白山信仰にすいて 上」, 『東アジアの古代文化』 48號, pp.172-179.
司馬遼太郎(1982), 『街道をゆく 18』, 朝日新聞社, pp.131-133.

쿠산 신앙과 관련이 있지 않을까 생각해 본다. 하쿠산 신앙의 전국적인 분포를 보면 전국에 2,716개 신사가 분포되어 있다.

■ 시라야마히메 신사

이시카와현에 시라야마히메 신사가 있다. 이시카와현은 가야(伽倻)로부터 건너온 이주민이 주로 살았던 지역이다. 이 신사는 시라야마 신을 모시는 2,716개 신사의 본부이다. 신도들은 주로 농부나 어부들이고 후쿠이현에 위치한 가야 이주민 거주 지역을 중심으로 받들어졌다.

신도들은 이 지역에서 영향력이 있고 조직도 체계적으로 이루어졌다. 나는 2,716곳의 시라야마 신사 중 시라야마히메(白山比咩) 그리고 기쿠리 신사 등을 방문하고 니가타현에서 도호쿠 지역까지 신사들이 강과 항구 주변으로 퍼져 나갔음을 확인했다. 즉 바닷사람으로 불리는 아즈미 씨족의 활동과 일치하는 것을 알 수 있었다. 노후항 북부를 향해 있는 니가타현에서 데라 도마리(寺泊) 신사와 누레타르 신사는 시라야마히메 신사이다. 사도가섬(佐渡島)에도 몇 개의 시라야마 신사가 있다. 사이타마현에는 무사시노 북부 쪽으로 분포해 있다.

나가노현에는 시나노 북부로 신사가 자리잡고 있으며, 도카쿠시산(戸隱山)과 나가노시(長野市) 렌다이 마을에는 시라야마신의 시조인 다이초(泰澄)의 전설이 전해진다. 이와 유사한 신화가 데와 동부 지역과 일본 서부 지역, 즉 와카사, 야마시로, 야마토 그리고 이세에 전해지고 있다. 이러한 모든 사실을 근거로 시라야마신은 에치고국(越後國)으로부터 아라가와강, 치쿠마가와강(千曲川) 그리고 도네가와강(利根川)을 거쳐서 번져 나갔음을 알 수 있다.[309]

---

309) 水谷慶一(1987), 「白頭山と白山信仰について 下」, 『東アジアの古代文化』 49號, pp.203-204.

일본 서부 지역은 시라야마신 구역의 외부에 자리잡고 있는 듯하다. 후쿠오카현이 이를 잘 설명해 준다. 오키섬의 시마네현에는 2개의 시라야마 신사가 있을 뿐인데, 바다의 위험으로부터 보호하는 역할을 한다. 각 지역에 있는 신사의 수를 기본으로 일본 종교의 순위를 매긴다면 시라야마는 여덟 번째에 오른다. 그 순서는 ① 이나리, ② 야하타, ③ 텐만 텐진, ④ 가모, ⑤ 진묘, ⑥ 수와, ⑦ 구마노, ⑧ 시라야마이다. 메이지유신 이후에 시라야마 신사의 이름이 많이 바뀌었기에 현재는 조금 다를 수도 있다.

채륜 신사가 있는 야마나시현 나카도미정의 니시지마는 화지의 고향이라고 불리며 아직까지 수제 종이의 전통을 유지하고 있다. 그곳의 채륜 신사에서는 종이를 처음 만든 것으로 알려진 채륜만이 아니라 한반도 제지 기술자 돈징과 일본의 제지 장인 교베(淸兵衛) 등을 모시고 있다.

(3) 규슈 북부, 긴키 지방의 신사와 한반도 이주민

이주민들은 규슈 북부의 이토시마 반도에 상륙하여 긴키 지역으로 뻗어 나갔다. 그들은 산인, 호쿠리쿠 지역으로 이주한 사람들과 같은 이들로, 일본 해안을 따라 에치젠과 와카사에 거주하였으며, 점차 오미와 야마토 지역으로 이동했다. 오늘날 우리가 가장 확실하게 믿고 있는 이주민의 경로는 한반도에서 쓰시마로, 이키, 규슈 북부, 세토 내해를 거쳐 긴키 지역으로 가는 경로이다.

세토 내해를 거쳐 규슈 북부에서 나니와(오사카의 옛 이름)로 이동한 경로는 한반도 이주민을 연구하는 데 매우 중요하다. 흥미롭게도 이 경로는 아메노히보코가 아내 아카루히메를 따라 여행한 경로와 일치한다. 아카루히메는 규슈 북부에서 남바츠로 이동한 기록이 있다. 다음은 이 지역에 있는 몇몇 신사를 살펴보기로 한다.

■ 다카스히메 신사

이 신사는 다카스산(鷹栖山)에 있다. 이 지역은 오아자 이도무라, 이도군, 치쿠젠노구니라고 불린다. 요세이 지츠로쿠에 의하면, 이 지역에서는 아메노히보코의 아내 아카루히메를 여신으로 섬겼는데, 그녀는 확실히 세력 있는 씨족의 일원이었다.

『화명초』에 고소라고 불리는 지역이 여러 곳 있다. '고소'는 한반도 이주와 연관 있는 히메코소(比賣許曾)와 깊은 관련이 있다. 이 지역의 신사에서 존경받는 신은 외국(한반도)에서 온 여성이었다.[310] 또한 고대 시집 『만요슈』에 같은 이야기가 실려 있다. 그러나 훗날 고소히메 신사는 정치적인 요인으로 이름이 바뀌었다. 『연희식신명장』에 의하면, 원래 이 지역 가문의 수장인 이토노아가타 누시는 여신(女神, 히메)을 반대하여 남신(男神) 아메노히보코를 집안의 선조 신으로 모셨다.

■ 가와라 신사

가와라 신사는 후쿠오카현 다가와군에 있다. 『연희식신명장』에서 부젠 다가와군에서는 히메코소가 가와라 신사에 모셔져 있다고 전한다. 또한 가라구니오키나가노히메노미코토라고 불리는 신 역시 히메코소와 일치한다. 부젠 풍토기(豊前風土記)에 의하면, 고대 시대에 신라의 신들이 이 지역에 와서 정착했다고 한다.

분명히 이 신사는 한반도 이주민 씨족의 사찰이었다. 현재 이 신사의 신주 이름은 아카조메로서 초기 한반도 이주민의 후손이다. 이 신사는 하타 씨족과 연관이 깊다.

---

310) 金達壽(1986), 「神々のふるさと」, 『三千里』 19號, pp.46-51.

히메코소 신사 오사카시 이구노구와 여러 곳에 있다. 히메코소 이야기는 『고사기』나 『일본서기』와는 다르다.(『일본 속의 조선문화』 44호 [1979])

■ 히메코소 신사

히메시마(姬島)는 본래 시마군 서부 게야무라 시마군에 속했었다. 이 섬은 게야무라로부터 4km 정도 떨어져 있으며 가로 7km, 세로 17km 규모이다. 인구는 3,000여 명이다. 이 섬에는 히메코소 신사가 있으나 현재는 아카미즈 묘진으로 불리며 히메코소 신을 섬긴다.

이 지역에도 한반도 이주민에 관한 많은 전설이 전해진다. 히메시마촌(姬島村)은 고대 한반도 이주민이 이 섬을 지날 때 히메코소 신에게 안전을 기원하는 절을 했다. 그들은 이요국(伊子國)의 오시마(大島), 아키의 구라하시시마, 그리고 비젠의 고지마를 거쳐 결국 나니와(難波)에 도달했다.

■ 호타시 다이진

히메시마로부터 세토 내해에 도달할 때 에히메현(愛媛縣)의 오미시마 섬을 지난다. 이 섬은 세토 내해의 교통을 통제해 주는 역할을 한다. 이요 신사는 오미 시마정에 있다. 오야마츠미 신사는 오야마츠미신을 섬긴다. 이요노카미 풍토기(風土記)에 따르면 오야마츠미 신은 와타시라고도 불렸다. 이 신은 닌토쿠 천황 때 고대 백제로부터 건너왔다. 때로는 와타시 다이진이라고도 불렸다.

■ 효즈 신사

일본 학자들 사이에 효즈 신사(兵主神社)의 신에 대한 견해가 분분하다. 나이토 토라지로(内藤虎次郎)는 효즈의 신은 외국에서 왔으며 신라에서 온 씨족으로부터 시작되었다고 한다. 하시모토 타다시는 효즈 신은 아메노히보코와 밀접한 관련이 있다고 하고, 오미야 수세이는 야마토국에 있는 아나시와 효즈 신사는 아나시를 신으로 모신다고 한다.

아나시는 무기 제작을 위해 사철(砂鐵)을 채굴하는 사람을 말한다. 그들은 훗날 효즈 신으로 명명되었다. 시가 츠요시는 효즈 신은 자연스럽게 생겨났으며, 헤이안 시대 초기에 그 이름이 신라의 침입을 준비하기 위해 변경되었다고 한다.

효즈 신사는 효고현(兵庫縣)에 밀집되어 있다. 그들은 신라 신들로부터 두려움을 극복하기 위해 수많은 효즈 신사를 지었다. 이 신사들은 사철(砂鐵) 광부들에 의해 주로 받아들여졌으며 한반도 이주민과 철 제련 기술과 아주 밀접한 관계를 보인다. 시가는 효즈 신의 성격이 바람과 같은 전사라고 한다. 요시다 토고는 효즈 신은 다지마국(但馬國)을 보호하는 책임이 있었다고 주장한다. 그리고 이마이 게이치 역시 이 의견에 동의한다. 아나시(穴師)라는 이름은 야마토, 이즈미, 하리마, 무사시노 지역에서 발견된다.

고대 일본에서는 아메노히보코와 그의 수행원들의 활동과 신사의 분포 사이에 관련이 있다고 한다. 신사들을 살펴보면 고대 일본에서 철의 흐름을 알 수 있다. 대부분의 신사는 규슈 북서 해안을 벗어난 이키섬에 집중되어 있다. 도토리현의 이나바 지역, 효고현 북부 다지마, 효고현 남부 하리마, 또한 교토의 북주 다지마 등지에도 신사가 있다.[311]

---

311) 橋川正,「兵主神社の分布と投馬國」,『歴史と地理』第20卷 5號, pp. 385-395.

철 제련은 매우 정교한 과정을 거쳐야 했다. 철의 일정한 온도를 유지하는 흙벽이 있어야 했으며, 제련공은 일에 방해받지 않기 위해 여자를 멀리했다. 그들은 가나야고산이라 하는 여신을 모시는 사찰을 세웠다. 신사 주변에는 큰 나무를 심는데, 멀리서도 신사를 볼 수 있게 하기 위함이다. 철 제련 설명에서 효즈 신사를 간과할 수 없다. 왜냐하면 고대 일본의 철 제련 기술과 연관이 있고 한반도 이주민과도 관련이 있다.

어떤 학자들은 아메노히보코는 일본에 있어 철 제련의 시조라고 주장한다. 그래서 많은 신사에서 신으로 모시고 있는 것이라고 한다. '아메'는 하늘을 의미하거나 덴손민조쿠(하늘로부터 내려온 종족)을 의미한다.

고대 한반도와 일본은 매우 가까웠다. 하시모토 사노스케는 덴손민조쿠(天孫民族)는 하늘 또는 신라를 말한다고 했다.

일본 신화에서 유명한 두 명의 신, 이자나기노미코토(남자), 이사나미노미코토(여자)는 한반도에서 스루가만을 통해 일본으로 온 후 비와호(琵琶湖)로 이주했다. 하시모토 타다시는 이주민은 비와호의 북부지역을 천국으로 불렀다고 한다. 한반도와 와카사만 사이의 의사소통은 매우 활발했으며, 한반도에서 와카사만으로 간 사람들에게는 이 경로가 매우 중요했다. 이런 이유로 새로운 곳에 대한 지명을 모국 한반도에서 같이 건너온 이름으로 쓰는 것은 흔한 일이었다. 오미 지방에서 한반도 이름은 가라키타강, 가라쿠니, 가라바시 등 '가라'에서 따온 것이며, 이 말은 신라를 가리키는 것이다.

■ 오미 시라기 신사

와카사와 야마토 지역 신사의 분포를 살펴보니 결코 오미 지역의 신사를 빼놓을 수 없다는 것을 알았다. 이 지역은 한반도 이주와 매우 깊은 관련이 있으며, 많은 신사가 이곳에 있다. 예를 들면 이가군 요고 호수 서쪽에 세라게사카이 신사가 있다. 오늘날 남아 있는 신사는 세라게사카이 신사라고 전해지는 고분이다.

요고노마치 문화보존위원회의 기록에 의하면, 이 신사의 최초의 신은 한반도에서 온 다츠사노미코토였다. 에도 시대에 출판된 시가현의 지리 학적 기록물에 세라게사카이 신사는 아메노히보코를 섬긴다고 기록되어 있다. 이것은 훗날 이름이 세라기 아나로 바뀌었고 야수라 신사로 불리 기도 했으며 구사츠시 아나무라에 있다고 전한다. 매년 4월 이곳에서 아 메노히보코를 기리는 축제도 열린다.

미나미 야마타 쿠사츠시에 위치한 오이치 신사는 와카마츠 신사로 이름이 바뀌었다. 오이치 신사를 섬기는 이 지역 사람들은 한반도와 관 련이 깊다. 신분과 계급을 기록한 『신찬성씨록』에는 오이치 씨족이 한반 도에서 왔다고 분류되어 있다. 이 씨족의 지도자는 츠누가 아라시토이며 신라(시라기)에서 왔다고 전한다. 야마토 지역에 살았던 오이치 씨족은 후에 시가현으로 옮겨갔다.

오미에 있는 신사들을 제외한 한반도 이주민과 관련된 신사는 다음과 같다. 히나데, 오아키, 아시키, 오쿠라 그리고 오츠키 신사이다. 오사카 하비키노시에 콩키 천황을 모시는 아스카베 신사가 있다. 콩키 천황은 백제로부터 왔고 아스카 히노쿠마 지역에 사는 아야 씨족도 백제로부터 왔다. 또한 고노, 히노 마치 오미 지역에는 백제에서 온 사람을 섬기는 신사가 있다. 신사의 분포에 대한 설명에서 긴키 지역이 가장 중요하다.

(4) 간토 지방의 신사와 한반도 이주민

간토 지방의 신사라고 하면 주로 고마 신사(高麗神社)와 고마향(高麗鄕) 이 떠오른다. 고구려가 망하자 고구려인들을 데리고 한반도 서해와 남해 를 거쳐 쓰시마, 이키섬을 경유하는 머나먼 여정 끝에 가나가와현의

고마 신사(高麗神社)의 현판

고마 신사 안에 있는 고마 쟈코를 모시는 사당

고려향에 자리잡고 있는 고마 신사 입구

사가미 오이소에 온 이가 바로 고마 쟈코(高麗若光)였다.

『속일본기』703년 4월에 "종오위하고려약광사왕성(從五位下高麗若光賜王姓)"이라는 기록이 있다. '고니키시(王)'라는 일본의 옛 성(姓) 중의 하나를 고마 쟈코(高麗若光)에게 내려준 것이다. 같은 책 716년 5월에 따르면 1,779명의 한반도 이주민을 무사시노에 이주시켜 고려군(高麗郡)을 두었다. 이들은 한노(飯能), 닛포리 오미야(新掘大宮)라는 곳에 자리잡았는데, 이는 '마을의 중심'을 뜻했다.

쟈코는 오랜 세월 고마향의 장(長)으로 살다가 세상을 떠났다. 그를 처음으로 모신 곳이 고마 신사로, 이곳은 후에 시라히게사(白鬚社), 하쿠산 곤겐(白山權現), 객인명신(客人明神) 등으로 불렀다. 내가 이곳에 들렀을 때 고마 스미오 씨가 궁사(宮司)를 맡고 있었다.

그러나 메이지유신을 맞은 일본은 신불분리(神佛分離) 정책을 내걸고 이 고려사(高麗寺)를 없애고 고마 신사를 가쿠 신사(高來神社)로 바꾸어 버렸다. 그러나 이곳 주민들은 매년 잊지 않고 이 신사에서 축제를 세 차례씩 열고 있다. 이밖에도 간토 지방에는 한반도 이주민과 관련 있는 신사가 많다. 이 신사들은 현재 일본에서 백제 신사, 신라(시라기) 신사, 고마 신사라는 이름으로 남아 있다.

13) 칠지도(七支刀)

　고대 한일 관계사를 연구하기 위해 일본 곳곳을 찾아다녔다. 그 중에는 나라현(奈郎縣) 덴리시(天理市)에 있는 이소노카미 신궁(石上神宮)도 포함되어 있다. 이곳에는 일본 고대사 연구가 오늘날까지도 풀지 못하고 있는 칠지도가 소장되어 있다.

　칠지도가 발견된 이후 140여 년 동안, 일본 학자들은 줄곧 칠지도에 대해 지대한 관심을 갖고 연구에 전력을 다하였다. 그 까닭은 칠지도가 사료적으로 공백이 많은 4세기의 역사를 보여 주는 귀중한 자료이기 때문이다.

　하지만 많은 학자들은 칠지도 연구에 있어 일본과 중국의 자료에만 치중하고 한국의 것은 의도적으로 배제하면서 학문적 객관성을 잃은 모습을 보였으며, 의문과 비판을 샀다. 이 장에서는 칠지도에 대한 새로운 연구와 접근을 통해 백제와 칠지도의 관계를 적어 보려고 한다.

(1) 칠지도와 명문

　이소노카미 신궁의 칠지도는 길이 74.9cm, 도신(刀身) 66.5cm 단철 양날 칼로, 도신 좌우에 세 개의 가지가 각기 뻗어 있고, 도신 표면에는 금상감으로 60여 자의 한자가 새겨져 있다.

　칠지도가 학계의 주목을 받게 된 것은 메이지 6년인 1873년, 이소노카미 신궁의 대궁사 간 마사토모(菅政友)가 이 명문(銘文)을 소개하면서부터이다.

칠지도 명문에 새겨진 글자는 다음과 같다.

전면

泰△四年五月十六日丙午正陽 造百練綱七支刀,

生(出?)辟百兵, 宜供供侯王△△△作

후면

先世以來, 未有此刀, 百濟王世△(子?)奇生聖音,

故爲倭王旨造, 傳示後世

이소노카미 신궁에
있는 칠지도

　그 후 일본 학자들이 명문을 해독, 해석하였지만 지금까지도 여러 가지 설이 분분하다. 명문의 글자들 중 훼손된 부분이 있고 고의로 깎아 버린 것으로 짐작되는 곳도 있는 까닭이다.

　여하튼 칠지도 명문을 둘러싼 쟁점을 요약하자면 칠지도를 백제왕이 왜(倭)왕에게 하사한 것인가 혹은 헌상한 것인가 하는 점이다. 이러한 점에서 칠지도는 고대 한일 관계, 특히 백제와 왜와의 관계에 있어 중요한 의미와 가치를 가지고 있는 귀중한 자료이다.[312] 언젠가 칠지도의 정체가 제대로 규명되면 당시 한일 관계와 동아시아의 정세가 보다 뚜렷하게 밝혀질 것이라 본다.

312) 李丙燾(1976), 「百濟 七支刀考」, 『韓國古代史研究』, 博文社, p.517.
　　遠山美都男(1997), 『白村江 古代 東アジア大戰の謎』, 講談社, 現代新書, p.68.
　　原秀三郎(1985), 「日本列島の未開と文明」, 『講座 日本史 原始古代 1』, 東京大學出版會, pp.14-15.

(2) 칠지도 명문에 대한 해독과 해석

전면

泰△四年△月十六日丙午正陽, 造百練鋼七支刀,

生(出?)辟百兵, 宜供供侯王△△△作

칠지도 도신 전면의 명문 중 제작연도의 연호가 들어가는 자리의 '泰△'를 두고 서진의 연호인 '태시(泰始)', 동진의 '태화(泰和)', 위나라의 '태초(泰初)' 등 많은 논의가 전개되었다. 오늘날 일본에서 가장 일반적으로 통용되는 학설은 동진의 연호인 태화(泰和) 4년(369)설이다.

태화 4년설이 지지를 받는 까닭은 "백제왕의 사자가 칠지도와 칠지경 그리고 여러 가지 보물을 헌상하였다"는 『일본서기』 신공황후 섭정 52년조의 내용과 맞추기 위해서다. 사실 신공황후 52년은 서기로 252년이지만, 일본 고대 사학자들은 이 시기의 기록 연대에 두 갑자(120년)을 더해서 보는 2주갑 인상론을 펼쳐서 372년으로 파악한다.

이렇게 할 때 신공황후 52년은 372년으로 369년과 3년의 차이가 있지만 대략 비슷한 연대이다. 일본 학자들은 백제가 근초고왕 27년인 372년부터 동진에 조공하였으므로, 그 3년 전인 369년(태화 원년)부터 태화의 연호를 사용했을 것이라고 주장하는 한편, 같은 369년인 신공황후 49년에는 아라다와케(荒田別), 가가와케(鹿我別) 등이 "백제를 구원하기 위해 신라를 토벌하였다"는 기록이 있다는 것을 근거로 들었다. 이러한 이유로 칠지도는 백제의 근초고왕과 태자(근수구왕)가 왜왕에 복속한다는 증거로 헌상한 것이라는 것이다.

하지만 이와 같은 해석은 백제 칠지도의 규명보다는 엄연한 역사적 진실을 뒤로 미루고 오로지 『일본서기』 기록과의 결부에만 집중하여 처리하는 것이다. 일본 학자들의 칠지도 명문의 연호에 대한 견해를 좀 더 자세히 정리해 보자.

앞서 언급한 간 마사토모(菅政友)는 1873년에서 1879년까지 6년간 이소노카미 신궁의 대궁사로 있던 인물이다. 그는 재직 중 신궁에 소장되어 있는 칠지도의 명문을 조사하고, 명문의 연호가 서진의 '태시(泰始)'라고 주장하였다. 그리고 신공황후 49년, 한반도에 임나일본부를 두었으며 신공황후 52년 백제의 사신이 칠지도(七支刀) 등을 조공으로 바쳤다는 『일본서기』의 기록을 언급하면서 이를 칠지도와 연결시켰다. 이후 많은 일본 학자들이 칠지도의 명문 해독에 뛰어들었지만, 대부분 명문 자체의 과학적인 분석보다는 『일본서기』의 내용과 어떻게 결부시킬 것인가에만 집중할 뿐이었다.

예컨대 1914년 현지에서 칠지도의 명문을 조사한 다카하시 켄지(高橋健自), 호시노 히사시(星野恒) 등은 『일본서기』 신공황후기 기록과의 결부를 시도했고, 기다 사다키치(喜田貞吉) 또한 '태시 4년설'을 넘지 못하고 간 마사토모의 견해에 찬성하였다.

1928년 오바 이와오(大場磐雄) 역시 태화 4년설을 정설화하는 데 머물렀다. 스에나가 마사오(末永雅雄)는 '태(泰)'는 정확하게 판독할 수 있지만 다음 글자는 심하게 녹슬어 있고 또 누군가의 의도적인 훼손을 의심하면서 서진의 태시 4년이라고 결론을 내렸다. 이와 같은 연구를 백제 칠지도에 대한 엄밀한 검토와 해석을 시도한 것이라고 보기에는 어색한 점이 많다.

후쿠야마 토시오(福山敏男)는 처음에는 서진의 '태시 4년설'을 내세웠다가, 후에 '태화 4년설'로 바꾸었다. 후쿠야마의 논증은 이른바 전후의 실증적 방법에 의한 규명이라 하여 일본에서 높이 평가받았다. 이후 가야모토 모리토(榧本杜人)나 미시나 아키히데(三品彰英) 등이 후쿠야마의 학설을 보강하면서 동진의 '태화 4년설'이 일반화되었다.[313]

이상에서 보면 칠지도의 명문에 대한 연구는 객관적인 해석이라기보다는 백제왕이 왜왕에게 칠지도를 헌상했다는 『일본서기』의 기록과 맞추기 위해서 중국의 연호를 가져다가 맞추어 해석하는 데 주력했음을 알 수 있다.

그러한 기형적인 연구가 이루어진 까닭은 일본의 황국사관이 그렇게 바라던 임나일본부 설치에 의한 한반도 남부에 대한 식민시대와 야마토 조정의 국토통일의 합리화가 입증되기 때문이다. 하지만 이것은 어디까지나 일본인 학자들의 연구일 뿐이다. 이제 한국 측의 연구를 이병도 박사를 중심으로 소개해 본다.

한국에서도 칠지도의 명문과 관련하여 이병도의 「백제 칠지도고」, 이창호의 「백제 칠지도 명문의 재검토-일본학계의 임나일본부설에 대한 반론」, 박종대의 「칠지도 연구-명문 해설 문제를 중심으로」, 김택균의 「칠지도 명문에 대한 일고」, 김정학의 「백제 칠지도」, 그리고 이기백의 「백제 칠지도」, 이진희의 「호태왕비의 수수께끼」 등 중요한 연구가 여러 차례 이루어졌다. 이들의 연구는 우선 기존 일본 학자들의 접근법에 대해서 비판적인 입장을 지녔다. 이와 같은 한국 학계의 연구에 대해 일본 학계에서는 무조건 국수주의적 입장에 서 있다고 비판하는 학자들도 있다.[314]

이병도는 태화(泰和)라고 주장하는 일본 학자들의 의견에 대하여, '화(和)' 변도 자세히 보면 '우(牛)' 변 같이 보이는 등 불명확하며, 설령 '태화'라고 할지라도 이것이 반드시 중국 연호라고 판단할 이유는 없다고 보았다. 그는 삼국시대의 금석문에서 중국 연호를 사용한 예는 아직껏 발견하지 못했다는 사실을 들면서, 일본 학자들이 무조건 중국 자료 찾기에

313) 榧本杜人(1968), 「七支刀銘文再考」, 『朝鮮學報』 49호, pp.110-111.
314) 宮崎市定(1983), 『謎の七支刀』, p.100.
   宋世九(1982), 「古代朝鮮製鐵-百濟七支刀特別寄稿」, 『歷史公論 4』, pp.119-121.

여념이 없다는 점에 납득이 가지 않는다고 말했다. 그는 대개 자국의 연호나 그렇지 않으면 간지(干支)로 표시하는 것이 일반적인데, '태(泰)' 자 아래 글자가 무엇이든 간에 중국 연호가 아닌 것만은 분명하다고 강력히 주장했다.

고구려 광개토왕비에 새겨져 있는 '영락(永樂)'이라는 연호는 물론이고 백제 무령왕릉의 시석문에서도 간지와 '붕(鵬)' 자를 확인할 수 있다. 그리고 신라의 마운령 진흥왕 순수비에는 '태창(太昌)'이라는 고유한 연호와 '짐(朕)' 자가 들어가 있고, 또 고구려의 연호인 듯한 '연가(延嘉)'가 새겨져 있는 금동불 등이 있다. 이것은 모두 독자성과 주체의식을 드러내고 있는 것이다.

이병도 박사는 이어서 연호와 연도 다음에 등장하는 '造百練鋼七支刀'라는 문구는 100번이나 제련한 강철의 칠지도를 만들었다는 것을 뜻하고, 그 다음의 '生(出?)辟百兵'이라는 문구의 첫 글자는 '生'으로 보이기도 하지만, '出'로 보는 것이 더 타당하다고 주장했다. 그렇게 하였을 때 "이 칼이 나아가 백병을 물리친다"는 의미를 갖게 된다.

그 아래의 '宜供供侯王△△△△祥(作)'이라는 문구는 당시의 여러 후왕(제후봉공)들에게 이 칠지도를 분급해 준다는 복수동사격으로 사용한 말 같다고 했다. 마지막 부분의 글자들은 완전히 마모되어 정확히 확인할 수 없으나, 맨 끝에 '作' 자가 있는 것을 보면, 실제로 이 칠지도를 만든 사람의 이름이 새겨진 것 같다고 보았다. 이렇게 보았을 때 칠지도의 명문 전면은 일반 피급자에게 주는 공통된 내용의 문구로 볼 수 있다.

그러나 명문 후면은 특정한 피급자에게 기증하는 별첨문에 가깝다.

후면

先世以來, 未有此刀, 百濟王世△(子?)奇生聖音, 故爲倭王旨造, 傳示後世

칠지도 후면에 새겨진 명문의 첫머리 '先世以來, 夫有此刀'는 문자 그대로 "선세 이래로 아직 이러한 칼이 없었다"는 말이지만, 다음의 '百濟王世△(子?)奇生聖音, 故爲倭王旨造, 傳示後世'에 대해서는 해석이 분분하고 헷갈리는 점이 있다. 흔히들 말하듯 '자(子)'로 읽는 것이 문맥상 타당하다고 보지만, 구리하라 토모노부(栗原朋信) 같은 이들은 '백제왕세자'를 백제왕과 세자 두 사람으로 보고 다음의 '기(奇)'를 동사로 '부친다'는 뜻의 기(寄) 혹은 '맡긴다'는 뜻의 기(倚)로 보기도 하고, '성음(聖音)'을 성스러운 진나라(聖晉)의 뜻으로, '왜왕지(倭王旨)'를 왜왕의 이름이라 하여 아래와 같이 풀이하고 있다. 즉, "백제왕과 세자가 성진에 기생하여(붙어 살았으므로) 왜왕지를 위하여 제조하였다"는 것이다.[315] 이와 같이 구리하라는 칠지도가 백제를 도와준 왜왕의 공로에 답하기 위하여 백제의 종주국인 동진의 황제가 백제를 통해서 왜왕지에게 준 것이라고 주장했다.

또 후쿠야마 토시오 같은 이는 '기생성음(奇生聖音)'에서 '성음'을 '덕음(德音)', '성은(聖恩)'의 뜻으로 보고, '왜왕지'를 '왜왕의 뜻'이라 하여 "백제왕과 태자가 생(生)을 어은(御恩, 倭)에 귀화하고 있으므로 유왕의 상지에 의해서 만들어진 것이니 길이 후세에 전할 것이다"라고 풀이하기까지 하였다.[316]

일보 양보한다고 하더라도 당시 동진의 황제와 일본의 왜왕이 무슨 관계가 있어 일부러 백제를 통하여 칠지도를 전달했단 말인가? 또 고래로 중국에서는 듣도 보도 못한 칠지도가 이때 동진에서만 만들어졌다는 것인가? 이러한 사관으로 고대사를 볼 때 한반도가 제대로 다루어질 리

---

315) 栗原朋信(1965), 「七支刀銘文よりみた 日本と百濟東晉の關係」, 『歷史教育』18(4) 참조.
316) 福山敏男(1951), 「石上神宮の七支刀」, 『美術硏究』158 참조.

만무한 것이다.

　다시 돌아가, 미시나 아키히데(三品彰英)는 '기생성음'을 백제왕 세자의 명호로 보아 '기생'은 '귀수(貴須)·구수(仇首)'와 통하여 근초고왕의 아들, 즉 세자인 근구수왕을 가리키고, '성음'은 경칭(敬稱)으로서 백제 왕자에 대한 고훈(古訓) '세시무(セシム)'에 해당한다고 하였다.[317] 이병도 역시 이는 매우 참조할 만한 해설이라고 보았다. 그는 '성음'도 왕자에 대한 존칭인 '전하'와 같은 백제어로 볼 때, '기생 전하'란 뜻이 아닌가 생각된다고 말했다. '귀수', 즉 근구수가 칠지도를 증송하는 주체가 된 데에는 그럴듯한 이유가 있다고 생각된다.

　근구수왕은 왕자로서 부왕인 근초고왕을 도와 많은 활약을 했던 인물이다. 마한의 잔여 부락을 공략하였을 때도 함께 출정하였고, 동왕 24년에 고구려 고국원왕이 군사를 이끌고 치양(雉壤)에 주둔하여 민호를 침탈하였을 때에도 고구려 군대를 급습하는 등 활약을 하였다. 근초고왕 26년에도 왕과 더불어 정규병 3만을 이끌고 고구려에 쳐들어가 평양성을 공격하였는데, 이때 고구려왕 시유(斯由)가 나와 싸우다가 화살에 맞아 전사하였다고 한다. 이와 같이 왕자 때부터 영명을 날리며 큰 역할을 하였고, 외교에 있어서도 일익을 담당한 근구수왕이 왜국의 왕에게 특히 칠지도를 증송하였던 것이라고 해석할 수 있다.

　또 세자라는 칭호를 혹시 오해하여 태자보다 격하된 호칭으로 생각할 수도 있지만 반드시 그런 것만은 아니다. 소위 천자의 원자도 세자라 하고, 제후의 원자도 태자 혹은 세자라고 불렀다. 『예기(禮記)』에도 천자의 적자를 세자, 제후의 적자를 세자 혹은 태자라고 하였다. 이렇게 보면 세자가 결코 격하된 호칭이 아님을 알 수 있다.

---

317) 三品彰英(1961), 『石上神宮の七支刀(日本書紀 朝鮮關係記事 考證 上)』, p.194.

마지막으로 우에다 마사아키의 이채로운 견해를 언급하지 않을 수 없다. 우에다 마사아키의 견해는 종래 일본 학자들의 귀화인 사관 혹은 정복 사관에 대한 즉문일침이라고 할 만하다. 앞서 구리하라 토모노부가 '고위왜왕지조(故爲倭王旨造)'의 '지'를 오진 천황의 이름으로 보았는데, 우에다 마사아키 역시 이를 왜왕의 명으로 해독하여야 한다고 보았다.[318] 하지만 그는 구리하라와는 입장을 달리하여 명문의 형식이 상위자가 하위자에게 내리는 것으로 되어 있다고 보았다.[318] 헌상의 의미보다도 공급의 의미로 보아야 한다는 것이다.

그에 따르면 칠지도는 백제왕이 후왕(侯王)인 왜왕에게 준 것이다. 명문의 어디에 헌상, 공헌, 신분이 높은 사람에게 바친다는 의미가 있는가. 헌상하는 상대를 제일후로 부르는 것은 있을 수 없는 일이다. 칠지도는 백제왕이 후왕으로 간주하여 왜왕에 하사한 칼이라고 주장했다.

여기에서 후왕이란 용례가 백제에 있었는가라는 문제가 제기될 수 있다. 그러나 5세기의 백제에는 백제왕 이외, 예컨대 불사후(弗斯候), 불중후(弗中侯), 면중후(面中侯), 팔중후(八中侯) 등 지명을 붙인 '후(侯)'가 있었고, 도한왕, 아착왕(阿錯王), 피중왕(避中王) 등 역시 지명을 붙인 왕이 존재하였다. 이것은 백제에 있어서 왕후의 속왕이 있었다는 것을 말해 준다.[319] 특히 칠지도에 나타난 왜왕(倭王)이 과연 야마토 조정의 주권자를 가리키는 자인가? 이와 같은 의심을 가지고 있는 사람이 적지 않다.

사헤키 아리쿄(佐伯有淸)는 칠지도에 대해서 하사설도 성립되지 않고 현상설도 정확한 해석이 아니라고 조심스러운 견해를 보였다.[320]

---

318) 上田正昭 (1971), 「石上神宮と七支刀」, 『日本の中の朝鮮文化』 9호 p.14.
　　　 上田正昭(2013), 앞의 책, pp. 146-148.
　　　 坂本義種, 「五世紀の百濟大王とその王侯」, 『朝鮮史硏究會硏究集 4』 참조.
319) 黛弘道(1977), 『槪說日本史』, 有斐閣選書, pp. 6-7.
320) 佐伯有淸(1977), 「古代史 演習, 七支刀と廣開土王碑」, 吉川弘文館, p.29.

(3) 결론

　고대 한일 관계사를 연구하는 데 있어 언제나 답답하고 개운치 않은 점이 있다. 백제 칠지도에 대한 그간의 연구들도 예외는 아니었다. 비록 몇몇 학자들이 학문적인 양심을 걸고 주장하고 있지만, 대부분의 일본 고대사 연구자들의 주장은 도저히 동의하기 어렵다.

　앞서 다루었듯이 칠지도는 백제 근초고왕이 근구수왕을 통해 보낸 것이고 칠지도의 명문에도 '先世以來 夫有此刀', 즉 선세에는 이러한 칼이 없었다고 명기하고 있다. 이것만 보더라도 연대가 그 이전으로 거슬러 올라갈 수 없는 것이 분명하다. 또 명문의 내용을 보더라도 왜왕을 후왕과 같이 취급하며 상위자가 하위자에게 하사하는 형식으로 되어 있음을 분명히 알 수 있다.

　일본 학자들이 주장하는 칠지도의 제작연도는 다분히 선택적인 자료 활용으로 인하여 신빙성이 없다. 『일본서기』의 내용과 칠지도의 명문 사이에 어떻게든 모순을 줄이는 데 초점을 맞추는 방향을 취하고 있음을 엿볼 수 있다. 하지만 이 물건이 문헌상으로 보나 실물로 보나 백제의 것이 분명한 이상, 기년(紀年)에 관한 삼국의 관례를 고려할 필요가 있지 않을까.

　가까이 있는 자료를 제쳐놓고 먼 중국의 동진이다 무엇이다 하며 임나 일본부 설립 369년을 정당화하려고 서두르지 말고, 가까이에 있는 자료를 먼저 찾아보는 것이 문제 해결의 올바른 길이 아닌가 생각해 본다.

14) 다카마쓰즈카(高松塚) 고분 벽화 발굴

1972년 2월 나라현 히노쿠마(檜隈)에서 한 고분이 발굴되었다. 다카마쓰즈카라고 불리는 이 고분 내부는 남녀 군상과 사신도 등이 그려진 벽화가 있었다. 고분 벽화 중 특히 주목할 것은 북쪽 벽에 그려진 네 명의 여자 군상이다. 이 벽화는 보존 상태가 아주 좋고 풍만한 얼굴형, 다채로운 색감의 윗도리와 세로 줄무늬 치마 등 섬세하고 화려한 기법으로 복장을 묘사해 놓은 것이 특징이었다.

일본 학계는 다카마쓰즈카 고분에 대해 비상한 관심을 보였는데, 주된 논의는 다카마쓰즈카 벽화에 등장한 인물이 과연 누구인가에 관한 것이었다. 언론들도 마찬가지였다. 다카마쓰즈카가 처음 발견되었을 때 일본 고고학계의 최대 발견이라며 대서특필하던 신문들은 이제 그 안에 그려진 벽화의 주인공이 누구일까 궁금해하기 시작했다. 1972년 4월 16일자 「선데이 마이니치」의 기사를 보자.

"치맛자락을 끌며 후지와라의 도읍 대로를 산책하는 아스카 미인, 석실(石室) 북쪽 벽에 그려진 여인상은 지금 당장이라도 걸어나올 듯 생생하다. 이 그림에서 여인의 치맛자락이 윗도리 아래로부터 드리우고 있음을 확인할 수 있다. 고대 여성의 생활사를 연구해 오던 히구치 기요유키는 이 여성이 중국계가 아닌 조선계라고 보았다. 당나라의 여성 복색은 치맛자락을 윗도리 위에 걸치는 형식인 반면, 고대 조선의 귀부인은 다카마쓰즈카의 벽화에서 볼 수 있는 것처럼 치맛자락 위에 윗도리를 걸치는 형태의 의복을 입었던 것이다."

나라국립문화재연구소 미술공예연구실장인 하세가와 마코토(長谷川

북쪽 벽에 그려진 여자군상 벽화

誠) 또한 벽화의 여자 군상들이 입고 있는 의복은 당시 한반도의 복색이라고 지적했다. 그는 윗도리는 '저고리'이고 치마의 옷자락에 달려 있는 레이스 모양의 장식 등은 고구려 시대의 복장이라고 했다. 또한 벽화의 여자 군상들처럼 머리카락을 뒤로 늘어뜨려 끝을 묶는 방식은 고구려의 풍속과 거의 같다고 했다.

　실제로 벽화 속 여자들의 머리 모양을 보면 수발(垂髮)에 가까운데, 헤이안 시대(794~1192)의 것만큼 길지 않은 머리카락을 목덜미 언저리에서 유연하게 하나로 땋아 묶은 형태이다. 이는 당나라 문화의 영향을 크게 받은 것으로 여겨지는 쇼소인(正倉院)의 수하미인(樹下美人)과도 다른 모습이다. 참고로 영국 런던박물관에 소장되어 있는 당나라 부인들의 군상도를 보면 머리 형태가 완전히 틀어올린 결발(結髮)임을 확인할 수 있다.

결국 이 분야 전문가들의 견해는 다카마쓰즈카 고분 벽화가 고구려의 형식에 가장 가깝다는 데 모아진다. 김달수는 아스카에 처음 이주한 이들의 대부분은 백제인이지만, 그 원류를 찾아가면 백제인 또한 고구려인과 같은 계통으로 풍속이 유사하다고 했다. 그리고 아스카사(飛鳥寺) 건립에서도 볼 수 있듯이 아스카 이주민 중에는 고구려계 이주민 집단도 있었다.

히노쿠마 부근에 있는 구리하라(栗原)라는 곳은 본래 구레하라(吳原)라고 불리었고, 『일본서기』에는 "즉각 구레인(吳人)들을 히노쿠마 들판에 살도록 하였다. 이로써 '구레하라'라고 명명하였다"는 기록이 있다. 현재 구리하라에는 구레하라 폐사와 구레스히코 신사가 있다. '구레'는 고구려를 가리키는 옛말이다.

다른 한편으로 미나모토 도요무네(源豊宗)는 다카마쓰즈카 벽화를 그린 것이 한반도인들이라고 주장하였다. 이곳에서 출토된 거울, 머리에 쓰는 관이나 금구와 같은 의장, 조형물들은 덴표(天平) 문화[321]의 것이라기보다는 그보다 조금 이전의 것에 가깝다.

미나모토와 마찬가지로 일본 고대사 연구의 대가인 우에다 마사아키 또한 다카마쓰즈카의 축조 시기가 7세기 후반에서 8세기 초라는 견해를 피력하였다. 그리고 화풍도 일본이나 중국과는 조금 다르며 얼굴 생김새나 의복, 장식 등이 오히려 한반도 고구려의 것과 유사하다고 했다.

다카마쓰즈카 고분 발굴의 열기가 가라앉자 '조선문화사'에서는 '다카마쓰즈카 고분에 대하여'라는 주제로 우에다 마사아키, 김달수, 시바

---

321) 729년부터 749년을 가리키는 일본 고대사, 미술사의 한 시기. 화려한 불교 문화가 특색이며 나라 문화의 전성기였다.

료타로, 하세가와 마코토, 모리 고이치 등 권위 있는 학자들과 작가들을 모아 다카마쓰즈카 벽화에 대해 정리하였다. 이 좌담회에서 우에다 마사아키는 다음과 같이 말했다.

"조선문화사가 '일본 속의 조선문화'에 관해 많은 일을 해 왔으나 '말보다 증거'란 말처럼 다카마쓰즈카 고분 발굴은 메이지 이후 100년 동안 일본인이 가져온 한국에 대한 그릇된 생각을 가장 분명하게 시정해 줄 구체적인 물증이라고 본다. 다카마쓰즈카 벽화 발굴은 여러 학문의 공동연구란 어떤 것인가를 제시해 준 것이기도 했으나, 가장 큰 시대적 의미는 비틀어진 한국관을 반성하게 한다는 점에 있다."[322]

한편 '다카마쓰즈카 고분 발굴 10주년을 맞아'라는 주제로 서울대 김원룡(金元龍)은 다음과 같이 말하였다.

"다카마쓰즈카 고분에 묻혀 있는 사람 혹은 그 고분을 축조한 사람에 관한 논의를 일단 접어두고, 일찍이 이처럼 보는 사람으로 하여금 고대 한일 양국의 문화 연결을 분명하게 느낄 수 있게 한 것은 없다. 살아 있는 고고학 자료가 아니고 무엇이겠는가. 궁극적으로는 고구려를 근간으로 하고 있으면서 한편으로는 당나라의 요소를 간직하고 있고, 그 무대는 일본의 나라인 것이다.

7세기 후반에는 한반도의 백제와 고구려의 멸망을 계기로 본격적인 이주가 이루어졌다. 다카마쓰즈카 고분에 묻혀 있는 이는 한반도에서 건너온 망국 귀족의 일원이었을 것이다. 이와 같은 논의를 제쳐놓고 다카

322) 座談會 : 高松塚壁畵古墳を めぐって(1972), 『日本の中の朝鮮文化』14號, pp.24-42.

마쓰즈카 고분의 발굴은 일본 국민들에게 고대사 '붐'을 일으켰다. 특히 일본의 전후세대가 한국의 고대 문화를 재인식하거나 관심을 갖게 한 것은 큰 의의가 있다.

다카마쓰즈카 고분의 부장품은 세계 각국의 고고학자들에게 많은 것을 보고 느끼게 했을 것이다. 이를 종합하면 고대 동아시아 문화사의 일면을 볼 수 있다. 다카마쓰즈카 고분을 한국사, 일본사, 중국사 각각의 입장에서 보면 저마다 다른 평가가 이루어질 것이다. 그러나 중요한 것은 다카마쓰즈카 고분이 7세기 말에서 8세기 초엽의 동아시아 전체를 아우르는 문화 사료로서 가치와 의의를 지닌다는 것이다."[323]

더하여 김원룡 교수는 그 조그마한 공간에 앉아 동아시아를 가로지르는 문화의 흐름을 절감하며 흥분과 영감 그리고 아득한 옛 조상들의 숨결과 환상에 옷자락을 여미게 되었다고 말하면서, 보다 성숙한 자세로 다카마쓰즈카 고분을 연구해 나가야 한다고 말하였다.

한국과 일본은 다카마쓰즈카가 지어진 시기 이전부터 시작된 오랜 문화적 교류의 역사를 지니고 있다. 그 증거로 동국대학교 일본문화연구소 김사엽은 6~7세기경 일본에서는 불경을 한국어로 읽었으며, 승려가 되기 위해서는 우선 한국말을 배워야 했다는 고증이 많이 남아 있다고 했다. 규슈대 다무라 엔초(田村圓澄) 또한 나라 시대에 한국어가 많이 쓰였다고 말한 바 있다.

그럼에도 나라 시대 이후 일본의 주류는 오늘날까지도 한반도의 영향을 부정해 왔으며, 특히 메이지 시대 이후로는 그러한 태도가 극단적이

323) 金元龍(1988), 『高松塚古墳を思う―發掘十周年 先史, 古代の韓國と日本』, 齋藤忠, 江坂輝彌 編, 築地書館, pp.145-147.

었다. 그로 인해 고대사를 연구함에 있어 한반도와 일본의 교류를 살펴볼 수 있는 여지가 거의 말살될 지경에 이르렀다.

20세기 초 한국을 식민지배한 경험은 이러한 의식상의 문제를 더욱 가중시켰다. 이러한 상황에서 발굴된 다카마쓰즈카 고분은 한국에 대한 일본의 새로운 인식과 일본인들 스스로의 생각을 전환하는 계기가 되었다. 이밖에도 아스카 관내 이노구마 일대에는 고대 한반도 이주민과 깊이 관련 있는 유적도 많다.

높이 5m, 직경 16m로 작은 고분인 다카마쓰즈카 속에서 이렇게 훌륭한 극채색의 벽화가 발굴되었다는 것을 문화재를 보존하는 데 있어 경종으로 삼아야 할 것이다. 나아가 다카마쓰즈카 고분은 오늘날까지도 일부 일본인들이 감추려고 하는 고대 일본과 한반도의 교류를 보여 주는 구체적인 물증이다. 더불어 지금까지 학문 분과별로 따로 떨어져 진행되어 온 일본 고대사 연구 분야에 미술사, 건축사, 고고학, 문헌학 등의 학제들을 망라하는 종합적 연구가 대두되었다는 점에서 중요한 가치가 있다. 한국 · 중국 · 일본 각국의 학술 교류가 기대된다.

15) 사기모리(防人)와 아즈마국(東國)[324]

■ 사기모리

다이카 개신 후(645) 야마토 왕조는 한반도의 백제를 돕기 위해 출병하였으나 백촌강 싸움에서 나당연합군에 대패하였다. 이로 인해 나당의 침공 위협에 대비하기 위한 규슈 방어가 필요하게 되었고, 사기모리(防人)라고 불리는 병사를 징집하게 되었다. 본래 사기모리란 '기수(崎守)', 즉 해안의 변두리를 지키는 사람이라는 뜻이다. 이와 달리 수도에 배치된 사람을 '위사(衛士)'라고 불렀다.

고대의 병역, 사기모리라는 용어는 중국 당나라에서 볼 수 있으나 일본에서 사기모리를 기수(崎守)라고 부른 것은 이들이 한반도와 접하고 있는 규슈 북부 지방의 여러 곳(崎)에 배치되어 방위에 나섰기 때문이다. 사기모리가 처음 기록된 것은 다이카(大化) 2년(646) 『일본서기』에서다. 하지만 다이카 전 시대에도 히나모리(夷守), 시마모리(島守) 등 사기모리와 비슷한 것이 배치되었다고 한다.

사기모리가 실제로 제도화된 것은 663년 덴지 천황 2년, 백촌강 싸움에서 나당연합군에 패배한 이후이다. 여러 지방에서 징집된 사기모리들은 나니와쓰(難波津)에 모여 배로 다자이후로 보내졌다. 이들은 사기모리노쓰카사(防人司)의 통솔 하에 각 지방에 배치되어 군무에 종사하였다. 초기에는 아즈마국에서 지역을 개발하거나 정치에 종사하고 있던 집단을 서쪽 지방, 즉 쓰쿠시, 이키, 쓰시마 등 규슈 북부를 지키도록 배치하였다.

324) 오늘날 일본의 간토(關東) 지방.

이후 각지의 농민을 소집하였는데, 이때도 역시 자연스럽게 인구가 많은 아즈마국의 농민들이 많이 뽑혔다. 8세기 중반에 이르러서는 아즈마국에서의 징집이 주춤하였다. 멀리 떨어진 동쪽 지방에서 징병하는 것이 비효율적일 뿐더러 아즈마국의 농민들에게도 사기모리로 뽑혀 간다는 것이 너무나 큰 부담이었기 때문이다.

실제로 사기모리로 뽑혀 임지에 가는 것만으로도 힘든 일이었다. 우선 간토(關東) 지방에서 규슈까지 약 2개월 동안 이동해야만 했고, 밤에는 야숙을 하고 식량도 자신이 부담해야 했다. 또 남편이나 아들이 떠난 농가에서는 미곡 수확량이 급감했다.

반면 사기모리로 뽑힌다고 해서 세금 감면 등의 혜택은 없었다. 3년을 임기로 교대하는 규정이 있었지만 연장되기 일쑤였다. 임기를 마치고 아즈마국까지 돌아오는 과정에 죽는 이도 적지 않았다. 『만요슈』14권과 20권에 수록된 '사기모리의 노래'에서도 그러한 고통스러운 상황을 엿볼 수 있다. 이 밖에도 아즈마국의 방언을 써서 부자간 혹은 부부간의 이별을 다룬 노래가 많다.

그렇다면 왜 굳이 먼 동쪽의 아즈마국에서 서쪽의 규슈를 지킬 사기모리를 선발하였던 것일까. 흔히들 말하기를 이즈마인(東國人)은 무용(武勇)에 뛰어났기 때문이라고 했다. 그러나 규슈대 다무라 엔초의 설명은 다음과 같다.

우선, 6세기경 규슈 북부에는 한반도에서 건너온 이주민 집단이 대거 살고 있었다. 백촌강 싸움에 앞서 3년 전 사이메이(齊明) 천황 6년(660) 백제와 신라의 군사적 충돌이 있었을 때, 사이메이 정부는 백제를 원조하기로 결정했다. 동시에 규슈에 살고 있는 이주민들의 동향에도 중대한 관심을 갖지 않을 수 없었다. 이들은 앞서 527년경 야마토 정부에 반역을 일으켰던 쓰쿠시(筑紫)국 미야코(國造) 이와이(磐井)의 난에 협조했는데, 그 중 많은 수가 신라계 이주민이었기 때문이다.

한반도의 정세에 대응하는 규슈 지역 한반도 이주민은 야마토 중앙 정부에게 있어 큰 걱정거리였다. 이러한 규슈의 군사적·정치적 정세 하에서 한반도로부터의 공격에 대비한 사기모리를 규슈 현지에서 선발하기는 어려운 일이었다. 일부러 머나먼 아즈마국에서 사기모리를 징집하게 되었던 것은 이러한 연유였다.

규슈에 있는 한반도 이주민에 대한 야마토 정권의 불안감은 그 후 다소 해소되었으나, 그렇다고 현지에서 사기모리를 소집하여 적의 내습에 대응하기에는 충분한 신뢰가 없었다. 규슈의 치안을 위해서 야마토 정부는 많은 어려움에도 불구하고 계속해서 아즈마국의 병사를 썼다.[325]

사기모리는 9세기 후반까지 운용되었다. 그 사이 제도상의 변경은 있었으나 주로 아즈마국의 병사를 징집하였다. 『만요슈』에 따르면 사기모리를 뽑은 지방으로는 사가미, 무사시, 가즈사, 시모우사, 히타치, 고스케, 시모쓰케 등 간토 지방의 각국은 물론 도토미, 스루가 등지가 있었다.

737년 덴표 9년에 여러 지방의 사기모리가 폐지되어 그들의 귀향 모습이 텐표 10년도의 정세장(正稅帳)에서 엿볼 수 있다. 예컨대 스오국(周防國) 정세장에는 약 1,900명의 사기모리에 대한 기록이 있다. 여기에 비젠(備前) 등지에 간 사기모리를 더하면 2,300명 전후가 되나, 이것이 아마도 대개의 사기모리의 구성원이었다고 보고 있다.

8세기 중엽인 757년경부터는 아즈마국 농민들의 부담을 덜기 위해 규슈의 농민이 사기모리의 임무를 맡게 되었으나, 901년에서 923년경에는 유명무실하게 되었다.[326]

325) 田村圓澄(1972), 「八幡人の 變身と渡來神」, 『日本の中の朝鮮文化』, 15號, pp.51-52.
326) 岸俊男(1966), 「防人考, 日本 古代 政治史 研究 所收」, 『日本大百科全書 10』, p.54.

■ 사기모리의 노래

『사기모리의 노래(防人歌)』란 사기모리들이 만든 노래뿐만 아니라 그들의 가족이 불렀던 노래도 함께 묶은 것이다. 『만요슈』에는 사기모리의 노래가 87수, 사기모리들의 아버지의 노래 1수, 사기모리들의 처의 노래 10수, 총 98수가 남아 있다. 이 중 장가(長歌)는 1수, 나머지 97수는 단가(短歌)이다.

이 가운데 755년 2월에 쓰쿠시(규슈, 현재의 후쿠오카현)로 떠나는 사기모리를 나니와(현재의 오사카)까지 인솔해 간 오토모노 야카모치(大伴家持)가 기록한 노래 84수가 있다. 이 노래들은 아즈마국에 속한 10개국의 지역별로 정리되어 있다. 이와 함께 작자들의 출신지, 지위 등의 정보가 기록되어 있다. 같은 시기에 이와레노모로키미(盤余諸君)가 오토모노 야카모치에게 '옛 사기모리의 노래(昔人防人歌)' 8수, '오하라 이마키(大原今城)' 그리고 '교대하는 사기모리의 노래(昔年相替防人歌)' 1수 등을 보냈으나, 앞의 84수 이외에는 모두 작자와 연도가 불분명하다.

사기모리의 노래 대부분은 삶의 터전인 고향을 떠나는 고통과 그곳으로 돌아가고자 하는 갈망, 가족과의 이별과 가족에 대한 그리움, 앞날에 대한 불안과 두려움을 생생하게 담고 있다. 따라서 사기모리의 노래는 귀족들의 노래와는 전혀 다른, 생존의 고통과 위기에 직면한 이들의 부르짖음이라고 할 수 있다. 또한 사기모리의 노래는 나라 시대의 서민들의 삶을 보여 주는 자료일 뿐만 아니라 '아즈마우다(東歌)'와 더불어 아즈마국 지역의 방언을 보여 주는 자료로도 중요하다.[327]

여기에 사기모리를 특기한 것은 이들 대부분이 고구려를 비롯한 한반도에서 이주해 온 이주민의 후예였기 때문이다.

---

327) 遠藤宏(1986), 『防人歌-日本大百科全書』, 小學館, pp.54-55.

16) 야세(八瀬)·오하라(大原)·시라가와(白川)의 한반도 이주민

내가 일제강점기에 소학교를 다니던 시절, 수업 시간 중에 일본의 야세·오하라 지방에 관해 들은 이야기가 생각난다. 옛 수도 교토 인근에 있는 시골에서 머리에 땔감이나 꽃과 같은 것들을 이고 들어와 시내 이곳저곳에서 팔고 돌아가는 여인들이 있다는 이야기였다. 이 여인들의 생활 방식과 복색 등은 전통적인 교토 사람들과는 많이 다르다는 것이었다. 당시 어린 마음에 머리에 물건을 이고 걸어가는 모습이 어쩌면 한국 여인의 모습과 비슷하지 않을까 생각했다.

중학교에서 배운 이로하가루타(いろはガルタ)[328] 그림패 중에는 "교토에 시골이 있다(京に田舎あり)"라는 문구가 쓰인 것이 있었다. 유구한 역사를 자랑하는 화려한 수도 교토에 있다는 시골은, 교토에서 물건을 파는 여인들이 살던 야세(八瀬)·오하라(大原)·시라가와(白川) 지역을 가리키는 것일 테다.

사실 소학교와 중학교 시절의 선생님들 중 야세·오하라·시라가와 여인들이 살던 지역이 한국과 관계가 있다고 말한 이는 없었다. 학교를 졸업하고 일선에서 교편을 잡고 있었을 때도 마찬가지였다.

그러던 중 해방이 되어 서울대학교에 진학한 후 미국 유학을 마치고 교수생활을 하면서 고대 한반도 이주민에 대한 연구를 위해 일본을 수차례 왕래하면서 교토대에서 초빙교수를 맡게 되었다. 어느 날 교토 주변을 조사하던 중 번뜩 머리를 스쳐간 것이 바로 "교토에 시골이 있다"는 이로하가루타의 문구였다. 그리고 야세·오하라·시라가와 이야기가

---

328) 일본의 속담이 적힌 그림패들을 맞추는 일종의 딱지놀이.

머리에 떠올랐다.

이때부터 나는 홀로 야세·오하라 등 현지를 답사하기 시작했다. 교토역에서 버스로 현지까지 한 시간 정도 걸리는 거리였다. 하지만 이때까지만 해도 고대 한반도 이주민의 일본 이주와 활동을 연구하던 나에게 야세·오하라 그리고 그 밖에 시라가와 여인들에 관해 귀뜸해 주는 일본인 동료는 한 명도 없었다.

실제로 일본에서 머리에 물건을 이고 팔러 다니는 풍속은 하치조시마(八丈島),[329] 시코쿠 도쿠시마현의 아와(阿波)[330], 규슈 가고시마현의 사쿠라지마(櫻島) 그리고 사누키(讚岐)의 일부에만 남아 있지만, 본격적인 조사를 해 보지 않고 지방에서 물건을 이고 다니는 습관이 한반도에서 유래한 것이라 단정할 수 없는 일이었다.

야세·오하라와 한반도 이주민의 관계에 관한 단서를 찾은 것은 훗날 민요 '아리랑'을 연구하는 중이었다. 서울 국회도서관과 서초국립중앙도서관 등에서 자료를 찾던 중 이마무라 토모(今村鞆)가 쓴 논문 「야세·오하라매의 조선색」[331]을 발견하게 되었다. 나는 이마무라 토모가 이 논문에서 귀화인(歸化人)이나 도래인(渡來人)이 아니라 한반도 이주민이라는 용어를 사용하면서 야세·오하라 부락들은 한반도에서 이주해 간 이주민이 살던 도시라고 결론내린 것에 감탄했다.[332]

이제 내가 입수한 자료와 이마무라 토모의 논지 등을 토대로 야세·오

---

329) 도쿄에서 남쪽으로 약 300km 떨어진 곳에 있음.
330) 현재의 시코쿠 도쿠시마현.
331) 今村鞆(1927. 10), 「八瀨·大原女の 朝鮮色」, 『朝鮮』, Vol.17, no.149. pp.47-58.
332) 이마무라 토모는 일제강점기에 조선총독부 관리로서 공무원 생활을 하고 있었다. 간혹 그가 우리나라 역사와 문화에 대해 쓴 글을 읽고 다른 일본인과 색다른 면이 있다는 것을 느꼈다. 즉 황국사관에 젖어 있지 않았던 것이다. 특히 야세·오하라매 논문을 읽고 그렇게 느꼈다.

하라 등 지역에 살고 있던 사람들이 고대 한반도에서 이주간 사람들이었다는 사실을 정리해 보고자 한다.

(1) 야세 · 오하라 지역의 지리적 환경과 고적

오하라는 히에이산(比叡山) 북서쪽 기슭에 자리 잡고 있는 조그마한 분지로, 현재 교토시 북부 사쿄구에 있는 지역이다. 야세에서 다카노가와강(高野川)을 따라 교토와 와카사(若狹)를 연결하는 와카사 가도가 예부터 통하고 있다. 오하라는 『우다마구라(歌枕)』[333]의 '오라하의 고을(大原の里)'로 알려진 고요한 산촌으로, 역사적 유물이 많고 계절마다 관광객들이 끊임없이 찾는 관광지이다. 특히 가을철의 단풍이 유명하다. 헤이케 모노가타리(平家物語)에 나오는 오하라 고코우(大原御幸)[334]로 알려진 북쪽의 고지타니(古知谷)는 와카사 가도를 접하고 있으며 이곳에서는 중국식 산문(山門)을 볼 수 있다.[335]

야세 또한 교토시 사쿄구의 한 지역이다. 히에이산 서쪽 기슭에 자리 잡고 있다. 가모가와강의 지류인 다카노가와강을 따라 와카사 가도, 쓰루가 가도와 통하는 곳이며 주로 농업을 하는 산촌이다.

야세 · 오하라 지역에는 많은 명소와 고적 그리고 전승들이 있다. 간략하게 언급하면 다음과 같다.

333) 일본 시의 한 형태인 와카(和歌)의 소재가 된 명승지 또는 와카를 짓는 데 필요한 자료들을 묶은 책.
334) 일본 전통 연행 노(能)에서 연주되는 작자 미상의 곡명 중 하나.
335) 織田茂雄(1995), 『日本大百科全書 10』, 小學館, pp.21-22
　　　橫道万里雄(1981), 『世界大百科事典 4』, 平凡社, p.405.

■ 귀신(鬼神)

이 지역에는 사람의 형상을 한 사나운 괴물이 살고 있다고 전해지는 동굴이 있다. 이 상상의 괴물은 뿔이 나 있고 입은 옆으로 찢어졌으며 긴 머리를 하고 있다.

■ 벤케이(辨慶) 이야기

무사시노 벤케이는 가마쿠라 초기의 승려로 유명한 장군이었던 미나모토 요시츠네의 심복으로 명성을 떨쳤다. 요시츠네가 몰락할 때도 끝까지 충성을 다했고, 훗날 고로모가와강의 전장에서 싸우다 장렬하게 죽었다고 전해지는 무사였다.

■ 고레다카 친왕(惟喬 親王) 묘지

고레다카 친왕(844~897)의 아버지는 몬토쿠(文德) 천황이며, 어머니는 도나리(紀名)의 딸 시스코(靜子)였다. 그는 본래 제1황자였으나 어머니가 기(紀)씨 출신이라는 이유로, 후지와라 출신의 황후 후지와라 아키코(藤原明子)가 낳은 동생 고레히토 친왕(惟仁親王, 후의 세이와 천황)이 황태자가 되었다. 그런 까닭에 고레다카 친왕은 출가하여 오하라(大原)에 은거하였다. 그의 묘지 옆에는 친왕의 넋을 기리는 고야(小野) 신사가 있다. 이 고레다카 친왕 어머니의 출신 가문인 기씨는 한반도에서 건너온 이주민의 후예였다.[336)

■ 야세 천만궁(天滿宮)

야세 지역에는 후지와라 미치사네(藤原道眞)를 씨족의 신으로 모시고

---

336) 塚本珪, 光明正信(1977), 『京都, 奈良』, 山と渓谷社, p.51.

있다. 신사 본전 남쪽에는 아키모토사(秋本社)가 있다. 이곳에서는 히에이산 인근의 촌민들 사이에서 벌어진 구역 다툼을 정성스럽게 돌보고 해결하려 하였던 아키모토 다지마노카미(但馬守)를 모시고 있다. 아키모토 다지마노카미는 막부(幕府)의 신하된 입장과 판관의 책무 양쪽에서 갈등하다 결국 자결하였다. 마을사람들은 그의 넋을 위로하기 위해 매년 10월 11일 제사를 지내며 그를 기렸다.[337)]

■ 한증막

한국에는 예부터 한증막이라는 찜질방이 있었다. 도자기를 굽듯 흙을 발라 만든 방이다. 입구가 좁고 뒤로 연기가 나갈 수 있게 구멍이 난 구조로, 방 안에 돌을 놓고 그 위에 솔잎을 태운다. 돌이 데워지면 입구와 연기 구멍을 거적으로 막은 다음 돌 위에 물을 뿌려 증기를 발생시킨다. 이러한 증기욕은 병 치료에 특효가 있다.

야세·오하라 지역은 옛날부터 가마부로(釜風呂)라는 한증탕이 유명한 곳으로, 증기욕을 하기 위해 이곳을 찾는 사람이 많았다. 672년 임신난 때, 등에 화살을 맞은 오아마(大海人) 황자가 이곳에서 증기욕을 하며 치료받았다. 일본어로 야세는 '등에 화살을 맞다(矢背)'를 뜻하기도 하는데, 지금의 야세라는 지명이 여기에서 생겨난 것이라고 한다. 오아마 황자는 훗날 텐무 천황으로 즉위한다. 또한 1336년 고다이고(後醍醐) 천황이 족리존씨(足利尊氏)의 공격을 피해 이곳으로 피난했을 때, 마을사람들이 천황을 숨겨 주었다.

오늘날은 야세대교 근처에 있는 요정에서 고대의 한증탕을 복원하여 운영하고 있다고 한다.[338)]

337) 日本史廣辭典編纂委員會(1996), 『新版 日本史廣辭典』, 角川書店, p.1122.

제3장 고대 한반도 이주민의 발자취

■ 겐레이몬인(建禮門院)

헤이안 시대(794) 말기 헤이케(平家) 가문이 몰락한 후, 천황의 중궁이
자 국모였던 헤이케 가문의 겐레이몬인 도쿠코는 오하라의 잣코인((寂光
院)이라는 절로 피신하여 은거생활을 하였다. 이때 그녀를 모신 시녀들
은 도성에 땔감 등을 팔러다니며 생활을 꾸렸다. 오하라 여인들의 의상
은 이들이 교토에 나갈 때 입은 옷을 따라한 것이라는 말도 전해진다.

이 고장에서 만든 장작, 잡목, 숯 등을 머리에 이고 교토 시내를 걸어
다니며 팔던 오하라매들의 독특한 풍속은 오늘날까지 전해지고 있다.

■ 조큐의 난

조큐의 난은 가마쿠라 시대 조큐 3년인 1221년, 막부(幕府)와 교토의
고토바 상황(上皇)을 중심으로 한 조정이 충돌한 사건이다. 이 싸움에서
고토바 상황이 패배하면서 이후 막부의 세력이 강성하게 되는 계기가 되
었다.

싸움에서 패배한 상황은 백관들과 함께 오하라 지역으로 피난했다. 지
역의 촌민들은 남자들을 모아 황거를 지키고, 부녀자들이 밖에 나가 물
건을 팔아 음식물을 마련하여 돌보았다. 이때 천황이 어의의 한쪽 소매
를 촌민에게 떼어 주었는데, 이를 도선, 관문 등을 통과할 때 통행증으로
사용하였다고 한다.

■ 전교대사

전교대사(傳敎大師) 사이초(最澄)는 우차를 타고 궁궐에 입궐할 수 있도
록 허락을 받은 후 야세·오하라 지역에 우마차를 맡기고 관리하도록

---

338) 일본사편찬위원회 편(1997), 앞의 책, p. 325
　　『日本史用語雜學大事典』(1998), 新人物往來社, p. 207.

하였다. 그 후 우차를 허가받은 승려들은 모두 이 지역에 소와 우차를 맡겼다고 한다.

(2) 야세 · 오하라 지역의 풍속

이 지역의 풍속은 대체로 순박하고 검소하였다. 대부분 솜옷을 입고 겨울에는 털옷을 입었다. 교토에 나가 물건을 판 돈은 모두 마을에서 쓸 물건을 사가지고 돌아오는 데 썼다. 마을 안에서는 돈을 쓸 필요가 없었기 때문이다. 매년 7월 7일부터 15일까지 귀신동굴이라는 곳에서 촌민 모두가 모여 선조제라는 제사를 모시고, 징을 치며 아미타불을 외웠다.

마을사람들 중 글을 배운 이는 많지 않았다. 마을마다 공무를 처리하는 서기가 한 명씩 있는 정도였다. 국가나 지방의 관청이 부과하는 세금 이외의 금전 부담과 납부를 밀린 적이 없고, 법을 어기는 사람도 없었다. 예부터 궁궐에 자유롭게 출입하며 우마차를 담당하고 세금을 면제받고 있었기 때문에 비교적 생활이 윤택했다.

이곳 사람들은 중세 이후 궁궐과 깊은 관계를 맺고 있었다. 특히 야세 지역에서는 언제나 베개 옆에 짚신과 등을 놓고, 궁궐에 일이 있을 경우 천황에게 달려갈 준비를 하였다고 한다. 이곳의 남자아이들은 야세 동자라고 불리며 천황의 행차에서 마차를 다루는 역할을 맡았다.[339] 또한 정월이 되면 궁궐에서 이루어지는 수법(修法)[340]에서 호마(護摩)의 의식에 쓰이는 나무를 나르기도 하였다.

---

339) 塚本珪, 光明正信(1977), 앞의 책, p.44.
340) 밀교에서 호마(護摩)를 행하고 화로 속에 부목을 태우며 부처에게 기도하는 일. 불로 일체의 번뇌를 사른다는 표시.

간무 천황이 헤이안쿄로 천도한 이래에는 마차를 끄는 데 소와 말을 많이 이용하였는데, 이때 마차를 끌던 야세 동자들은 머리 모양이 달랐다고 한다. 천황을 비롯한 고귀한 사람들이 타는 소와 말을 다루었다는 것은 이들이 소와 말을 다루는 데 익숙하였다는 것을 말해 준다. 농사를 지을 때 아직 소나 말이 쓰이지 않던 시대에 야세·오하라에서는 이미 소와 말을 활용하여 경작하였던 것이다.

(3) 한국의 정취가 느껴지는 생활상

야세·오하라 지역 사람들은 다른 지방에 나가 일하지 않고 이곳에서 자신들의 고유한 문화를 가꾸었다. 그리하여 『옹초(翁草)』의 문헌 등에 "도읍에 가깝게 살고 있으나 일본 사람을 닮지 않고 풍속은 이국인과 비슷하다"고 기록되어 있다. 간단히 야세·오하라 지방 주민들의 생활상에서 한국의 정취를 많이 발견할 수 있는데, 이를 토대로 한반도 이주민들의 발자취를 더듬어 볼 수 있을 것이다.

■ 오하라 여인(오하라매)의 모습
오하라매(大原女)라고 불리던 여인들은 남색 빛깔의 옷에 하얀 잔무늬가 들어간 치마를 입고, 궁궐에서 쓰는 염색법으로 물들인 띠를 매고, 고카케(甲掛け)[341]와 각반 등을 차려 입었다. 다이쇼 시대까지는 잔무늬가 새겨진 검은 솜옷을 입고, 감색 바탕의 띠를 앞에 여미고, 흰 빛깔의 속치마, 흰 버선, 짚신을 신고 있는 모습이었다. 그러나 쇼와 시대에 와서는

341) 손과 발을 보호하기 위해 덮는 천.

헤이안 신궁 창건 100주년 기념행사 퍼레이드에 참가하고 있는 오하라매. 머리에 물건을 이고 교토 시내로 팔러 나가는 모습을 재현하고 있다.

교토 시내를 걷고 있는 시라가와의 여인.

남색 옷에 앞치마를 두른 모습으로 변화하였다. 이들은 의상의 변화와는 상관없이 계속 나무나 목공품 등을 머리에 이고 물건을 팔러 다녔다.

야세 지역에도 오하라 여인과 같이 교토에서 행상을 하던 여성들이 많았다. 한때는 가츠라 여인이라고 하여 강에서 잡은 물고기를 팔러 다닌 이들이 있었으나 흔적은 남아 있지 않다.

야세와 오하라 부근에 있는 시라가와(白川)에서는 '꽃파는 아가씨'가 유명하였다. 이들은 메이지 시대까지도 미하바(身幅)라는 앞치마를 허리에 감고, 머리에는 불단에 올리는 꽃이나 차를 담은 키를 얹고 행상을 하였다. 남편들이 나무로 만든 사다리나 안장걸이, 혹은 접는 의자 등을 팔러 다니기도 하였다. 밭에서 일하는 할머니들은 홑소매 옷에 바지를 입고 긴 담뱃대를 허리에 꽂고 다녔다고 한다.

■ 물건을 머리에 이고 다니는 여인들

오하라 여인들의 의상은 잣코인에서 겐레이몬을 시중들던 시녀의 모습을 본뜬 것이라 알려져 있지만, 머리에 물건을 이고 다니는 모습은 매우 한국적이라는 인상을 준다. 특히 머리에 물건을 얹을 때 사용하는 똬리가 그렇다. 『갑자야화(甲子夜話)』[342] 등에는 이 똬리를 '대륜(台輪)'이라고 부르며 다양한 종류와 크기 등을 함께 기록해 놓았다. 똬리는 짚으로 만드는 것이 일반적이지만, 흰 헝겊을 사용할 때도 있었다. 짚으로 만든 똬리는 주로 시골에서 쓰고, 천으로 만든 것은 교토 부근에서 사용하였다고 한다.

■ 남자들의 두발

이 지역의 남자들 또한 산에 들어갈 때 가죽옷을 입고 각반을 찼다. 특징적인 것은 이들이 이마부터 정수리까지 반달형으로 미는 일본의 전통 머리 모양인 사카야키(月代)[343]를 하지 않고, 머리를 뒤로 빗어 넘기거나 뒤에서 묶는 머리 모양을 하였다는 것이다. 어린 남자아이는 우리나라의 옛 풍속처럼 머리를 등 위로 땋아 내렸다. 고대 일본에도 유사한 풍속이 있었지만, 역시 한국과 많은 공통점을 보인다.

■ 물건을 매는 방법

내가 중학교에 다닐 때는 검도부와 유도부 중 선택하여 훈련을 받아야 했다. 나는 검도부에 들어갔는데, 유도부와 같은 체육관을 썼다. 어느날 유도부에서 훈련에 들어가기 전 도복을 입고 띠를 매면서 야단법석이었다. 유도사범이 학생들 앞에 서서 일일이 "너는 좋아" 혹은 "너는 틀렸

---

342) 에도 시대 후기 마쓰우라 세이잔(松浦靜山)이 쓴 수필집.
343) 헤이안 시대 남자가 이마에서 한가운데에 걸쳐 머리털을 밀었던 일 또는 그 부분.

어"라고 지도하는 것이었다.

그런데 통과한 학생은 전부 일본인이고, 통과하지 못한 학생은 대부분 한국인이었다. 어찌된 일인가 보았더니, 당시 일본식으로 띠를 매는 방법과 한국식으로 띠를 매는 방법이 달랐기 때문이다.

일본식으로 맨 매듭은 띠가 좌우로 향하게 되는데 한국식은 상하로 향하게 되었다. 당시 일본인들은 이를 '나무를 오르는 식'이라고 해서 아주 싫어했다.

실제로 일본에서는 띠를 맬 때, 특히 여성이 옷을 입을 때 이런 방식으로 묶으면 고려식 맺음이라고 하여 싫어하였다. 그런데 야세·오하라 지역 사람들이 사용한 매듭이 바로 이 '나무를 오르는' 식이었다.

■ 제사를 지내는 풍습

이 지역에서는 매년 7월 7일부터 15일까지 귀신동굴이라는 곳에서 마을사람들이 모여 선조제를 모시고 징을 치며 아미타불을 외웠다는 이야기가 있다. 이러한 풍습은 쓰시마에서도 볼 수 있으며, 고구려나 고려의 옛 풍속과도 같다.

중국 원나라 때 역사서인 『송사(宋史)』에는 "고려 동쪽에 굴이 있어 세신(歲神)이라고 부르며 10월에 제사를 모신다. 이것을 팔관제(八關齊)라고 한다"는 기록이 있다. 팔관제는 본래 불교 법회였다. 또 『신당서(新唐書)』에는 "고구려에서는 나라 동쪽에 있는 굴 속에 귀신이 있다고 하여 매년 10월 국중대회 때 나무로 만든 '대신'의 상을 신좌에 놓았으며, 집 좌우에 큰 집을 지어 귀신에게 제사를 지내고 영성과 사직을 받들었다"는 기록이 있다.

『옹초』에 "도읍에 가깝게 살고 있으나 일본 사람을 닮지 않고 풍속은 이국인과 비슷하다"고 기록한 것은 탁월한 관찰력이다. 이밖에 『갑자야화』에서도 야세·오하라 사람들의 생활상이 주변 지역과는 다르다고 기록하고 있다.

앞에서도 언급하였듯이 이마무라 토모는 이곳에 살고 있는 이들은 전란을 피해 안주할 수 있는 삶의 터전을 마련하기 위해 한반도에서 일본으로 건너온 이주민들이라고 주장하였다. 이들이 일본으로 건너온 것은 여러 이주 시기 중 나당연합군에 의해 백제와 고구려가 멸망한 633년에서 638년에 이르는 시기로 추정된다. 이 시기 일본은 덴지 천황 때였다. 야세·오하라로 이주한 한반도 이주민은 본국에서 가져온 기술과 지식을 바탕으로 일본의 조정과 관계를 유지하면서 특별한 대우를 받았다고 한다.

제4장

한반도 이주민의 기여

한반도 이주민이 다이카 개신 전후로 일본에서 극진한 환영을 받은 것은 그들이 일본보다 훨씬 발전되고 탁월한 선진문화를 지니고 있었기 때문이다. 이 시기에 한반도 이주민들은 정치적·경제적·사회적 불안을 피해 새로운 천지를 개척하고자 일본으로 이주했다. 그 수도 적지 않았다. 야요이 시대부터 나라 시대까지 한반도 이주민이 약 100만 명에 달하는 것으로 보는 학자도 있다. 한반도 이주민이 지닌 수준 높은 지식과 기술은 일본 문화의 여러 분야에 크게 기여했다.

스이코 천황 때 일본은 대국인 수(隋)나라와 국교를 맺었고, 조메이 천황 이후에는 당(唐)에 여러 차례 견당사를 파견하였다. 이를 통해 일본의 문물은 눈부신 발전을 거두었다. 수·당나라에서 짧게는 15년, 길게는 30여 년을 체류하며 정권교체를 직접 목격하고 중앙집권제 국가의 성대함을 체험하고 돌아온 이들은 다이카 개신을 결행하는 데 음양으로 중요한 역할을 하였다. 그들 중 미나미부치노 아야히토 쇼안(南淵漢人請安), 다카무고노 아야히토 쿠로마로(高向漢人玄理), 이마기노 아야히토민(新漢人旻)은 한반도 이주민 출신이었다.

덴지 천황에 의해 단행된 여러 가지 개혁 방침은 다이고, 요로의 율령 선포로 이어졌다. 한반도 이주민 후손들의 기여 없이는 이와 같은 정치적·경제적·사회적 개혁은 불가능했을 것이다. 일본의 고대사 연구에서도 이 시대까지의 한반도 이주민들의 공헌은 인정하지만 그 후부터는 그들의 활약을 등한시하고 있다.

그동안 한반도 이주민에 관해서 나름대로 모은 자료와 선학(先學)들이 쌓아올린 자료에 의해 한반도 이주민이 일본 고대국가 형성에 기여, 공헌한 데 대해서 다음과 같이 정리해 본다.

(1) 정치 분야

한반도 이주민이 고대 일본에서 가장 현저하게 기여한 분야 중의 하나가 정치이다. 당시 한반도 이주민이 정부의 업무를 주로 담당하였는데, 토착 일본인들보다 한문에 능통하고 학문적인 훈련을 거친 이들이 많았기 때문이다. 그 중에서 '후미(史)'는 고등교육을 마치고 나서 문서기록, 번역, 문서수장 등과 같은 정부의 일을 하는 사람에게 주어진 관직이다. '후미히토'는 이처럼 정부의 행정에 훈련을 거친 사람들을 지칭하는 말이었으며, '후미히토베(史部)'는 후미히토가 속해 있던 부서였다.

'야마토 후미베(東史部)'는 야마토 정부의 부서였는데 '구라베(藏部)'라고 명명된 창고들을 관장하고 있었다. 일본 역사 기록서인 『고어습유(古語拾遺)』에는 구라베에 관한 자세한 내용이 들어 있다. 왕인은 이 일의 관리자로 임명되었다. 이전에는 하타와 아야 씨족들은 창고의 수입을 취급한 반면, 지불은 하타 씨족에 의해 이루어졌다. 그러나 기록 조사는 아야 씨족이 관장했다.

6세기 중엽에는 백제의 또 다른 씨족인 오진니(王辰爾) 씨족이 하타와 아야 씨족들이 관리하던 재정 직무를 맡게 되었다. 오진니 씨족은 당시 최신 지식을 가지고 있었다. 이들은 일본의 항구와 부두를 관리하는 선장으로 임명되었고, '항구 관리 전문'을 뜻하는 '후나후미'로 불렸다.

바로 이 오진니 씨족에게서 후나후미라는 성씨가 유래하였다. 이들은 또한 미야케(야마토 정부가 직접 관리하는 특별 토지에서 수확한 쌀을 저장하는 보관소)를 관리하기도 하고, 다베(야마토 정부가 관리하는 땅에서 농사를 하는 농부)나 '츠후미(津史)'라는 부두시설을 관리하는 일에도 종사했다.

이 외에도 구라후미(藏史, 창고), 후나후미(船史, 배), 츠후미(津史, 부두), 미야케후미(三宅史, 창고), 우마후미(馬史), 오사카베노후미(刑部史), 다나베(田辺史, 농업) 등은 일본 정부가 이들에게 성을 부여한 다른 직업들이다. 이러한 직무는 교육과 훈련을 받은 사람이 필요했고, 대부분 한반도 이주민의 몫이었다. 이런 직업들은 율령국가를 수립하는 데 크게 공헌했다.

5세기부터 6세기까지의 고훈 시대 동안 농부, 장인, 공예인이었던 한반도 이주민이 일본으로 옮겨 왔다. 우수한 기술과 탁월한 지식을 가진 이들은 일본 국가 형성에 큰 역할을 했으며, 일본 문화 형성에 있어 한반도 이주민의 기여는 나라 시대가 시작되는 시점까지 지속되었다.[344]

(2) 외교 분야

한반도 이주민과 그의 후손들은 외교에 정통했기에 이 분야에서 중요한 역할을 담당했다. 해외 임무, 외교문서 기안, 통역 및 번역, 문서 보관, 외빈 접견과 관련된 직업들은 대부분 한반도 이주민의 몫이었다. 스이코

---

344) 上田正昭(1999), 「渡來人の活躍」, 우에다 마사아키의 기사모음 5권, 角川書店, pp.125-126.

(推古) 천황 15년에는 중국 수나라에 통역관으로 파견된 구라쓰쿠리 후쿠리(鞍作福利)를 비롯하여 기시 오나리(吉士雄成), 아야히토 쇼안(漢人請安) 등을 예로 들 수 있다.

중국에 사신으로 갔던 사람들은 중국 수나라와 당나라에 오래 머물면서 수와 당나라의 정치 및 사회제도를 관찰했다. 일본에 돌아오자마자 아야히토 쇼안은 훗날 덴지 천황이 되는 나카노오에노코지와 정부의 고관인 후지하라 카마타리의 교사가 되었다. 다카무쿠 쿠로마로(高向玄理)와 승려 민(旻)은 최고위 국가자문으로 임명되어 율령 정치체계를 구축하는 데 참여하였다. 니치민, 다카무쿠 쿠로마로가 중국에 파견되었다가 신라를 경유해서 일본으로 돌아간 것은 흥미로운 일이다.

이밖에도 신라에서의 임무와 함께 중국 수와 당에 파견되는 임무가 있을 때마다 한반도 이주민이 참여했다. 스이코 천황 18년의 기록에 따르면, 신라로부터 사신이 당도할 때마다 하타 가와카츠(秦河勝)가 상대 접견인의 역할을 담당했다. 모든 외교문서도 한반도 이주민들에 의해 기안되었다. 게다가 학승(學僧)으로 유학생을 선발하고 파견하는 데 큰 역할을 했다.

(3) 종교 분야

불교 전파 및 사찰 건축, 불교 석탑의 축조, 불상 제작에도 한반도 이주민들이 함께 했다. 긴메이 천황 13년 10월, 백제 성왕이 금동 미륵불과 불교 관련 서적들을 보냈다. 이것은 불교가 한반도로부터 고대 일본에 전파되었음을 뜻한다. 불교를 전파하기 위해 매년 백제의 승려들이 일본에 파견되었다.

겐교 샤쿠루쇼는 1322년 불교에 관한 서적들을 편찬하였는데, 이 시기에 일본에서 불교가 융성하였다. 샤쿠루쇼는 40여 개국에서 승려들이 일본에 왔다고 주장하였으나, 사실 이들은 주로 백제 출신이었다. 일본 불교의 전성기를 기술한 『속일본기』에는 일본에서 세상을 떠난 승려들의 이름이 남아 있다. 여기에 기록된 도쇼(道昭), 도자(道慈), 교키(行基), 간신(鑑眞) 등은 한반도와 중국에서 건너온 승려들이다.

나라 시대에 불교가 팽창하고 사회에 기여한 바는 특히 괄목할 만하다. 이 시기에 한반도 이주민은 여러 곳에 사찰을 세웠는데, 이를 위해 탑 축조 기술자, 불상 제작 기술자, 승려 등 많은 사람들이 백제에서 왔다.

야마토 소재 호류사에는 게이타이 천황 집정기에 백제에서 구라쓰쿠리노 도리(鞍作鳥止利) 불사(佛師)가 주조한 석가상이 있다. 이곳의 파고다 탑 역시 한반도 이주민에 의해 설계되고 세워졌다. 호류사 탑 축조에 관한 명확한 기록은 남아 있지 않으나, 앞의 사실들을 놓고 보면 백제에서 온 한반도 이주민에 의해 설계와 축조가 이루어졌음이 분명하다.

(4) 산업 분야

황무지 개간, 저수지 조성, 말 사육, 양잠업 등도 한반도 이주민들이 주로 종사했던 직업이다. 야요이 시대부터 메이지 이전까지 일본에서는 농업이 주산업이었기 때문에 토지 개간, 저수지 조성, 관개사업 등은 국가정책의 주요한 사업이었다. 한반도 이주민은 이같은 사업에서도 두각을 나타냈다.

오진기에는 백제인, 신라인, 고구려인 주민들이 저수지 조성에 참여했음을 시사하는 기록이 있다. 신라 사람들이 백제 저수지를 만들었다는 것이다. 이 때문에 야마토에 있는 가라코(唐古) 저수지가 백제 저수지라고도 일컬어지고 있다. 닌토쿠 천황 시대에 만다(茨田)의 저수지와 제방이 하타 씨족의 감독 하에 신라인들에 의해 건설되었다.

덴지 천황 시대에는 한반도에서 온 난민들이 간토와 무사시노 지역으로 흩어졌다. 이곳에서 이들은 고마, 시라기, 무시로다군을 세웠다. 그리고 미노국(美濃國)에 무시로다군(廣田郡)을 둔 것도 한지(閑地) 개척을 위한 뜻도 있었던 것이다. 이들은 이 지역에서 농경지를 개간해 나갔다. 그밖에 이주민들의 중요한 직업으로 말 사육과 양잠업에도 종사했다.

(5) 산업공예 분야

야금술, 산업예술, 염색, 가죽공예, 목공, 기와, 미술, 양조 등도 한반도 이주민에 의해 행해졌다. 한반도 이주민으로 추측되는 이들이 은이나 금을 발견, 채광하였다는 기록이 남아 있으며, 무사시국에서 동광을 발견한 곤노 조겐 등 역시 한반도 이주민이었다. 쇼무 천황 시기 무츠국(陸奧國)의 오다군에서 백제 고키시 게이후쿠(敬福)는 나라의 도다이사 불상에 금도금을 하기 위해 900량을 헌납하여 쇼무 천황으로부터 큰 치하를 받았다는 기록이 있다.

야금술과 철공 일 역시 손재주가 뛰어난 한반도 이주민에 의해 주로 행해졌다. 이들은 거울이나 갑옷 등을 주로 만들었다. 당시 이 같은 직종은 상민들의 직종보다 낮게 천시되었으나, 이들의 기술이 필요했던 터라 보통사람들의 지위로 격상되었다.

약 5세기 말부터 7세기까지 하니와 자기(瓷器)가 스에키라 불리는 새로운 종류의 자기로 바뀌었다. 스에키 자기의 생산에 필요한 기술은 유랴쿠 천황 7년, 한반도 이주민에 의해 유입되었다.

스이코 천황 18년 고구려 왕은 승려 돈조를 일본에 보냈는데, 그는 여러 종류의 종이와 중국 먹물을 만들었고, 물레방아를 일본에 소개하였다.

직물 직조 기술에 있어서도 한반도 이주민이 깊이 관여하였다. 오진 천황 때 백제 왕이 직녀 마셋쓰를 보냈고, 37년에는 구레국(吳國)으로 직조 기술을 배우러 갔다가 기술을 가진 부인 4명과 함께 돌아왔다는 기록이 있다. 유랴쿠 천황 14년에는 직녀들이 한반도에서 아야오리와 구레오리라고 불리는 직조 기술을 배워 돌아왔다는 기록이 있다.

(6) 군사 분야

한반도 이주민은 도호쿠(東北) 지방 에조(蝦夷) 지역에서 성을 짓고 군사제도를 편성하였다. 덴지기(天智紀) 4년 8월 기록에 따르면 다츠소츠 도혼 슌쇼(達率答㶱春初)가 나가토국(長門國)에 축성을 했다. 그리고 다츠소츠 오쿠라이(達率憶礼), 후쿠류(福留) 그리고 다츠소츠 시후쿠후(達率四比福夫)는 쓰쿠시국(筑紫國)에 성곽을 건설하고, 오노(大野)와 키노(椽)성을 만들었다. 이들은 백제가 나당연합군에 패한 후 탈출해 온 것으로, 본래 학문과 기술훈련을 받은 사람들이었다. 그 중에서 특히 후쿠류는 군사전략에 능통했다. 덴지 6년 다카야스성(高安城)에 관한 글에 사누키국(讚岐國)에 야시마성(屋島城)과 쓰시마의 가네다(金田)성이 완공되었다고 적혀 있다. 이 성곽 건축에 한반도 이주민과 그들의 기술이 많이 반영되어 후에 조선식 산성이라 불리기도 하였다.

한반도 이주민들은 군사적으로 활약하기도 했다. 특히 소가 제상(蘇我宰相) 무렵에는 아야 씨족 출신 군인들이 있었다. 스슌기(崇峻紀) 기록에는 5년 10월에 스슌 천황이 야마토의 아야 나호코마(東漢直駒)에 살해된 것으로 시사되어 있다. 고쿄쿠기(皇極紀)는 4년 6월에 소가 씨족의 이루카(入鹿)가 아야나오(漢直)에 의해 암살되었고, 이들이 제상을 돕기로 힘을 모았으나 궁극에는 저지되었다고 한다. 고토쿠기(孝德紀)에 따르면

1월부터 5월까지 소가 다구치(蘇我田口)와 노베카와 호리(臣川掘)가 야마토의 아야 씨족과 연합하여 야마토의 후미나오마로(倭漢文直麻呂)와 보조를 같이했다. 645년 여름, 덴지 천황과 정부를 바꾸기를 바라던 개혁론자 후지와라 가마타리(藤原鎌足)는 다이카 개신을 위해 막강한 소가 가문에 맞서 일어섰다.

덴지 천황이 사망한 후 그의 아들 오토모와 동생이 정권 장악을 위해 다투었다. 덴지 천황의 아들은 이 전쟁에서 패했고, 동생이 덴무(天武) 천황으로 등극했는데, 이를 임신난(壬申の亂)이라 불렀다. 일본의 한반도 이주민 대부분은 덴무 천황을 위해 싸우며 용맹을 과시하였다. 기록에 따르면 이 시기에 80명 이상이 공적을 치하하는 상을 받았는데, 이 중 27인이 한반도 이주민 출신이었다고 한다.

고켄(孝謙) 천황 원년 7월 덴지 천황의 아들은 한반도 이주민들이 야마토노 아야나오와 반란에 가담하지 말았어야 하는 7가지 이유를 열거했다. 고켄 천황 1년 7월에는 에미노 오시카츠(惠美押勝, 후지와라 나카마로)의 군사들과 함께 한 다치바나 나라 마로(橘奈良麻呂)의 반란이 일어났다. 한반도 이주민은 이 사건에 용병으로 가담했다.

한반도 이주민은 도호쿠 지방을 관장하였는데, 이곳의 아야 씨족으로부터 사카노우에(坂上) 씨족이 일어났다. 백제 의자왕의 4대 손은 고니키시 게이후쿠(百濟王敬福)라는 인물로 덴표 시대에 도호쿠 지방(무츠노 카미)의 사령관으로 임명되었다. 후에 그는 도호쿠의 다른 지방, 즉 무츠(陸奧)와 데와(出羽)노 카미를 관리하는 명을 받았다.

덴무 시대에는 사카노우에 다무라마로(坂上田村麻呂)는 무츠와 데와 지역의 사령관으로 임명되었다. 그는 도호쿠의 군사 및 행정 수장으로 임명되어 최고 지위까지 오르게 되었다. 그의 딸 하루코(春子)는 간무 천황과 결혼하여 가츠라이(葛井) 태자를 낳았다. 사카노우에 가문은 야마토 아야 가문 출신으로 이들은 정부 요직에 있었다. 백제 출신의 왕씨 가문과 사카노우에 가문은 나라 및 헤이안 시대에 세운 군사적 업적으로 높은 지위를 획득했다. 이렇게 백제 왕족과 이들 사카노우에 씨족은 나라 헤이안 시대에 접어들어 군사방면에서 이주민은 새로운 국면을 개척했던 것이다.

(7) 예술 및 문학 분야

한자, 한시, 유교, 법령, 수학, 의학, 군사기술, 달력, 천문, 음양학, 음악, 기타 다양한 지식이 한반도 이주민에 의해 전파되었다.

한자를 일본에 처음으로 소개한 것이 한반도 이주민이고, 일본에서는 오늘날에도 이 한자쓰기 체계를 따르고 있다. 백제 출신 학자 왕인(王仁)은 천자문과 열 권으로 된 논어를 소개하였다. 한자를 읽는 두 가지 방법이 있는데, 한자의 음을 따르는 일본어 표현법(音讀)과 한자의 뜻을 위주로 하는 일본어법(訓讀)이 있다. 이주민들은 이 두 가지 접근법을 결합하여 정확한 표현을 곧바로 고안해 냈다.

고대 일본에서 글쓰기가 어떻게 이뤄졌는가에 대한 많은 논란이 있다. 『고어습유(古語拾遺)』는 헤이안 시대 초기에 처음 쓰여지기 시작했는데, 책 서두에 일본에는 글이 없기 때문에 이 책을 한자로 쓰게 되었다고 기록되어 있다. 한자로 글을 쓰기 이전에는 구전으로 책 내용이 전해 내려왔다. 고대 일본에서는 기록을 위해 정부는 의견을 말로 전하고 기억하는 구전방식인 가타리베(語部)를 사용했다.

고대 일본에서는 공식기록, 영수증, 재정지출, 세제, 외교기록 등은 야마토노 후미 가문 아치노 오미(阿知使主)로 알려져 있는 야마토노 아야(倭漢) 가문에 의해 이루어졌다. 야마토노 후미(東文) 가문과 가와치 후미(西文) 가문은 오진 가문에서 비롯되었다. 한자를 교육받은 이 두 가문은 율령국가 체제를 확립하는 데 공헌하였다. 다이카 개신 이후 나라 시대와 헤이안 시대 초기의 3세기 동안 일본 정부는 중국의 행정과 법제를 연구하였다. 이를 일본에서 시행해 율령국가제가 수립되어 나라 시대(7세기 중엽)에 최고조에 달하고 헤이안 시대(10세기) 초기까지 이어졌다. 그럼에도 6세기 중반까지도 한자를 이해하는 일본인은 소수에 불과했다.

가장 오래 된 중국 시와 산문집은 『회풍조(懷風藻)』이다. 이 문집은 『만요슈』와 함께 이 시기의 정신문화의 가치를 살펴볼 수 있는 필수 문학작품 중의 하나이다. 이 서적에는 한시가 오미 시대로부터 나라 시대 중기에 이르기까지 연대순으로 기록되어 있다. 총 64명이 지은 120수의 시(116수만 현존)가 남아 있는데, 작가 64명 중 20명이 넘는(거의 3분의 1) 사람이 한반도 이주민이었다. 한시 또한 한반도 이주민이 가지고 있었던 특별한 재주 중의 하나였음을 알 수 있다.

유학이 일본 문화에 미친 영향 또한 매우 컸다. 일본에 유학이 전래된 것은 오진 천황 시기였으며, 아직기(阿直岐), 왕인(王仁)과 같이 일본으로 건너간 학자들과 관련이 있다. 6세기에 백제 출신의 게이타이(繼体) 천황은 한반도로부터 일본에 역경(易經), 시경(詩經), 서경(書經), 예기(禮記), 춘추(春秋) 등 중국의 5경을 들여왔다. 이렇게 해서 유학이 일본 전역으로 퍼져갔다. 쇼토쿠 태자의 헌법 17조 중 16조는 유학의 영향을 받은 것이다.

고대 일본에서 율령법규의 선택과 연구를 집행하는 '묘호'라는 직무는 주로 한반도 이주민이 맡았다. 헤이안 시대 초기의 변호인은 묘호 연구의 전문가들이었으며 대부분 한반도 이주민이었다.

수학 전문가인 산도카와 니시키 오리 가문 출신인 미요시케는 백제 출신 이주민이었다. 긴메이 천황 14년 6월의 기록에 따르면, 의사와 점술 전문가를 초빙하기 위해 백제에 사신을 보냈다고 되어 있다. 국왕의 병을 신라에서 초청한 저명한 의사가 치료했다는 기록도 있다. 또 스이코 천황 10년 10월의 글에는 관륵(觀勒), 구라라문크가 일본에 왔는데 그가 달력, 지리 및 천문서적, 둔갑술에 관한 책들을 들여와 가르쳤다고 한다.

유랴쿠 천황 11년 7월경에 구이신(貴信)이 백제로부터 음악을 전했고, 스이코 천황 20년에 백제로부터 구레우타마이(伎樂舞)라 불리는 춤을 소개한 미마시(味摩之)라는 무녀에 관한 기록도 있다. 쇼무 천황 3년 7월에는 일본의 고대 궁전악의 일부가 확립되었고, 한반도로부터 전래된 이 음악을 백제, 신라, 고구려로부터 온 학생들뿐만 아니라 일본인들도 배우게 했다.

매 사육, 나무타기, 피리 연주, 원예 등의 취미활동도 주로 이주민들이 차지하였다. 특히 매 사냥은 백제 이주민이 독차지했다. 그것은 백제계 이주민이 대대로 물려주는 취미였다. 나라와 헤이안 시대에는 백제의 왕씨 가문이 간무 천황의 왕궁에 초대되고 사가토 가와치국(河內國) 다카노군(交野郡)에 정착했다.

(8) 아야 및 하타 씨족

아야 및 하타 씨족은 주로 한반도 이주민의 후손들로, 이들은 동쪽으로 진출하여 야마토현의 다게치군, 히노쿠마 근처, 가와치 등지에 정착했다. 하타와 아야 씨족은 추수, 정부가 관장하는 토지에서 거둔 쌀을 관리하고 보관하는 일에 종사했으며, 재정부서를 책임지고 있었다.

그러나 6세기 중반까지 오진니(王辰爾) 가문이 이러한 일들을 맡게 되었으며 고구려로부터 온 공식문서가 야마토와 가와치 후미히토 가문이 아닌 오진니 가문에 의해 번역되었다. 이들은 창고관리와 농사일을 책임졌다. 이들 가운데는 세관의 세금 징수를 관장하는 이들도 있었다.

이러한 활약이 율령국가 체계를 이룩하는 데 크게 기여했으며, 나라 시대 초기까지 계속되었다. 그리고 나라 시대에는 정세가 바뀌었다. 야마토, 가와치 후미토, 하타 순지(이미키) 가문들은 특히 덴표 시대 후에 그들이 원래 하던 일에서 떠났다. 쇼무 천황 치하에서 이들은 강력한 정부 관리들과의 투쟁에서 군인으로 가담했다.

하다 가문은 야마시로 지방에서 실질적인 힘을 키웠고, 그들의 재정적 힘을 수단으로 삼아 구니쿄(恭仁京), 나가오카쿄(長岡京), 헤이안쿄(平安京)에 정부 건물을 건설하였다. 덴표 14년 8월에 하타 시타 시마마로는 종사웨란 작위를 받고 우즈마사라는 성을 받았다. 그가 죽은 후 게이키에 있는 1,200명 이상의 하타 가문 사람들이 이미키(忌寸)라는 성을 받았다. 종사웨는 시마마로의 공적 때문에 하타 가문에서 가장 높은 직위가 되었다.

간무 천황 시기에 후지와라 다네츠구가 나가오카쿄 정부 청사의 책임을 맡게 되었다. 그의 어머니는 하타 토모모토의 딸 웨시타였다. 하타 아시나가와 하타 코타쿠슈의 집단들은 힘을 모아 일했다. 나가오카쿄의 건설은 후지와라 다네츠구의 암살에 기인해 지연되었으나, 후지와라 고쿠로마로가 적극적으로 헤이안쿄 건설 최고책임자로 일했다. 고쿠로마로의 부인은 시마마로의 딸인 하타 노 기미였다. 이 밖에도 자네미치 사카노우에타무라마로와 하타키손 토키마로와 수가노 사네 미치는 나라의 주요 재상들이었다. 이들 모두 한반도 이주민이었다.

이런 상황을 볼 때 나가오카 및 헤이안쿄에 있는 관공서 건축에 관한 활동을 살펴보는 것이 필요함을 시사하고 있다.

역사의 진실은 반드시 밝혀진다

　나는 그동안 30여 년 사이에(1980~2013) 『일본서기』, 『고사기』, 『만요슈』, 『신찬성씨록』 등을 비롯한 일본 고대사에 관한 여러 서적을 읽으면서 북으로는 홋카이도, 남으로는 오키나와까지 그리고 오모테 일본(表日本), 우라 일본(裏日本) 할 것 없이 빠짐없이 답사하고 조사하였다. 조사는 고대 가야, 백제, 신라, 고구려 등 한반도 이주민의 일본에서의 활약에 초점을 두었다. 이를 통해 일본의 정사를 비롯한 고대사가 적지 않게 왜곡된 채 기록되어 있다는 사실을 알았다. 일본 학계가 통설로 받아들이고 있는 고대사가 외국인의 입장과 견해에서 볼 때 왜곡된 부분이 하나둘이 아니라는 것을 알게 되었다.

　그 하나가 최근 여러 학자들의 조사 연구를 통해서 논의되고 있는 일본 고대국가 기원론이다. 그들은 혼슈(本州)의 중앙에 있는 긴키(近畿), 나라(奈良) 지방에서 먼저 국가가 형성되어 세력이 강대해짐에 따라 점차 동서로 확대되어 마침내 규슈 일대를 포함한 일본 열도 전역을 통합, 통일했다고 보고 있다. 하지만 나를 비롯한 외국 연구자들이 이런 견해를 그대로 받아들이기에는 다소 어설픈 부분이 있다.

일본 역사가 츠다 사유키치(津田左右吉)는 『일본서기』에 있는 백제 중심의 기사를 개정하지 못한 것을 한탄했고, 스에마스 야스카스(末松保和) 또한 『일본서기』에 대해서 진실을 파헤치려다 보면 뿔을 바로 잡으려다 소를 죽이게 된다고 실토한 바 있다. 이러한 일본 학계의 태도에 한국 고대사 연구자들은 입을 모아 그 부당성을 지적해 왔으며, 나 또한 그에 충분히 공감이 간다.

(1) 고대 일본에 관한 한국이나 중국의 기록을 검토해 볼 때 고대에는 일본 열도를 표현하는 하나의 커다란 정치세력이 중앙에 있지 않고 규슈 북부에 있었다고 보고 있다. 그 세력이 세월이 흘러가는 동안 일본 열도에 종주적 권력체로서 한반도나 중국 대륙과 교류하고 있었다는 것을 알 수 있다. 그들의 실력은 천황가(天皇家) 야마토 왕조보다는 월등히 강대했고 문화적으로 분명히 그들보다 선행하고 있었다. 이와 같은 엄연한 사실을 은폐하여 일본 열도 내의 유일한 국가가 야마토 정권이었다고 하니 결과적으로는 외국의 기록이 일본이 기록한 사실과 부합되지 않는다.

(2) 한반도 이주민을 조사하면서 떠오른 또 하나의 의문은 일본 고대사에서 왜(倭), 왜인(倭人) 그리고 왜국(倭國)에 대한 실체가 뚜렷하게 부각되어 있지 않다는 것이다. 이에 대한 방향이 학술적으로 뚜렷이 정해지지 않으면 고대 일본사를 연구하기가 매우 어렵게 될 것이다. 물론 일본의 몇몇 학자가 이 문제에 대해서 조사연구를 거듭하고 있으나 이에 대한 본질적인 정체가 뚜렷이 밝혀지지 않고 있다고 보는 견해는 필자만이 아닐 것이다.

한국과 일본의 고대사에 나타나 있는 왜, 왜인 그리고 왜국이라고 하는 것은 원래 일본 열도에 살고 있던 원주민이 아니라 한반도 남부에 살고 있던 가야인(伽耶人)이고, 그들은 한민족과 동일한 문화와 혈맥(血脈)에 속하는 한반도 사람들이었다. 그들은 가야인인 동시에 왜인이라고 불렀다. 왜의 실체는 한반도 내에 있었던 왜인, 즉 한민족과 동족인 가야인이었다. 이 가야인들이 규슈 북쪽으로 건너가 규슈 왕국을 세웠던 것이다.

야마토 조정은 규슈 왕국에서 나간 지류의 하나였다. 그것이 점점 세력을 키워 나중에는 본가(本家)인 규슈까지 병합하여 마침내 일본 열도를 통일한 것이 7세기 이후 8세기 초라고 생각된다. 따라서 7세기 후반에 일본 유일의 최대 정권이 야마토의 긴키 천황가였다는 데 대해 의문을 제기할 생각은 없다.

그러나 야마토가 서기 이전부터 일본에서 유일한 정권이었다고 하는 것은 사실을 무시한 허구이다. 고대로 거슬러 올라가면 올라갈수록 애매모호하여 사실로 인정할 수 없는 양상을 드러내고 있다. 그리하여 일본 고대사는 완전히 구름이나 안개에 뒤덮인 암흑 속에 매장되어 있게 된다는 견해에 동의한다.

그러므로 일본 고대사가 이 암흑에서 벗어나기 위한 유일한 방법은 일본 정사(正史)인 『일본서기』와 『고사기』의 그릇된 기록에서 빠져나오는 길밖에 없다. 해방 전부터 해방 후까지 일본 고대사가들이 정사 기록을 검토하여 고대사를 재구성하려는 노력이 없었던 것은 아니다. 하지만 그것은 하나의 큰 본류를 이루지 못했고 지류나 방류에 불과했다. 큰 흐름은 기기(紀記) 중심의 황국사관에서 대담하게 빠져나올 수가 없었던 것이다. 그것이 오늘날 일본 사학계의 실정이요, 또한 일본인이 가지고 있는 역사관이라고 보아도 큰 과오는 아닐 것이다. 오죽했으면 일본 고대사가는 좌우를 가리지 않고 황국사관을 탈피하지 못해 헤매고 있다는 비판을 받게 되었을까 짐작이 간다.

이렇게 되면 문제는 한국과 중국의 사서(史書)가 기록한 일본 고대사가 일본 사서가 기록한 사정과 전혀 맞지 않는 것을 어떻게 해결해야 할 것인가 하는 커다란 문제가 남게 된다.

내가 말하고 싶은 것은 일본 고대국가를 지배했던 가스라기씨(葛城氏), 고세씨(巨勢氏), 모노베씨(物部氏), 소가씨(蘇我氏), 오토모씨(大伴氏), 와니씨(王仁氏), 헤구리씨(平群氏), 후지와라씨(藤原氏) 등 주류 씨족들은 한반도에서 건너간 이주민이었다는 것이다.

그리고 일본 열도를 지배했던 한반도 이주민과 그들의 자손들로 구성된 주류층뿐 아니라 일본이 자랑하는 야요이 문화, 고훈 문화, 아스카(飛鳥) 문화 그리고 하쿠호(白鳳) 문화와 그 밖의 주요 문화유산 등 한반도 이주민이 고대 일본 문화에 영향을 주었던 역사적 사실들을 살펴보려고 했다. 좀더 대담하게 말하면 백제를 중심으로 가야, 신라, 고구려 등 한반도 4국에서 일본으로 건너간 이주민에 의해서 일본 고대가 역사적 창조물로 생성 발전하였으며, 그것이 바로 일본 고대국가의 토대가 되었다고 보는 것이다.

지금까지 한반도 이주민 연구는 그저 피상적으로 일본 정사에 기록된 내용을 통해 그 활동과 역할을 다루는 정도밖에 하지 못하고 있었다. 앞서 거론한 대로 본론에서 제기한 몇 가지 문제점들에 대한 해명을 하기 위해서는 보다 근본적인 문제를 탐구해야 할 것이며, 이것이 완성되는 때에 참다운 한반도 이주민 연구의 모습이 선명하게 드러날 것이다.

이 글은 한국과 일본의 새로운 선린우호의 문을 여는 데 도움이 되고자 쓴 것이다. 오늘날 이 순간까지 그처럼 닫힌 교류의 문을 허심탄회하게 털어놓고 진실 위에 서서 열어 보자는 뜻에서 역사적 사실을 그대로 모아 적어 본 것이다.

일본 고대사를 제대로 바로잡기 위해서는 고대 일본과 한반도 간에 이루어진 교류의 진실, 특히 한반도 이주민과 그들이 말하는 도래문화가

고모 한일 관계사의 진실

일본 고대사에 미친 영향과 역할을 제대로 받아들여야 할 것이다.

맹목적인 애국주의를 비롯한 시대역행적 역사관을 청산하지 않는 한 일본 고대사를 바라보는 관점을 제대로 방향 잡기는 어렵다고 본다. 쉽게 말해서 종래의 왜곡된 역사인식이 아니라 실질적 고증을 통해, 이른바 고대 일본인의 뿌리가 한반도에서 건너간 이주민이었고 그들이 일본 고대국가 성립에 주역이었다는 이주민관을 갖고 있어야 한다는 것이다. 그렇게 했을 때 한일 고대사의 진실과 실상이 올바르게 파악되고, 한일 고대사가 제대로 성립될 것이다. 한반도 이주민이 가지고 온 문화를 재점검하게 되면 일본 고대사의 시점도 트이게 될 것이다.

까마득한 옛날에 건너편 언덕으로 사라져 버린 역사를 다시 거슬러 올라가 되찾는다는 것은 참으로 어려운 일이다. 그러나 오늘날의 일본과 일본인을 제대로 알기 위해서는 특히 일본 고대국가가 어떻게 형성되었는가를 진실 그대로 밝혀 낸다는 것은 쉬운 일이 아니다. 그렇다고 이 길을 피해 갈 수는 없다. 엄연히 존재했던 역사의 진실에 직면하면서 받아들여야 할 것이다. 그렇게 했을 때 일본 고대사가 가야 할 새로운 방향이 제시될 것이다.

이 책의 내용이 일본 학계와 일본인들에게 즉각적으로 받아들여질 것이라 기대하지는 않는다. 하지만 역사의 진실이란 반드시 때가 오면 그 본래의 진실된 모습으로 밝혀지게 된다는 진리를 믿는다. 그때가 오기를 조용히 기다릴 뿐이다.

참고문헌

■ 고문헌

『古事記』

『日本書紀』

『續日本記』

『萬葉集』

『三國史記』

『三國遺事』

『魏志倭人傳』

■ 단행본

姜吉云(1995), 『萬葉集歌の原形 : その發生と再生』, 三五館, 東京

姜吉云((2002), 『한일 고대 관계사의 쟁점』, 한국문화사, 서울

金公七(1998), 『萬葉集と古代朝鮮語』, 筑摩書店, 東京

金基雄(1985), 『韓日交流史の虚像と實像』, 河出書房新社, 東京

金達壽(1983), 『日本の中の朝鮮文化-相模, 武藏, 上野, 下野』, 講談社, 東京

金達壽(1986), 『일본 속의 한국 문화』, 조선일보사, 서울

金達壽(1990), 『渡来人の渡来文化』, 河出書房新社, 東京

金達壽(1993), 오문형, 김일형 역, 『일본 열도에 흐르는 한국혼』, 동아일보사, 서울

金達壽(1976), 『古代朝日關係史』, 朝鮮史研究會篇, 勁草書房, 東京

김성호(1982), 『비류백제와 일본의 국가기원』, 지문사, 서울

김원용(1994), 『한국미술사』, 일지사, 서울

金容雲(1983), 『韓國人と日本人』, サイマル出版會, 東京

金容雲(2012), 『日韓の文化對立は宿命である』, 三五館, 東京

김인배 · 김문배(1993), 「전혀 다른 鄕歌 및 萬葉歌」, 우리문학사, 서울

金正柱 編(1962), 『韓来文化の後榮 上卷』, 韓國資料研究所, 東京

金廷鶴(1977), 『任那と日本』, 小學館, 東京

김태준(1992), 『가야사 연구의 현황』, 일조각, 서울

김향수(1995), 『일본은 한국이더라』, 문학수첩, 서울

段熙麟(1976), 『日本に殘る古代朝鮮』, 創元社, 東京

段熙麟(1982), 『大阪における朝鮮文化』, 松籟社, 東京

段熙麟(1988), 『渡來人の遺跡を步く(2) 山陽編』, 六興出版, 東京

량연국(1991), 『조선문화가 초기 일본문화 발전에 미친 영향』, 평양사회과학출판사, 평양

文定昌(1970), 『일본상고사』, 백문당, 서울

박병식(2001), 『ヤマト言葉 語源 辭典』, ソウル書店, 東京

박정화(2006), 『일본의 원뿌리를 찾아서』, 삼애사, 서울

朴鍾鳴(2000), 『奈良のなかの朝鮮』明石書店, 東京

박왕순·임영진·정선일 편저(2013) 『王仁博士硏究』, 주류성, 서울

박천수(2011), 『日本 속의 古代 韓國文化』진인진, 서울

소진철(2008), 『백제 무령왕의 세계』, 주류성, 서울

손대준(1993), 『고대한일관계사 연구』, 정훈출판사, 서울

송형섭(1988), 『일본 속의 백제문화』, 한겨레, 서울

梁柱東(1942), 「朝鮮古歌硏究」博文館, 서울

우정식·김영태(1970), 『한국불교사』, 진수당, 서울

윤경열(1979), 『경주남산고적순례』, 경주시

尹勇吉(1989), 『朝鮮からの移住民遺蹟-寺刹を中心に ① 大坂篇, 錦繡文庫

이기백·이기동(1984), 『한국사특강』, 일조각, 서울

李寧熙(1993), 『甦える萬葉集』, 文藝春秋, 東京

이두현(1996), 『한국무속과 연희』, 서울대학교출판부, 서울

이병도 역(1983), 『삼국사기(상, 하)』, 을유문화사, 서울

이병도(1985), 『한국고대사연구』, 박영사, 서울

李炳銑(2000), 『古代日本地名 硏究』, 亞細亞文化社, 東京

李寧熙(1990), 『枕詞の秘密』, 文藝春秋, 東京

이종항(1987), 『고대 가야족이 세운 구주왕조』, 대왕사, 서울

이혜구(1996), 『한국음악연구(보정)』, 민속원, 서울

李進熙(1958), 『日本文化と朝鮮』, 日本放送出版協會, 東京

인제대학교 가야문화연구소 편(1995), 『가야제국의 철』, 신서원, 서울

전통예술원(2006), 『한국근대음악의 전개 양상』, 민속원, 서울

全浩天(1981), 『古代史にみる朝鮮觀』, 朝鮮靑年社, 東京

정수일(2013), 『실크로드 사전』, 창비, 서울

정완섭(1997), 『직물의 기원과 교류』, 서경문화사, 서울

千寬宇, 金東旭 篇(1980), 『比較古代日本と韓國文化』, 學生社, 東京

최재석(1990), 『일본 고대사 연구 비판』, 일지사, 서울

최재석(1990), 『백제와 야마토의 일본화 과정』, 일지사, 서울

최재석(2010), 『일본 고대사의 진실』, 경인문화사, 서울

현규환(1976), 『한국유이민사』, 흥사단출판부, 서울

홍기문(1991) 『향가해석』, 대재각, 서울

홍순창(1984), 『삼국문화의 일본전파』, 경향신문사, 서울

홍원탁(1994), 『백제와 야마토 일본의 기원』, Kudara International, 서울

金澤庄三郎(1978), 『日鮮同祖論』, 成甲書房, 東京

門脇禎二(1994), 『飛鳥古京』, 吉川弘文館, 東京

加藤謙吉(2002), 『大和の豪族と渡來人』, 吉川弘文館, 東京

鎌田茂雄(1978), 『日本佛敎のふるさと』, 東京大學出版會, 東京

小宮英俊(1992), 『紙の文化誌』, 丸善, 東京

後藤明(2010), 『海から見た日本人―海人で讀む日本の歷史』, 講談社, 東京

小林惠子(2007), 『本當は怖しい萬葉集』, 祥傳社, 東京

國分直一(1981), 『日本古代の鐵と銅』, 大和書房, 東京

黑岩俊郎(1976), 『タタラ：日本古來 製鐵技術』, 玉川大學校出版部, 東京

北野耕平(1968), 『初期 須惠器と土器 系譜―考古學でみた古代』, 新人物往來社, 東京

北山茂夫(1954), 『萬葉の時代』, 岩波書店, 東京

中西進(1985), 『萬葉集における朝鮮渡來人』, 河出書房新社, 東京

中田薰(1956), 『日韓交涉史斷片考』, 創文社, 東京

中村浩(1984), 『日本陶器の源流』, 栢書房, 東京

中村浩(1992), 『須惠器窯跡の分布と變遷』, 雄山閣, 東京

中吉功(1973), 『新羅, 高麗の佛像』, 二玄社, 東京

直木孝次郎(1990), 『飛鳥, その光と影』, 吉川弘文館, 東京

西谷正(2014), 『古代日本と朝鮮半島の交流史―市民の考古學』13, 同成社, 東京

布目順郎(1979), 『養蠶の基源と古代絹』, 雄山閣, 東京

布目順郎(1985), 『倭人の絹』, 小學館, 東京

布目順郎(1995), 『大和人の絹彌生時代の織物』, 小學館, 東京

日本經營史硏究所(1973), 『製紙業の100年 : 紙の文化と産業』, 王子製紙, 東京

日本史廣辭典編纂委員會(1996), 『新版 日本史廣辭典』, 角川書店, 東京

日本史用語雜學大辭典(1998), 新人物往來社, 東京

田邊尚雄(1921), 『中國朝鮮 音樂調査紀行』, 東洋音樂選書 11, 音樂之友社, 東京

谷川健一・金達壽(1988),『地名の古代史』, 河出書房新社, 東京

田村円澄(1978),『百濟文化と飛鳥文化』, 吉川弘文館, 東京

田村円澄(1980),『古代朝鮮佛敎と日本佛敎』, 吉川弘文館, 東京

田村円澄(1996),『圖說日本佛敎の歷史 飛鳥・奈良時代』, 同成出版社, 東京

田村円澄(1999),『古代日本の國家と佛敎—東大寺創建の研究』, 吉川弘文館, 東京

田村円澄(2006),『東アジアのなかの日本古代史』, 吉川弘文館, 東京

高木市之助・五味智英・大野晋(1957-1962),『萬葉集(日本古典文學大系)』, 岩波書店, 東京

竹内理三(1948),『古代の歸化人—國民の歷史 2/6』, 東京

鳥越憲三郎(1992),『古代朝鮮と倭族』, 中公新書 1085, 東京

鳥居龍藏(1924),『武藏野及其周圍』, 磯部甲陽堂, 東京

遠山美都男(1997),『白村江東アジア大戰の謎』, 講談社現代新書, 東京

遠山美都男(2013),『日本古代史の讀み方456-785』, 角川書店, 東京

歷史學研究會(1985),『日本歷史講座 : 原始-古代』, 東京大學出版會, 東京

丸山龍平(1971),『近江石部の基礎的研究-近江・大和の石棺とその石工集團』,
　　立命館大學人文學會, 京都

丸山次郎(1962),『歸化人の安置』, 岩波講座日本歷史, 國史研究會 編, 岩波書店, 東京

黛弘道(1977),『槪說日本史』, 有斐閣選書, 東京

町田誠士(1926),『紙』, 日本放送協會, 東京

森浩一 編(1974),『鐵, 日本古代文化の探求』, 社會思想社, 東京

森浩一 編(1983),『古代日本海文化』, 小學館, 東京

宮崎市定(1983),『謎の七支刀- 5世紀の東アジアと日本』, 中央公論社. 東京

齋藤孝(1973),『江州狛坂寺址大磨崖佛私見 我國奈良時代と統一新羅の石佛』, 東西文化社
　　論叢, 東京

齋藤孝(1981),『古代文化と日本』, 東京大學出版會, 東京

齋藤忠・江坂輝彌(1988),『先史・古代の韓國と日本』, 築地書館, 東京

坂口安吾(1951),『安吾新日本地理』, 河出文庫, 東京

坂本太郎(1970),『六國史』, 吉川弘文館, 東京

坂本太郎・家永三郎・井上光貞・大野晋(1981),『日本書紀 下卷-日本古典文學大系 68』,
　　岩波書店, 東京

酒井淸治(2002),『古代關東の須惠器と瓦』, 同成社, 東京

酒寄雅志(2001),『渤海と古代の日本』, 校倉書房, 東京

佐藤小吉(1908),『神代物語』, 大日本圖書, 東京

佐藤秀太郎(1989),『紙作りの歷史, 論座:生活文化社 2卷』, 山川出版社, 東京

佐伯有淸(1977),『七支刀と廣開土王碑』, 吉川弘文館, 東京

佐原六郎(1963),『世界の石塔』, 雪華社, 東京

關晃(1966),『歸化人：古代の 政治, 經濟, 文化を語る』, 至文堂, 東京

關義城(1976),『手漉和紙の研究』, 木耳社, 東京

坂詰秀一(1978),『東國における須惠器の生産とその歴史的背景についての豫察』,
　　立正大學文學部 論叢, 東京

塚本珪光明正信(1922),『京都. 奈良』, 山と溪谷社, 東京

杉谷依子(1975),『日本國猪飼野』,『三千里』50號, 三千里社, 東京

鈙木英夫(1996),『古代の倭國と朝鮮諸國』, 靑木書店, 東京

司馬遼太郎(1982),『街道をゆく』, 朝日新聞社, 東京

宍戶儀一(1944),『古代日韓鐵文化』, 帝國教育圖書株式會社, 東京

荒島禮二(1988),『京都秦氏, 古代日本渡來文化』, 韓國文化院監修 學生社, 東京

網野善彦(1985),『渡來人：海からみた古代日本史』, 河出書房新社, 東京

柳田國男(1970),『定本 柳田國男集 第20券- 地名の謎』, 筑摩書房, 東京

柳内賢三(1983),『高麗王物語』, 文化新聞出版部, 埼玉

山口惠一郎 監修, 本間信治(1978),『日本古代地名の謎』, 新人物往來社, 東京

山本健吉(1960),『柿本人麻呂-新潮日本文學辭典』, 新潮社, 東京

山本健吉 (1968),『柿本人麻呂 新潮』, 新潮社, 東京

山尾幸久(2013),『朝鮮古代史料硏究』, 吉川弘文館, 東京

遠藤宏(1986),『防人歌-日本大百科全書』, 小學館, 東京

小倉進平(1929),『鄕歌及び 吏讀の硏究』, 京城帝大文學部 紀要 1, 서울

織田茂雄(1995),『日本大白科全書 10』, 小學館, 東京

大野晉(1975),『古代日本語と朝鮮語』, 每日新聞社, 東京

大和岩雄(1974),『日本古代試論』, 大和書房, 東京

宇野茂樹(1974),『近江路の彫像』, 雄山閣, 東京

江上波夫(1967),『騎馬民族國家』, 中公新書, 東京

上田正昭(1965),『歸化人：古代國家の成立をめぐって』, 中公新書, 東京

上田正昭(1978),『古代の再發見』, 角川書店, 東京

上田正昭(1988),『雅樂と古代の宮庭』, 宮内省, 東京

上田正昭(1989),『古代の道教と朝鮮文化』, 人文書院, 東京

上田正昭(2013),『私の日本古代史 (上) 天皇とは何ものか-縄文から倭の五王まで』,
　　新潮社, 東京

上田正昭(2013),『私の日本古代史 (下) 繼體朝から律令國家成立まで』, 新潮社, 東京

上田正昭(2013), 『渡來の古代史, 國のかたちをつくったのは誰か』, 角川書店　526,
　　角川學藝出版, 東京

上田正昭·原島禮二·李進熙,·久野健·水野祐(1988), 『古代日本と渡來文化(古代の日本
　　と韓國)』, 學生社, 東京

吉田晶(1982), 『日本と朝鮮の古代史』, 三省堂, 東京

吉田東伍(1992), 『大日本地名辭書』, 富山房; 増補版, 東京

横道万里雄(1981), 『日本大百科全書 4』, 平凡社, 東京

井上滿郎(1999), 『渡來人-日本古代と朝鮮』, 明石書店, 東京

犬養孝(1977), 『大伴家持-日本文學辭典』, 新潮社, 東京

犬養孝(1978), 『萬葉の人びと』, PHD, 東京

今井啓一(1974), 『歸化人』, 綜藝社, 京都

今井啓一(1977), 『歸化人と東國』, 綜藝社, 京都

今井啓一(1977), 『秦河勝』, 綜藝社, 京都

今井啓一(1986), 『天日槍-歸化人第一號神功皇后外祖母家』, 綜芸舎; 改訂版, 京都

今井啓一(1996), 『歸化人と社寺 (歸化人の研究)』, 綜藝舍, 京都

石田茂作(1963), 『日本の美術-塔 77』, 至文當, 東京

石渡信一郎(2001), 『百濟から渡來した應神天皇』, 三一書房, 東京

石原進·丸山龍平(1984), 『古代近江の朝鮮』, 新人物往來社, 東京

伊藤義敎(1980), 『ペルシヤ文化 渡來考』, 岩波書店, 東京

池田次郎(1998), 『日本人のきた道 (朝日選書)』, 朝日新聞社, 東京

善生永助(1934), 『朝鮮の姓』, 國書刊行會, 東京

土田杏村(1936), 『土田杏村全集 第十卷 藝術史 研究』, 第一書房, 東京

埴原和郎(1995), 『日本人の成り立ち』, 人文書院, 東京

花田勝廣(2002), 『古代の鐵生産と渡來人』, 雄山閣, 東京

原田大六(1959), 「神籠石の諸問題」『考古學研究』第6巻 第3巻, 考古學研究會, 東京

春名好重(1977), 『和紙百話』, 講談社, 東京

橋本繁生(1986), 『渡來人のあしあと』, 松籟社, 東京

林屋長三郎(1975), 『日本の古典藝能 2- 雅樂』, 平凡社, 東京

旗田巍(1982), 『朝鮮の歷史』, 三省堂, 東京

古田武彦(1993), 『失われた九州王朝』, 朝日新聞社, 東京

平野邦雄(2007), 『歸化人と古代國家』, 吉川弘文館, 東京

菱田哲郎(1996), 『須惠器の系譜』, 講談社, 東京

■ 논문 등

姜斗興(1979), 「吏讀と萬葉假名にいって」, 『三千里』 19號, 三千里社, 東京

金東華(1971), 「백제불교의 일본전수」, 『백제연구』 2, 충남대학교 백제연구소, 충남

김이나(1975), 「경주 굴불사지의 사면석불에 대하여」, 『진단학보』 39, 진단학회, 서울

김이나(2002), 「고대 한일 미술 교섭사」, 『한국고대사연구』 27, 한국고대사학회

金思燁(1983), 「朝鮮語と日本語の地名」, 『歷史公論 2-地名と日本史』, 雄山閣, 東京

金思燁(1988), 『鄕歌と萬葉の歌, 韓日古代詩歌における共通性, 先史 · 古代の韓國と日本』,
    築地書館, 東京

김원용(1972), 「高松塚古墳의 問題」, 『白山學報』, 백산학회, 서울

김재희(1983), 『한지공업에 대한 지리적 연구』, 고려대학교 교육대학원 석사논문, 서울

김정배(1980), 「칠지도 연구의 새로운 방향」, 『동양학』 10, 단국대학교 동양학연구원,
    서울

김택균(1998), 「七支刀 銘文에 대한 一考」. 『강원사학』 13 · 14, 강원대학교 사학회, 춘천

朴時亨 · 井上秀雄(1981), 「對談 : 日朝古代史の諸問題」, 『東アジアの古代文化』 27號,
    大和書房, 東京

성주탁(1983), 「한강유역 백제초기 성지연구 : 몽촌토성 · 이성산성 조사와 문헌과의 비교
    검토」, 『백제연구』 14, 충남대학교 백제연구소, 대전

宋世丸(1982), 「古代朝鮮の鐵製技術と百濟七支刀」, 『歷史公論』 77, 雄山閣, 東京

이근우(2001), 「日本列島의 百濟 遺民에 대하여」, 『한국고대사연구』 23권, 한국고대사학회,
    서울

이병도(1971), 「백제학술 및 기술의 일본전파」, 『백제연구』 제2집, 충남대학교 백제연구소,
    대전

李廷冕(2000), 「古代朝鮮と日本を結すんだ 海の道」, 『地圖と歷史空間-足利健亮先生追悼論
    文集』, 大明堂, 東京

李廷冕(1991) 『近江 狛坂寺址 磨崖佛にっいて』 特に 朝鮮渡來人と 關連して, 札幌大學 敎
養部 敎育硏究 リベラル · アーツ 第4號

李進熙(1974), 「謎の朝鮮式山城」, 『日本の中の朝鮮文化』 24卷, 朝鮮文化社, 京都

全海宗(1974), 「韓國と日本の古代史における歸化人について」, 『朝鮮學報』 70號, 奈良

전영래(1988), 「古代山城의 發生과 變遷」, 『마한백제문화』 11권, 원광대학교 마한백제문화
    연구소

정영호(1969.11~1970.9), 「한국의 탑」, 『월간 중앙』, 중앙일보사, 서울

최재석(1991), 「발해와 일본과의 관계」, 『한국학보』 63, 일지사, 서울

洪孟坤(1976), 「慶州南山七佛庵磨崖佛像 연구」, 홍익대학교 석사학위논문, 홍익대학교, 서울

黃壽永(1959),「瑞山磨崖三尊佛像에 對하여」,『진단학보』 20, 진단학회, 서울

門脇禎二(1971),「蘇我氏の出自について」,『日本の中の朝鮮文化』12號, 朝鮮文化社, 京都

葛城末治(1937),「朝鮮の金石文より觀たる上代の内鮮關係」,『朝鮮』36號, 朝鮮總督府, 京城

川上貞夫(1980),「今木と度木-鄕土にのこる口碑より」,『日本の中の朝鮮文化』47號, 朝鮮文
　　化社, 京都

榧本杜人(1968),「七支刀銘文再考-青丘考古記(三)」,『朝鮮學報』49, 朝鮮學會, 奈良

榧本杜人(1952),「石上神宮の七支刀とその銘文」,『朝鮮學報』第3輯, 朝鮮學會, 奈良

栗原朋信(1966),「七支刀銘文についての一解釋」,『日本歷史』216, 日本歷史學會編集
　　吉川弘文館, 東京

喜田貞吉(1979),『喜田貞吉著作集』, 平凡社, 東京

直木孝次郎(1978),「播磨の中の朝鮮文化」,『日本の中の朝鮮文化』37號, 朝鮮文化社, 京都

沼田賴輔1918),「古傳說に見えた但馬民族」,『人類學雜誌』33卷 5號, 東京人類學會, 東京

田邊尚雄(1962),「音樂からみた朝鮮と日本との關係」,『韓來文化の後榮』, 朝鮮資料研究所, 東京

田中史生(2008),「百濟王興寺と飛鳥寺と渡來人」,『東アジア古代文化』136, 大和書房, 東京

田村圓澄(1972),「八幡神の變身と渡來人」,『日本の中の朝鮮文化』, 15號, 朝鮮文化社, 京都

前川明久(1996),「伊勢神宮新羅の祭祀制」,『日本の中の朝鮮文化』, 22號, 朝鮮文化社, 京都

前川明久(1996),「伊勢神宮と朝鮮古代諸國家の祭祀制-神宮の稱号 をめぐって」,『日本史研
　　究』, 日本史研究會論 84號, 京都

松原三郎(1971),「新羅石佛の系譜-特に新發見の軍威石窟三尊佛を中心て」,『美術研究』250,
　　美術研究所, 東京

村山正雄(1968),「朝鮮關係神社考」朝鮮學報 49, 奈良/天理

三上鎭博(1974),「山陰沿岸の漂着文化」,『東アジアの古代文化 特集 古代の日本の新羅系文
　　化』, 大和書房, 東京

水谷慶一(1986),「白頭山と白山信仰 について一上」,『東アジア古代文化』48號, 大和書房,
　　東京

水谷慶一(1987),「白頭山と白山信仰 について一下」,『東アシジア古代文化』49號, 大和書房,
　　東京

坂元義種(1968),「五世紀の百濟大王とその王侯」,『朝鮮史研究會論文集』4, 朝鮮史研究會, 東京

荒竹淸光(1976),「關東地方における高麗人, 新羅人の足跡」,『東アジアの古代文化』10號 特
　　集-古代日本と朝鮮文化, 大和書房, 東京

阿部桂司(1980),「手漉和紙と朝鮮-技術史からみた日本と朝鮮」,『三千里』24號, 三千里社,
　　東京

奥野正男(1974),「韓鍛 卓素の系譜」,『日本の中の朝鮮文化』24號, 朝鮮文化社, 京都

上原和(1987),「十五年目の高松塚」,『東アジアの古代文化』50號, 大和書房, 東京

宇佐美稔(1969),「朝鮮語源の日本地名」,『日本の中の朝鮮文化』3號, 朝鮮文化社, 京都

上田正昭(1971),「石上神宮と七支刀」,『日本の中の朝鮮文化』9號, 朝鮮文化社, 京都

上田正昭(1999),「訝樂—アジアの中の日本古代史」,『朝鮮選書』640, 朝日新聞社, 東京

上田正昭・司馬遼太郎・田邊聖子・中西進(1974),「座談會—山上億食」,『日本の中の朝鮮文化』23號, 朝鮮文化社, 京都

上田正昭・岸俊男・毛利久・李進熙(1973),「座談會 秦氏とその遺跡」,『日本の中の朝鮮文化』, 19號, 朝鮮文化社, 京都

井上秀雄・上田正昭・司馬遼太郎・平野邦雄(1974),「座談會 漢氏とその遺跡」,『日本の中の朝鮮文化』, 22號, 朝鮮文化社, 京都

石田松藏・上田正昭・金達壽・直木孝次郎・櫃本誠一森浩一(1976),「シンポジウム天日槍をめぐって」,『日本の中の朝鮮文化』, 32號, 朝鮮文化社, 京都

林良一(1966),「絹の道と正倉院」,『日本の美術』6卷, 平凡社, 東京

堀井三友(三友生)(1932),「狛坂寺磨崖佛踏査記」,『東洋美術』16, 飛鳥園, 東京

福山敏男(1952),「石上神宮の七支刀再補」,『美術研究』165, 美術研究所, 東京

Chung-Myun Lee(1984), Re-evaluation of the Term Kikajin(Migrants from overseas) as Applied to Korean Migration into Ancient Japan, International Congress on Human Science in Asia and North America, Tokyo, Japan

Chung-Myun Lee(1984), The Impact of Korean Migration on the Kanto Region in Ancient Japan, Geographical Journal of Korea, Korean Association of Professional Geographers, Shilla Publishing Company, Seoul

Chung-Myun Lee(1985), Iron Smelting in Ancient Japan with Reference to Korean Migration, Professor Chung-Myun Lee 60th Anniversary Papers : Theory and Practice in Geography, Seoul, Korea

Chung-Myun Lee(1987), A study of Hata and Aya Clans with Reference to Korean Migration into Ancient Japan, Geographical Journal of Korea, Korean Association of Professional Geographers, Shilla Publishing Company, Seoul

Chung-Myun Lee(1987), Vestiges of Korean Migration on the Sanin and
    Hokuriku Regions in Ancient Japan, Journal of Geography, vol. 14,
    Seoul National University, Seoul

Chung-Myun Lee(1989), A Study of Shinto Shrine in Ancient Japan,
    Geographical Journal of Korea, Korean Association of Professional
    Geographers, Shilla Publishing Company, Seoul

Chung-Myun Lee(1993), Pungsu(Geomancy) in Korea : Theory and Practice
    with Reference to the Diffusion of Geomancy Theory from Korea into
    Ancient Japan. Professor Hyong Kie Joo 60th Aniversary papers :
    「Korean Geography in Transition Period」, Kohaksa, Seoul

Chung-Myun Lee(1995), The Influence of Korean Migration into Ancient
    Japan-the 4th to the 9th Century-With Reference to the Diffusion of
    Buddhism professor Oh Hong Seok 60th Aniversary papers :
    Consensus of Time and Space, Kohaksa, Seoul

Chung-Myun Lee(2001), Some Notes on Korean Migration into Ancient Japan
    : Synposium Theme : The Role of Ancient East Asian History in the
    21st Century March 7~9, 2001, Bejing, China

Chung-Hwa, Park(2004), The Historic Long, Deep Korean Roots in Japan,
    Vantage Printing, New York

Covell, Jon Carter and Alan Covell(1984), Korean Impact on Japanese
    Culture, New York

Eckardt, A.(1929), A History of Koreaon Art, Translated by J.M. Kunderley
    and M.A. Oxon(London)

James K. Ash(1971), Korea in the Making of the Early Japanese State :
    Preliminary Survey to 815 A.D.

찾아보기

ㄱ

고대 한일 관계사의 진실

고대 한일 관계사의 진실

고대 한일 관계사의 진실
일본 고대국가는 누가 만들었는가

펴낸날   초판 1쇄 2014년 8월 25일

지은이   이정면
펴낸이   서용순
펴낸곳   이지출판

출판등록 1997년 9월 10일 제300-2005-156호
주 소   110-350 서울시 종로구 율곡로6길 36 월드오피스텔 903호
대표전화 02-743-7661 팩스 02-743-7621
이메일   easy7661@naver.com
디자인   design PyM
인 쇄   (주)꽃피는청춘

ⓒ 2014 이정면

값 25,000원

ISBN 979-11-5555-022-9 93300

※ 잘못 만들어진 책은 바꿔 드립니다.

이 도서의 국립중앙도서관 출판예정도서목록(CIP)은 서지정보유통지원시스템 홈페이지(http://seoji.nl.go.kr)와
국가자료공동목록시스템(http://www.nl.go.kr/kolisnet)에서 이용하실 수 있습니다.(CIP제어번호: CIP2014023458)